VENEDIG

UND DIE LAGUNE

MICHAEL MACHATSCHEK

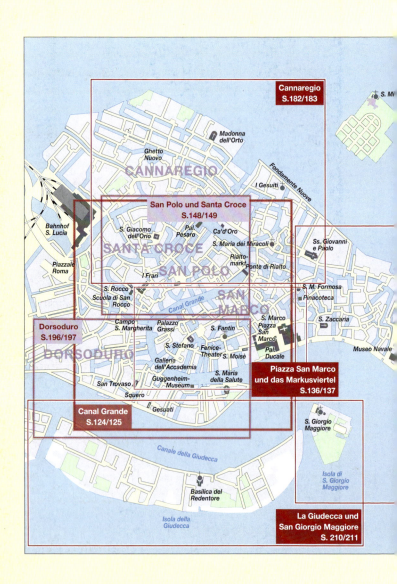

Hintergründe & Infos

La Piazza di San Marco

Il Canal Grande

Spaziergang 1
Il Sestiere di San Marco –
Das Markusviertel

Spaziergang 2
I Sestieri di San Polo e Santa Croce –
Die Viertel San Polo und Santa Croce

Spaziergang 3
Il Sestiere di Castello –
Das Castello-Viertel

Spaziergang 4
Il Sestiere di Cannaregio –
Das Cannaregio-Viertel

Spaziergang 5
Il Sestiere di Dorsoduro –
Das Dorsoduro-Viertel

Spaziergang 6
La Giudecca e San Giorgio Maggiore –
Die Vorstadtinseln

La Laguna veneta –
Die Lagune von Venedig

Am Brenta-Kanal

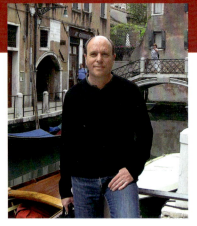

Unterwegs mit
Michael Machatschek

Seit über 15 Jahren komme ich jetzt mit wachsender Begeisterung regelmäßig nach Venedig, und am meisten freue ich mich mittlerweile auf die vielen Begegnungen und Gespräche, die sich auf meinen Recherche-Touren durch die Stadt ergeben. Da entdecke ich beispielsweise die winzige Ladenwerkstatt von Bruno Amadi, der dort seit fast 40 Jahren seine Glasbläserkunst demonstriert. Treffe den polyglotten Luigi Frizzo in seiner originellen Bücherfundgrube Acqua Alta wieder. Schaue Paolo Brandolisio eine Weile bei der Arbeit zu und bin fasziniert von den Forcole aus Nussbaum, die er für die venezianischen Gondolieri schreinert. Und in der Libreria Filippi zeigen mir Mutter und Sohn wie immer die interessantesten Neuerscheinungen. Sie merken schon, eine Venedig-Recherche kann sehr kommunikativ sein, wenn man gut Italienisch spricht. Vor allem in der Trattoria von Pino Calliandro, der mich mit seiner ganzen spontanen Herzlichkeit sofort fragt: ,,Michele, quando vieni a mangiare?" Ganz zu schweigen von der Lagunentour mit Martina, die wir auch diesmal wieder mit dem Bragozzo, einem traditionellen venezianischen Lagunenboot, unternommen haben. Aus diesen Gesprächen und Begegnungen resultieren die besonderen Tipps, Empfehlungen und Anekdoten im Buch – sie sind gewissermaßen das Salz in der Suppe.

Impressum
Text und Recherche: Michael Machatschek **Lektorat:** Angela Nitsche, Ute Fuchs (Überarbeitung) **Redaktion und Layout:** Jana Dillner **Karten:** Torsten Böhm, Judit Ladik, Michaela Nitzsche, Gábor Sztrecska **Fotos:** siehe S. 9 **Covergestaltung:** Karl Serwotka **Covermotive:** oben: Rialtobrücke © sborisov/Fotolia.com unten: Gondoliere © Alexey Arkhipov/Fotolia.com

7. KOMPLETT ÜBERARBEITETE UND AKTUALISIERTE AUFLAGE 2014

Inhalt

Venedig – Hintergründe & Infos

Alles über Venedig	16
Geografie und Stadtbild	16
Verwaltung und Politik	17
Stadtflucht und Immigration	17
Touristen, Pendler und Nahverkehr	18
Hochwasser	19
Reisezeit	20
Stadtgeschichte	21
Ist Venedig eigentlich noch zu retten?	37
Venedigs Architektur und seine Architekten	43
Die großen venezianischen Maler	54
Carnevale & Co. – Die wichtigsten Stadtfeste	62
Anreise	66
Mit dem Zug	66
Mit dem Flugzeug	67
Mit dem eigenen Fahrzeug	69
Unterwegs in Venedig	70
Zur Orientierung	70
Vaporetto	71
Traghetti (Gondelfähren)	73
Taxi acquei (Taxiboote)	73
Bus	73
Übernachten	76
Hotels (Alberghi)	76
Ostelli (Jugendherbergen und Gästehäuser)	83
Apartments/Wohnungen	83
B & B (Bed & Breakfast)	84
Camping (Campeggio) und andere Strandquartiere	84
Essen und Trinken	85
Frühstück (Colazione)	86
Mittag- und Abendessen	86
Il conto, per favore	88
Venezianische Spezialitäten	89
Wein und andere Getränke	90
Wissenswertes von A bis Z	91
Ärztliche Hilfe	91
Apotheken (Farmacie)	92
Baden	92
Diplomatische Vertretungen	92
Ermäßigungen	92
Feiertage	93
Finanzen	94
Gepäckträger	94
Information	94
Internet/WLAN	95
Kinder	95
Kino	96
Klimadaten	96
Kulturelle Veranstaltungen	97
Literatur	98
Notruf und Beschwerden	99
Post	99
Rollstuhlfahrer	100
Sport und Sportereignisse	100
Stadtpläne	101
Telefonieren	101
Toiletten	101

Inhalt

Venedig – Die historischen Stadtviertel   102

La Piazza di San Marco – Venedigs altes Herrschaftszentrum	104
Il Canal Grande – Venedigs einzigartiger Wasserboulevard	120
Il Sestiere di San Marco – Das Markusviertel	134
I Sestieri di San Polo e Santa Croce – Die Viertel San Polo und Santa Croce	146
Il Sestiere di Castello – Das Castello-Viertel	160
Il Sestiere di Cannaregio – Das Cannaregio-Viertel	180
Il Sestiere di Dorsoduro – Das Dorsoduro-Viertel	194
La Giudecca e San Giorgio Maggiore – Die Vorstadtinseln	208

Die Laguneninseln/Brenta-Kanal   214

La Laguna veneta – Die Lagune von Venedig   216

Die nördlichen Laguneninseln	220	L'Isola di San Francesco	
L'Isola di San Michele	220	del Deserto	237
L'Isola di Murano	222	Die südlichen Laguneninseln	240
L'Isola di Burano	226	Il Lido di Venezia	240
L'Isola di Torcello	230	L'Isola di Pellestrina	247
L'Isola di Sant'Erasmo	234	L'Isola di San Lazzaro	
L'Isola delle Vignole	235	degli Armeni	249
L'Isola del Lazzaretto Nuovo	236		

Il Naviglio di Brenta – Die Villen am Brenta-Kanal   252

Villa Foscari-La Malcontenta	254	Villa Barchessa Valmarana	256
Villa Widmann	254	Villa Nazionale Pisani	256
Villa Valier	256	Villa Foscarini Rossi	257

Etwas Italienisch   258

Register   266

Inhalt

Kartenverzeichnis

Übersicht Venedig	vordere Umschlagklappe
Brenta-Kanal	253
Burano	228
Canal Grande	124/125
Cannaregio	182/183
Castello	162/163
Dorsoduro	196/197
La Giudecca und San Giorgio Maggiore	210/211
Lagune von Venedig	217
Lido di Venezia	242/243
Murano	223
Piazza San Marco und das Markusviertel	136/137
San Polo und Santa Croce	148/149
Sant'Erasmo	235
Torcello	233

Zeichenerklärung für die Karten und Pläne

Inhalt

Alles im Kasten

Die Markusreliquien – staatstragende Beutestücke	22
Die Entdeckungsreisen der Polos	28
Il Pozzo veneziano	45
Palladio und sein Erbe	49
Venedigs müder Untergrund	53
Historische Masken und Kostüme	63
Gondola, gondola …	74/75
Unter freiem Himmel	83
Bàcari, Ombre und Cicheti – eine venezianische Leidenschaft	87
Raucher haben's schwer	99
Die Tauben von San Marco	106
Florian, Quadri und Lavena – Venedigs Kaffeehausklassiker	109
Casanova – ein venezianisches Multitalent	114/115
Ca' Dario – der verfluchte Palazzo	123
Prostitution in Venedig (13.–18. Jh.)	152/153
Das griechische Venedig	170
L'Arsenale – die verbotene Stadt	172/173
Die Kunst-Biennale von Venedig	177
Venedigs Judenviertel – das erste Ghetto Europas	186/187
Invasion der Ozeanriesen	198
Eine Amerikanerin in Venedig – Peggy Guggenheim (1898–1979)	201
Murano – Synonym für venezianische Glaskunst	224/225
Mit Naturführern unterwegs in Venedig und seiner Lagune	238/239
Mostra Internazionale d'Arte Cinematografica …	245
Die Inseln des Schmerzes	251
Il Burchiello – eine venezianische Landpartie auf dem Fluss	255

Was haben Sie entdeckt?

Bitte schreiben Sie uns, wenn Sie Verbesserungen, Anregungen oder Empfehlungen haben. Was war Ihre Lieblingstrattoria, in welchem Hotel haben Sie sich wohlgefühlt?

Schreiben Sie an: Michael Machatschek, Stichwort „Venedig" |
c/o Michael Müller Verlag GmbH | Gerberei 19, D – 91054 Erlangen |
michael.machatschek@michael-mueller-verlag.de

Inhalt

Fotonachweis

Azienda di Promozione Turistica (APT): S. 9, 11, 16/17, 21, 24, 26, 29, 33, 34, 38, 44, 62, 65, 92, 93, 118, 120/121, 130, 139, 164, 208/209, 212, 222, 245, 246, 250, 252, 254, 270, 273 | **Jana Dillner**: S. 13, 54, 78, 88, 96, 141, 144, 171, 220/221, 272, 275 | **Michael Machatschek**: S. 1, 10, 10/11, 12, 12/13, 14/15, 18/19, 23, 30, 32, 35, 37, 39, 40, 43, 45, 46, 47, 48, 50, 51, 52, 53, 55, 59, 61, 66, 68, 69, 70, 72, 73, 74, 75, 76, 77, 79, 82, 85, 87, 90, 91, 94, 97, 100, 101, 102/103, 104/105, 106/107, 108, 109, 111, 112, 113, 116, 117, 119, 122, 126, 128, 129, 131, 133, 134, 134/135, 142, 145, 146, 146/147, 150, 155, 156, 159, 160/161, 165, 166, 168, 172, 173, 174, 175, 177, 178, 179, 180, 180/181, 184, 186, 187, 189, 190, 191, 192, 193, 194, 194/195, 198, 203, 204, 206, 213, 214/215, 216, 219, 225, 226, 227, 229, 231, 232, 236, 238, 240, 241, 244, 247, 248, 256/257, 274 |

 Mit dem grünen Blatt haben unsere Autoren Betriebe hervorgehoben, die sich bemühen, regionalen und nachhaltig erzeugten Produkten den Vorzug zu geben.

Venedig: Die Vorschau

Architektur

Das venezianische Stadtbild ist ein einzigartiges architektonisches Gesamtkunstwerk, an dem alle bedeutenden Epochen mitgewirkt haben. Byzantinisch geprägte Romanik, Gotik, Renaissance, Barock und Klassizismus sind hier zu einem harmonischen Ganzen verschmolzen. Und darüber hat sich im Laufe von Jahrhunderten eine schützende Patina gelegt. Einen wirklich überwältigenden Anblick bieten die beiden orientalisch anmutenden Prachtexemplare der venezianischen Zuckerbäckerarchitektur auf der Piazza San Marco: die Markuskirche und der Dogenpalast. Einen überaus bequemen Streifzug durch das historische Zentrum der Lagunenstadt ermöglicht eine Bootsfahrt auf dem Canal Grande. Einmal den Canalazzo rauf und runter kommt einer Fahrt durch die komplette Architekturgeschichte Venedigs gleich. Entweder man lässt sich dabei einfach vom Anblick der Prachtfassaden berauschen oder man versucht, die einzelnen Baustile genüsslich auseinanderzuhalten. Die Palette der Stilelemente reicht vom romanischen Bogengang aus dem 12. Jh. bis zur reinen klassizistischen Fassade aus dem 18. Jh. Und die architektonischen Baudenkmäler, die jetzt noch fehlen, entdecken Sie auf den vorgeschlagenen Spaziergängen durch die historischen Stadtteile fast wie von selbst.

Kunst

Seit der Frührenaissance hat die venezianische Malerschule durch alle Epochen hindurch einzigartige Malerpersönlichkeiten hervorgebracht, die die jeweilige Stilrichtung auf eine unverkennbare, individuelle Art virtuos beherrschten: Jacopo Bellini, Gentile Bellini, Giovanni Bellini, Giorgione, Tizian, Tintoretto, Paolo Veronese und Giovanni Battista Tiepolo. Venedigs weltberühmte Galleria dell'Accademia besitzt

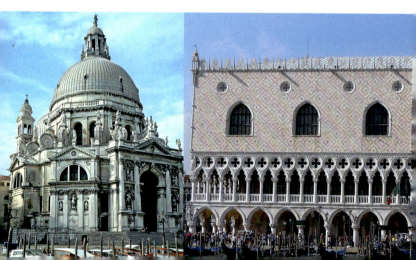

„Einmal den Canalazzo rauf und runter"

eine Fülle erlesener Werke aus dem 14. bis 18. Jh. und bietet damit einen lückenlosen Einblick in die Entwicklung der venezianischen Malerei von der Gotik bis zum Rokoko. In den zahlreichen Chiese und Scuole Venedigs kann man diese erste Begegnung mit der Kunstgeschichte der Stadt noch nach Belieben vertiefen. Und gewissermaßen als Kontrast dazu zeigen die Galleria d'Arte Moderna und die Collezione Peggy Guggenheim moderne Kunst von Weltrang. Zeitgenössische Kunst vom Aktuellsten und Teuersten bieten hingegen die beiden Privatmuseen Palazzo Grassi und Centro d'Arte contemporanea.

Stadtfeste und Festivals

Venedigs großartige Stadtfeste, internationale Festivals und Kulturveranstaltungen sind regelrechte Publikumsmagneten, die das ohnehin schon enorme Besucheraufkommen manchmal bis zum Platzen steigern. Wer seinen Venedigurlaub rechtzeitig plant und in diese Zeit legt, erlebt garantiert ein Highlight. Il Carnevale, der venezianische Karneval, ist das absolute Hauptfest der Stadt und beschert ihr jedes Jahr einen wahren Ausnahmezustand. Das Erlöserfest Festa del Redentore ist hingegen bei den Einheimischen wegen seines Volksfestcharakters sehr beliebt, ebenso wie die Regatta storica, die mit einer prächtigen Gondelparade auf dem festlich geschmückten Canal Grande beginnt. Unter den internationalen Großveranstaltungen rangiert die alle zwei Jahre stattfindende und sechs Monate andauernde Kunst-Biennale in der Publikumsgunst ganz vorne, während die Filmbranche sich auf dem jährlichen Filmfestival am Lido eher selbst feiert.

Kulinarisches

Die erste Gabel, die man in Europa zu Gesicht bekam, war jene, mit der die

Venedig: Die Vorschau

byzantinische Gemahlin des Dogen Domenico Selvo im 11. Jh. zu speisen pflegte. Und das erste Kochbuch druckten die Venezianer bereits Ende des 15. Jh. Ganz den Gegebenheiten einer Wasserstadt entsprechend ist die authentische venezianische Küche, die Cucina veneziana, in erster Linie eine Meeresküche (Cucina di mare). Nirgendwo anders in Italien werden solche Mengen an Fisch und Meeresfrüchten verzehrt wie in der Lagunenstadt, während die schmackhaften Erzeugnisse von den Gemüseinseln der Laguna veneta den Speiseplan im wahrsten Sinne des Wortes wieder bodenständig machen. Hinsichtlich der lokaltypischen Gerichte und Spezialitäten ist die venezianische Gastronomie ihrer Tradition voll und ganz verhaftet geblieben. Das betrifft auch eine venezianische Leidenschaft, die Andar per ombra heißt. Gemeint sind die Bàcari, die typischen venezianischen Weinschenken, in denen sich Einheimische und Touristen bei Cicheti und Ombra näherkommen als irgendwo sonst in der Stadt.

Shopping

Die Spatzen pfeifen es von den Dächern, Venedig ist ein Einkaufsparadies der Extraklasse. Alle großen Mode- und Designermarken sind hier vertreten. Reiner Kommerz bestimmt vor allem die Szenerie in der unmittelbaren Umgebung der Piazza San Marco. In den dortigen Mercerie werden auch shoppingerfahrene Großstadtmenschen ins Staunen versetzt. Aber mich haben eher die Produkte, Geschäfte und Menschen interessiert, die etwas mit der Stadt und ihren lokalen Traditionen zu tun haben: die winzige Ladenwerkstatt von Bruno Amadi, der dort seit fast 40 Jahren seine Glasbläserkunst demonstriert. Paolo Olbi, einer der letzten, hochgeschätzten Buchbinder und Dru-

„Menschenleer und verwildert"

cker Venedigs, der noch mit traditionellen Materialien und Gerätschaften arbeitet. Paolo Brandolisio und seine Kollegen, die kunstverdächtige Holzdollen (Forcole) für die venezianischen Gondolieri schreinern. Monica Daniele, die einzige Venezianerin, die den bodenlangen Tabarro-Mantel schneidert. Leonardo Faggian, der unermüdliche Maskenmacher – schauen Sie mal vorbei!

Inselwelten

Abgesehen von der Inselstadt Venedig gibt es noch ungefähr dreißig größere Inseln in der Laguna veneta, die größtenteils menschenleer und verwildert sind. Zu den bekanntesten bewohnten Laguneninseln gehören Murano und der Lido di Venezia. Ein Venedig-Urlaub wäre ohne gezielte Ausflüge auf die Laguneninseln nicht komplett. Je länger man in der Stadt weilt, desto spürbarer wächst die Lust, auch die Lagune von Venedig zu erkunden. Und wer sich darauf einlässt, wird von der Vielfalt der Möglichkeiten überrascht sein: Da warten die Glasbläserinsel Murano, die bunten Fischerinseln Burano und Pellestrina, das auf rätselhafte Weise entvölkerte Torcello, der berühmte Lido di Venezia, die stillen Klosterinseln und so manche unbekannte Insel, die das Prädikat Geheimtipp auch tatsächlich verdient. Sie merken schon, ein, zwei Tage reichen nicht aus, um die Inselwelten der Laguna veneta erschöpfend zu erkunden.

Baden

Venedig und Badeurlaub, geht das überhaupt? Das geht sogar ausgezeichnet, denn der Lido di Venezia gehört seit über hundert Jahren zu den vornehmsten Badestränden Italiens. Und was die Badefreuden sogar noch steigert, ist die alljährliche Verleihung der begehrten Blauen Fahne (seit 2009) für sauberes Wasser und gepflegte Strandbäder.

Gondolieri unter sich

Hintergründe & Infos

Alles über Venedig	→ S. 16	Carnevale & Co. –	
Stadtgeschichte	→ S. 21	Die wichtigsten Stadtfeste	→ S. 62
Ist Venedig eigentlich		Anreise	→ S. 66
noch zu retten?	→ S. 37	Unterwegs in Venedig	→ S. 70
Venedigs Architektur		Übernachten	→ S. 76
und seine Architekten	→ S. 43	Essen und Trinken	→ S. 85
Die großen		Wissenswertes	
venezianischen Maler	→ S. 54	von A bis Z	→ S. 91

Alles über Venedig

Geografie und Stadtbild

Venedig ist eine Inselstadt und liegt knapp 4 km vom Festland entfernt, mitten im seichten Gewässer der 550 qkm großen Laguna veneta. Bei dieser Lagune handelt es sich um die größte von einst sieben nordwestadriatischen Lagunen, die mittlerweile – bis auf die Laguna veneta – weitgehend verlandet sind. Bezeichnenderweise hat die Lagunenstadt die Form eines Fisches. Auf historischen Stadtansichten ist das besonders gut zu erkennen, wobei das Gebiet um den heutigen Bahnhof das Maul und die *Insel San Pietro di Castello* einen Teil der Schwanzflosse darstellen. Seit dem Bau der Festlandsverbindung *Ponte della Libertà* 1846 hängt Venedig sozusagen wie ein Fisch am Angelhaken.

Die künstliche Stadtanlage, die ab dem 9. Jh. auf 118 kleinen Laguneninseln errichtet wurde, dehnt sich auf einer Fläche von ca. 8 qkm aus und hat einen Umfang von lediglich 11 km. Sie ließe sich also in ca. 3 Std. gemütlich umrunden, gäbe es einen Rundwanderweg.

Seit dem Mittelalter ist das Stadtgebiet Venedigs in sechs Stadtteile aufgeteilt, die so genannten *Sestieri*, die man als Stadtsechstel übersetzen könnte. Sie heißen *San Marco, Castello, Cannaregio, Santa Croce, San Polo* und *Dorsoduro*; zu letzterem gehören auch die beiden südlichen Vorstadtinseln *La Giudecca* und *San Giorgio Maggiore*.

Blickt man aus der Vogelperspektive (etwa vom Campanile di San Marco) auf die Lagunenstadt, erkennt man die Stadtanlage besonders gut. Ein dichtes Konglomerat aus Schindeldächern wird von einem engmaschigen Verkehrsnetz aus Kanälen, Fußwegen, Brücken und Plätzen gegliedert. Die insgesamt 177 Kanäle, die sich durch das kompakte Stadtgebiet schlängeln haben eine Gesamtlänge von ca. 40 km, sind bis zu 3 m tief und müssen regelmäßig ausgebaggert werden, damit sie auch bei Ebbe schiffbar bleiben. Markanter Hauptkanal ist der fast 4 km lange *Canal Grande*.

Ungefähr 3000 Fußwege, 355 öffentliche Brücken (zählt man die privaten mit, sind es ca. 450 Brücken) und 127 öffentliche Plätze bilden ein regelrechtes Labyrinth, das alle Stadtteile miteinander vernetzt. Zentraler Hauptplatz ist die *Piazza di San Marco*. Die vier wichtigsten Brücken überqueren den Canal Grande: *Ponte di Rialto, Ponte dell'Accademia, Ponte Scalzi* und die moderne Bogenbrücke *Ponte della Costituzione*, die seit 2008 den Piazzale Roma mit dem Bahnhofsufer verbindet.

Verwaltung und Politik

Als die Hauptstadt der Region Veneto ist Venedig eine typische Beamtenstadt mit zahlreichen ortsansässigen und pendelnden Staatsdienern. Die Landesregierung *Giunta regionale* sowie die Kommunalregierung *Giunta comunale* befinden sich u. a. in repräsentativen Gebäuden am Canal Grande (*Ca' Balbi, Palazzo Farsetti* und *Palazzo Loredan*).

Da zur Großgemeinde Venedig auch die beiden Wohn- und Industriestädte *Mestre* und *Porto Marghera* auf dem Festland gehören, die zusammen weit über 100.000 Einwohner zählen, befindet sich die Kommunalregierung seit Jahrzehnten in einer misslichen Lage, denn nun muss die Wachstumsinteressen der Industriestädte und die damit verbundenen Umweltprobleme mit den völlig anders gelagerten Bedürfnissen einer Kulturmetropole von Weltrang in Einklang bringen. Ganz abgesehen von den spezifischen Interessen der zum Teil noch landwirtschaftlich genutzten Laguneninseln, auf denen insgesamt ca. 35.000 Menschen leben, sowie der Fischereiwirtschaft innerhalb der Lagune. Viele längst überfällige Entscheidungen zum Schutz Venedigs und der Lagune wurden aufgrund der nahezu unvereinbaren Interessenkonflikte bis heute verschoben. Auch Rechtsanwalt *Giorgio Orsoni*, der aktuelle Bürgermeister (*Sindaco*) der von einem Mitte-Links-Bündnis (*Centro Sinistra*) regierten Stadt, der den beliebten, aber glücklosen Philosophieprofessor *Massimo Cacciari* nach zwei Amtszeiten ablöste, hat seine Anhänger hinsichtlich zukunftsweisender Entscheidungen bereits enttäuscht.

Stadtflucht und Immigration

Der *Exodus* der Bevölkerung ist ein Phänomen, das Venedig seit langem bedroht. Auf der digitalen Einwohneruhr am Campo San Bartolomeo (Nähe Rialtobrücke, im Schaufenster der Apotheke) kann jeder den tagesaktuellen Einwohnerstand ablesen. Der lag Ende 2013 bei 58.000, das ist etwas weniger als ein Drittel des Einwohnerhöchststands im 16. Jh. 1950 waren es noch ca. 175.000, in den 1980er-Jahren bereits unter 100.000. Tendenziell hält die Stadtflucht der Venezianer auch im neuen Jahrtausend an, auch wenn die Statistiken zwischenzeitlich immer mal wieder eine Stagnation und gelegentlich sogar eine Zuzugsbewegung in bevorzugten Ecken der historischen Stadtteile registrieren. Die seit langem kursierende Untergangsvision von einer menschenleeren Museumsstadt hängt also immer noch bedrohlich wie ein Damoklesschwert über Venedig.

Die Hauptgründe des stetigen Bevölkerungsrückgangs sind einerseits der unvorstellbare Wohnungsmangel, vor allem an erschwinglichen und geräumigen Wohnungen, und andererseits der Mangel an Arbeitsplätzen außerhalb der Tourismusbranche und des Dienstleistungsbereichs. Außerdem liegen die Lebenshaltungskosten weit über dem Landesdurchschnitt und sind damit für Normalverdiener kaum noch bezahlbar.

Als einzige Gegenbewegung zum Bevölkerungsrückgang lässt sich ein reger Zuzug von ausländischen Venedigliebhabern feststellen – darunter auch zahlreiche prominente Deutsche. Überraschend hingegen ist der unübersehbare Zuzug chinesischer Immigranten, die immer häufiger als Geschäftsleute auftreten. Böse Zungen reden vom Einsatz enormer Schwarzgeldmengen, die beim Kauf der teuren Gewerbelizenzen für Geschäfte, Bars und Restaurants fließen sollen. Mittlerweile befürchten die Venezianer eine regelrechte Invasion mit Ghettobildung, wie es in anderen italienischen Städten (z. B. Prato) bereits der Fall ist. Und schon jetzt werden die Chinesen zu Sündenböcken gemacht, wenn es in Stadtgesprächen um den Niedergang der *Venezianità*, des typisch Venezianischen, geht.

Abgesehen vom schleichenden Exodus ist Venedigs Bevölkerung seit Jahrzehnten hoffnungslos überaltert. Die Jugend kehrt der Stadt weitgehend den Rücken und entzieht ihr damit die Grundlage für eine gesunde Sozialstruktur. Statistisch kommen auf einen venezianischen Jugendlichen heute ungefähr drei Einwohner im Rentenalter. Ein intaktes Sozialgefüge gibt es in Venedig zwar längst nicht mehr, aber die lebendigen Nachbarschaftsszenen in den populären Wohngegenden der historischen Sestieri täuschen häufig genug darüber hinweg.

Touristen, Pendler und Nahverkehr

Weit über 20 Millionen Touristen kommen jährlich nach Venedig, hinter vorgehaltener Hand ist sogar schon von fast 30 Millionen die Rede. Ungefähr drei Viertel davon sind Tagesbesucher und Kreuzfahrttouristen. Manchmal kom-

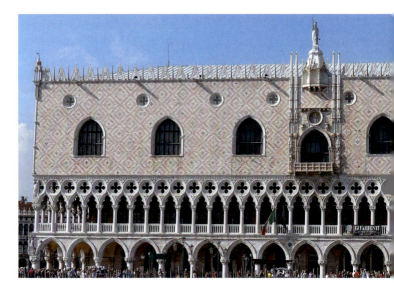

men sie so zahlreich, dass sie die ganze Stadt lahm legen, wie etwa am 21. September 2013, als zwölf Kreuzfahrtschiffe insgesamt 20.000 Passagiere gleichzeitig nach Venedig brachten. Wenn die jüngsten Prognosen der internationalen Universität von Venedig (IUAV) zutreffen sollten, werden in den nicht allzu fernen 2020er-Jahren jährlich über 40 Millionen Besucher die Stadt überschwemmen, wobei der Anteil europäischer Touristen schrumpft und derjenige asiatischer Touristen deutlich wächst.

Probleme bereitet den venezianischen Verkehrsexperten vor allem die Lenkung des intensiven Besucher- und Pendlerstroms. „Heute können die 80.000 Tagestouristen und Pendler praktisch nur durch ein Nadelöhr in die Stadt kommen: über den Piazzale Roma. Das muss anders werden. Wir brauchen eine Untergrundbahn, die die Menschen ganz anders verteilen könnte", hieß es schon vor Jahren aus dem Bürgermeisteramt, worauf 2003 ein Beschluss der Stadtregierung folgte. – Eine U-Bahn in Venedig, und weg mit den seit 1880 verkehrenden *Vaporetti* (Wasserbussen)?

„Die spinnen, die Venezianer", schrieb ein deutscher Kolumnist daraufhin und sagte sich gleichzeitig, warum nicht: „U 1 nach Murano, U 2 zur Giudecca, U 3 nach San Giorgio Maggiore. Die Lösung liegt auf der Hand: U-Boote in die Röhren, Vaporetti sottomarini!" – Nur keine Panik, winken hingegen die Einheimischen ab, denn bisher hat sich jeder Schritt zur Modernisierung der Stadt als undurchführbar erwiesen. Außerdem fehlt das Geld für den Baubeginn der so genannten *Sublagunare*, die, wenn überhaupt, „nur" vom Flughafen über die Insel Murano bis zum Arsenale führen und das Kerngebiet der Stadt gänzlich unberührt lassen würde.

Neu und zweckmäßig ist hingegen der *People Mover*, eine vollautomatische Hochbahn, die die Parkinsel Tronchetto mit dem Piazzale Roma verbindet. Etwa 3000 Personen kann die moderne Kabinenbahn in der Stunde befördern, doch das tägliche „Verteilungschaos" im historischen Stadtgebiet ist damit keineswegs gelöst.

Hochwasser

Eine spiegelglatte Wasserfläche bedeckt den Markusplatz, und das trübe Salzwasser macht auch vor den Portalen der Markuskirche und den Arkaden der angrenzenden Prachtbauten nicht Halt. Touristen bewegen sich auf schmalen Laufstegen. Einheimische schieben sich in Gummistiefeln durch die Fluten. – Bilder, die jeder kennt! Was den Touristen bisweilen sogar Freude macht, ist für die Venezianer längst zur traurigen Realität geworden. Überflutungen der Stadt sind so alt wie Venedig selbst, doch sie ereignen sich immer häufiger.

Trotz intensiver Bemühungen gibt es bisher noch keinen ultimativen Hochwasserschutz (→ „Ist Venedig eigentlich noch zu retten?", S. 37). Vor allem wenn der Schirokko-Wind das Meerwasser mit Wucht in die Lagune drückt, schwillt die Flut nicht selten um das Doppelte an. Dann fühlt man sich an die historische Sturmflut von 1966 erinnert, als der tief liegende Markusplatz 1,24 m unter Wasser stand und der Flutpegel 1,94 m über Normalnull lag. Seitdem gibt es eine Flutwarnzentrale (*Centro Maree*) in der Stadt, die den zu erwartenden Hochwasserstand täglich errechnet und die Bevölkerung mit Sirenengeheul warnt, falls er eine bedrohliche Höhe erreichen sollte. Das ist bei einem Pegelstand ab 1,10 m der Fall. Dann beginnt das Wasser über die Uferkanten zu strömen bzw. an den tiefsten Punkten der Stadt aus den Abflussöffnungen zu sprudeln und breitet sich von dort immer weiter aus. Einige Wege werden so nach und nach unpassierbar, und nicht selten steht der ahnungslose Tourist plötzlich vor einer beachtlichen Pfütze, die man trockenen Fußes nicht mehr überqueren kann. Dann heißt es trockene Umwege suchen, was besonders abends in abgelegeneren Ecken der Stadt nicht ohne Tücken ist.

Wer in den Wintermonaten nach Venedig reist, sollte seine Gummistiefel einpacken, denn gegen *Acqua alta* gibt es keinen besseren Schutz. Den zu erwartenden Wasserstand des Tages erfährt man in den lokalen Tageszeitungen oder direkt beim *Centro Maree* (℡ 041/2411996 Anrufbeantworter). Das letzte große Hochwasser ereignete sich am 11. November 2012, es hatte einen Pegelstand von 1,49 m und war damit das sechsthöchste seit Aufzeichnungsbeginn im Jahr 1872.

Reisezeit

Eine Kulturstadt wie Venedig ist zu jeder Jahreszeit eine Reise wert. Das Wetter sollte man bei der Wahl des Reisedatums zwar berücksichtigen, aber noch wichtiger ist die touristische Saison – und die unterliegt erheblichen Schwankungen.

Der erste große Ansturm fällt in die *Karnevalszeit* und beschert der Stadt einen wahren Ausnahmezustand. In den zehn Faschingstagen im Februar kommen natürlich nur Karnevalisten voll auf ihre Kosten. Anschließend, wenn der *Frühling* die Temperaturen angenehmer werden lässt, beginnt eine ideale Reisezeit. Die Tage werden länger, das Licht ist häufig wunderbar klar, und die Touristenströme halten sich noch in erträglichen Grenzen. Meiden sollte man die *Osterfeiertage*, sie verursachen Engpässe in jeder Hinsicht und treiben die Hotelpreise hoch. *Pfingsten* ist nicht so zu fürchten wie Ostern, da der Montag in Italien kein Feiertag ist, also kein langes Wochenende ansteht. Von Juni bis September herrscht der *Sommer* und damit auch ununterbrochene Hochsaison. Wer die Möglichkeit hat, sollte den Juli und den August meiden, weil dann eine Mischung aus Menschenmassen, Warteschlangen, Lärm, Hitze und muffelnden Kanälen die Aufmerksamkeit für die Reize der Stadt besonders trübt. Der *Herbst* ist hingegen eine Reisezeit für Genießer und wird von den meisten Venedigliebhabern bevorzugt. In den Museen und Kirchen kehrt langsam wieder Ruhe ein, und die Einheimischen prägen mehr und mehr das Stadtbild. Der November ist für Venedig-Kenner sogar ein regelrechter Ausnahmemonat: An manchen Tagen hüllt die Herbstsonne die Stadt in ein angenehm warmes Licht, und an anderen Tagen wiederum verleihen ihr tiefe Nebelschwaden eine geradezu mystisch-melancholische Atmosphäre. Ein idealer Reisemonat für romantisch veranlagte Naturen. Im *Winter*, abgesehen von der touristenstarken Weihnachtszeit und Silvester, nimmt sich die Stadt ihre Ruhepause. Viele Hotels, Restaurants und Geschäfte haben dann längere Zeit geschlossen. Im Januar berühren die Temperaturen häufig den Gefrierpunkt. Wenn überhaupt, ist der Winter eine Reisezeit für Individualisten, denen das nasskalte Wetter weniger ausmacht als die sommerlichen Menschenmassen.

Markusplatz – hier thront Venedigs höchstes Herrschaftssymbol, der geflügelte Markuslöwe

Stadtgeschichte

In der Chronik Venedigs wird der 25. März 421 als Gründungsdatum angegeben. Dieses relativ willkürliche Datum wurde erst im 15. Jh. festgelegt, als Venedig sich auf dem Höhepunkt seiner Macht befand. Vor allem eine Erwägung mag dabei die wesentliche Rolle gespielt haben: Venedig während des Untergangs des Weströmischen Reiches (offizielles Ende 476) entstehen zu lassen, bedeutete auch, es als Erbin Roms darzustellen – als Phönix aus der Asche.

Doch mit dem schillernden Rom der ausgehenden Antike hatten die damaligen Lagunensiedlungen nicht das Geringste gemein. Richtig ist jedoch, dass die Wirren der großen Völkerwanderung, die zur Eroberung Roms führten, auch die Region Venetien berührten. Westgoten, Hunnen, Ostgoten und Langobarden eroberten nacheinander die wichtigsten Küstenstädte der oberen Adria (Aquileia, Altinum, Spina, Adria, Padua etc.) und lösten damit eine Flüchtlingswelle auf die bis dahin nur von Fischern und Salzbauern bewohnten Laguneninseln aus. *Cassiodor* (490–583), ein Gelehrter, der in Diensten des Ostgotenkönigs *Theoderich des Großen* stand, beschrieb die Lebenssituation der ersten Lagunenbewohner folgendermaßen: „Sie scheinen zur See und auf dem Lande gleichermaßen heimisch zu sein. Ihre Siedlungen liegen verstreut und sind durch Wälle aus Weidengeflecht vor den Fluten des Meeres geschützt." Aus den Aufzeichnungen Cassiodors geht außerdem hervor, dass die Lagunenbewohner bereits seetüchtige Schiffe besaßen und mit dem gegenüberliegenden Istrien Handel trieben, wobei ihnen das in der Lagune gewonnene Salz als wichtigstes Tauschmittel diente.

Die Markusreliquien – staatstragende Beutestücke

Anfang des 9. Jh., als das Stadtbild Venedigs langsam Konturen annahm und der Seehandel zu florieren begann, da hieß der Stadtheilige noch Sankt Theodor, ein in der Hierarchie des Himmels eher drittklassiger, byzantinischer Heiliger. Als aufstrebende Stadt brauchte Venedig unbedingt einen prominenteren Schutzpatron samt Reliquien; denn der Besitz solcher mystischen Kostbarkeiten erhöhte im Mittelalter das Ansehen einer Stadt erheblich. Kein Wunder, dass mit dem damaligen Reliquienkult auch der Reliquienhandel boomte. Die Venezianer erkoren keinen Geringeren als den Evangelisten Markus zu ihrem neuen Stadtheiligen, dessen Gebeine sie sich im Jahr 828 aus Alexandria beschafften. Wie die Überführung der sterblichen Überreste letztlich vonstatten ging, wird von zahlreichen, sich teilweise widersprechenden Legenden vernebelt. Angeblich waren es venezianische Kaufleute, die im Auftrag des Dogen *Giustiniano Partecipazio* nach Alexandria segelten, um den Mönchen des Klosters, das die Gebeine barg, ein Kaufangebot zu machen. Stattdessen raubten sie die unbewachten Reliquien einfach aus dem Sarkophag und verstauten diese in einem Korb und bedeckten sie mit Schweinespeck, um unbehelligt an den Zöllnern vorbeizukommen, denen als Muslimen Schweinefleisch ja bekanntlich ein Gräuel war.

In der Heimat war die Freude über die gelungene Aktion groß. Eilig begann man mit dem Bau einer prächtigen Kirche für den heiligen Markus, und zwar unmittelbar neben dem Amtssitz des Dogen. Die beabsichtigte Nähe der beiden Repräsentationsbauten sollte offensichtlich ein Verschmelzen von weltlicher und religiöser Macht darstellen. – Denn wären die Venezianer daran interessiert gewesen, die Stellung der Kirche hervorzuheben, hätten die kostbaren Reliquien nach *San Pietro di Castello* gebracht werden müssen, der Bischofskirche der Stadt. Doch die Dogenstadt machte sich den Markuskult auf ganz weltliche Art dienstbar und schmückte sich selbst mit dem Bild des geflügelten Löwen, dem Symbol des Evangelisten Markus. Dem Papst wurde damit schon sehr früh und unmissverständlich bekundet: *Primo siamo Veneziani, poi Cristiani*, in erster Linie sind wir Venezianer und dann auch Christen.

Als die grausam wütenden Langobarden 568 in Oberitalien einfielen, erlebte die Lagune einen weiteren Zustrom von Flüchtlingen, und es kam zur verstärkten Besiedlung der ersten namentlich bekannten Inseln *Grado, Malamocco, Murano, Burano* und *Torcello*, während die *Rialto-Inseln* – wo später Venedig entstehen sollte – noch unbewohnt waren. Zu dieser Zeit regiere im nahen Ravenna ein *Exarch* (Statthalter) des Byzantinischen Reiches, der das Lagunengebiet zum Protektorat erklärte und vor Langobardenangriffen schützte. Das ganze 7. Jh. hindurch unterstanden die Laguneninseln dem Oströmischen Reich und begannen, sich langsam zu einem Seehandelszentrum zu entwickeln. 697 ernannte der Exarch von Ravenna einen Dux zum Machthaber über die Lagunensiedlungen. Dieser *Paoluccio Anafesto* ging als erster *Doge* in die Geschichte Venedigs ein.

Das 8. Jh. war im Wesentlichen von pro- und antibyzantinischen Auseinandersetzungen geprägt, an denen sich die Lagunensiedlungen gegenseitig aufzureiben schienen. Eine Zeit, in der Byzanz seine Vormachtstellung nur mit militärischer Gewalt aufrechterhalten konnte.

Venedig entsteht, wird byzantinisch und setzt auf den Seehandel

An Weihnachten des Jahres 800 wurde der Frankenkönig *Karl der Große* durch Papst *Leo III.* in Rom zum Römischen Kaiser gekrönt, womit dem Byzantinischen Kaiserreich ein mächtiger Widersacher vorgesetzt wurde, der die Gunst des Papstes vor allem deshalb genoss, weil er dem italienischen Langobardenreich endgültig ein Ende gemacht hatte. Zwischen Byzanz und dem neuen Römischen Kaiser bahnte sich ein heftiger Konflikt an, der jedoch nicht zum Krieg, sondern 812 zum *Frieden von Aachen* führte: Um die Anerkennung seiner Kaiserwürde von Byzanz zu erreichen, hatte Karl in dem Aachener Friedensvertrag auf die östlichen Adriagebiete verzichtet, und damit auch auf die *Laguna veneta*, die somit vertraglich zum Byzantinischen Reich gehörte und die in der Folgezeit stark davon profitieren sollte.

Kurz vorher war an der Adria jedoch einiges passiert – und zwar nichts Geringeres als die eigentliche Gründung Venedigs: Gemäß der fränkischen Praxis der Herrschaftsteilung hatte Karl der Große 806 seinem Sohn *Pippin* die neuen italienischen Erwerbungen, darunter Venetien, zugesprochen. 809 führte dieser Pippin einen Unterwerfungsfeldzug gegen die Laguneninseln, die zwischen pro- und antifränkischer Parteinahme schwankten. *Malamocco*, der damalige Sitz des Dogen, wurde kurzerhand erobert, ebenso wie eine Reihe anderer Laguneninseln. In ihrer Not zogen sich die Bewohner tief in die Lagune zurück, und zwar auf die Inselgruppe des *Rivus Altus (Rialto)*, auf der bis dahin keine nennenswerte Besiedlung Fuß gefasst hatte. Pippin setzte den Flüchtenden nach, wobei er einen Großteil seines Kriegsgeräts durch Strömungen und morastige Untiefen einbüßte, was letztlich zum Abbruch der Verfolgung führte. – Das Lagunenvolk feierte seinen ersten großen militärischen Erfolg, und die Rialto-Inseln wurden zur Keimzelle einer schnell wachsenden Lagunenstadt, die sich zunächst *Civitas Rivoalti* und ab 1143 *Civitas Venetiarum* nannte.

Angelo Partecipazio war bereits der elfte Doge der Lagunengemeinschaft (810–827), aber der erste, der seinen Amtssitz auf dem Rialto hatte.

Das neue Siedlungszentrum erstreckte sich schließlich auf 118 kleine Inseln, die mit senkrecht in den Boden getriebenen Baumstämmen befestigt und verbunden werden mussten. Die Anzahl der benötigten Bäume ging ins Unermessliche.

Ein maurischer Händler, in Stein verewigt

Ganze Wälder auf der gegenüberliegenden istrischen Halbinsel wurden dafür abgeholzt. Auch wenn man sich heute kein genaues Bild von der Stadtanlage des 9. Jh. mehr machen kann, so wurden doch schon zu dieser Zeit wesentliche Merkmale der Stadtstruktur geschaffen: Die Planung orientierte sich weitgehend an den natürlichen Gegebenheiten, und zwar in erster Linie am Verlauf des *Rivus Altus* (lat. „tiefer Fluss"), wobei es sich um einen in die Lagune mündenden Arm des Flusses Brenta handelte, den späteren *Canal Grande*. Dieses Flussbett mit der markanten Form eines spiegelverkehrten S drückte der Stadtanlage von Anfang an einen unverwechselbaren Stempel auf.

Und an der Mündung des Canal Grande, dem meerseitigen Entree der Stadt, wurde bereits im 9. Jh. mit der Errichtung der beiden herausragendsten Bauwerke Venedigs begonnen – dem Dogenpalast und der Markuskirche. Parallel zum Aufbau der Lagunenstadt weiteten die Venezianer ihre Seehandelsaktivitäten aus. Wobei ihnen, abgesehen vom Bau eigener Handelsschiffe, vor allem die guten Beziehungen zum fernen Byzanz hilfreich waren. Während das restliche Italien kaum Handelsbeziehungen im östlichen Mittelmeerraum knüpfen konnte, öffnete Byzanz den verbündeten Venezianern sämtliche Häfen und Handelswege des Ostens. Luxusgüter wie Seide, Duftstoffe und Gewürze waren es in erster Linie, die die geschäftstüchtigen venezianischen Kaufleute in ihre Heimatstadt und von dort mit großen Gewinnen auf den europäischen Markt brachten.

Dem diplomatischen Geschick des Dogen *Pietro Tradonico* (836–864) war es schließlich zu verdanken, dass eine Erneuerung des Friedensvertrags zwischen Byzanz und dem Frankenreich zu Stande kam. Diesmal war, anders als im Frieden von Aachen, Venedig selbst Vertragspartner und legte die Grenzen seines Staates fest. Mit diesem *Pactum Lothari* vom 22. Februar 840 schwand der Einfluss von Byzanz auf Venedig und begann Venedigs Unabhängigkeit.

Porta dell'Arsenale – der Eingang zur verbotenen Stadt

Seemacht Venedig und die Eroberung Konstantinopels

Um den florierenden Seehandel gegebenenfalls verteidigen zu können, baute sich Venedig im 9. und 10. Jh. eine eigene Kriegsflotte auf, die seinerzeit nicht nur von den slawischen Piraten, die in der Adria ihr Unwesen trieben, gefürchtet wurde. Doch bei der reinen Verteidigung beließen es die Venezianer nicht. Sie unternahmen alsbald militärische Eroberungen an der istrischen und dalmatinischen Küste. Alljährlich feiert Venedig seitdem seine Vorherrschaft in der Adria am Himmelfahrtstag mit der *Festa della Sensa* (→ S. 63).

Im 11. Jh. stellten die Venezianer die Stärke ihrer Kriegsflotte erneut unter Beweis. Gemeinsam mit den verbündeten Byzantinern kämpften sie siegreich gegen die von Apulien aus ins östliche Mittelmeer vordringenden Normannen. Kaiser *Alexios I. Komnenos* gewährte Venedig daraufhin den Status eines Freistaats mit völliger Abgabenfreiheit. Außerdem stellte der byzantinische Kaiser große Goldmengen für den Ausbau der Markuskirche bereit und räumte der Lagunenstadt weitere Privilegien im Osthandel ein.

Mit dem Bau einer gewaltigen Schiffswerft (*Arsenale*) am Anfang des 12. Jh. bereitete sich Venedig weitblickend auf die kommenden Ereignisse vor. Die Lagunenstadt bekam nämlich Konkurrenz im Seehandel und plante, nach anfänglicher Zurückhaltung, eine Teilnahme an den Kreuzzügen ins Heilige Land.

Pisa und Genua, die beiden großen Hafenstädte an der Tyrrhenischen Küste, waren mittlerweile im Rücken von Venedig zu bedeutenden Seerepubliken mit Handelsniederlassungen auch im östlichen Mittelmeerraum herangewachsen. Als unentbehrliche Teilnehmer an der Kreuzzugsbewegung, die 1099 zur Eroberung Jerusalems geführt hatte, handelten sich Pisa und Genua Privilegien im Osthandel ein. Sie besaßen feste Stützpunkte in *Tyros* und *Askalon* (Palästina) und profitierten sogar von einer Herabsetzung der Handelszölle durch den byzantinischen Kaiser. Zielstrebig griff Venedig jetzt ins Geschehen ein und beteiligte sich an den langwierigen Vorbereitungen für den 4. Kreuzzug. Dieses Unternehmen sollte weitreichende Folgen für das Mächteverhältnis im östlichen Mittelmeerraum haben.

Klug bereiteten die Venezianer ihre, wie sich bald herausstellte, eigennützige Kreuzzugspolitik vor. Bereits im 12. Jh. verschlechterte sich die Beziehung zu Byzanz, weil Venedig 1155 einen Separatfrieden mit den Normannen geschlossen hatte. Der Abwendung von Byzanz folgte eine Annäherung an die westlichen Mächte, den Papst und das deutsch-römische Kaisertum. 1177 gelang es dem Dogen *Sebastiano Ziani*, zwischen Papst und Kaiser erfolgreich zu vermitteln. Am 23. Juli diesen Jahres kam es in Venedig zum Zusammentreffen zwischen Papst *Alexander III.* und Kaiser *Friedrich Barbarossa*. Die Begegnung führte zur Beendigung des Konflikts zwischen den beiden mächtigen Kontrahenten. Venedig ließ sich seine diplomatische Leistung gebührend honorieren: Der Papst gewährte allen Besuchern der Markuskirche den Ablass, was einen unablässigen Zustrom an Pilgern zur Folge hatte. Der Kaiser sicherte den Venezianern großzügige Handelsfreiheiten im gesamten Reichsgebiet zu, was den Warenabsatz jenseits der Alpen begünstigte.

1187 eroberte *Sultan Saladin* Jerusalem von den Christen zurück, 1198 fand sich mit *Innozenz III.* schließlich ein kreuzzugsbereiter Papst, der mit dem Dogen *Enrico Dandolo* Verhandlungen über die Modalitäten des 4. Kreuzzugs führte. Venedig stellte dem Kreuzfahrerheer von 30.000 Mann eine Flotte zur Verfügung und sollte dafür 85.000 Silberdukaten erhalten. Da diese Summe von den Kreuzfahrern, die vorwiegend aus Frankreich kamen, nicht vollständig aufgebracht werden konnte, nutzte der greise Dandolo die Gunst der Stunde und ernannte sich zum Oberbefehlshaber des Kreuzzugs. Ohne die Einwilligung des Papstes dirigierte er 1202 das Heer zunächst an die dalmatinische Küste, um dort das aufständische Zara von den Ungarn zurückzuerobern. Als *Innozenz III.* von dieser ungeheuerlichen, eigennützigen Aktion erfuhr, wollte er den Kreuzzug, dessen erklärtes Ziel Ägypten war, stoppen. Doch der Lauf der Dinge ließ sich nicht mehr aufhalten. Anstatt nach Ägypten zog das Heer jetzt nach Konstantinopel (Byzanz), um – wie es zur Rechtfertigung hieß – die seit dem Schisma (1054) getrennte Ostkirche wieder mit Rom zu vereinigen. Doch die eigentliche Absicht, die der clevere Doge verfolgte, war die Zerschlagung des Byzantinischen Reiches. Mit unvorstellbarer Grausamkeit wurde Byzanz 1204 zerstört und geplündert. Die Kriegsbeute, die sich die Kreuzfahrer gierig untereinander teilten, war enorm. Den Venezianern fielen drei Achtel von Konstantinopel einschließlich des Arsenals und der Docks in die Hände. Außerdem begann man vor Ort unverzüglich mit der Aufteilung des riesigen Ostreiches, von dem Venedig „ein Viertel und die Hälfte eines Viertels" für sich beanspruchte. Die Inseln Euböa, Korfu, Kreta, Rhodos und Zypern sowie mehrere Küstenstädte auf dem griechischen Festland wurden venezianisch.

Diese neuen Besitzungen baute Venedig in der Folgezeit zu einem mächtigen *Stato da mar* (Seestaat) aus. Während das im Herzen getroffene Byzantinische Reich unaufhaltsam zerfiel, begann für Venedig der Aufstieg zur absoluten Großmacht. – Wie kein anderes Beutegut erinnern noch heute die antiken *Bronzepferde von San Marco*, die einstmals auf einem Triumphbogen in Rom und dann vor dem Hippodrom von Byzanz gestanden hatten, an die Eroberung Konstantinopels.

Lo Stato da mar – der Seestaat

Im 13. Jh. errichteten die Venezianer überall in ihren neuen Besitzungen wuchtige Festungen. Von dort aus betrieben sie einen immer kühneren Handel, der sie ins Schwarze Meer, nach Kleinasien und Ägypten, an den Persischen Golf und sogar bis nach China führte. Mit den ungeheuren Gewinnen, die sie dabei erzielten, statteten sie ihre Lagunenstadt mit Marmor und anderen Kostbarkeiten aus.

Der legendäre venezianische Seestaat, *Stato da mar*, bestand im Wesentlichen aus einem Netz von logistischen Stütz-

Die Pferde von San Marco

punkten, das sich über den gesamten östlichen Mittelmeerraum spannte. Der wichtigste Stützpunkt war zunächst *Konstantinopel*, wo Tausende von Einheimischen harten Frondienst leisten mussten. Strategisch nahezu ebenso bedeutend war die Insel *Kreta*, wohin Hunderte von Venezianern auswanderten. *Negromonte* hingegen entwickelte sich zu Venedigs Hauptstützpunkt in der Ägäis, während *Modon* und *Koron* am Ionischen Meer zu den „beiden Augen der Seerepublik" wurden, wo alle Schiffe die in der Levante kreuzten den Befehl hatten, zwecks Nachrichtenaustausch anzulegen. Der *Stato da mar* gewährleistete den Venezianern die unangefochtene Vorherrschaft im östlichen Mittelmeer und einen nahezu reibungslosen Handel.

Die Verfassung der Adelsrepublik Venedig

Niemals waren die Venezianer einem westlichen Kaiser untertan gewesen. Wahrscheinlich besaßen sie deshalb jenes unerschütterliche Bewusstsein souveräner Unabhängigkeit, das ihr in sich geschlossenes Gemeinwesen bis zur erzwungenen Selbstauflösung 1797 kennzeichnete. Ein weiterer Wesenszug des venezianischen Stadtstaates war das Misstrauen gegenüber der Macht eines Einzelnen, weshalb schon ab 1032 kein Doge mehr seinen Nachfolger bestimmen konnte. Mit Entschiedenheit wurden aber auch das einfache Volk und die Geistlichkeit von der politischen Verantwortung ausgeschlossen. So waren es vornehmlich Patrizier, die die politische Klasse Venedigs bildeten. Das *Libro d'oro* (Goldenes Buch) der Stadt, das im 13. Jh. angelegt wurde, verzeichnete sämtliche *Nobili*, die das Recht auf eine Mitgliedschaft in den zentralen Organen hatten. Diese *Nobili*, bei denen es sich vorwiegend um den alten byzantinischen Adel sowie reiche Kaufleute handelte, machten weniger als 10 % der Gesamtbevölkerung aus, besaßen aber mehr als 90 % des Gesamtvermögens der Lagunenstadt. Dass der Kaufmannsgeist die Politik der Regierung bestimmte, lag somit auf der Hand. Wirtschaft und Politik waren in Venedig geradezu existenziell miteinander verflochten, ging es dem Handel gut, ging es auch dem Gemeinwesen gut.

Das straffe venezianische Staatswesen, das übrigens keine kodifizierte Verfassung besaß, war im Wesentlichen nach dem hierarchischen Prinzip organisiert. Die Spitze repräsentierte der *Doge*, dessen Macht allerdings seit dem 13. Jh. so stark beschnitten war, dass der große Humanist *Francesco Petrarca* den zu seiner Zeit amtierenden Dogen *Marino Falier* als „geehrten Diener der Republik" titulierte. In der Tat kann die Handlungsfähigkeit des Dogen mit der eines modernen repräsentierenden Staatsoberhaupts verglichen werden. Zentrales Organ des Staatsapparats war der Große Rat (*Maggior Consiglio*), in dem alle erwachsenen, männlichen *Nobili* der Stadt vertreten waren. Er bildete die Basis, und aus seiner Mitte wurde auch der Doge gewählt. Der Große Rat wuchs von anfangs 35 Mitgliedern rasch auf mehrere Hundert an und hatte zur Blütezeit Venedigs ca. 2000 Mitglieder. Neben dem Großen Rat konstituierten sich der Kleine Rat (*Signoria*) – mithin die eigentliche Regierung –, der Senat (*Consiglio dei Pregadi*), der Rat der Vierzig (*Quarantina*) und der Rat der Zehn (*Consiglio dei Dieci*). Da die venezianische Verfassung noch keine Gewaltenteilung kannte, waren die zentralen Regierungsorgane gemeinsam für sämtliche innen- und außenpolitischen Angelegenheiten zuständig. Der komplexe Staatsapparat war so geschickt, aber auch so kompliziert organisiert, dass sich die verschiedenen Gremien stets gegenseitig kontrollierten, um auf allen Ebenen der Politik einen Missbrauch der Macht zu verhindern. Wie wirkungsvoll das venezianische

Die Entdeckungsreisen der Polos

Ungefähr zwei Jahrhunderte vor dem großen Entdeckerzeitalter machten die venezianischen Brüder *Niccolò* und *Matteo Polo* von sich reden. Sie gehörten zu jenen venezianischen Kaufleuten, die sich nach der Eroberung in Konstantinopel niedergelassen und ihre Handelsbeziehungen über das Schwarze Meer bis zur Halbinsel Krim ausgedehnt hatten. 1260 beschlossen die Polos, neue Handelswege in Richtung Osten zu erkunden. Sie gelangten zunächst in die reiche Perserstadt *Täbris* (Iran) und von dort aus nach *Buchara* (Usbekistan), wo sie sich etwa drei Jahre aufhielten und Mongolisch und Persisch lernten. Mittlerweile hatte auch sie die Nachricht von der Rückeroberung Konstantinopels (1261) erreicht, bei der zahlreiche Venezianer ihr Leben verloren hatten; dorthin konnten sie also nicht mehr zurück. Stattdessen schlossen die Polos sich einer Karawane des Khans von Persien an, die ostwärts nach China zog. Diese 5.000 km lange Reise über das Dach der Welt und vorbei an der größten Wüste der Welt führte in die Mongolenhauptstadt Peking zum Hof des *Kublai Khan*, für den die Begegnung mit den Polo-Brüdern die erste Begegnung mit lateinischen Christen war. Mit einer Botschaft für den Papst (Missionare nach China zu senden) kehrten Niccolò und Matteo Polo über *Lajazzo* (heute: Türkei) nach Italien zurück. 1271 brachen sie zusammen mit Niccolòs Sohn *Marco Polo* und zwei Missionaren erneut nach China auf. Entnervt von den Strapazen gaben die beiden Missionare die beschwerliche Reise bald auf, während die drei Polos ihr Ziel erreichten und vom Mongolenherrscher wohlwollend aufgenommen wurden. Marco Polo trat sogar in die Dienste des Kublai Khan und reiste von 1275–93 kreuz und quer durch China. Reich beschenkt erhielt er 1292 die Erlaubnis, nach Europa zurückzukehren. Er nahm den Seeweg durch das Südchinesische Meer vorbei an Indien zum Persischen Golf. Auf dem Landweg erreichte Marco Polo Konstantinopel, wo er ein Schiff in seine Heimatstadt bestieg. In Venedig gelangte er angeblich bald zu Wohlstand, aber seinen abenteuerlichen Reiseberichten über *Kathay*, wie er China damals nannte, schenkte niemand so recht Glauben. Übertrieben und unwahr erschienen seinen Landsleuten die Schilderungen von Reichtum und Pracht mongolischer Millionenstädte. Gar als Märchen taten sie Marco Polos Erzählungen über den verschwenderischen Gebrauch von kostbaren Gewürzen ab, wurde doch zu dieser Zeit in Europa Pfeffer noch mit Gold aufgewogen.

Staatswesen letztlich funktionierte, zeigte sich nicht zuletzt daran, dass alle Umsturzversuche seitens machtgieriger Dogen rechtzeitig erkannt, aufgedeckt und geahndet wurden.

La Serenissima erreicht ihren Höhepunkt

Nachdem Venedig seinen Seestaat erfolgreich gegen Genua verteidigt hatte, erlebten die Handelsaktivitäten einen derartigen Aufschwung, dass die Lagunenstadt zu einem regelrechten *Wirtschaftsimperium* heranwuchs. „Geht es dem Handel gut, geht es auch dem Gemeinwesen gut", die venezianische Erfolgsformel bewahrheitete sich vor allem im 15. Jh., als sich Venedig in allen Bereichen des öffentlichen Lebens entwickelte und zur allseits bewunderten *Serenissima* – zur „Durchlauchtesten" – aufstieg. In dieser Zeit regierten mit *Michele Steno*, *Tomaso Mocenigo* und

La Serenissima erreicht ihren Höhepunkt

Francesco Foscari nacheinander drei der fähigsten Dogen der Republik, die für innenpolitische Stabilität sorgten, indem sie streng an der oligarchischen Staatsform festhielten, während es in den anderen norditalienischen Großstädten reihenweise zur Alleinherrschaft von Adelsdynastien kam.

Wirtschaftlich schrieb Venedig eindrucksvolle Zahlen. Allein das Umsatzvolumen des Gewürzhandels betrug Mitte des 15. Jh. jährlich 1 Millionen Dukaten (etwa 50.000.000 €). Zu den gewinnträchtigen Großbetrieben, die sich in der Lagunenstadt angesiedelt hatten, gehörten neben der traditionsreichen Werft *Arsenale* mittlerweile auch Seiden- und Baumwollwebereien, Färbereien, Glasbläsereien, Zuckerraffinerien, Seifen- und Kerzenfabriken. Um für das gigantische Waren- und Produktionsaufkommen die europäischen Absatzmärkte zu sichern, drängte Venedig jetzt verstärkt aufs Festland (*Terraferma*) – und begab sich damit auf gefährlichen Boden, wie sich später herausstellen sollte.

Die Venezianer überschritten ihr vertrautes Terrain jedoch nicht nur wegen der Absatzmärkte dies- und jenseits der Alpen. Weitsichtig, wie sie waren, erkannten sie im Vorrücken des Osmanenreiches eine potenzielle Bedrohung ihres Osthandels und eröffneten sich mit dem Schritt aufs Festland eine Hintertür. Als eine der reichsten Städte Italiens konnte sich Venedig die besten Söldnerheere und *Condottieri* (Söldnerführer) leisten, um die beabsichtigte *Landnahme* auch erfolgreich in die Tat umzusetzen. Während zwischen 1389 und 1405 Treviso, Padua, Vicenza und Verona relativ schnell erobert werden konnten, erwies sich Mailand, das unter den *Visconti* ebenfalls auf Expansionskurs war, als unbezwingbarer Gegner. Anstatt rechtzeitig auf eine Versöhnungspolitik zu setzen und sich mit den Gebietseroberungen in Venetien, im Friaul und in der Emilia-Romagna zufrieden zu geben, trieb *Francesco Foscari* Venedig in einen kostspieligen Krieg mit Mailand, der erst 1453 beendet wurde. Zu diesem Zeitpunkt hatte Venedig seine größte Ausdehnung auf dem Festland erreicht – und

Bootsparaden auf dem Canal Grande gehörten zur Selbstdarstellung der Seemacht

Gondelfähre (Traghetto) über den Canal Grande – wie in alten Zeiten

wechselte jetzt den Kriegsschauplatz, denn in diesem Jahr hatten die Türken Konstantinopel erobert und die Venezianer sahen ihren Seestaat bedroht.

Obwohl sich die gesamte westliche Welt über die türkische Eroberung Konstantinopels empörte und der Papst die Umwandlung der *Hagia Sophia* in eine Moschee beklagte, war Venedig im Kampf gegen die Osmanen weitgehend auf sich allein gestellt. Der Papst bemühte sich anfangs zwar um das Zustandekommen eines Kreuzzugs, aber die großen italienischen Städte Mailand, Florenz und Neapel blieben passiv und sahen voller Missgunst zu, wie es Venedig aus eigener Kraft gelang, 1479 einen Frieden mit dem Osmanischen Reich zu schließen. Obwohl La Serenissima einige wichtige Mittelmeerstützpunkte an die Türken verlor (z. B. Euböa) und der Zahlung von 10.000 Dukaten jährlich für die Handelsrechte im Osten zustimmen musste, konnte der venezianische Seestaat verteidigt werden – jedenfalls vorläufig noch.

Venedig war auf dem Höhepunkt seiner Macht angelangt, und das machte sich auch in der ungeheuren Prachtentfaltung innerhalb der Lagunenstadt bemerkbar. Fasziniert von den prächtigen Bauten und dem luxuriösen Lebensstil bezeichneten ausländische Diplomaten Venedig in der zweiten Hälfte des 15. Jh. als die glorreichste Stadt überhaupt. Ganz Europa schaute beeindruckt, aber voller Neid auf den Reichtum der selbstbewussten Serenissima.

Venedig wäre nicht Venedig, wenn es nicht in der Lage gewesen wäre, den verschwenderischen Lebensstil, den der betuchte Stadtadel an den Tag legte, so zu beschneiden, dass soziale Spannungen gar nicht aufkommen konnten. Des inneren Friedens wegen erließ die Regierung so genannte *Luxusgesetze*, die das öffentliche Leben der *Nobili* streng reglementierten, damit das einfache Volk keinen Anlass hatte um aufzubegehren. Hochzeitsfeiern wurden z. B. auf 40 Gäste begrenzt, Bekleidungsvorschriften, die ständig aktualisiert wurden, verboten den Venezianerinnen zeitweise sogar das Tragen von Schmuck in der Öffentlichkeit. Obwohl Venedig in jeder Hinsicht saturiert war, herrschte Disziplin.

Die Heilige Liga 31

Venedigs Glücksstern beginnt zu sinken

Anfang des 16. Jh. bahnte sich die Wende an. Das Osmanische Reich im Osten und die europäischen Großmächte auf der anderen Seite nahmen die stets um Unabhängigkeit bemühte Serenissima in die Zange und drängten sie langsam dahin zurück, wo sie hergekommen war – in die Lagune.

Ohne Vorwarnung begann der Sultan des Türkenreichs systematisch damit, einen Kordon um das östliche Mittelmeer zu legen und sich einen venezianischen Handelsstützpunkt nach dem anderen einzuverleiben. 1517 eroberte die türkische Kriegsflotte Syrien und Ägypten, 1522 Rhodos und 1529 folgte sogar Algier. Allein war Venedig den türkischen Flottenverbänden im Mittelmeer nicht mehr gewachsen. Nahezu widerstandslos musste die Serenissima zusehen, wie ihr Seestaat langsam zerbröckelte und ihr Handelsimperium zu schrumpfen begann.

Die von der venezianischen Regierung betriebene Italienpolitik, die die Bewahrung des Gleichgewichts zwischen den italienischen Städten und Kleinstaaten anstrebte, geriet angesichts ständig wechselnder Bündnisse bald außer Kontrolle und brachte Venedig in den Verdacht, die Herrschaft über ganz Italien anzustreben. Eine fast gesamteuropäische Front, initiiert vom Papst und den konkurrierenden italienischen Städten, bildete sich gegen die isolierte Serenissima. Diese Koalition, die *Liga von Cambrai*, schlug die venezianischen Söldnerheere am 14. Mai 1509 in der *Schlacht von Agnadello* vernichtend und brachte Venedig an den Rand des Zusammenbruchs. Dem diplomatischen Geschick des greisen Dogen *Leonardo Loredan* war es zu verdanken, dass das verhängnisvolle Bündnis gesprengt werden konnte, bevor es Venedig gänzlich ruinierte. Indem der Doge dem Papst die bisher verweigerten Kirchensteuern zusicherte und auf die eigenmächtige Ernennung venezianischer Bischöfe verzichtete, setzte sich *Julius II.* für Venedig ein und bewirkte das Ende der antivenezianischen Offensive seitens der Liga von Cambrai.

Abgesehen von den Kriegen im Osten und im Westen, die Venedig zermürbten, kündigten sich folgenschwere globale Veränderungen an. Das Zeitalter der großen Entdecker war angebrochen. 1492 hatte *Christoph Kolumbus* die Neue Welt betreten, und sechs Jahre später war es der Portugiese *Vasco da Gama*, der den Seeweg nach Indien entdeckte. Der Welthandel begann sich infolgedessen zu verändern. Das Mittelmeer verlor zusehends an Bedeutung und im gewinnträchtigen Gewürzhandel liefen Lissabon und Antwerpen der Serenissima bald den Rang ab.

Die Heilige Liga

Trotz der massiven Rückschläge war Venedig keineswegs am Ende. Außenpolitisch isoliert, aber innenpolitisch gefestigt, blickten die Venezianer in die Zukunft und mobilisierten ihre enormen finanziellen Ressourcen, um die verbliebenen Handelsaktivitäten fortzusetzen. Angesichts der türkischen Präsenz im östlichen Mittelmeer mussten die venezianischen Schiffe jetzt noch besser geschützt werden als zuvor. Die Handelsgaleeren und Segelschiffe verkehrten nur noch im Verbund mit schwer bewaffneten Kriegsgaleeren. Mitte des 16. Jh. ging man sogar dazu über, alle Handelsschiffe mit Kanonen zu bestücken und die Besatzungen zu bewaffnen. Die Werft *Arsenale* hatte wieder einmal Hochkonjunktur, und die Waffenlager waren zum Bersten gefüllt.

Mit Kreta und Zypern besaßen die Venezianer noch immer zwei wichtige Handelsstützpunkte, die sie lange Zeit gegen die Türken verteidigen konnten. Doch 1571 gelang es Sultan *Selim II.* Zypern zu besetzen und die Inselhauptstadt Famagusta nach monatelanger Belagerung einzunehmen. Venedig war damit empfindlich getroffen worden; aber vor allem empörte sich die westliche Welt über die Grausamkeit der Eroberer. Denn obwohl *Marcantonio Bragadin*, der venezianische Kommandant der Festung von Famagusta kapituliert hatte, wurde er auf dem Marktplatz bei lebendigem Leibe gehäutet, und seine Haut ließen die Peiniger mit Stroh ausstopfen. Schon lange war der Westen über das barbarische Wüten der Türken entrüstet, doch jetzt schien der sprichwörtliche Tropfen das Fass zum Überlaufen gebracht zu haben. Der Papst bildete zusammen mit Spanien und Venedig die *Heilige Liga*, deren enormer Flottenverband von über 200 Kriegsgaleeren den Feind im Golf von Korinth stellte. Die türkische Kriegsflotte konnte in der *Seeschlacht von Lepanto* 1571 vollständig aufgerieben werden, woran die Venezianer, deren Kontingent aus 110 Galeeren bestand, aufgrund ihrer effektiven Kriegstechnik den größten Anteil hatten. Doch da die Militäroperation unter dem Kreuzfahrerbanner geführt wurde, strichen die Spanier und der Kirchenstaat die Lorbeeren ein. Venedig machte zwar reiche Beute an türkischen Galeeren, und in der Lagunenstadt wurde „Vittoria, Vittoria" gejubelt, aber Zypern konnte durch den Sieg von Lepanto nicht befreit werden.

Historische Fassade am Canal Grande

Pest, Piraten und erneut die Türken

Wenige Jahre nach der kräftezehrenden Seeschlacht von Lepanto (1571) raffte die erste große *Pestepidemie* (1575/76) einen Großteil der Einwohner Venedigs dahin und bewirkte einen völligen Stillstand des Handels, der anschließend jedoch umso heftiger auflebte. Um die Jahrhundertwende importierten venezianische Kaufleute wieder Seide aus Aleppo, Baumwolle aus Smyrna, und über das Rote Meer und den Persischen Golf trafen auch wieder Gewürze in Venedig ein. Doch die mittlerweile im Atlantik und im Mittelmeer verkehrende spanische, englische und niederländische Konkurrenz war den Venezianern überlegen geworden – im Handel und im Schiffbau. Nachdem die Engländer und die Holländer Mitte des 17. Jh. mit Spanien Frieden geschlossen hatten und die Straße von Gibraltar infolgedessen gefahrlos passieren konnten, verkehrten ihre Handelsschiffe auch in der Adria, wo sie sogar den venezianischen Kaufleuten ihre Dienste anboten.

Ganz abgesehen von der Konkurrenz litt der venezianische Osthandel in den ersten Jahrzehnten des 17. Jh. vor allem unter dem florierenden *Piratentum*. Das gesamte Mittelmeer war ein Tummelplatz für Seeräuber aus aller Herren Länder geworden. *Uskoken*, Korsaren aus den von den Türken eroberten Gebieten Dalmatiens waren es in erster Linie, die in der Adria ihr Unwesen trieben und zahlreiche venezianische Handelsschiffe kaperten. Dieser kaum zu bekämpfende Umstand führte außerdem dazu, dass die Prämien für Schiffsversicherungen drastisch anstiegen und die Handelsgewinne erheblich schrumpften. Hinzu kam, dass der Dreißigjährige Krieg (1618–48) den Handel mit Deutschland lähmte, womit Venedig einen seiner wichtigsten Absatzmärkte verlor. In der Lagunenstadt selbst brach 1630 die zweite große Pestepidemie aus, die der Stadt fast 50.000 Einwohner raubte.

Nachdem das Osmanische Reich am Anfang des 17. Jh. kurzfristig einen Teil seines eroberten Gebietes eingebüßt hatte, flammten die Feindseligkeiten Mitte dieses Jahrhunderts erneut auf. 1645 griffen die Türken Kreta an und zogen Venedig wiederum in einen langen Mittelmeerkrieg. Das Kriegsglück wechselte mehrmals die Seiten, bis Venedig Kreta 1669 endgültig verlor. Es blieben jedoch einige wichtige Stützpunkte auf *Morea*, wie der Peloponnes damals hieß. Mehr und mehr weitete sich der türkisch-venezianische Mittelmeerkrieg zum internationalen Konflikt aus. 1683 standen die Türken vor Wien, wurden von den verbündeten Österreichern und Polen aber weit zurückgedrängt. Auch Russland beteiligte sich schließlich an der antitürkischen Allianz, woraufhin Venedig erfahrene Schiffszimmerleute für den Bau einer russischen Galeerenflotte entsandte. 1699 verschaffte der *Frieden von Karlo-*

Pest und Piraten bedrohen Venedig heute nur noch zur Karnevalszeit

witz den Kriegsparteien eine mehrjährige Atempause, bis sich die Türken 1714 an die Wiedereroberung des Peloponnes machten. Ein westliches Bündnis, das von Österreich angeführt wurde, drängte die Türken erneut zurück, und die finale Seeschlacht von Kap Matapan an der Südspitze des Peloponnes führte 1718 zum *Frieden von Passarowitz*. Als unumstrittener Sieger erhielt Österreich große Gebiete auf dem Balkan, während Venedig den Peloponnes gänzlich preisgeben musste. Und als 1719 eine Explosion die letzte venezianische Festung auf Korfu zerstörte, zog sich die einstige Seemacht fast vollständig aus dem östlichen Mittelmeer zurück.

Das Ende der Adelsrepublik

Die Königin der Adria hatte abgedankt und war zur Zuschauerin der Weltpolitik geworden. Die Adelsrepublik hatte endgültig aufgehört, eine Großmacht zu sein. Aber es herrschte Frieden, und zwar der längste, den die Stadtgeschichte zu verzeichnen hatte, er reichte von 1718 bis 1797. In dieser Zeit führte Venedig gewissermaßen ein Doppelleben: Einerseits driftete das Leben in der Lagunenstadt aufgrund des nach wie vor gewaltigen Reichtums in einen Zustand dekadenter Sorglosigkeit ab; andererseits hielt der Stadtadel aber hartnäckig an den alten politischen und wirtschaftlichen Traditionen fest und versuchte, mit allen Mitteln einen Zerfall der Republik zu verhindern.

Venedig zählte im 18. Jh. ungefähr 140.000 Einwohner und verfügte noch über stattliche Besitzungen auf dem Festland, in Venetien, wo über 2 Millionen Menschen lebten. Eine gute Grundlage also für eine Konsolidierung des Stadtstaates. Zunächst kurbelten die Stadtväter die Landwirtschaft auf dem Festland an und förderten die traditionsreichen städtischen Industrien (z. B. Textilerzeugung und Glasherstellung). Und wichtiger noch, nach gründlichen Reformen erholten sich auch der Seehandel und der Schiffbau wieder. Auf neuen Schiffen betätigten sich venezianische Händler vor allem in der Adria, wo z. B. Olivenöl aus Apulien und Schwefel aus den Marken lukrative Güter waren. Aber es verkehrten auch venezianische Schiffe nach London, Sankt Petersburg und über Lissabon nach Amerika. Sogar der Osthandel knüpfte an frühere Jahrhunderte an, denn verstärkt importierte man die beliebt gewordene Handelsware Kaffee aus dem Vorderen Orient.

Doch der typische venezianische Kaufmann war längst nicht mehr der alte.

Das Ende der Adelsrepublik

Denunziationsbriefkästen wurden von der Geheimpolizei und nicht von der Post geleert

Zahlreiche Adelsfamilien hatten die Lagunenstadt bereits im 17. Jh. in Richtung Festland verlassen, wo sie sich luxuriöse Landsitze errichteten und in Grundbesitz investierten. Die Stadtflucht des angestammten Adels hinterließ im 18. Jh. eine derart klaffende Lücke, dass die Regierungsorgane und der Beamtenapparat kaum noch standesgemäß besetzt werden konnten. Nur durch eine Lockerung der strengen Zuzugsbedingungen gegenüber reichen und angesehenen Bürgern aus norditalienischen Städten und anderen Landesteilen, war Venedig in Lage, den Kreis des privilegierten Stadtadels einigermaßen standesgemäß zu erweitern und die alte Ordnung zu erhalten. Auch die unteren Schichten der Stadtbevölkerung hatten sich durch Zuzug verändert. Die Kapitäne und Seeleute kamen jetzt zumeist aus Dalmatien, und die Schiffseigner waren jetzt zu einem Großteil eingewanderte Juden.

Allen Veränderungen zum Trotz war die Atmosphäre im 18. Jh. ausgelassen. Die zahlreichen Theater- und Opernbühnen, Spielsalons und Kaffeehäuser waren die eigentlichen Zentren des gesellschaftlichen Lebens. Venedig frönte dem heiteren Leben. Eine karnevaleske Stimmung legte sich über die „Hauptstadt des Rokoko". Es war die Zeit *Carlo Goldonis* und *Giacomo Casanovas*. Venedig hatte einen radikalen Imagewechsel vollzogen, die brave Kaufmannsstadt hatte sich zur Kultur- und Amüsierstadt gewandelt. Angezogen von den enormen Kunstschätzen, den spektakulären Opernereignissen, den populären Stegreifkomödien, dem Karneval und nicht zuletzt von der legendären Sittenlosigkeit, strömten immer mehr Fremde in die Lagunenstadt. Venedig erlebte – vielleicht früher als alle anderen europäischen Städte – die *Geburtsstunde des Tourismus*.

Dann brachen weltpolitische Ereignisse über Venedig herein. 1789, im Jahr der Französischen Revolution, wurde in Venedig mit *Lodovico Manin* der letzte Doge gewählt. Es dauerte keine zehn Jahre, bis französische Truppen in die widerstandslose Lagunenstadt einmarschierten. Am 12. Mai 1797 trat der Große Rat der alten Republik ein letztes Mal zusammen und beschloss seine Auflösung. Respektlos plünderte der Feldherr Napoleon Venedig und trat die gedemütigte Stadt im *Frieden von Campoformio* (1797) an Österreich ab. Nach dem Sieg von Austerlitz (1805) fiel Venedig ans napoleonische Königreich Italien, bis der *Wiener Kongress* (1815) es als habsburgisches Königreich Lombardo-Venetien erneut den Österreichern zusprach.

Venedig im 19. und 20. Jh.

Unter dem strengen österreichischen Regime berührte Venedig seinen Tiefpunkt. Die Bevölkerung verarmte und ging auf ungefähr 100.000 Einwohner zurück. 1848, im europäischen Revolutionsjahr, entluden sich die sozialen Spannungen. Unter dem Freiheitskämpfer *Daniele Manin* kam es zum Volksaufstand gegen die Österreicher, die aus der Stadt vertrieben werden konnten. Doch bereits ein Jahr später zwang Feldmarschall *Radetzky* die Venezianer zur Kapitulation und wurde Gouverneur. Nach dem Ende des preußisch-österreichischen Krieges (1866) übergab Österreich Venetien zunächst an *Napoleon III.* Frankreich überließ die Region jedoch dem neuen Königreich Italien. In einer eindeutigen Volksabstimmung im Oktober 1866 entschieden sich die Venezianer für den Anschluss an das junge, vereinigte italienische Königreich unter *Vittorio Emanuele II.*

Als Hauptstadt einer Provinz profitierte Venedig in der zweiten Hälfte des 19. Jh. vom wirtschaftlichen Aufschwung des neuen italienischen Reiches. Nüchterne Fakten belegen die Entwicklung: Über den bereits 1846 errichteten Eisenbahndamm, der die Lagunenstadt jetzt mit dem Festland verband, wurde Venedig an das italienische Bahnnetz angeschlossen. Meerseitig hingegen belebte die Eröffnung des Suezkanals (1869) den Mittelmeerhandel, und Venedig erlangte wieder Bedeutung als Hafenstadt. Doch diese bescheidene wirtschaftliche Entwicklung war sekundär. Längst war der *Fremdenverkehr* zur größten Einnahmequelle der Stadt geworden. Immer mehr Touristen aus dem In- und Ausland strömten nach Venedig, um die Einzigartigkeit der Lagunenstadt zu bestaunen. Namhafte Schriftsteller, Musiker und Maler machten den Anfang und zogen einen unablässigen Besucherstrom nach sich. Aus Hunderttausenden von Touristen jährlich wurden im 20. Jh. bald mehrere Millionen – und Venedig nahm seine Rolle als Sehenswürdigkeit von Weltrang mit dem gewohnten Eifer und Geschäftssinn an.

Um die einmalige Stadtanlage in ihrer Ursprünglichkeit zu erhalten, ging die Industrialisierung fast vollständig an Venedig vorbei. 1918 schloss man sogar die traditionsreiche Werft (*Arsenale*). Während das historische Stadtzentrum konserviert wurde, entstanden in den 1920er-Jahren am Küstensaum der Lagune mit *Mestre* und *Porto Marghera* zwei Wohn- und Industriestädte, die die Tristesse und Hässlichkeit industrieller, städtebaulicher Entwicklung von Venedig fern hielten. Während des Ersten Weltkriegs bombardierten österreichisch-ungarische Flugzeuge Venedig, der Schaden blieb jedoch gering. Auch den Zweiten Weltkrieg übersteht die Stadt nahezu unbeschadet. Doch die giftigen Abwässer und Abgase der Raffinerien und Chemiefabriken von Porto Marghera sollten bald zur lebensbedrohenden Gefahr für Venedig werden (→ „Ist Venedig eigentlich noch zu retten?", S. 37).

Acqua alta – Überflutungen der Stadt sind so alt wie Venedig selbst

Ist Venedig eigentlich noch zu retten?

Die historische Lagunenstadt befindet sich in einem prekären physischen Zustand. Während die alte Republik Venedig noch weitgehend in der Lage war, die komplexen Ursachen der Bedrohung zu beherrschen, scheint heute eher Ratlosigkeit vorzuherrschen, gepaart mit umstrittenen Einzelmaßnahmen. Im Folgenden ein weiter Blick zurück sowie ein kritischer Blick auf den aktuellen Stand der Dinge.

Am Anfang war die Lagune

Die Lagune von Venedig ist das Ergebnis einer natürlichen Entwicklung. Die dynamischen Kräfte des Meeres und der Flüsse aus dem Hinterland haben viele Jahrtausende an ihrer Entstehung gearbeitet. *Etsch, Brenta, Sile* und *Piave* heißen einige der größten Flüsse Norditaliens, deren Adriamündungen nur wenige Kilometer voneinander entfernt liegen. Die stetigen Anschwemmungen dieser Alpenflüsse wurden draußen vor den Mündungen durch die Gegenströmung des Meeres wieder in Richtung Festland zurückgespült. In diesem natürlichen Kräftespiel bildete sich langsam eine Lagune, deren typische Sandbänke (lang gezogene Nehrungsinseln, ital. *Lidi* bzw. *Litorali*) das Meer nach und nach abdrängten, bis eine Wasserfläche fast ganz umschlossen war. Nur einige Durchlässe in den vorgelagerten Sandbänken verhindern bis heute, dass sich die *Laguna veneta* wie ein flaches Binnenmeer zwischen Festland und Adria schließt.

38   Ist Venedig eigentlich noch zu retten?

Innerhalb der Lagune haben die Gezeiten des Meeres und der Zustrom der Flüsse eine amphibische Landschaft geformt – halb Wasser, halb Land, 55.000 ha groß, etwa 40 km lang und maximal 15 km breit. Schier Unvorstellbares vollbrachten die Küstenbewohner, als sie begannen, das sumpfige Terrain zu besiedeln und urbar zu machen. Mitten in der Lagune gründeten sie eine Wasserstadt und begannen mit der Kultivierung der „Landschaft", indem sie Salinen anlegten, Fischteiche eindämmten und Anbauflächen trockenlegten. Jahrhundertelang diente die Lagune den Venezianern als natürliche Lebensgrundlage, und seit der Stadtgründung war das Wissen um die Faktoren, die das Gleichgewicht der Lagune bestimmen, für den Fortbestand Venedigs von größter Wichtigkeit.

Die Flüsse

Schon sehr früh erkannten die Venezianer, dass ihre Lagune durch die Anschwemmungen der Flüsse, insbesondere der *Brenta*, von einer schleichenden Verlandung bedroht war. Eigens für dieses Problem wurde eine Behörde namens *Magistrato delle acque* eingerichtet, die bald zu der Einsicht kam, dass langfristig nur die Umleitung der Flussläufe auf dem Festland Abhilfe schaffen könne. Obwohl diese Maßnahme nicht unumstritten war, begann man bereits im 15. Jh. mit der Abdeichung der Flüsse Brenta, Piave und Sile. Damals ein gigantisches Projekt, das nur schrittweise umgesetzt und erst im 17. Jh. abgeschlossen werden konnte. Der kanalisierte Hauptarm der Brenta läuft seitdem nach Süden und mündet bei Chioggia in die Adria. Sile und Piave ergießen sich hingegen bei Jesolo in die Adria. Die Verlandung der Lagune konnte damit zwar weitgehend gestoppt werden, aber bald stellte sich heraus, dass die Flussumleitungen negative Auswirkungen auf die Strömungsverhältnisse innerhalb der Lagune hatten. Seitdem die Flüsse die landseitige Hälfte der Lagune nicht mehr durchspülten, war der natürliche Reinigungsprozess der Lagunengewässer stark beeinträchtigt. Die *Laguna morta*, die tote Lagune, breitete sich aus, deren stehende Gewässer vor allem in den heißen Sommermonaten allerschlechteste Luftqualität produzierten. Die Venezianer befürchteten, dass der Gestank von Fäulnis die Stadt auf Dauer unbewohnbar machen könnte, wie es in den alten Küstenstädten Aquileia und Jesolo der Fall war. Doch diese Befürchtung traf nicht ein, weil die regelmäßige Entschlammung sämtlicher Kanäle und Wasserwege sowie die beständigen Gezeiten der Adria, letztlich für eine ausreichende Reinigung der Lagunengewässer sorgten.

Protest gegen MOSE

Das Meer

Dennoch galt die Hauptsorge der Venezianer dem Meer bzw. seinen ständigen Flutattacken auf die vorgelagerten Lidi und die Stadt. Langfristig halfen da nur massive Schutzanlagen. Dort, wo Röhricht, aufgeschüttete Buhnen und Molen das Hochwasser nicht zurückhalten konnten, ließ der Magistrato delle acque nach und nach *Palade* (Palisaden) errichten. Diese Maßnahme, die um 1500 erstmals durchgeführt wurde, erforderte rund 140.000 Baumstämme und in der Folgezeit regelmäßige Erweiterungs- und Instandhaltungsarbeiten. Das Problem dabei bestand darin, die Atmung der Lagune im Rhythmus der Gezeiten nicht zu verhindern, also trotz der notwendigen Schutzanlagen noch genügend Meerwasser zum Durchspülen der Lagune hineinzulassen. Den Wasseraustausch sollten die Durchlässe (*Bocche* bzw. *Porti*) in den Lidi regulieren, von denen es in früheren Zeiten fünf gab, während es heute nur noch drei sind (Porto di Lido, Porto di Malamocco und Porto di Chioggia).

Im 18. Jh. unternahmen die Venezianer eine erneute Kraftanstrengung, um den Hochwasserschutz endgültig in den Griff zu bekommen. 1740 begannen sie mit dem Bau der *Murazzi*, einer wellenbrechenden Deichanlage aus massiven Steinblöcken entlang der südlichen Lidi (Lido di Venezia und Pellestrina). Über 50 Jahre lang, bis zum Ende der Republik im Jahr 1797 wuchsen die Murazzi jährlich durchschnittlich um 250 m und verschlangen insgesamt rund 20 Millionen Venezianische Lire. Diese Mammutmauer (14 m breit und 4,5 m hoch) hatte am Ende eine Gesamtlänge von fast 15 km erreicht und galt lange Zeit als ultimative Flutbarriere, bis sie am 4. November 1966 von der historischen Sturmflut erheblich zerstört wurde. Eine gigantische Flutwelle überrollte daraufhin die Lagune und setzte ganz Venedig unter Wasser. Tagelang hielt sich das Wasser in der Stadt, ohne abfließen zu können.

Diese Flutkatastrophe schockte nicht nur die Venezianer, die ihre *Murazzi* seit 1930 nicht mehr überholt hatten. Die Sorge um den Erhalt der einzigartigen Lagunenstadt löste weltweite Anteilnahme aus und führte zur Aufnahme Venedigs in die UNESCO-Liste des Weltkulturerbes, womit die Bekämpfung des Hochwasserproblems wieder ernst genommen wurde. Aber die eilige Sanierung der Murazzi sowie die Verlängerung der Schutzmolen an den drei Porti reichten nicht aus. Immer wieder drangen Sturmfluten in die Stadt. Erst in den 1980er-Jahren ersannen findige Ingenieure bewegliche Stautore, die ihrem prophetischen Namen **MOSE** (Moses, aus: Module Sperimentale Elettromeccanico) alle Ehre machen sollten. Vor den Porti der Lagune errichtet, sollten sie bei Flutattacken automatisch hochgeklappt werden. 1989 ging dieses zunächst vor allem wegen seiner immensen Kosten umstrittene Projekt in die Testphase und scheiterte fürs Erste, weil sich herausstellte, dass es den unentbehrlichen Wasseraustausch in der Lagune letztlich gefährden würde. Außerdem war die Finanzierung alles andere als sichergestellt. Das MOSE-Projekt schien damit ein für alle Mal gestorben zu sein (→ „Perspektiven", S. 41).

Doch der Meeresspiegel der oberen Adria steigt kontinuierlich weiter – im 20. Jh. insgesamt um etwa 7 cm –, und die Fluten setzen Venedigs tief liegenden Markusplatz immer häufiger unter Wasser. Schutzlos wie eh und je ist das historische Zentrum der Stadt diesen Wasserattacken auch am Anfang des dritten Jahrtausends ausgeliefert, während den Touristen der Weg über den Markusplatz mit Laufstegen gebahnt wird.

Der Mensch

Stellen schon die Besiedlung und die partielle Urbarmachung einen zerstörerischen Eingriff in das Gleichgewicht der Lagune dar, so ziehen sich parallel dazu die kleinen und großen Umweltsünden wie ein roter Faden durch die Geschichte Venedigs. Schon früher beschränkte sich die Verschmutzung der Lagune keineswegs auf das bedenkenlose Einleiten von Abwässern. Damals verunreinigten beispielsweise die giftigen Substanzen der zahlreichen Färbereien das Wasser, und die Lagunenbauern verursachten durch die Landgewinnung innerhalb der Lagune einen gefährlichen Anstieg des Wasserspiegels.

Zu einer ernsthaften Bedrohung Venedigs kam es jedoch erst durch die Industrieansiedlung, für die Anfang des 20. Jh. große Flächen der Lagune trocken gelegt werden mussten. Nach dem Zweiten Weltkrieg entwickelte sich dieses Industriegebiet am Lagunenrand zur drittgrößten Industriestadt Italiens: *Porto Marghera* – ein gigantischer In-

Noch häufiger als vom Hochwasser wird der Markusplatz von Touristen überflutet

dustriemoloch. Seitdem sind die ökonomischen Interessen und der Schutz der Lagune unvereinbar geworden. Schon ein Blick auf die rauchenden Schlote von Porto Marghera lässt Böses ahnen. Dort ist alles versammelt, was die Luft verpestet. 1468 Fabrikschlote sollen es in den besten Wirtschaftswunderjahren gewesen sein, die 179 verschiedene giftige Substanzen ausstießen. Und weiterhin nebeln stinkende Abgase die Lagunenstadt ein, während der saure Niederschlag ihre Substanz zerfrisst, da der Schadstoffausstoß bis heute nicht drastisch genug verringert worden ist.

Außerdem pumpte die Industrie jahrelang große Mengen Grundwasser aus dem Untergrund der Lagune. Infolgedessen sackte der Lagunenboden bedrohlich ab und der Senkungsbetrag Venedigs, der früher bei 0,5 mm pro Jahr lang, erhöhte sich auf 4–6 mm. Erst als die Grundwasserentnahme in den 1960er-Jahren strikt verboten und eine Fernwasserleitung gelegt wurde, normalisierte sich die Absenkung wieder.

Heute stellen vor allem die veralteten Chemiefabriken von Porto Marghera ein enormes Gefährdungspotential dar. Sie leiten seit Jahrzehnten hochgiftige Abwässer in die Lagune, und zwar mehrere Millionen Kubikmeter jährlich. Der Boden des südlichen Teils der Lagune ist bereits weiträumig mit verseuchten Ablagerungen (*Sedimenti*) bedeckt, die jegliche Bodenfauna und -flora abgetötet haben. Schlickanalysen ergaben, dass sich auch Blei, Kupfer, Zink, Quecksilber, Arsen, Asbest, ja, sogar Dioxin und radioaktive Substanzen im Lagunengrund befinden. Diese Giftstoffe gelangen obendrein in die Nahrungskette und nagen unerbittlich an den Fundamenten der Stadt. Da klingt es vergleichsweise harmlos, wenn man hört, dass die mit Reinigungsmitteln belasteten Abwässer Venedigs immer noch unzureichend geklärt in die Lagune fließen.

Im Sommer 1998 hatte es der italienische Staatsanwalt *Felice Casson* riskiert, die veralteten Chemiefabriken von Porto Marghera, die u. a. Monovinylchlorid, den hochgiftigen Ausgangsstoff für PVC produzieren, durch eine gerichtliche Verfügung stillzulegen. Aber Massenproteste der Chemiearbeiter und die Interventionen der Eigentümer haben ein Obergericht bereits nach drei Tagen veranlasst, die rigorose Verfügung wieder auszusetzen. Daraufhin begann ein nicht enden wollender Mammutprozess gegen die Giftfabriken von Porto Marghera, der sich auf eine 500 Aktenordner umfassende Untersuchung stützte, die den Titel „Im Namen des vergifteten Volkes" trug. Das war nicht übertrieben, denn zu diesem Zeitpunkt waren bereits über 150 Werksangehörige an den giftigen Monovinylchlorid-Dämpfen gestorben. Erst 2006 endete der Prozess mit einem Teilerfolg für die Ankläger um Felice Casson. Die Familien der verstorbenen Chemiearbeiter wurden entschädigt, aber die Umweltverbrechen der Chemiekonzerne blieben ohne gerichtliche Konsequenzen.

Zurück bleibt die Tatsache, dass die Giftansammlungen in der Lagune eine ebenso große Bedrohung darstellen wie das Hochwasser; beide Probleme sind eng miteinander verschränkt und können nicht getrennt voneinander gelöst werden.

Perspektiven

Jahrzehntelang haben sich die politisch Verantwortlichen mit einschneidenden Maßnahmen zurückgehalten, sie versuchten die ökologischen Interessen mit den wirtschaftlichen zu versöhnen, d. h. über den Schutz der Lagune bestand nur Einigkeit, wenn die wirtschaftlichen Interessen nicht gefährdet waren. Doch die unvergessliche Berlusconi-Regierung, die neben starken Worten auch Aufsehen erregende Entscheidungen liebte, genehmigte 2003 nach Jahren des Stillstands die Realisierung des erwähnten MOSE-Projekts, das bisher ca. 5,5 Milliarden Euro gekostet hat und 2014/15 abgeschlossen sein soll. Schon früh meldeten sich die Kritiker von damals zu Wort und warnten: Es mache keinen Sinn, die teure Flutbarriere zu bauen, wenn nicht gleichzeitig strikte Abwasservorschriften und Regelungen für Schadstoffemissionen geschaffen werden. Geschieht dies nicht, würde man zwar die Hochwassergefahr stoppen, aber andererseits die totale Vergiftung der Lagune begünstigen, da der Reinigungseffekt der ungehemmten Adriafluten, die einen Großteil der Industrieabwässer ins offene Meer spülen, durch die geschlossenen Stautore ausbleiben würde.

Skeptisch äußern sich auch die meisten Venezianer zu dem alten, neuen Milliarden-Projekt und nennen die verantwortlichen Politiker in Rom größenwahnsinnig: Die sollten mal in der Bibel nachschlagen. Da steht, das Meer zu teilen sei Sache Gottes, denn nur mit dessen Hilfe gelang es dem Propheten Moses das Wasser des Roten Meeres zu teilen!

Weitgehende Zustimmung bei der Bevölkerung fanden hingegen die mittlerweile abgeschlossenen Hochwasserschutzmaßnahmen am Markusplatz und in anderen Stadtgebieten. Jetzt schützen um bis zu 50 cm erhöhte Uferkanten den Markusplatz und die anderen tief liegenden Stadtgebiete bis zu einem Hochwasserstand von 1,10 m über Normalnull vor Überschwemmungen, womit sich die Anzahl der leichten Überschwemmungen deutlich reduzieren ließ. Vorläufig noch theoretisch wäre danach MOSE dran, der seine Stautore erst beim Alarmpegel, also ab 1,10 m über Normalnull hochklappen soll.

Auf dem Markusplatz wird bald die zweite Phase der Sanierungsarbeiten beginnen, die künftig verhindern soll, dass das Wasser bei einer Flutattacke durch die Gullydeckel und die porösen Fugen der Pflasterung aufsteigt. Abschnitt für Abschnitt erhält der Markusplatz in den nächsten Jahren ein ausgetüfteltes Drainagesystem und eine wasserundurchlässige Unterschicht aus Bentonit.

Unterdessen laufen die Bauarbeiten an den drei Porti der Lagune auf Hochtouren. Gigantische Hafenmolen und Wellenbrecher sind bereits sichtbar. Aber das Herzstück des kostspieligen Hochwasserschutzprojekts entsteht am Meeresboden, wo insgesamt 78 bewegliche Stautore verankert werden, die die eigentliche Flutbarriere bilden. Fünf Mal im Jahr, so lauten die bisherigen Prognosen, könnte das Klappwehr nach seiner Fertigstellung zum Einsatz kommen. Vier bis fünf Stunden wird es jeweils dauern, bis sich die durch Druckluft aufsteigenden Stautore hermetisch schließen. Dann könnte sogar die nächste Jahrhundertflut kommen, denn das Sperrwerk ist darauf ausgelegt, einem Höhenunterschied von bis zu 2 m zwischen Meer und Lagune stand halten. – Aber diese paar Tage im Jahr, in denen die Lagune verschlossen werden müsste, könnten schon ausreichen, um den Gift-Cocktail innerhalb der Lagune zum Wirken zu bringen.

Was Kritiker und Umweltschützer jedoch freut, ist, dass das MOSE-Projekt die Entscheidung für die Errichtung eines Offshore-Terminals für Öltanker begünstigt hat. Künftig sollen die Tanker draußen in der Adria andocken, von wo aus das Erdöl über Pipelines zu den Raffinerien in Porto Marghera geleitet wird. Für den Umweltschutz ist das ein großer Sieg, denn die tödliche Gefahr einer Tankerhavarie, die das empfindliche Ökosystem der Lagune wahrscheinlich auf ewig zerstören würde, wäre damit gebannt. Insgesamt, so scheint es, stehen die Chancen für die Rettung Venedigs irgendwie fifty-fifty.

Weitere Informationen zum Hochwasserschutz vom heutigen *Magistrato delle acque* unter www.salve.it bzw. vor Ort beim *Infopoint Puntolaguna* am Campo Rialto Novo, San Polo 554.

Zuckerbäckerarchitektur auf dem Markusplatz

Venedigs Architektur und seine Architekten

Das venezianische Stadtbild ist ein einzigartiges architektonisches Gesamtkunstwerk. Alle bedeutenden Stile haben daran mitgewirkt. Byzantinisch geprägte Romanik, Gotik, Renaissance, Barock und Klassizismus sind hier zu einem harmonischen Ganzen verschmolzen. Wie von einer schützenden Patina überzogen, hat sich Venedigs Stadtbild seit über zwei Jahrhunderten kaum mehr verändert – als sei es unantastbar geworden.

Die Errichtung einer Wasserstadt erfordert selbstverständlich ganz andere Anstrengungen als der Städtebau an Land, das liegt in der Natur der Sache. Wasser bietet kein geeignetes Fundament für den Bau von Häusern und Straßen. Doch in der Not ist der Mensch erfinderisch, und die Lagunenbewohner waren in der Not, nämlich auf der Flucht, als sie die Rialto-Inseln besiedelten. Zahllose Baumstämme rammten sie in den schlammigen Lagunenboden und schufen sich festen Boden unter den Füßen, auf dem sie zunächst einfache Holzhäuser errichteten. Auch der erste Amtssitz des Dogen war bis zur Jahrtausendwende noch ein reiner Holzbau. Hunderte von Holzbrücken verbanden Hunderte von hölzernen Plattformen miteinander, und dazwischen verzweigte sich ein Netz von schmalen Wasserstraßen. Als die Venezianer ab dem 12. Jh. damit begannen, ihre Häuser aus Ziegeln und später sogar aus massivem Stein zu bauen, verbesserten sie ihre Fundamentierungstechniken (→ „Venedigs müder Untergrund", S. 53). Es grenzt an ein Wunder, dass die alten Holzfundamente die massiven Prachtbauten der Wasserstadt bis heute tragen.

Im Gegensatz zu den anderen bedeutenden italienischen Städten des Mittelalters hatten die Venezianer nicht die Sorge, ihre Stadt durch eine wehrhafte Architektur schützen zu müssen, da das Wasser genügend Schutz vor Angriffen bot. Außerdem verhinderte die Verfassung der Stadtrepublik, die alle Adelsfamilien gleichermaßen in die Regierungsverantwortung zog, dass politisch motivierte Feindschaften zwischen den einflussreichen Familien Venedigs entstanden. Es bestand also keine Notwendigkeit, die einzelnen Palazzi aufwändig zu befestigen, wie es z. B. in Florenz der Fall war, wo die rivalisierenden Familien sich in ihren Wohnbauten abschotteten. Der venezianische Stadtadel konnte all sein Geld in die Prachtentfaltung stecken – mit der Einschränkung, dass die „Grundstücke" relativ klein waren und die Holzfundamente anfangs eine leichte Bauweise erforderten. Da es bereits Mitte des 12. Jh. über 500 reiche Kaufmannsfamilien gab, entstand schon früh ein weitläufiges Ensemble prachtvoller Palazzi in den ältesten Stadtteilen entlang dem *Canal Grande*.

Venezianische Profanbauten

In der Profanarchitektur Venedigs lassen sich verschiedene Gebäudetypen voneinander unterscheiden. Absolute Singularität in puncto Größe und repräsentativer Pracht genießt dabei der Dogenpalast (*Palazzo Ducale* → S. 110), in dem die Wohn- und Amtsräume des Dogen sowie die Sitzungssäle sämtlicher Regierungsorgane untergebracht waren.

Der typische venezianische *Palazzo* war durch alle Stilepochen hindurch in der Regel ein zweckmäßiger Bau, der der Kaufmannsfamilie gleichermaßen als Wohnhaus und Warenlager diente. Die repräsentative, reich geschmückte Schaufront der Palazzi war immer dem Wasser zugewandt. Dort befand sich auch der Hauptzugang, in der Regel ein weites Bogentor, das von bunt bemalten Pfosten (*Paline*) markiert war. Mit Barken und Gondeln gelangte man in die breite Halle (*Androne*) des Wassergeschosses, an deren anderem Ende sich der landseitige, schlichtere Eingang befand. Die angrenzenden Räume, links und rechts der Halle, dienten als Magazin- und Wirtschaftsräume. Eine Treppe führte vom Androne in das Zwischengeschoss (*Mezza*), in dem sich zumeist die Büros befanden. Im eleganten Obergeschoss (*Piano nobile*) mündete das Treppenhaus direkt in den festlichen Salon (*Sala* bzw. *Portego*), in dem neben Banketten auch Hauskonzerte und Theateraufführungen veranstaltet wurden. Zur Wasserseite hin hatte das Obergeschoss häufig einen Balkon bzw. eine Loggia. Die angrenzenden Räume sowie das obere Stockwerk dienten den Familienmitgliedern als Privatgemächer,

Der Dogenpalast: prunkvoll bis ins Detail

Il Pozzo veneziano

Die Versorgung mit Trinkwasser war eines der größten Probleme im alten Venedig. In Ermangelung natürlicher Quellen musste das Regenwasser systematisch gesammelt werden. Dazu wurden auf allen Plätzen und in allen Innenhöfen der Stadt öffentliche und private Brunnen (*Pozzo*) errichtet, von denen es einst an die 7.000 gab. Zunächst musste der ca. 5 m tiefe Brunnenschacht vollständig in eine breite Schicht aus Sand gebettet werden, die als Filter diente. An der gepflasterten Oberfläche sorgten mehrere Abflüsse (*Tombini*) dafür, dass das Regenwasser in diesen Sandfilter geleitet wurde, um dann von unten den Brunnen zu füllen. Den krönenden Abschluss bildeten zumeist üppig verzierte Brunneneinfassungen aus Kalkstein oder Marmor, die in der Frühzeit Venedigs nicht selten aus den wuchtigen Kapitellen antiker Säulen gefertigt wurden. Ungefähr 2.000 dieser markanten Brunneneinfassungen (*Vera da pozzo*) gibt es heute noch im Stadtgebiet, und manchmal verschwindet eine „Vera" auf mysteriöse Weise über Nacht, denn es handelt sich um beliebte Sammlerstücke auf dem internationalen Kunstmarkt. Längst sind die *Pozzi veneziani* trocken und verschlossen, da das Trinkwasser seit über einem Jahrhundert in bester Qualität per Pipeline aus den Dolomiten nach Venedig gelangt.

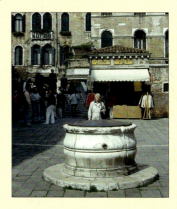

während die Bediensteten im Dachgeschoss untergebracht waren, wo sich oftmals auch die Küche befand.

Den Abschluss bildete die hölzerne Dachterrasse (*Altana*), auf der, so spottete das Volk, sich die Signora des Hauses die Haare in der Sonne bleichen ließ. Ein markanter, konisch geformter Schornstein (*Camino*) schmückte das rote Ziegeldach. Die Innenhöfe (*Corte* bzw. *Cortile*) der venezianischen Palazzi, die man über den Landeingang erreichte, waren überwiegend klein, besaßen aber immer einen aufwändig gestalteten Brunnen (*Pozzo*) und einen kleinen Garten.

Früher durfte ein venezianischer Palazzo nicht als solcher bezeichnet werden, man nannte ihn schlicht *Casa* (Haus) oder kurz *Ca'*, weil die Bezeichnung Palazzo nur einem Bau, nämlich dem Dogenpalast, vorbehalten war. Im Lauf der Zeit wurde die Angelegenheit nicht mehr so streng genommen und beide Bezeichnungen waren gebräuchlich. Noch heute heißen einige der prunkvollsten Palazzi bescheiden Casa (*Ca' d'Oro* → S. 131) oder tragen gar beide Bezeichnungen (*Palazzo Corner della Ca' Grande* → S. 123).

Ein weiteres, typisch venezianisches Gebäude war der *Fondaco* (Kontor). Die Bezeichnung stammt vom arabischen Wort Funduk (Warenbörse). Ein solcher wuchtiger Gebäudekomplex verfügte über ein Wassergeschoss, drei obere

Stockwerke und einen geräumigen Innenhof, und wurde den ausländischen Kaufleuten als Magazin, Handelsplatz und Gasthaus zur Verfügung gestellt. Das älteste erhaltene Handelshaus ist der *Fondaco dei Turchi* (→ S. 132). Ein charakteristisches Architekturmerkmal des Fondaco ist die offene Arkadenhalle an der Wasserseite, die zum Ein- und Ausladen der Waren diente.

Die *Scuole*, die Gebäude der venezianischen Bruderschaften, gehören ebenfalls zu den typischen Profanbauten der Stadt. Sechs große und weit über hundert kleine Bruderschaften (*Scuole Grandi* bzw. *Scuole Minori*) gab es während der Glanzzeit Venedigs im 15./16. Jh. Die Bruderschaften verstanden sich als Interessensvertretungen verschiedener Berufe, ethnischer Gruppen sowie Bet-, Zweck- und Schicksalsgemeinschaften; so bildeten z. B. Blinde die *Scuola degli Orbi*. Es handelte sich um reine Bürgervereinigungen, die aufgrund ihrer karitativen Leistungen eine wichtige Rolle im öffentlichen Leben spielten, und deren Versammlungshäuser deutliche architektonische Akzente im Stadtbild setzten. Vor allem die sechs vermögenden Scuole Grandi gestalteten ihre riesigen Bruderschaftshäuser sehr aufwändig mit prunkvollen Eingangsportalen und Treppenhäusern sowie kunstvollen Wand- und Deckendekorationen, angefertigt von den namhaftesten Künstlern der Zeit. Heute sind einige dieser Scuole als Museen zugänglich.

Einen weniger beachteten, aber noch sehr verbreiteten Gebäudetyp stellt das venezianische *Reihenhaus* dar, in dem das einfache Volk zur Miete wohnte. Im Gegensatz zu den Palazzi waren die Wohnungen natürlich bescheiden, aber dafür sehr preisgünstig. Vor allem die Bruderschaften, die auch eine rege Bautätigkeit betrieben, boten diesen subventionierten, z. T. sogar für Mitglieder kostenlosen Wohnraum an. In allen historischen Stadtvierteln findet man noch zahlreiche Varianten des venezianischen Reihenhauses. Es handelte sich in der Regel um dreigeschossige Häuserzeilen, deren einzelne Wohnungen aus einer Küche sowie einem kombinierten Wohn- und Schlafraum bestanden. Daneben gab es Gemeinschaftsräume für Vorräte, Feuerholz und Bootszubehör.

Reihenhäuser aus dem 18. Jh.

Große und kleine Prachtfassaden am Canal Grande

Romanisch-byzantinischer Stil

Dieser Mischstil prägte die Sakralarchitektur Venedigs vom 11. bis 13. Jh., als die Lagunenstadt stark unter byzantinischem Einfluss stand. Während sich die Romanik im Westen zur ersten länderübergreifenden Baukunst des Christentums entwickelte, dominierte in Venedig der architektonische Geschmack des Ostens. An der Entstehung der ersten Steinkirchen arbeiteten Handwerker und Mosaizisten aus dem östlichen Kulturraum mit. Die mit einzigartigen Goldmosaiken verzierte *Markuskirche* (→ S. 106), die nach dem Vorbild der Apostelkirche in Byzanz geschaffen wurde, verkörpert die östliche Bautradition am augenfälligsten; aber auch *Santa Fosca* auf Torcello weist eine typisch byzantinische Raumaufteilung auf, während die romanische Säulenbasilika *Santa Maria Assunta* von Torcello mit großartigen byzantinischen Apsismosaiken ausgestattet ist.

Der Einfluss des Ostens machte sich auch in der venezianischen Profanarchitektur des 13. Jh. bemerkbar. Obwohl man sich an romanischen Grundmustern orientierte, waren zierliche Säulen, filigrane Dekorationen, Loggien und Zinnenränder typische Merkmale der ersten venezianischen Palazzi. In dieser Zeit ging man dazu über, die Häuser nicht länger aus Holz, sondern aus gebrannten Ziegeln zu errichten und die Fassaden mit edlen Marmorsorten und farbigen Inkrustationen zu verkleiden. Offene Loggien im Erd- und Obergeschoss betonten die Leichtigkeit der Bauweise. Vorbilder für diesen Stil fanden die Venezianer im byzantinischen Ravenna, aber vor allem in Byzanz selbst, das sie 1204 eroberten und von wo sie wertvolle Baumaterialien und Spolien (erbeutete Bauteile wie Säulen, Kapitele, Reliefs etc.) in ihre Heimatstadt brachten. Bis auf die beiden benachbarten Palazzi *Corner Loredan* und *Dandolo Farsetti* (→ S. 126), die *Ca' da Mosto* (→ S. 127) und den – für die damalige Zeit – kolossalen *Fondaco dei Turchi* (→ S. 132) sind jedoch kaum noch profane Gebäude mit deutlichen romanisch-byzantinischen Stilelementen erhalten geblieben.

Gotik

Die gotische Baukunst, die sich von Frankreich aus in ganz Europa ausbreitete, erfasste Venedig erst Mitte des 14. Jh. Nun veränderten die Venezianer das Äußere ihrer Markuskirche, indem sie den bis dahin dunklen Innenraum durch gotische Fensteröffnungen etwas aufhellten und die Fassade mit typisch gotischem Zierrat und Skulpturenschmuck versahen. Auch der Dogenpalast wurde nach dem Geschmack der Gotik umgestaltet und bekam eine Vorbildfunktion für die städtische Profanarchitektur. Spitzbögen lösten die schlichten Rundbögen ab, und die gesamte Fassade des *Palazzo Ducale* büßte von den Arkaden des Untergeschosses bis hinauf zu den Zinnen einen Großteil ihrer Massivität ein. Doch reine Gotik war das nicht, was die Venezianer ihrem Stadtbild im 14. und 15. Jh. angedeihen ließen, sondern venezianische Gotik, die, wie schon die romanische Stilepoche, stark von der Ornamentik, der Farbigkeit und der Dekorationskunst des oströmischen Kulturraumes geprägt war. Der berühmteste Palazzo der venezianischen Spätgotik, die *Ca' d'Oro* (→ S. 131), macht heute noch auf beeindruckende Weise deutlich, wie harmonisch die Profanarchitektur des 14. und 15. Jh. gotische und orientalische Formen und Motive miteinander vereinigte. In dieser Zeit, die von einer umfangreichen Bautätigkeit gekennzeichnet war, wurde der ursprünglich zweigeschossige venezianische Palazzo um ein Geschoss erhöht. Am *Canal Grande*, dem Prachtkanal Venedigs, gibt es noch zahlreiche beispielhafte Uferpalazzi im venezianisch-gotischen Stil zu bewundern. Die beiden Kirchen des dominikanischen und des franziskanischen Bettelordens, *Santi Giovanni e Paolo* (→ S. 170) und *Santa Maria Gloriosa dei Frari* (→ S. 155), sind die repräsentativsten venezianischen Kirchenbauten der Spätgotik.

Renaissance

Ebenso wie die Gotik erreichte die Renaissance Venedig mit erheblicher Verspätung. Als in Florenz bereits ohne je-

Santa Maria dei Miracoli

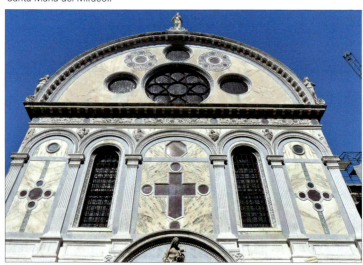

Renaissance

Palladio und sein Erbe

1570 wurde der für seine grandiose Landhaus- und Villenarchitektur berühmte *Andrea Palladio* (1508–1580) zum offiziellen Architekten der Serenissima ernannt. Entgegen seiner Vorliebe für die antikisierende Palastarchitektur (→ „Villa Foscari-La Malcontenta", S. 254), realisierte er in Venedig ausschließlich Sakralbauten. Er schuf die eindrucksvollen Kirchen *San Giorgio Maggiore* (→ S. 211) und *Il Redentore* (→ S. 212). Außerdem hinterließ er einen Entwurf für die Rialtobrücke, der auf einem Gemälde von Francesco Guardi zu sehen ist – leider hängt das Bild in einem Museum Lissabons. Palladios Vorschlag wurde damals abgelehnt, weil seine Bogenbrücke mit dem monumentalen Aufbau zu schwer war und praktische Nachteile hatte.

Der auch als Architekturtheoretiker bekannte Palladio veröffentlichte 1570 in Venedig seine Abhandlung „Quattro libri dell'architettura", in der er sich vor allem mit dem architektonischen Erbe der Antike sowie dem römischen Architekturtheoretiker *Vitruv* auseinandersetzte. Dieses Lehrbuch löste in der Folgezeit eine als *Palladianismus* bezeichnete klassizistische Strömung in der europäischen Architektur aus, die in Venedig ihre ersten Vertreter hatte. *Vincenzo Scamozzi* (1552–1616) nahm die Lehre des Meisters sofort bereitwillig auf und machte sie zu einem verbindlichen Regelwerk seiner venezianischen Schaffensperiode. Er vollendete einige Großbauten (u. a. die *Libreria Vecchia di San Marco*) und schuf mehrere Palazzi am Canal Grande.

den gotischen Anklang gebaut wurde, entstand in Venedig gerade die spätgotische *Ca' d'Oro*. Erst Ende des 15. Jh. setzte sich die Renaissance, die damals ganz Europa begeisterte, auch in Venedig durch. Die Venezianer drückten auch diesem nach antiker Symmetrie strebenden Stil ihren lokalen Stempel auf, indem sie der klassischen Harmonie die Heiterkeit des Ornamentalen hinzufügten. Vor allem *Pietro Lombardo* (1435–1515), der 1498 zum ersten Architekten der Stadtrepublik ernannt wurde, verlieh der venezianischen *Frührenaissance* ihr unverwechselbares Gesicht. Seine *Architettura lombardesca* galt bei Zeitgenossen als edel wie der griechische Stil, erhaben wie der römische und glänzend wie der orientalische.

Ein herausragender Sakralbau, der nach Plänen von Pietro Lombardo errichtet wurde, ist *Santa Maria dei Miracoli* (→ S. 189). Diese klassisch proportionierte Kirche ist vollständig mit farbigem Marmor verkleidet, in Marmor ist auch die üppige Innenausstattung gearbeitet. Ein anderer Architekt, der die venezianische Frührenaissance ebenso prägte, war *Mauro Coducci* (1440–1504). Die Fassaden der Kirchen *San Zaccaria* (→ S. 167) und *Santa Maria Formosa* (→ S. 168), die er gestaltete, verlieren ihre Strenge durch die Verwendung halbkreisförmiger Abschlüsse und Rundungen.

Beide Architekten setzten auch maßgebliche Akzente im Um- und Neubau des venezianischen Palazzo. Die Einführung von großen Doppelbogenfenstern und die aufwändigere Gestaltung der Eingangsbereiche sowie das Festhalten am üppigen Ornament waren u. a. typische Merkmale des Palazzo der Frührenaissance. Ein Vorzeigebau dieser Zeit ist der *Palazzo Vendramin Calergi* (→ S. 132) am Canal Grande. Auch die Portalgestaltung Venedigs entwickelte sich in der Frührenaissance meisterlich; beispielhaft dafür ist das prächtige Portal des *Arsenale* (→ S. 174) sowie einige Eingangsportale der *Scuole Grandi*.

Die *Hochrenaissance*, die sich Mitte des 16. Jh. durchsetzte, passte so gar nicht zum eleganten Stil der venezianischen Architektur. Für viele Kunsthistoriker vollzieht sich in dieser Bauperiode gar ein Traditionsbruch, denn die Hochrenaissance betonte das Monumentale. Die Leichtigkeit, das Schwerelose war dahin. Die Schaufassade an der Wasserseite genügte nicht mehr, die Neubauten sollten jetzt nach allen Seiten strahlen und Grandezza zeigen wie ihre Vorbilder in Florenz und Rom. Die wuchtigen Palastbauten des 16. Jh. überschritten erstmals die bis dahin einheitliche Höhe und wurden komplett aus massivem Stein gebaut, was wiederum eine stabilere Fundamentierung notwendig machte. Gebäude wie etwa die *Biblioteca Nazionale Marciana* (→ S. 115) stehen auf ungefähr einer Million Baumstämmen.

Jacopo Sansovino (1486–1570) war der bedeutendste Architekt der venezianischen Hochrenaissance, dem es bei vielen seiner Prachtbauten gelang, die neue Monumentalität so abzumildern, dass sie sich in das architektonisch geschlossene Stadtbild fügten. Zu den mehr als zahlreichen unter Sansovino entstandenen Großbauten gehört z. B. der *Palazzo Corner della Ca' Grande* (→ S. 123). Ein anderer Architekt der Zeit, *Antonio da Ponte* (1512–1597), machte seinem Namen alle Ehre, indem er die schönste Hochrenaissancebrücke Venedigs errichtete, nämlich die *Rialtobrücke* (→ S. 129).

Barock

Die neuen Stilelemente des Barock (breite Gesimse, große Voluten, Bossenwerk, monumentale Treppenhäuser etc.) brachten eine neue Lebendigkeit in die fast schon streng gewordene venezianische Architektur des späten 16. und frühen 17. Jh. Aber bevor die barocke Formensprache die Venezianer so richtig begeistern konnte, setzte die fürchterliche Pest von 1630 erst einmal eine Zäsur und legte die öffentliche Bautätigkeit über Jahre hinweg nahezu lahm.

„Kirche mit den Ohren": Santa Maria della Salute

Mit dem bedeutendsten venezianischen Barockarchitekten *Baldassare Longhena* (1598–1682) kam dann eine Zeit, in der die charakteristischen Barockbauten Venedigs entstanden, allen voran die wuchtige *Santa Maria della Salute* (→ S. 202). Dieser gewaltige, aber dennoch harmonische Kirchenbau mit den gedrehten Voluten, den krönenden Skulpturen und der imposanten Zentralkuppel symbolisierte für die Venezianer gleichsam die Überwindung der Pest. Longhena arbeitete noch an weiteren Kirchen Venedigs (z. B. die *Chiesa Santa Maria di Nazareth*), aber die *Chiesa della Salute*, wie sie auch genannt wird, blieb sein unbestrittenes Meisterwerk und der prächtigste Sakralbau des venezianischen Barock. Auch in der Profanarchitektur, wo er die ganze Stilpalette des Barock ausschöpfte, setzte Longhena Maßstäbe. Zu den schönsten und größten seiner Wohnbauten gehören die Uferpalazzi *Belloni Battagia*, *Ca' Pesaro* und *Ca' Rezzonico* am Canal Grande.

Von der Idee des barocken Gesamtkunstwerks im städtebaulichen Maßstab, wie sie in Rom und Neapel umgesetzt wurde, war Venedig jedoch weit entfernt. Es blieb bei vereinzelten, aber herausragenden Barockbauten v. a. Longhenas, die später einmal als „die einzige hochrangige Alternative zum römischen Barock" (Rudolf Wittkower) bezeichnet wurden.

Klassizismus

Die venezianische Architektur des 18. Jh. knüpfte wieder an die klaren, antikisierenden Vorstellungen des Palladianismus an und hatte in *Domenico Rossi* und *Giorgio Massari* (1687–1766) ihre bedeutendsten Vertreter. Obwohl der Stadtadel in dieser Zeit deutlich zu verarmen begann, entstanden einige aufwändige Um- und Neubauten im monumentalen Stil des Klassizismus – der in Italien übrigens

Die neoklassizistische Fassade der Chiesa San Stae

Neoclassicismo, also Neoklassizismus, genannt wird.

Die frühesten Bauwerke stammen von Rossi. Er entwarf u. a. die grandiose Fassade der *Chiesa San Stae* (→ S. 154) sowie die Prachtfassade der stattlichen *Ca' Corner della Regina*, beide am Canal Grande. Massari realisierte seinerseits die herrliche Säulenfassade der *Chiesa dei Gesuati* (→ S. 204), die er streng nach Palladios Vorstellungen entwarf. Mit dem imposanten *Palazzo Grassi* (→ S. 140) schuf Massari sein Meisterwerk und einen klassizistischen Prachtbau par excellence.

Kurz bevor sich die politischen Ereignisse überschlugen (Einmarsch Napoleons und Auflösung der Republik Venedig) entstand 1792 mit dem mittlerweile legendären *Opernhaus La Fenice* (→ S. 141) einer der letzten Neubauten im klassizistischen Stil und einer der letzten Bauten des alten Venedig überhaupt.

Denkmalschutz

In den vergangenen zwei Jahrhunderten beschränkten sich die Bauvorhaben mit wenigen Ausnahmen auf den der Lagunenstadt vorgelagerten *Lido di Venezia* sowie auf die Vorstadtinsel *La Giudecca*, wo im späten 19. Jh. sogar ein kleines Industriegebiet heranwuchs. In Venedig selbst entstanden so unrühmliche Bauten wie das Bahnhofsgebäude oder die Pavillons auf dem Gelände der *Kunst-Biennale* (→ S. 177). Ansonsten konzentrierten sich alle städtebaulichen Anstrengungen auf den Erhalt der historischen Bausubstanz. Doch bis es dazu kam, musste der schleichende Verfall der historischen Gebäude erst einmal offenkundig werden und weltweite Betroffenheit auslösen, d. h. erst nachdem die fürchterliche Flutkatastrophe von 1966 die Weltöffentlichkeit geschockt hatte, wurden ernsthafte Restaurierungsbemühungen unternommen. Seitdem fließen jährlich Millionensummen für den Erhalt der einzigartigen Lagunenstadt. Das Geld kommt von der nationalen Behörde für Denkmalschutz sowie von zahlreichen ausländischen und internationalen Organisationen, Komitees und Firmen. *Consorzio Venezia Nuova* nennt sich das venezianische Konsortium, das die Restaurierungsarbeiten vor Ort fachmännisch koordiniert und überwacht. Häufig werden die einzelnen Projekte in Form von so genannten Patenschaften durchgeführt, damit man die jeweiligen Hilfs- und Sponsorengelder auch konkreten Restaurierungsmaßnahmen zuordnen kann. Auf diese Weise wurden seit 1969 über 100 Baumonumente und über 1000 Kunstwerke restauriert, darunter die beiden Museumsgebäude *Ca'Pesaro* und *Fondaco dei Turchi* sowie das einsturzgefährdete Universitätsgebäude *Ca'Foscari* (alle am Canal Grande). Längst fand auch die heiß ersehnte Wiedereröffnung des *Gran Teatro La Fenice* statt, das 1996 einem Großbrand zum Opfer gefallen war. In voller Pracht erstrahlt auch wieder der Renaissance-Uhrturm auf dem Markusplatz sowie die monumentale Kuppel der *Chiesa Santa Maria della Salute*, während zahlreiche bedrohte Baumonumente noch auf ihre Restaurierung warten, z. B. das Wahrzeichen Venedigs, die Rialtobrücke. Und die Wartezeit wird leider immer länger statt kürzer, denn bittere Tatsache ist, dass der Gesamtetat für Denkmalschutz und Infrastruktur kontinuierlich schrumpft.

Wo hingegen Geld vorhanden ist, hat der Denkmalschutz nicht unbedingt Vorrang, wie die spektakuläre Umbaugenehmigung für den *Fondaco dei Tedeschi* zeigt. Das Textilunternehmen Benetton baut dieses altehrwürdige Kontorgebäude neben der Rialtobrücke z. Z. in ein Shoppingcenter der Luxusklasse um. Am Entwurf des Stararchitekten *Rem Koolhaas* hat die Denkmalschutzbehörde jedoch in letzter Minute die geplanten Rollentreppen im Innenhof sowie die Dachterrasse gestrichen. Dennoch wird mit diesem Prestigeprojekt ein authentisches Stück Venedig verloren gehen und der unsägliche Trend zum Luxusshopping fortgesetzt.

Fondaco dei Turchi

Venedigs müder Untergrund

Die weit verbreitete Annahme, die Lagunenstadt sei vollständig auf Holzpfählen gebaut und unter den Häusern fließe Wasser, ist falsch. In Wahrheit steht Venedig zum größten Teil auf dem ton- und kieshaltigen Sandboden von über hundert kleinen Inselchen. Dazwischen jedoch, an den schlammigen Ufern der zahlreichen Wasserwege, die das verzweigte Kanalnetz der Stadt bilden, sorgen unzählige Holzpfähle für Halt. Erst seit einigen Jahrzehnten, seitdem die Kanäle der Stadt wieder systematisch gereinigt und die Unterbauten der Häuser, Kirchen, Uferwege und Brücken sichtbar werden, hat man auch eine exakte Vorstellung von der ursprünglichen Fundamentierungstechnik der Venezianer: Zunächst wurde der Baugrund trockengelegt und an den Ufern mit ca. 3 m langen und mindestens 15 cm dicken Baumstämmen verstärkt. Für diese kanalseitige Befestigung benötigte man je nach Größe des Baus und der Bodenbeschaffenheit Zehntausende von Baumstämmen (in der Regel Eichen), die senkrecht in den Boden gerammt wurden.

Einsturzgefahr am Canal Grande

Auf diesem dichten Wald aus Pfählen, der auch bei Ebbe vollständig unter Wasser liegen musste, befestigte man eine dicke Schicht aus Lärchenplanken. Dann folgte ein gemauertes Ziegelsteinfundament auf dem ein mindestens 30 cm hoher Sockel aus massivem Kalkstein ruht. Dieses *Basamento*, das bis knapp über den höchsten Wasserstand (durchschnittlicher Flutpegel) reicht, war als wasserdichte Horizontalsperre gedacht und sollte das Mauerwerk sowie die Fassaden der Häuser vor aufsteigender Feuchtigkeit schützen.

Jahrhundertelang standen die Bauwerke an den Kanälen fest und solide, denn ihre kompakten Holzfundamente wurden im salzhaltigen Lagunenwasser eisenhart. Doch seitdem sich die Gezeiten in der Lagune verändert haben, das Hochwasser immer höher steigt und das Niedrigwasser immer tiefer fällt, sind die Holzfundamente vermehrt der Luft ausgesetzt und beginnen zu faulen. Hinzu kommt der erhöhte Sauerstoffgehalt des Wassers, den die Schiffsmotoren verursachen. Etliche Fundamente der Prachtbauten am Canal Grande sind bereits erheblich geschwächt und müssen dringend saniert werden. Zum Teil versucht man, sie mit notdürftigen Zementeinspritzungen zu stabilisieren. Und dort, wo die abgesackten Basamenti bereits ständig durchnässt sind und zerbröckeln, da hilft nur eine vorsichtige hydraulische Anhebung der Gebäude in Verbindung mit einem neuen Fundament.

Diese und andere erfolgreiche Instandsetzungsarbeiten können jedoch nicht darüber hinwegtäuschen, dass Venedigs Untergrund müde geworden ist und umfassendere Sanierungsmaßnahmen verlangt. Das nötige Know-how dazu wäre sogar vorhanden, das Geld hingegen wird immer knapper. Hinzu kommt, dass den Venedig-Touristen keine jahrelange Großbaustelle zugemutet werden kann, weshalb weiterhin portionsweise saniert wird. Vielleicht so lange, bis der erste Palazzo kopfüber in den Canal Grande stürzt, wie es bei der mittlerweile vollständig restaurierten *Ca' Foscari* beinahe der Fall gewesen wäre?

Die goldene Treppe des Dogenpalasts: Scala d'Oro

Die großen venezianischen Maler

Ab Mitte des 11. Jh. übten Mosaizisten und Ikonenmaler aus Byzanz ihr Handwerk in Venedig aus und prägten die Anfänge der bildenden Kunst. Dieser stilistische Einfluss war bis ins 14. Jh. hinein bestimmend. Seit der Frührenaissance hat die venezianische Malerschule durch alle Stilepochen hindurch einzigartige Malerpersönlichkeiten hervorgebracht, die die jeweilige Stilrichtung auf eine unverkennbare, individuelle Art virtuos beherrschten.

Als *Giotto* (1266–1337) Anfang des 14. Jh. in Padua, vor den Toren Venedigs, die westliche Kunstwelt mit seiner revolutionären Malerei und ihren ausdrucksstarken Figuren in den Bann zog, war Venedigs Kunstgeschmack noch ganz dem Osten verhaftet. Damals hieß es: „Giotto verändert die Malkunst vom Griechischen zum Lateinischen und verwandelt sie ins Moderne." Einige Jahrzehnte sollte es aber noch dauern, bis *Paolo Veneziano* (tätig 1333 bis um 1360) die venezianische Malerei zaghaft in die neue, westliche Richtung lenkte indem er die byzantinische Tradition mit der spätgotischen Malerei vereinte. Die ruhmreiche Größe der venezianischen Malerei entfaltete sich jedoch erst in der Frührenaissance, ab 1430, mit *Jacopo Bellini*, dem Vater einer ganzen Malerfamilie (s. u.). Im Folgenden finden Sie eine kurze Vorstellung der wichtigsten Protagonisten von der Frührenaissance bis ins 18. Jh.

Jacopo Bellini (um 1400–1470/71)

Er ist unzweifelhaft der Vater der venezianischen Malerei, auch wenn nur sehr wenige seiner Werke erhalten sind, vor allem keine der wirklich bedeutenden wie z. B. die Tafelbilder, die er im Auftrag der großen Bruderschaftshäuser von San Marco und San Giovanni gemalt hatte.

Jacopo war der Sohn eines Zinngießers. Als junger Mann folgte er seinem Lehrmeister *Gentile da Fabriano* nach Florenz und Rom, wo er fundierte Kenntnisse in der Perspektivmalerei erwarb, die er nahezu intuitiv beherrschte. Später widmete er sich dem Studium der Antike und der Porträtmalerei. Aufschluss über seinen Fantasiereichtum und seine Beobachtungsgabe geben heute vor allem die von ihm erhaltenen Zeichnungen. Neben Studien zur Mythologie, Szenen aus dem Leben der Heiligen oder Geschichten aus dem Alten und Neuen Testament stößt man auf Skizzen von Tieren und gewöhnlichen Alltagsszenen. Ebenso finden sich in Jacopo Bellinis Nachlass Ansichten von Kanälen und Brücken sowie Architekturskizzen, in denen er venezianische Gebäude mit antiken Stilelementen dekorierte. In den eleganten Akten, die ihm besser gerieten als seine bekleideten Figuren, ist deutlich der Geist der Renaissance zu spüren.

Die gelehrigsten Schüler in Jacopo Bellinis vielseitiger Werkstatt waren seine beiden Söhne *Gentile* und *Giovanni*; während der ältere Gentile von seinem Vater vor allem das Talent zur Historienmalerei erbte, war Giovanni ein genialer Meister aller übrigen Gattungen.

Gentile Bellini (1429–1507)

Obwohl Gentile Bellini die Prinzipien der Perspektive ziemlich eigenwillig anwendete und in gewissen Einzelheiten sogar den gotischen Gestaltungsprinzipien treu blieb, brachte er es zum ersten Staatsmaler Venedigs.

1479 sandte die Seerepublik den Künstler an den Hof *Mohammeds II.* nach Konstantinopel, denn der Sultan wollte sich von dem besten Porträtisten Venedigs malen lassen. Ein Bildnis Mohammeds II. befindet sich heute in der National Gallery von London; es zeigt den Herrscher mit rotem Mantel und weißem Turban, dessen blutloses Gesicht mit den müden Augen und dem gierigen Mund viel Sinnlichkeit verrät.

Gentile Bellini verdanken wir die ersten authentischen Stadtansichten von Venedig, die noch heute einen unvergleichlichen, märchenhaften Zauber ausüben. In seinem Hauptwerk „Errettung des Wahren Kreuzes aus dem Wasser" (*Galleria dell'Accademia* → S. 199) schildert Gentile ein perfekt inszeniertes Szenario mit aufmerksamen und disziplinierten Zuschauern, die die ihnen zugewiesenen Plätze an einem venezianischen Kanal nach strenger hierarchischer Ordnung eingenommen haben und die wie in einem modernen Theater das Parkett, die Ränge und die Logen besetzt halten und ihre Aufmerksamkeit auf die in den Mittelpunkt des Bildes gerückte wundersame Errettung der Reliquie richten.

Galleria dell'Accademia, Venedigs Kunsttempel

Auf einem anderen Bild, „Prozession auf dem Markusplatz" (ebenfalls in der Galleria dell'Accademia), dient die Markuskirche als Kulisse für eine festliche Prozession. Auf dieser detailgenauen Ansicht sind mit größter Genauigkeit auch die später verloren gegangenen Außenmosaiken an der Fassade von San Marco wiedergegeben.

Gentile Bellini wurde mit großen Ehren in der Dominikanerkirche *Santi Giovanni e Paolo* (→ S. 170) beigesetzt ebenso wie sein genialer Bruder Giovanni.

Giovanni Bellini, genannt Giambellino (um 1430–1516)

Als Maler der Muttergottes, die Giovanni im Lauf seiner Künstlerkarriere nahezu hundert Mal darstellte, brachte er es zu einer wahren Meisterschaft. Facettenreich wie keiner vor und nach ihm drückte er den geläuterten Schmerz Marias aus.

Als der Sizilianer *Antonello da Messina* um 1475 die neue niederländische Technik der Ölmalerei in Venedig einführte, nahm Giovanni sie sofort auf. Die ölgebundenen Farben bereicherten die Palette um viele Nuancen und inspirierten Giambellino zu einer transparenteren Malweise. Er begann nun, die Landschaft nicht mehr als bloßen Hintergrund zu behandeln, sondern zum wesentlichen Bildbestandteil zu machen. Auf einigen seiner Landschaftsbilder mit Heiligenszenen sammelt sich das Himmelslicht so verdichtet um die Hauptgestalten, dass diese auch ohne Heiligenschein göttlich anmuten.

Der Umstand, dass Giovanni Bellini bei öffentlichen Aufträgen und offiziellen Ehrungen immer hinter seinem älteren Bruder *Gentile* rangierte, obwohl er der bessere Maler war, liegt an seiner niedrigeren Stellung als vermutlich unehelicher Sohn. Doch als der (Halb-)Bruder 1479 von der Serenissima nach Konstantinopel entsandt wurde, schlug Giambellinos Stunde. Er bekam den Auftrag, an Stelle von Gentile die Arbeiten am Dogenpalast fortzuführen. Sein Ruf wuchs nun rasch. 1483 avancierte er zum offiziellen Staatsmaler der Republik und arbeitete außerdem für die größten Bruderschaften Venedigs sowie für zahlreiche Auftraggeber aus den Nachbarstädten.

Es ist überliefert, dass die Arbeiten am *Dogenpalast* unter Giambellinos Leitung mit geradezu beunruhigender Langsamkeit voranschritten, woraufhin die Regierung einen Beamten damit beauftragte, täglich den Großen Saal des Palastes aufzusuchen, um nachzusehen, ob die Maler auch tatsächlich arbeiteten; andernfalls sollte ihnen das Honorar gekürzt werden. Es gibt leider keine Kopien, Zeichnungen und Stiche, die uns heute eine Vorstellung von den Kompositionen vermitteln könnten, die Giambellinos Schöpferkraft damals jahrelang in Anspruch genommen haben. – Von den großen Historiengemälden im Dogenpalast, an denen die besten venezianischen Talente von Gentile Bellini bis Tizian gearbeitet hatten, blieb keines beim großen Brand von 1577 verschont.

Giovanni Bellinis erhaltenes Werk, das nahezu die gesamte Zeit der Renaissance umspannt, umfasst Altarbilder, Bildnisse, Allegorien und Landschaften, die allesamt von einer außergewöhnlichen Ausdruckskraft und lebendigen Ausstrahlung gekennzeichnet sind. Sein Zeitgenosse *Albrecht Dürer*, der Giambellino persönlich gekannt hat, bezeichnete ihn als den Besten in der Malerei. In der *Galleria dell'Accademia* (→ S. 199) befindet sich eine repräsentative Auswahl seiner Werke.

Vittore Carpaccio (um 1455 bzw. 1465–1526)

Die genaue Herkunft und das Geburtsjahr des Malers sind unbekannt; außerdem gibt es keinen Beleg seiner künstlerischen Tätigkeit vor 1490. Da man nichts Gesichertes über seine Ausbildung weiß, wird Carpaccio in der Kunstwissenschaft gemeinhin als Einzelgänger bzw. Autodidakt bezeichnet, der ausschließlich seiner schöpferischen Fantasie folgte. Ähnlichkeiten mit den unterschiedlichen Malstilen der Bellini-Werkstatt sind jedoch auffällig. Von *Jacopo Bellini* lernte Carpaccio, seine Figuren in Architekturlandschaften zu stellen, während er von *Gentile Bellini* einen Hang zum Orientalischen übernahm, der einigen Kunsthistorikern sogar Anlass zu der Vermutung gab, Carpaccio habe Gentile auf seiner Reise nach Konstantinopel begleitet. Mit *Giovanni Bellini* hingegen verbindet ihn die konsequente Ablehnung von Pathos und Monumentalität in der Malerei, insbesondere in den Pietà-Darstellungen.

Carpaccio arbeitete wie die Brüder Bellini am Dogenpalast sowie für die großen Bruderschaften der Stadt. In den Bruderschaftsbildern, in denen er Zyklen heiliger Geschichten malte, schilderte er zugleich das Leben in seiner Heimatstadt mit solcher Hingabe und Fantasie, dass seine Bilder zu regelrechten Hymnen auf Venedig gerieten. In seinem 1495 beendeten Hauptwerk, einer Bilderreihe mit Szenen aus dem „Leben der Heiligen Ursula" (*Galleria dell'Accademia* → S. 199), lässt er in märchenhaften Szenerien farbenprächtig gekleidete Personen auftreten. Von 1502 bis 1508 widmete sich Carpaccio dem Gemäldezyklus der *Scuola di San Giorgio degli Schiavoni* (→ S. 171), der ebenfalls noch vollständig erhalten ist. In den späteren Jahren, als in Venedig bereits die Malergenies *Giorgione* und *Tizian* dominierten, arbeitete Carpaccio in Istrien und Dalmatien.

Giorgione (1477/78–1510)

Der großartige *Giovanni Bellini* hatte in Giorgione einen Schüler, der ihn mehr als überholte. Lange nach Giovanni geboren, starb Giorgione jedoch mehrere Jahre vor seinem alten Meister. Eine Richtung innerhalb der Giorgione-Forschung nimmt an, dass auch der begnadete *Leonardo da Vinci*, der im Jahr 1500 in Venedig weilte, einen starken Einfluss auf die Malerei Giorgiones ausgeübt hat. Es gibt nicht allzu viele gesicherte Werke von ihm, und in Venedig selbst nur ganz wenige, darunter jedoch sein berühmtestes „Das Gewitter" (s. u.).

Giorgiones Schaffenszeit war kurz, aber fruchtbar, und seine Botschaft war revolutionär. Mit ihm vollzog sich im ersten Jahrzehnt des 16. Jh. ein grundlegender Wandel in der Malerei Venedigs, der die weitere Entwicklung der Kunst in ganz Europa entscheidend beeinflussen sollte, und zwar sowohl im Hinblick auf die Maltechnik als auch auf den Bildinhalt. In der Ölmalerei brachte Giorgione die Darstellung erstmals direkt auf die Leinwand, ohne zuvor eine Skizze (*Disegno*) anzufertigen. Darüber hinaus steigerte er die harmonische Farbgebung und Leuchtkraft durch die unmittelbare Verbindung von Licht und Farbe auf eine vor ihm nicht erreichte Art. In fundamentaler Weise innovativ waren auch Giorgiones Bildinhalte und die Kompositionen, wobei die Landschaft eine ganz wesentliche Rolle spielt.

„Das Gewitter" in der *Galleria dell'Accademia* (→ S. 199) verkörpert in Form und Inhalt die neue Malerei Giorgiones am brillantesten. Der zentrale Bildgegenstand ist nicht eindeutig, aber durch die Komposition wird die Landschaft zum Mittelpunkt des Bildes erklärt. Indem die Figuren an beide Seiten gerückt werden, steht die Natur im Mittelpunkt. Der von Blitzen zerrissene Himmel, der Bach, die Ruinen, die ferne Ortschaft, die Personen und Gegenstände verlieren ihre spezifische Bedeutung – alles wird Teil einer großen Einheit, die sich in unablässiger Veränderung und ewigem Wandel befindet.

Tiziano Vecellio, genannt Tizian (1477–1576)

Tizian stammte aus der norditalienischen Provinz und wurde bereits mit 9 Jahren in die Lehre geschickt. Er arbeitete in der Werkstatt der Brüder *Bellini*, aber sein großes Vorbild war *Giorgione*, mit dem er zusammen an den Fassadenfresken des *Fondaco dei Tedeschi* (→ S. 130) arbeitete. Nach Giorgiones frühem Tod avancierte Tizian zum wichtigsten Maler der jungen Generation in Venedig. Seine außergewöhnlichen Fähigkeiten und seine lange Schaffenszeit (er wurde 99 Jahre alt!) bescherten ihm den ehrenvollen Beinamen „König der Maler". Man muss halb Italien und Europa bereisen, um sein Gesamtwerk halbwegs kennenzulernen; es ist fast unüberschaubar.

Seinen ersten ganz großen Triumph in Venedig feierte Tizian am 19. Mai 1518 mit der Enthüllung der „Assunta" (Mariä Himmelfahrt) in der Kirche *Santa Maria Gloriosa dei Frari* (→ S. 155). Mit diesem riesigen Altarbild von nie da gewesenem Ausmaß (es ist fast 7 m hoch), begründete Tizian einen neuen monumentalen Stil, mit dem er gegen die Werke Michelangelos und Raffaels in Rom antreten wollte. In dieser großformatigen Komposition ist alles in Bewegung, die Madonna wird von einem Wirbel von Engeln in den Himmel getragen, während unten die Gruppe der Apostel voller Überraschung über das Ereignis hin und her wogt. Mit der „Assunta" veränderte Tizian auch das Genre Altarbild, indem er der Fantasie mehr Raum gab und neu festlegte, was man von einem solchen Bild zu erwarten hatte.

Als Porträtmaler war Tizian unerreichbar in der Lebendigkeit des Ausdrucks und der Psychologie. Er porträtierte Päpste, Kaiser, Könige und sämtliche Dogen seiner Zeit. Zu seinen wichtigsten Bildnissen gehört das Porträt Karls V. (München, Alte Pinakothek). Außerdem schuf Tizian faszinierende poetische Allegorien, so das Gemälde „Himmlische und irdische Liebe" (Rom, Galleria Borghese), das zu den Höhepunkten der Malerei überhaupt gezählt wird.

In den späten 50er-Jahren des 16. Jh. setzte in seiner Malerei ein Prozess der Formenzerlegung, der Auflösung in breite Pinselstriche ein, der schließlich dazu führte, dass Tizians Spätwerke wie mit zuckenden Pinselstrichen aus der Tiefe einer mit dramatischer Kraft aufgeladenen Farbmaterie gemalt scheinen. Sein Altersstil teilt das Schicksal der späten Werke Rembrandts und Goyas; sie wurden von den meisten Zeitgenossen nicht mehr verstanden. Erst viel später erkannte man die Bedeutung der vornehmlich mit malerischen Mitteln erreichten Bildwirkung.

Trotz jahrelanger Abwesenheit war Tizian von 1514 bis zu seinem Tod offizieller Staatsmaler der Republik. Venedig selbst ist zwar eher arm an Werken Tizians, dennoch kommt seine neue Auffassung von Malerei in den Werken aller venezianischen Maler nach ihm zum Ausdruck.

Jacopo Robusti, genannt Tintoretto (1518–1594)

Er verbrachte sein gesamtes Leben ausschließlich im eng begrenzten Stadtgebiet von Venedig; nur eine Reise, die ihn 1580 nach Mantua führte, ist sicher belegt. Aus der Werkstatt seines Lehrers *Tizian* zog er sich bald zurück, um einen eigenständigen Weg zu gehen. Tintoretto war geradezu besessen von der Malerei, er wurde zu einem der produktivsten Maler überhaupt. Ohne künstlerisch oder persönlich zu schmeicheln, nahm er alle Aufträge an, derer er habhaft werden konnte. Nicht selten arbeitete er zum Selbstkostenpreis oder sogar darunter. Er brachte es weder zu Reichtum, noch hatte er Freunde unter den Malerkollegen seiner Zeit. Seine Auftraggeber waren die Stadt, die großen Bruderschaften, die Kirchen und venezianische Privatleute. Mit dem Bilderzyklus der *Scuola Grande di San Rocco* (→ S. 156), der Geschichten aus dem Alten und Neuen Testament erzählt, schuf sich Tintoretto selbst ein Museum.

Sein Frühwerk lässt eine gewisse Verehrung von *Michelangelo* erkennen, denn die dramatischen Körperdrehungen und kraftvollen Figuren sind ganz im Stil dieses Meisters gehalten. 1548 erregte Tinoretto mit dem „Wunder des Heiligen Markus" (*Galleria dell'Accademia* → S. 199) erstmals Aufsehen. Das Bild folgt einer Legende: Ein Sklave sollte Augen und Hände verlieren, weil er seinen Herrn in Alexandria verlassen hatte, um am Sarg des heiligen Markus zu beten. Als man das Urteil vollstrecken wollte, bewirkte der Heilige, dass die Henkerswerkzeuge zerbrachen. Architektur- und Landschaftsmotive definieren klar den Bildraum. Das virtuose Markuswunder stellt eine perfekte Umsetzung des Leitspruchs des jungen Tintoretto dar, den er sich an die Wand seines Ateliers geschrieben haben soll: „die Zeichnung Michelangelos und die Farben Tizians". Überliefert ist auch die sehr eigenwillige Arbeitsweise Tintorettos: Wenn er einen großen Auftrag für einen bestimmten Ort erhielt, untersuchte er die Raum- und Lichtverhältnisse und konstruierte dann eine kleine Bühne, auf die er selbst geformte Wachsfiguren stellte. Erst nachdem er sich penibel vorbereitet und seine Wachskompositionen in verschiedenen Varianten skizziert hatte, begann er zu malen – das aber oftmals allzu schnell und flüchtig, wie die Fachwelt kritisiert.

Kein Thema wurde von Tintoretto so häufig behandelt wie das Abendmahl. Jenes „Abendmahl", das er 1592–1594 für die Kirche *San Giorgio Maggiore* (→ S. 211) malte, stellt den Höhepunkt seines Spätwerks dar.

Tintorettos Wohnhaus

Paolo Caliari, genannt Veronese (1528–1588)

Paolo Caliari, der nach seiner Geburtsstadt Verona den Beinamen Veronese erhielt, repräsentiert zusammen mit *Tizian* und *Tintoretto* die Blütezeit zwischen Renaissance und Barock. Als Autodidakt und früh vollendeter Maler kam er 1553 nach Venedig, nachdem er bereits in Verona und Mantua nachhaltige Spuren seines Könnens hinterlassen hatte.

In seinen Darstellungen biblischer Gastmähler, wie das „Gastmahl im Hause des Levi" (*Galleria dell'Accademia* → S. 199), die in klassizistischen und zum Teil schon manieristischen Fantasiearchitekturen angesiedelt sind, porträtierte Veronese die aristokratische Gesellschaft im zeitgenössischen

Venedig. Ganz anders als Tintoretto war Veroneses Kunst dem Geschmack der vornehmen Aristokratie zugewandt. In diesen Kontext passt auch der Skandal um das „Gastmahl im Hause des Levi". Für dieses Gemälde musste sich Veronese dem Tribunal der

Inquisition stellen und rechtfertigen, warum er in einer heiligen Szene Narren, Mohren, Betrunkene, Papageien, Zwerge und ähnliche Skurrilitäten untergebracht hatte. Mit unschuldigem Freimut antwortete er: „Wir Maler nehmen uns dieselben Freiheiten, die sich Dichter und Verrückte nehmen." – Für diese mutige Verteidigung künstlerischer Freiheit bezeichnete ihn Paul Cézanne drei Jahrhunderte später als Bahnbrecher der reinen Kunst.

In der *Libreria Vecchia di San Marco* und in der Kirche *San Sebastiano* (Dorsoduro) hinterließ Veronese seine repräsentativsten und umfangreichsten Gemäldezyklen. Sein „Raub der Europa" (Dogenpalast) mit dem wunderschönen Landschaftshintergrund ist eine der erfrischendsten und lebendigsten Schöpfungen des Malers.

Giovanni Battista Tiepolo (1696–1770)

Nachdem das 17. Jh. eher von Mittelmaß gekennzeichnet war, erlebte Venedig im 18. Jh. eine neue Blüte der Malerei, deren herausragender Protagonist Giovanni Battista Tiepolo war. Da ihn seine Zeitgenossen nicht genug herausforderten, beschäftigte er sich intensiv mit dem Werk Veroneses und kopierte sogar dessen „Gastmahl im Hause des Levi" (s. o.). In allen Bereichen der Malerei talentiert, kannte Tiepolos Schaffenskraft keine Grenzen, er brachte Fresken, Ölgemälde, Zeichnungen und Radierungen hervor, deren Umfang und Themenvielfalt schier unüberschaubar sind. Außerdem gehört er zu den ganz großen Humoristen und Spöttern der Malerei. Einzigartig blieb die Palette der Pastelltöne in seiner helltonigen Malerei. Mit Tiepolo erreichte die spätbarocke Malerei ihren Höhepunkt.

1717 erschien sein Name erstmals in den Verzeichnissen der venezianischen Malervereinigung. Doch sein Ruhm ging schon bald über die Grenzen Venedigs hinaus, später rissen sich die Fürsten Europas gar um Tiepolo. Nach ständigen Arbeiten in Venedig und Norditalien bekam er 1736 den ersten Auftrag aus dem Ausland. König Friedrich von Schweden suchte einen Künstler für die Ausmalung seines Schlosses in Stockholm. Tiepolo wurde nach Schweden eingeladen, lehnte die angebotene Arbeit jedoch ab, weil ihm die Bezahlung zu gering erschien.

1750 ging Tiepolo mit seinen Söhnen *Giandomenico* und *Lorenzo* nach Würzburg, wo er ungefähr drei Jahre lang im Dienst des Fürstbischofs Karl Philipp von Greiffenklau blieb, dessen Residenz er meisterlich ausschmückte. Zurück in Venedig, wurde er 1756 zum ersten Präsidenten der neu gegründeten *Accademia di Pittura e Scultura* ernannt. 1762 reiste er mit seinem Sohn *Giandomenico* nach Madrid. Am Hof Karls III. verbrachte er die letzten Jahre seines Lebens mit der Ausführung bedeutender Fresken im spanischen Königspalast.

In der *Galleria dell'Accademia* befinden sich mehrere repräsentative Werke Tiepolos, darunter das illusionistische Deckenrundbild „Auffindung des wahren Kreuzes", dessen bravouröse Perspektive den Betrachter förmlich aufsaugt. Außerdem stammen die wesentlichen Ausschmückungen der *Scuola Grande dei Carmini* (→ S. 205) sowie der *Villa Nazionale Pisani* (→ S. 256) von ihm.

Antonio Canal, genannt Canaletto (1697–1768)

Der anti-barock eingestellte Venezianer Canaletto, der zunächst als Theatermaler arbeitete, wurde durch seine akribischen Ansichten von Venedig berühmt.

Das Guggenheim-Museum, ein Genuss für Liebhaber der klassischen Moderne

Er bediente sich der Camera obscura, um die Perspektive der Ansichten exakt wiederzugeben. Seine fotografisch genauen, fast pedantischen Venedig-Veduten waren zu jener Zeit sehr begehrt, vor allem bei Ausländern. Mit Aufträgen überhäuft, beschäftigte Canaletto bald eine große Zahl von Mitarbeitern. Auch die Zahl der Nachahmer und Fälscher war groß, weshalb die Accademia später zum Teil Schwierigkeiten hatte, Canalettos Werk von dem der Kopisten abzugrenzen. Die meisten seiner Bilder befinden sich heute in ausländischen Sammlungen, nur einige sind in Venedig geblieben (*Accademia* und *Ca' Rezzonico*).

Pietro Longhi (1702–1785)

Die amüsanten, kleinformatigen Genrebilder Longhis spiegeln das heitere Leben im Venedig des 18. Jh. wider. Hinter den banalen Szenen und der vorgetäuschten Arglosigkeit stecken viel Witz und Ironie. Alles zu harmlos, ohne satirische Schärfe, sagen seine Kritiker. Der bedeutendste zeitgenössische Dramatiker, *Carlo Goldoni*, hingegen war hingerissen, er bezeichnete Longhis Pinsel als die Schwester seiner Feder.

Francesco Guardi (1712–1793)

Ein ausgesprochen vielseitiger Maler, der sich vor allem mit Venedig- und Lagunen-Veduten einen Namen gemacht hat. In jungen Jahren stand Guardi unter Canalettos Einfluss, von dessen perspektivisch genauer Darstellung er sich jedoch bald radikal löste zugunsten einer bewegten, betont atmosphärischen Malweise, die bereits impressionistische Züge hatte. Das schönste Kompliment hat ihm seinerzeit wiederum *Carlo Goldoni* gemacht: „Ein kühner Pinselstrich Guardis lässt den Untergang der Republik vergessen." Guardis weitaus weniger talentierter Sohn *Giacomo Guardi* malte ebenfalls Veduten der venezianischen Lagune, deshalb immer auf den Vornamen schauen, wenn man ein Guardi-Bild vor sich hat (besonders im *Museo Correr*)!

Die Karnevalszeit beschert Venedig einen regelrechten Ausnahmezustand

Carnevale & Co. – Die wichtigsten Stadtfeste

Carnevale di Venezia

Der venezianische Karneval ist das absolute Hauptfest der Stadt. Er beginnt am Freitag, zwölf Tage vor dem Aschermittwoch (dem Anfang der österlichen Fastenzeit) und geht in seinen Ursprüngen weit in die Geschichte Venedigs zurück. 1797, im tragischen Jahr der Auflösung der unabhängigen Republik, verbat Napoleon den venezianischen Karneval und nahm der eroberten Stadt damit auch symbolisch die Freiheit. In den 30er-Jahren des 20. Jh. wurde das traditionelle Fest der Masken zaghaft im Rahmen des Theaterfestivals wiederbelebt. Aber als ausgelassenes Straßenfest – wie wir es heute kennen – wird es erst wieder seit 1979 gefeiert. Mittlerweile gehört Venedig zu den internationalen Hochburgen des Karnevals und zieht Heerscharen von Schaulustigen und Karnevalisten aus aller Welt an. Für viele Venezianer ist das überschäumende Kostüm- und Maskenspektakel alljährlich ein Grund zur Flucht aus der Stadt. Touristen, die kein spezifisches Interesse am Karnevalstreiben haben, sollten es ihnen gleichtun und die Stadt meiden.

Karnevalisten aber werden ihre große Freude haben. Sie erwartet in den zehn Festtagen ein überwältigendes Programm mit historischen Umzügen, Maskenbällen, Straßenfesten, Feuerwerken und künstlerischen Darbietungen; ganz zu schweigen von den unzähligen spontanen und privaten Aktivitäten überall in der Stadt. Jedes Jahr steht ein neues Motto im Mittelpunkt des Karnevals, das die Organisatoren und Teilnehmer immer wieder zu neuen Inszenierungen, Dekorationen, Verkleidungen und Masken anregen soll. Im Jahr 2000 stand der Karneval beispiels-

Carnevale & Co. – Die wichtigsten Stadtfeste

weise unter dem Motto „Die unsichtbaren Städte", das von der gleichnamigen Erzählung *Italo Calvinos* inspiriert war: Auf sieben verschiedenen Plätzen der Stadt wurden sieben märchenhafte Stadtfantasien inszeniert, die auf Marco Polos Gespräche mit dem Mongolenherrscher Kublai Khan anspielten.

Karnevalsinformationen unter www.carnevale.venezia.it.

Zu Recht gilt der venezianische Karneval als das schönste Maskenfest der Welt, denn das alles beherrschende Utensil ist die Maske, und die Vielfalt in der sie alljährlich zu sehen ist, sprengt alle Vorstellungen. Die Maske symbolisiert den Urwunsch des Menschen, sich zu verwandeln, seine Persönlichkeit abzustreifen, in eine andere Rolle zu schlüpfen und dabei unerkannt zu bleiben – und der Karneval lässt diese Vorstellung für eine kurze Zeit Wirklichkeit werden. Fantasievoll, heiter und zum Teil betörend ist der Aufmarsch der Masken zur Karnevalszeit, und wer dran teilnimmt, sollte seine Maske nicht vergessen, sonst muss er sein wahres Gesicht zeigen.

Festa della Sensa

Diese so genannte *Hochzeit mit dem Meer*, die am Sonntag nach Christi Himmelfahrt gefeiert wird, erinnert an Venedigs untrennbare Liaison mit dem Meer. Der Ursprung dieses historischen Stadtfestes geht ungefähr auf das Jahr 1000 zurück, als sich die Seerepublik Venedig die Vorherrschaft in der

Historische Masken und Kostüme

Abgesehen von den unzähligen Fantasiemasken, die man zur Karnevalszeit an allen Ecken bestaunen kann, stößt man auch immer wieder auf die traditionellen Verkleidungen. Der Klassiker ist die vornehme *Maschera nobile*, die im 17. und 18. Jh. getragen wurde. Sie besteht aus der schwarzen Kapuze (*Bauta*), die das Gesicht freilässt; hinzu kommen ein schwarzer, mit weißen Federn geschmückter Dreispitz (*Tricorno*) sowie ein langer schwarzer Mantel (*Tabarro*), während eine weiße Halbmaske (*Volto*) mit schwarzem Spitzentuch am unteren Rand das Gesicht verdeckt. Getragen wurde die Maschera nobile früher von Männern und Frauen aller Gesellschaftsschichten, und die übliche Anrede für derart Verkleidete lautete „Sior maschera" (Maskierter Herr), ganz unabhängig von Stand, Alter oder Geschlecht – denn die Maske machte alle gleich.

Aus der Zeit der verheerenden Pestepidemien stammt der *Medico della peste* (Pestarzt). Charakteristisch für diese Verkleidung sind der tief gezogene Schlapphut und die überlange Schnabelmaske, die mit einem Atemschutz aus Baumwollgewebe gefüllt ist. Nach und nach mischten sich dann auch die beliebten Hauptfiguren aus der *Commedia dell'Arte* unter das bunte Karnevalsvolk. Am bekanntesten ist wohl der *Arlecchino* – wer kennt es nicht, das farbenfrohe Harlekinkostüm mit dem Rautenmuster. Dazu gesellten sich der einfallsreiche Diener *Brighella*, der prahlsüchtige *Capitano* mit der bunt gestreiften Uniform und die kokette Dienerin *Colombina* sowie der geizige Kaufmann und unermüdliche Schürzenjäger namens *Pantalone*. – Und gerade dieser Pantalone, der in der Commedia dell'Arte den Typus des venezianischen Kaufmanns verkörpert, ist es, der am letzten Tag des Karnevals, am Dienstag, auf dem Scheiterhaufen verbrannt wird, bevor um Mitternacht das *Concerto delle ceneri* (Aschenkonzert) den Karneval endgültig beendet.

Adria durch Eroberungen an der Küste gesichert hatte. Grund genug für eine feierliche Zeremonie, die bis zur Auflösung der Republik (1797) alljährlich begangen wurde. Am Festtag bestieg der amtierende Doge seine prunkvolle Staatsgaleere, den *Bucintoro*, und ließ sich in Begleitung unzähliger Boote vor den Lido hinausrudern, wo er die Verbindung mit dem Meer bekräftigte, indem er einen goldenen Ring ins Wasser warf und folgende Worte sprach: „Wir heiraten dich, oh Meer, als Zeichen echter und dauernder Herrschaft". Und da das Meer den weiblichen Part bei der Trauung übernehmen musste, heißt es im venezianischen Dialekt *la mar*, im Italienischen hingegen *il mare*.

Längst ist die Herrschaft der Serenissima dahin, aber der Hochzeitstag hat überlebt. Heute vollzieht der *Sindaco* (Bürgermeister) in Begleitung von Kirchenvertretern und hohen Offizieren die Zeremonie wie einst der Doge. Von der *Riva degli Schiavoni* bewegt sich die historische Flotte hinüber zur Lido-Kirche *San Nicolò*, wo heute jedoch an Stelle des goldenen Rings ein Lorbeerkranz ins Wasser geworfen wird.

Vogalonga

Am Sonntag nach La Sensa (Pfingstsonntag) findet die populäre *Vogalonga* statt. Dieser 33 km lange Rudermarathon, an dem die verschiedensten Bootstypen teilnehmen, führt vom Markusbecken zu den nördlichen Laguneninseln und endet nach der Durchquerung des Canale di Cannaregio und des Canal Grande vor der Punta della Dogana. Für passionierte venezianische Ruderer ist die Teilnahme Ehrensache. 1975 fand die Vogalonga erstmals als Demonstration gegen den zunehmenden Verkehr von Motorbooten in der Lagune statt.

Festa del Redentore

Das *Erlöserfest*, das am dritten Juliwochenende stattfindet, ist bei den Ein- heimischen wegen seines Volksfestcharakters sehr beliebt. Es hat seine historischen Wurzeln im Jahr 1576, als eine fürchterliche Pestepidemie zu Ende ging. Der Senat gelobte damals die Errichtung einer Erlöserkirche, deren Bau von *Andrea Palladio* ausgeführt wurde. Diese *Chiesa del Redentore* ist alljährlich das Ziel einer feierlichen Prozession, die über den Giudecca-Kanal führt, auf dem extra für diesen Zweck eine Pontonbrücke errichtet wird. In der Kirche wird dann ein Lichtermeer aus Kerzen angezündet.

Bereits am Vorabend dieser sonntäglichen Prozession findet der eigentliche Höhepunkt des Festes statt. Tausende von Feiernden versammeln sich am Samstagabend an den Ufern des Giudecca-Kanals und warten auf das große Feuerwerk. Die Zeit bis zum pyrotechnischen Spektakel vertreibt man sich bei einem kollektiven Picknick. Wer ein Boot zur Verfügung hat, macht es sich auf dem Wasser bequem. Nach dem nächtlichen Feuerwerk durchqueren unzählige Boote die Kanäle der Stadt, um sich anschließend am Lido zu treffen, wo die Feier im Morgengrauen ausklingt.

Regata storica

Diese *historische Regatta* wird jedes Jahr am ersten Septembersonntag veranstaltet. Den Auftakt bildet eine prächtige Gondelparade, die von einem Nachbau der Prunkgondel (*Bucintoro*) des Dogen angeführt wird. Die festlich geschmückten Begleitgondeln werden von Rudermannschaften in historischen Kostümen gemächlich über den Canal Grande bewegt. Die sonst so unbewohnt wirkenden Uferpalazzi sind feierlich beflaggt und an den Fenster- und Balkonbrüstungen zeigen sich die Nobili von heute.

Am Nachmittag beginnen dann die Ruderwettrennen auf dem *Canal Grande*, auch diese werden in historischer Kostümierung ausgetragen. Nacheinander

Während der Regata storica herrscht selbstverständlich ein Verbot für Motorboote auf dem Canal Grande

finden eine Jugendregatta, eine Frauenregatta und eine Regatta mit dem Bootstyp *Caorlina* (ein Lagunenboot aus dem venetischen Caorle) statt. Höhepunkt und Abschluss der Veranstaltung bildet die Regatta der kleinen Gondeln (*Gondolini*) mit zwei Ruderern. Die Ziellinie befindet sich zwischen dem *Palazzo Balbi* und der *Ca' Foscari*, wo auch die so genannte *Macchina* verankert ist, eine Holzkonstruktion im Barockstil, auf der die Repräsentanten der Stadt sitzen und die Prämierung der Sieger vornehmen. Nach den Ruderwettrennen geht das Fest mit künstlerischen Darbietungen auf verschiedenen Plätzen der Stadt weiter.

Festa della Madonna della Salute

Dieses letzte große Stadtfest im Jahr findet immer am 21. November statt. Ebenso wie das Erlöserfest beruht es auf einem Gelübde, das am Ende einer Pestepidemie abgelegt wurde. 1630 versprach der Doge *Nicolò Contarini* den Bau einer Kirche zu Ehren der Jungfrau. Erst 56 Jahre später konnte der aufwändige Kirchenbau abgeschlossen werden. Alljährlich wird seitdem eine Pontonbrücke vom Anleger *Santa Maria del Giglio* über den Canal Grande zur *Chiesa Santa Maria della Salute* errichtet. Höhepunkt ist das Lichtermeer aus unzähligen Kerzen vor dem Altar der Madonna und natürlich der kulinarische Markt.

Festa di San Marco

Das Fest zu Ehren des Stadtpatrons wurde früher mit einer feierlichen Prozession begangen. Heute findet lediglich ein Hochamt in der Markusbasilika statt, an dem alle Würdenträger der Stadt teilnehmen. Da das Patronatsfest auf den Tag der Befreiung, ein gesetzlicher Feiertag (25. April), fällt, hat es etwas an Bedeutung verloren. Brauch ist es an diesem Tag, seiner Angebeteten eine Rosenknospe (*Bocolo*) zu schenken und sich an dem traditionellen Reis-Erbsen-Gericht *Risi e bisi* zu laben.

Venedigs Bahnhof, ein moderner Zweckbau

Anreise

Venedig verlangt hinsichtlich der verschiedenen Anreisemöglichkeiten einige Vorüberlegungen. Welche Anreiseform ist die beste? Welches Transportmittel bietet die meisten Vorteile? Und im Zeitalter des Massentourismus sollte sich eigentlich auch jeder die Frage stellen: Welche Anreiseform ist die umweltverträglichste?

Der Flug nach Venedig stellt mit Abstand die schnellste und bequemste Form der Anreise dar. Beim Anflug liegt einem die Lagune zu Füßen, und Sondertarife bzw. Low-Cost-Flüge machen den Jet immer attraktiver. Eine Zugfahrt ist im Vergleich dazu wesentlich umweltschonender, aber längst nicht mehr in jedem Fall preisgünstiger als der Flug. Von München aus ist man in ca. 7 Stunden da, und wer aus dem hohen Norden Deutschlands anreist, kann den Reisekomfort im Schlaf- bzw. Liegewagen noch erheblich erhöhen. Das eigene Fahrzeug hingegen, so verlockend die Anreise damit für viele auch sein mag, ist in der autofreien Lagunenstadt ein Parkgebühren schluckender Klotz am Bein.

Dokumente: Es genügt der gültige Personalausweis (*Carta d'identità*). Wer auf Nummer Sicher gehen will, nimmt außerdem eine Kopie des Dokuments mit. Bei Diebstahl oder Verlust des Ausweises hilft die Kopie der *Polizia* bei der Identitätsfeststellung.

Mit dem Zug

So wie Deutschland und die Schweiz ist auch Italien ein ausgesprochenes Bahnland mit Tradition, hervorragend ausgebautem Schienennetz und häufigen Verbindungen. Hinsichtlich der Kosten herrschen allerdings deutliche Unterschiede. Während die Normaltarife in

Anreise

Deutschland, der Schweiz und in Österreich stark zu Buche schlagen, ist das Zugfahren in Italien geradezu billig. Wer im Norden Deutschlands startet, muss also erheblich tiefer in die Tasche greifen als Bayern oder Schwaben. Preiswerter wird es für die Nordlichter durch die Sondertarife der Deutschen Bahn. Die Anschaffung italienischer Bahnpässe bringt für die reine Hin- und Rückreise keine Preisvorteile.

Im Rahmen ihrer **Europa-Sparpreise** bietet die DB günstige Sondertarife für die Hin- und Rückfahrt von allen Bahnhöfen in Deutschland nach Italien an.

Frühbucher: Wie im innerdeutscher Bahnverkehr variieren auch die Europa-Sparpreise je nach dem Zeitpunkt der Buchung, d. h. Frühbucher zahlen deutlich weniger.

Günstiger fahren gemeinsam reisende Personen, Familien mit Kindern und junge Leute unter 26 Jahren.

Auskünfte und Buchung: bei allen Fahrkartenausgaben, DB-Reisezentren und den Reisebüros mit DB-Lizenz. Auch telefonisch beim Reise-Service Deutsche Bahn unter ☏ 00491806/996633 (gebührenpflichtig) bzw. übers Internet unter www.bahn.de.

> **Endstation Venezia Santa Lucia**
>
> Seit 1846 ist Venedig durch einen Bahndamm mit dem Festland verbunden. Die moderne *Stazione* liegt direkt am Canal Grande (→ „Il Sestiere di Cannaregio", S. 180). Von hier geht es bequem weiter mit dem Vaporetto (→ „Unterwegs in Venedig", S. 71). Im Bahnhof findet man ein Informationsbüro für allererste Auskünfte und bei Bedarf eine Gepäckaufbewahrung (5 €/Gepäckstück für die ersten 5 Std.).

Platzkarten: In der Hauptreisezeit sind die Züge über die Alpen brechend voll. Also rechtzeitig Platzkarten zum Zielbahnhof Venezia/Stazione Santa Lucia sichern. Das ist frühestens drei Monate vor Abfahrt möglich.

Mit dem Flugzeug

Schnelligkeit und Komfort machen das Flugzeug zum attraktivsten Transportmittel. Venedigs internationaler Flughafen, der *Aeroporto Marco Polo*, wird im Linienflugverkehr u. a. von *Alitalia* und der *Lufthansa* angeflogen, wobei nur die Lufthansa Direktflüge (von Frankfurt und München) anbietet. Alitalia hingegen wickelt fast alle Venedig-Flüge über den Flughafen Mailand/Malpensa ab, d. h. Umsteigen ist erforderlich.

Die Low-Cost-Airlines TUIfly/Air Berlin und EasyJet bieten Venedig-Direktflüge von mehreren deutschen Flughäfen zum Schnäppchenpreis an.

Tarife: Je nach Fluggesellschaft und Flughafen schwanken die Flugpreise zwischen ca. 100 und 300 € pro Strecke inkl. Steuern und Gebühren.

Information/Buchung: Für Linienflüge sollten Sie ein Reisebüro aufsuchen. Low-Cost-Flüge müssen direkt im Internet (www.airberlin.de, www.easyjet.com) gebucht werden.

Rail & Fly: Mit dem Zug zum Flug, die preiswerte Möglichkeit, mit der DB vom Heimatort zum Flughafen und zurück zu reisen. Es gelten entfernungsabhängige Pauschalpreise. Entsprechende Tickets können Sie in Verbindung mit dem Flugticket kaufen.

Ankunft am Aeroporto Marco Polo

Der Flughafen liegt ca. 13 km nordöstlich der Stadt unmittelbar an der Lagune. Der architektonisch ansprechende Terminal wurde von dem amerikanischen Stararchitekten *Frank O. Gehry* entworfen und 2003 fertiggestellt. Eventuelle Fragen zum Rückflug am besten gleich an den Schaltern der Fluggesellschaften klären; außerdem gibt es einen APT-Infostand im Flughafengebäude (dort auch Verkauf der Venice Card und Rolling Venice Card, → S. 93).

Weiter mit dem Bus: Der öffentliche ACTV-Aerobus (Linie 5) fährt alle halbe Stunde zum Piazzale Roma. Die Fahrzeit beträgt ca. 30 Min., Tickets (inkl. Gepäck 6 €) sind am ACTV-Schalter erhältlich. Fast die gleiche Strecke – aber etwas schneller – fährt der private ATVO-Bus für 6 € (inkl. Gepäck).

Flughafen, Fähranleger: Die Shuttle-Boote der Luxushotels sind für Normalsterbliche natürlich tabu

Weiter mit dem Boot: Nicht die preiswerteste, aber die schönste Einfahrt in die Stadt bietet der Wasserweg. Die Shuttle-Boote von *Alilaguna* fahren halbstündlich via Murano und Lido (*Linea Blu* und *Linea Rosso*) zur Anlegestelle am Markusplatz bzw. durch den Canal Grande (*Linea Arancio*) zur Anlegestelle Santa Maria del Giglio (alle Stationen → herausnehmbare Karte bzw. www.alilaguna.it). Ticketverkauf (ca. 15 €/Strecke) an der Anlegestelle am Flughafen. Die Fahrzeit zum Markusplatz beträgt ca. 75 Min., zur Fondamenta Nuove ca. 35 Min. Vom Flughafengebäude zum Alilaguna-Anleger führt ein überdachter Fußweg (ca. 10 Min. Gehzeit), den kostenfreien Shuttlebus gibt es nicht mehr.

Weiter mit dem (Wasser-)Taxi: Ein Wassertaxi zum Markusplatz kostet für 2 Pers. über 100 €, ein normales zum Piazzale Roma 40 €.

Parken vor Venedig

Die zentralsten Großparkplätze und Parkhäuser befinden sich am Ende des Straßen- und Bahndamms *Ponte della Libertà* auf der Parkinsel *Tronchetto* (über 3500 Plätze) und auf dem *Piazzale Roma* (über 2000 Plätze). Die Gebühren liegen bei über 20 €/Tag. Von Tronchetto verkehrt der *People Mover* (Hochbahn) zum Piazzale Roma; von dort sind die Vaporetto-Anlegestellen bequem zu Fuß zu erreichen. Preisgünstigere Dauerparkplätze gibt es bei *ASM Parking San Giuliano* (am Ponte della Libertà), im *Fusina Park Terminal* (südlich von Mestre) und im *ACI Park Punta Sabbioni* (Südspitze der Landzunge von Cavallino). Von dort verkehren jeweils Pendelfähren nach Venedig. Empfehlenswert sind außerdem die beiden Parkhäuser am Bahnhofsplatz von *Mestre* sowie der *Tessera Park* am Flughafen. Häufige Zugverbindungen von Mestre nach Venedig (10 Min. Fahrzeit). Flughafenverbindungen s. o. Weitere Infos dazu unter www.turismovenezia.it. Wer hingegen auf dem **Lido** logiert, kann sein Fahrzeug dorthin mitnehmen. Zwischen der Parkinsel Tronchetto und dem Lido di Venezia verkehrt regelmäßig eine kleine Autofähre (Linie 17).

Mit dem eigenen Fahrzeug

Für die Anreise mit dem eigenen Fahrzeug spricht kaum etwas, denn Venedig ist bekanntlich eine autofreie Stadt. Nur Camper und Strandapartmentbezieher, die ihr Domizil an der *Cavallino-Küste* (→ „Camping", S. 84) aufschlagen und sich ihr Reiseziel von dort aus erschließen wollen, haben einen triftigen Grund, mit dem Auto bzw. Wohnmobil anzureisen. Gegen das Automobil sprechen außerdem die relativ hohen Autobahngebühren und nicht zuletzt die anfallenden Parkgebühren vor den Toren Venedigs. Wer auf seinen fahrbaren Untersatz dennoch nicht verzichten will, findet im Folgenden einige nützliche Informationen.

Papiere: Mitzunehmen sind der nationale Führerschein (*Patente di guida*), der Fahrzeugschein (*Libretto di circolazione*) und die grüne Versicherungskarte (*Carta verde*) – letztere ist zwar keine Pflicht mehr, hilft aber bei der Schadensregulierung. Und nicht vergessen: das D-Schild ist für Pkw-Reisende ohne Euro-Nummernschild Pflicht.

Schnellste Route: Autobahn Brenner–Verona–Venedig, ca. 300 km, gebührenpflichtig! Alternative: Die A 22 in Rovereto-Nord verlassen und die landschaftlich schöne S 46 in Richtung Vicenza nehmen. Bei Thiene wieder auf die Autobahn (A 31).

Geschwindigkeitsregelung in Italien: Innerhalb geschlossener Ortschaften 50 km/h, auf Landstraßen für Pkw und Motorräder 90 km/h, Pkw mit Anhänger 70 km/h. Auf Autobahnen für Pkw 130 km/h (bei Regen 110 km/h), mit Anhänger 80 km/h. Motorräder bis 149 ccm verboten (bis 349 ccm nur 110 km/h). Bei Geschwindigkeitsüberschreitungen sind extrem hohe Bußgelder fällig: mehr als 40 km/h zu schnell bis 2000 € und sofortiges Fahrverbot! Die Promillegrenze liegt bei 0,5 (Bußgelder bei Überschreitung ebenfalls extrem hoch!).

Tankstellen: An Autobahnen Tag und Nacht geöffnet. Bleifrei Super, 95 Oktan (*Benzina senza piombo*); Diesel (*Gasolio*). Preise ungefähr wie in der Heimat.

Pannenhilfe: Notrufsäulen stehen in Abständen von 2 km an den Autobahnen. Den Straßenhilfsdienst des italienischen Automobilclubs ACI erreicht man in ganz Italien rund um die Uhr unter ✆ 116 bzw. ✆ 800/116800. Pannenhilfe ist für alle Fahrzeuge mit nicht-italienischem Kennzeichen mittlerweile kostenpflichtig. Nur Inhabern eines Euroschutzbriefes wird im Rahmen der Vertragsbedingungen kostenlos geholfen. Eine **reflektierende Signaljacke pro Person im Notfallset** ist vorgeschrieben. Sie muss bei einer Panne oder einem Unfall getragen werden!

Polizeinotruf/Unfallrettung: ✆ 112 bzw. ✆ 118, in ganz Italien rund um die Uhr (auch übers Handy). Deutschsprachige **Notrufstation des ADAC** ganzjährig 24 Std., ✆ 03921041.

Gondelparkplatz an der Piazzetta

Gondolieri, eine aussterbende Zunft – lediglich um die 400 gibt es noch

Unterwegs in Venedig

Als Wasserstadt verstößt Venedig zwar gegen alle Regeln des Städtebaus, aber hinsichtlich der innerstädtischen Mobilität handelt es sich um eine Stadt der Zukunft: In Venedig ist das Automobil natürlich tabu, man bewegt sich zu Fuß und mit öffentlichen Verkehrsmitteln.

Während andere italienische Städte für mehr Fußgängerzonen und autofreie Sonntage kämpfen, herrscht in Venedig der autofreie Dauerzustand. Spätestens auf dem *Piazzale Roma* ist Endstation für Automobilisten. Weiter kommt man von dort nur noch auf umweltfreundliche Art: entweder per pedes oder mit dem fast schon legendären Wasserbus, dem *Vaporetto*. Und diese beiden Fortbewegungsarten prägen den Alltag der Stadt ganz wesentlich mit. Unermüdlich sieht man Menschen auf den Hauptverbindungswegen durch die Stadt eilen, während die Vaporetti so zahlreich auf dem Canal Grande verkehren, dass zum Ein- und Aussteigen kaum genügend Zeit bleibt. Kurzum, in Venedig geht man zu Fuß oder steigt in den Wasserbus!

Zur Orientierung

Zugegeben, abseits der Hauptverbindungswege, die teils durch altersschwache Wegweiser (gelbe Schilder mit schwarzer Schrift) gekennzeichnet sind, erweist sich die Stadt bald als ein verworrenes Gassenlabyrinth mit unscheinbaren Durchgängen und Sackgassen, die plötzlich an einem schwarz glänzenden Kanal enden. Ganz anders als die Einheimischen findet der ortsunkundige Tourist auch mit einem guten Stadtplan in der Hand nicht immer die Ideallinie. Dabei ist die Stadt rein theoretisch ganz übersichtlich geordnet: Es gibt sechs historische Stadtviertel bzw. Stadtsechstel (*Sestieri*), sie heißen *San Marco, San Polo, Santa Croce,*

Sprachlos im Labyrinth? – Grundbegriffe für Orientierungslose

Calle	Gasse
Campo	Platz, im Mittelalter ein ungepflastertes Feld, meist vor einer Kirche. Ein Teil davon war der Campo santo, der Friedhof. Heute ist nur noch der Campo San Pietro di Castello ungepflastert.
Campiello	kleiner Platz
Corte	Hof, der öffentlich oder privat sein kann.
Cortile	kleiner Hof
Fondamenta	Kai, befestigter Uferweg
Frezzeria,	Geschäftsgassen in San Marco Merceria
Piazza	Nur der Markusplatz wird so bezeichnet!
Piazzetta	Nur die beiden kleineren Plätze am Markusplatz heißen so.
Ponte	Brücke
Ramo	Seitengasse, meist eine Sackgasse
Rio	Kanal
Rio Terrà	zugeschütteter ehemaliger Kanal
Riva	Uferpromenade
Ruga	Einkaufsgasse
Salizzada	Hauptweg eines Stadtviertels (Sestiere)
Sottoportico,	Durchgang, Teil des öffentlichen Wegenetzes Sottoportego
Strada, Via	Straße – nur die Strada Nuova (Cannaregio) und die Via Garibaldi (Castello) werden so bezeichnet.

Cannaregio, Castello und *Dorsoduro*. Alle Hauptwege, Gassen, Uferwege, Kanäle, Brücken und Plätze tragen Namen, während alle Gebäude fortlaufend nummeriert sind. Doch eine praktische Orientierungshilfe ist das noch lange nicht. Im Gegenteil, das Nummerierungssystem (von 1 bis ca. 6000 pro Sestiere) verstehen letztlich nur Postboten, und die Bezeichnungen auf den Straßenschildern (*Calle, Salizzada, Ramo, Rio Terrà* etc.) korrespondieren nicht immer mit den im Stadtplan eingetragenen Bezeichnungen.

Tatsächlich ist die Verwirrung groß, und irgendwann verläuft sich jeder einmal im venezianischen Dickicht. Normalerweise endet ein solcher Zickzackkurs damit, dass die freundlichen Venezianer den Verirrten den richtigen Weg weisen. Andernfalls sollten Sie die Not zur Tugend machen und Folgendes beherzigen: Nur wer sich so richtig verläuft, lernt Venedig wirklich kennen, oder – es gibt nichts Schöneres und Romantischeres, als sich in Venedig zu verlaufen.

Vaporetto

Seit den 1880er-Jahren verkehren die öffentlichen Wasserbusse (*Vaporetti*) auf den Wasserstraßen Venedigs und sorgen für einen reibungslosen Stadtverkehr. Turbulente Hauptverkehrsader ist der *Canal Grande*. Außerdem sind alle wichtigen Laguneninseln durch regelmäßigen Schiffsverkehr mit der Stadt verbunden. Die ehemaligen Dampfschiffe – auf Italienisch „Vaporetto" – sind heute mit umweltfreundlichen Dieselmotoren und modernster Antriebs- und Steuertechnik ausgestattet.

Aber ein nostalgisches Gefährt ist der Vaporetto allemal geblieben, und ein nützliches obendrein. Er verkehrt häufig und ist erstaunlich pünktlich. Das Liniennetz ist übersichtlich (Plan → herausnehmbare Karte), und wer die Benutzung öffentlicher Verkehrsmittel gewohnt ist, wird keinerlei Schwierigkeiten haben.

Die Verkehrsgesellschaft heißt abgekürzt ACTV. Den unverzichtbaren Linienfahrplan (*Orario Servizio Navigazione*) besorgt man sich am besten gleich an einem der Hauptschalter. Die Vaporetti verkehren etwa zwischen 5 und 23 Uhr im 10- bis 20-Min.-Takt. Auf den wichtigsten Strecken sind sie auch nachts (Linea N) unterwegs. Für Fragen zum Nahverkehr hat die ACTV ein Infotelefon eingerichtet: ✆ 041/2424 (ausführliche Informationen im Internet unter www.hellovenezia.com).

Während die wendigen Vaporetti im Nahverkehr, d. h. auf dem Canal Grande (*Linee Centrocittà*, 1, 2) und um die Stadt herum (*Linee Giracittà*, 4.1, 4.2, 5.1, 5.2), zum Einsatz kommen, bewältigen die schnelleren Motonavi (Fährschiffe) den Linienverkehr zwischen den weiter entfernten Laguneninseln, dem Festland und der Stadt (*Linee Lagunari*). (Liniennetzplan → herausnehmbare Karte)

Tickets/Preise: Hinsichtlich der Fahrpreise für öffentliche Verkehrsmittel nimmt Venedig weltweit vermutlich die Spitzenposition ein. Ein Einzelticket (*Corsa semplice*, 60 Min. gültig) kostet 7 €. **Touristentickets** (*Biglietti turistici a tempo*) gibt es als Halbtageskarte (*12 ore*) für 18 €, als Tageskarte (*24 ore*) für 20 €, *36 ore* gibt es für 25 €, *48 ore* für 30 €, die 3-Tages-Karte (*72 ore*) kostet 35 € und die Wochenkarte (*7 giorni*) 50 €. Die Tickets gelten für alle Vaporetto-Linien und sind an den ACTV-Hauptschaltern erhältlich. Sie müssen vor Fahrtantritt an den elektronischen Apparaten (*Validatrice*) entwertet werden, die Gültigkeitsdauer beginnt zu diesem Zeitpunkt! Kinder bis 4 Jahre fahren umsonst. Ein Gepäckstück (Koffer bis 150 cm an den drei Seiten) ist frei, für größere Koffer muss ein zusätzliches Einzelticket gelöst werden. **Ermäßigungen** gibt es nur noch in Verbindung mit der *Rolling Venice Card* (→ S. 93). Wer ohne Ticket zusteigt, muss sich sofort ans Personal wenden und ein *Biglietto di Bordo* (Einzelticket) lösen. Schwarzfahrer müssen mit einem Bußgeld von 50 € rechnen.

Traghetti (Gondelfähren)

Eine sehr nützliche und zugleich spaßige Einrichtung. Bei den *Traghetti* handelt es sich um spezielle Gondeln, die von zwei Gondolieri gerudert werden. Sie haben keine andere Aufgabe, als zwischen den beiden Uferseiten des Canal Grande hin und her zu pendeln. Obendrein ist die Benutzung nicht teuer, eine Einzelfahrt kostet 2 €, Einheimische zahlen 0,70 €. Gab es in den 1950er-Jahren noch ca. 30 dieser Liniengondeln, so sind es heute nur noch sechs. Eine städtische Verordnung verpflichtet die Zunft der Gondolieri zu diesem Fährdienst, der v. a. für die Einheimischen von Bedeutung ist, denn er erspart ihnen lange Umwege. Für Touristen ist es die preiswerteste Möglichkeit, eine venezianische Gondel zu besteigen und sich von einem Profi-Gondoliere rudern zu lassen. Bis zu 14 Personen finden stehend und sitzend Platz. An folgenden Anlegestellen kann man zusteigen:

Gondelhaltestelle vor dem Luxushotel Danieli

Traghetti-Haltepunkte: San Marco Vallaresso–Fondamenta Dogana, tägl. 9–14 Uhr.

Santa Maria del Giglio–San Gregorio, tägl. 9–18 Uhr.

Campo San Samuele–Ca' Rezzonico, nur werktags 7.45–12.30 Uhr.

Ca' Garzoni–San Tomà, werktags 7.30–20 Uhr, feiertags 8.30–19.30 Uhr.

Riva del Carbon–Riva del Vin, nur werktags 8–12.30 Uhr.

Campo Santa Sofia–Pescheria, werktags 7.30–20 Uhr, feiertags 8.45–19 Uhr.

Taxi acquei (Taxiboote)

Das am wenigsten geliebte Gefährt auf Venedigs Wasserstraßen. Abgesehen davon, dass sich die Gondolieri und die Wassertaxichauffeure aus Konkurrenzgründen spinnefeind sind, sind die Taxiboote Gift für die Lagunenstadt. Mit ihren hochtourigen Schrauben reichern sie das Wasser mit Sauerstoff an und tragen so zur Bildung von Fäulnisbakterien bei, die die uralten Holzfundamente langsam zersetzen. Umweltschädlicher kann man sich in Venedig kaum fortbewegen. Außerdem sind die Fahrpreise exorbitant hoch. Mit einem Taxameterstand von 15 € beginnt jede Fahrt, im Minutentakt kommen 2 € hinzu, ganz abgesehen von den diversen Zuschlägen. Bedenken Sie, dass Taxiboote nicht überall anlegen dürfen und sich an die Geschwindigkeitsvorschriften halten müss(t)en: 9 km/h auf dem Canal Grande, während Vaporetti 11 km/h fahren dürfen!

Taxi-Halte- und Anlegeplätze: Bahnhof, Piazzale Roma, Rialto, San Marco/Riva degli Schiavoni, Lido und Flughafen.

Taxi-Ruf: ☎ 041/5222303.

Taxi für Behinderte (Disabili): ☎ 041/2747332.

Bus

Die automobile Realität holt jeden Venedigbesucher auf dem Lido wieder ein. Aber das hat auch Vorteile, denn dort verkehren die öffentlichen Inselbusse der *ACTV*. Mehr dazu im Lido-Kapitel (→ S. 240) und unter „Ankunft am Aeroporto Marco Polo/Weiter mit dem Bus" (→ S. 67).

Gondola, gondola ...

Die Gondel gehört untrennbar zu Venedig, sie ist zum Wahrzeichen der Wasserstadt geworden. Waren es einst über 10.000 Gondeln, die die venezianischen Wasserstraßen befuhren, so sind es heute lediglich an die 450, gerudert von ebenso vielen Gondolieri, die schon immer eine eigene Zunft bildeten. Nach wie vor übertragen die Gondolieri die Kunst des Gondelfahrens samt Lizenz bevorzugt auf ihre Söhne, die erst nach jahrelanger Lehrzeit selbst ans Ruder dürfen. Nach Jahrhunderten männlicher Vorherrschaft gibt es mittlerweile eine Frau in der Zunft: Gondoliera Giorgia Boscolo, Jahrgang 1986, blond!

Mehr oder weniger fantasievolle Vergleiche musste die venezianische *Gondola* schon viele über sich ergehen lassen: *Edgar Allan Poe* nannte sie einen „schwarz gefiederten Kondor", *Mark Twain* einen „Leichenwagen", nur *Jean-Paul Sartre* konnte sich nicht so recht entscheiden: „Von außen sieht die Gondel aus wie ein von Picasso gemaltes Musikinstrument, man weiß nicht so recht, wo man die Saiten anbringen soll, wahrscheinlich vom Bug zum Heck. Sitzt man darin und fährt, ist es ein Schlittschuh. Sie gleitet, fast ohne es aufzuritzen, über ein Wasser wie aus Glas."

Schwarz sind die Gondeln übrigens seit 1562. Vorher waren sie – zumindest die der reichen Venezianer – farbenprächtig und aufwendig verziert, bis der amtierende Doge allen Gondeln im Rahmen der Luxusgesetzgebung einen schwarzen Anstrich verordnete, damit ja kein Neid aufkam. Das führte jedoch dazu, dass die Innenausstattung der kleinen Holzkabine (*Felze*), die damals gegen Wind und Wetter schützte, umso prachtvoller und luxuriöser ausfiel.

Teurer Spaß

Die hohe **Kunst des Gondelbaus** ist so gut wie ausgestorben, Gondelwerften (*Squero*) gibt es nicht mal mehr eine Handvoll. Die Nachfrage ist zu gering und der Preis mit 25.000–30.000 € zu hoch. Die traditionelle Gondel besteht aus 280 Einzelteilen, acht verschiedenen Hölzern und ist asymmetrisch gebaut (auf der rechten Seite 24 cm schmaler), 10,15 m lang und 1,40 m breit. Ihr Leergewicht liegt bei 350 kg. Die asymmetrische Bauweise verleiht der Gondel einen leichten Rechtsdrall und erhöht die Manövrierfähigkeit. Der Vordersteven ist mit einem schweren Bugeisen (*Ferro*) verziert, das das Gewicht des Gondoliere ausgleicht, der hinten links steht. Die sechs scharfen Zacken des Eisens symbolisieren Venedigs sechs historische Stadtteile, die *Sestieri*. Das Herzstück der Gondel ist die spezielle Rudergabel (*Forcola*), die hinten rechts angebracht ist. Diese kunstvoll aus Nussbaum-

Beleuchtete Plastikgondel – Kitsch ist Kult

holz gearbeitete Holzdolle ist exakt auf die Körpermaße des Gondoliere abgestimmt und garantiert die enorme Wendigkeit in den engen Kanälen.

Problematisch geworden ist die Verwendung der acht verschiedenen Holzsorten. Spanten aus dem Wurzelholz der Ulme werden schon seit einem halben Jahrhundert nirgendwo mehr hergestellt. Andere Bauhölzer wie Fichte, Eiche und Nussbaum gibt es zwar noch, sie sind aber in der benötigten Qualität einfach zu teuer geworden. Zunehmend wird deshalb auch im traditionellen Gondelbau schichtverleimtes Sperrholz benutzt.

Das Einzige, was Ortsansässige angeblich niemals tun, ist **Gondel fahren**. Haben die Venezianer etwa keine romantische Ader mehr, ist es ihnen schlicht zu teuer oder wollen sie nicht für Ausländer gehalten werden? Die Gondelfahrt ist heute jedenfalls eine rein touristische Angelegenheit geworden – zudem eine recht kostspielige, denn der 40-minütige Gondeltrip durch die Kanäle des historischen Zentrums kostet tagsüber offiziell 80 € (ab 19 Uhr 100 €). Grundsätzlich verlangen die Gondolieri jedoch mehr, gewissermaßen ein Zwangstrinkgeld. Bestehen Sie immer auf den offiziellen Tarif! Ganz abgesehen vom Preis soll es Menschen geben, die sich genieren, dieses seltsame Gefährt zu besteigen – wie etwa *Jean-Paul Sartre*, der es so formulierte: „In den schmalen Kanälen begegnet man sich von Tourist zu Tourist in der Gondel, und jeder findet den anderen leicht lächerlich."

Für alle, die ihren Mittouristen gegenüber toleranter sind: In der Dunkelheit ist eine Gondelfahrt ungleich romantischer als tagsüber. Maximal sechs Personen können zusteigen – eine Besetzung, die garantiert jeden Gondoliere missmutig stimmt. Den Preis unbedingt vorher festmachen. In der Regel kommt man zum Ausgangspunkt zurück. Das Ständchen mit Musikbegleitung kostet selbstverständlich extra.

Gondelankerplätze: Bacino Orseolo (am Markusplatz, Nordwest-Ecke), Trinità (Campo San Moisé), San Marco und Hotel Danieli (Riva degli Schiavoni), Dogana (San Marco, Vallaresso), Santa Maria del Giglio (Canal Grande, Unterlauf), San Tomà (Canal Grande, San Polo), Rialto (Riva del Carbon), Santa Sofia (Canal Grande, Cannaregio), Ferrovia (Bahnhof, Ponte Scalzi).

Zimmer mit Kanalblick – eine romantische, aber teure Angelegenheit

Übernachten

Hinsichtlich der Wohnsituation geht es den Touristen nicht besser als den Einheimischen. Während die Venezianer die hohen Mieten kaum noch bezahlen können und sich nicht selten für eine preiswertere Wohnung auf dem Festland entscheiden, klagt der Venedig-Tourist über die hohen Hotelpreise und ist geneigt, ebenfalls aufs Festland auszuweichen.

Doch das ist das Schlimmste, was man sich antun kann! Wer aus Kostengründen beabsichtigt, sein Quartier in Mestre bzw. Marghera aufzuschlagen und zwischen den tristen Industriestädten und der romantischen Lagunenstadt hin und her zu pendeln, für den könnte der Venedig-Urlaub angesichts der krassen Kontraste schnell zum Albtraum werden. Am besten, man findet sich gleich damit ab, dass die Hotelpreise in Venedig erheblich über dem Landesdurchschnitt liegen und tröstet sich damit, dass eine stilvolle Unterkunft in der einzigartigen Wasserstadt eben ihren einzigartigen Preis hat.

Hotels (Alberghi)

In Venedig ist das Hotelangebot breit gefächert. Insgesamt gibt es rund 250 Hotelbetriebe in der Stadt und ständig kommen neue hinzu. Ganz abgesehen von den zahlreichen, offiziell ausgewiesenen Apartment-, Zimmer- und B&B-Anbietern. Ein vollständiges Unterkunftsverzeichnis erhalten Sie bei den italienischen Fremdenverkehrsämtern (→ „Information", S. 94). Von der Luxusherberge am Canal Grande bis zur einfachen Locanda am Rio Piccolo sind alle Kategorien vertreten. Ein nettes Doppelzimmer mit Bad ist jedoch unter 100 € kaum zu finden. Hinzu kommt, dass in Venedig fast durchgehend Hochsaison herrscht und eine rechtzeitige Reservierung deshalb zu jeder Jahreszeit notwendig ist. Besonders in den gefragten 2- und 3-Sterne-Kategorien, bei denen sich das Preisniveau ungefähr zwischen 100–250 € bewegt, muss mit einem freundlichen „Tutto completo" gerechnet werden, wenn man nicht mindestens zwei Monate vorher anfragt. In den Wintermonaten purzeln die Hotelpreise leicht, aber das ist auch die Jahreszeit, in der viele Hoteliers eine Auszeit nehmen.

Hotelkategorien: In Italien werden die Hotels von den regionalen Behörden in fünf Kategorien (1–5 Sterne) unterteilt, in Venedig gibt es darüber hinaus sogar die 5-Sterne-Luxus(L)-Kategorie. Wir haben die weiter unten aufgelisteten Hotelempfehlungen nach Sternen geordnet, obwohl sie nicht immer etwas über die Qualität und den Preis des Hauses aussagen. Es kommt vor, dass z. B. ein stilvolles Drei-Sterne-Hotel in San Marco teurer ist als ein Vier-Sterne-Hotel in den Randgebieten der anderen Sestieri.

Vom Feinsten: Hotel Bauer-Grünwald

Frühstück (Colazione): Im Zimmerpreis ist das Frühstück nicht unbedingt enthalten, deshalb immer vorher klären, ob ein Aufpreis berechnet wird. Zum Teil sind die Frühstückspreise unverschämt hoch, wobei das Gebotene selbst sehr bescheiden ausfallen kann. Grundsätzlich gilt: Frühstück darf nur serviert werden, wenn der Gast es wünscht. Bei unseren Hotelempfehlungen haben wir die jeweiligen Frühstücksaufpreise angegeben.

Reservierung: Extreme Engpässe gibt es v. a. in der Osterwoche, der Karnevalszeit sowie um Weihnachten und Neujahr, aber auch für den Rest des Jahres sollte man wie gesagt unbedingt rechtzeitig reservieren. Fragen Sie zunächst an, ob zum gewünschten Termin etwas frei ist und wickeln Sie die verbindliche Reservierung dann am besten per E-Mail oder Fax ab. In der Regel wird die Angabe der Kreditkartennummer verlangt.

Zimmervermittlung und Last-Minute-Buchung: Wer sich kurzfristig für einen Venedig-Trip entscheidet, kann sich zwecks Zimmervermittlung direkt an die örtliche Hotelvereinigung *VeneziaSì* wenden (☏ 041/5222264), wo auch eine Last-Minute-Buchung möglich ist. Wer erst vor Ort auf Zimmersuche gehen will, kann die gebührenfreie *Numero dolce* des Hotelverbands wählen (☏ 199/173309) oder die Vermittlungsstellen im Bahnhof bzw. im Flughafengebäude aufsuchen.

Die **angegebenen Hotelpreise** sind dem offiziellen APT-Unterkunftsverzeichnis von 2013 entnommen und beziehen sich auf eine Übernachtung für zwei Personen im Doppelzimmer (DZ) mit Bad. Die Preisspannen (z. B. 103–186 €) erfassen die Preisdifferenzen, die sich aufgrund unterschiedlicher Zimmerqualitäten (Größe, Kanalblick, Ausstattung etc.) ergeben bzw. auf Saisonschwankungen zurückzuführen sind.

Fast alle Hotels besitzen auch **Einzelzimmer (EZ)**. Falls Singles ein DZ angeboten bekommen, dürfen dafür bis zu 85 % des DZ-Tarifs berechnet werden.

Internet: Das Gesamtangebot des Hotelverbands lässt sich auch unter www.veneziasi.it abrufen. Online-Buchungen sind ebenfalls möglich.

78 Übernachten

Pauschalangebote: Wer sein Hotel im heimischen Reisebüro zusammen mit dem Linienflug bucht, kann unter Umständen einiges sparen. Auch die *Ameropa-Reisebüros* der DB bieten Bahnreisenden relativ günstige Hoteltarife an (Informationen unter www.ameropa.de).

Kurtaxe: Wie in vielen anderen europäischen Städten wird mittlerweile auch in Venedig eine *Tassa di soggiorno* erhoben, allerdings nur für die ersten 5 Übernachtungen (1,50 € pro Pers. pro Tag, Jugendliche bis 16 J. zahlen die Hälfte, Kinder bis 11 J. logieren frei).

Hotels – von edel bis einfach

Die folgenden Hotelempfehlungen sind nach Stadtteilen geordnet. Die genaue Lage der jeweiligen Hotels ist den Stadtteilplänen zu entnehmen (blaue Ziffer). Die Telefon- und Fax-Vorwahl für Venedig lautet (0039)041.

Sestiere di San Marco

***** **Gritti Palace** 48 → Karte S. 136/137. Nostalgische Nobelherberge am Canal Grande, eine der allerbesten Adressen und 2012 vollständig renoviert. Der romantische Palazzo stammt aus dem frühen 16. Jh. und gehörte seinerzeit dem Dogen Andrea Gritti. Stilvoll und luxuriös bis ins Detail. Vornehmes Restaurant. DZ 362–1.765 €, Frühstück 55 €. Campo Santa Maria del Giglio, 2467. Anlegestelle Santa Maria del Giglio, ✆ 041/794611, ✆ 041/5200942, www.starwoodhotels.com/grittipalace.

***** **Luna Baglioni** 39 → Karte S. 136/137. Das älteste Hotel Venedigs (1128 gegründet). Altehrwürdiger Palazzo in unmittelbarer Nähe der Piazza San Marco mit prunkvoller Ausstattung und höchstem Komfort. Hochgelobtes Restaurant. DZ 750–1178 €, Frühstück 40 €. Calle dell'Ascensione, 1243. Anlegestelle San Marco Vallresso, ✆ 041/5289840, ✆ 041/5287160, www.baglionihotels.com.

*** **Flora** 45 → Karte S. 136/137. Beliebtes Mittelklassehotel, 44 Zimmer, familiär geführt. Im unmittelbaren Einzugsbereich der noblen Einkaufsmeile Calle Larga XXII Marzo. Idyllischer Innenhof mit viel Grün. Liebevoll eingerichtete, aber z. T. etwas enge Zimmer. DZ 100–550 € inkl. Frühstück. Calle Bergamaschi, 2283. Anlegestelle Santa Maria del Giglio, ✆ 041/5205844, ✆ 041/5228217, www.hotelflora.it.

*** **Bel Sito & Berlino** 44 → Karte S. 136/137. Schöne Lage im Herzen des Markusviertels, gegenüber der Kirche Santa Maria del Giglio. Angenehme Atmosphäre. Ca. 30 klimatisierte Zimmer, dezent im venezianischen Stil möbliert. Einige Zimmer mit Kanalblick. DZ 70–320 € inkl. Frühstück. Campo Santa Maria del Giglio, 2517. Anlegestelle Santa Maria del Giglio, ✆ 041/5223365, ✆ 041/5204083, www.hotelbelsitovenezia.it.

*** **Santo Stefano** 27 → Karte S. 136/137. Schmales, unscheinbares, ordentlich geführtes Stadthaus an einem der stimmungsvollsten Campi des Viertels. 8 z. T. relativ kleine, aber ansprechend möblierte Zimmer. DZ 110–320 € inkl. Frühstück. Campo Santo Stefano, 2957. Anlegestelle Accademia, ✆ 041/5200166, ✆ 041/5224460, www.hotelsantostefanovenezia.com.

*** **Al Gazzettino** 6 → Karte S. 136/137. Alteingesessene 10-Zimmer-Herberge mit angeschlossener Trattoria. Etwas versteckte, aber sehr zentrale und schöne Lage am Rio della Fava. Hübsche Zimmer im venezianischen Stil, mit Klimaanlage. Mehrere Zimmer mit Kanalblick. Das Frühstück wird in der gleichnamigen Trattoria serviert. DZ 40–500 € inkl. Frühstück. Calle delle Acque, 4971. Anlegestelle Rialto, ✆ 041/5286523, ✆ 041/5223314, www.algazzettino.com.

Hotels (Alberghi)

Luxushotel am Canal Grande

»» Mein Tipp: *Locanda Fiorita 19 → Karte S. 136/137. Liebenswerte, kleine Pension in ruhiger und zentraler Lage. Unweit der Kirche Santo Stefano. 10 hübsche, im venezianischen Stil eingerichtete Zimmer. Vorgarten und Dachterrasse. DZ 50–210 € inkl. Frühstück. Campiello Nuovo, 3457. Anlegestelle San Samuele, ✆ 041/5234754, ✉ 041/5228043, www.locandafiorita.com. «««

Locanda Barbarigo 47 → Karte S. 136/137. Kleine Pension in toller Kanallage, nahe dem Campo Santa Maria del Giglio. Freundlich-familiär. Teils große, klimatisierte Zimmer, im venezianischen Stil eingerichtet. DZ 50–195 € inkl. Frühstück. Fondamenta Barbarigo, 2503. Anlegestelle Santa Maria del Giglio, ✆ 041/2413639, ✉ 041/5212018, www.locandabarbarigo.com.

Sestieri di San Polo e Santa Croce

**** San Cassiano 3 → Karte S. 148/149. In der herrschaftlichen Ca' Favretto am Canal Grande, schräg gegenüber der Ca' d'Oro. Beliebt wegen des nostalgischen Flairs. 35 Zimmer in sehr unterschiedlicher Qualität, einige mit fantastischem Canal-Grande-Blick. DZ 70–1.500 € inkl. Frühstück. Calle della Rosa, Santa Croce, 2232. Anlegestelle San Stae, ✆ 041/5241768, ✉ 041/721033, www.sancassiano.it.

Oltre Il Giardino 21 → Karte S. 148/149. Eine außergewöhnliche 6-Zimmer-Pension in einem kleinen historischen Häuschen mit Garten. In den 1920er-Jahren lebte hier Alma Mahler-Werfel. Freundlich-familiär geführt und sehr geschmackvoll eingerichtet. DZ 150–420 € inkl. Frühstück. Fondamenta Contarini, San Polo 2542. Anlegestelle San Tomà, ✆ 041/2750015, ✉ 041/795452, www.oltreilgiardino-venezia.com.

»» Mein Tipp: **Al Ponte Mocenigo 2** → Karte S. 148/149. In jüngerer Zeit eröffnete, freundlich-familiäre Herberge im östlichen Santa Croce. Herrschaftlicher Palazzo aus dem 16. Jh. mit prächtigem kleinem Innenhof, in dem auch das Frühstück serviert wird. 10 sehr geschmackvoll im venezianischen Stil eingerichtete Zimmer. DZ 70–350 € inkl. Frühstück. Am hoteleigenen Ponte Mocenigo, Santa Croce, 2063. Anlegestelle San Stae, ✆ 041/5244797, ✉ 041/2759420, www.alpontemocenigo.com. «««

** Falier 25 → Karte S. 148/149. Hübscher Palazzo im südwestlichen San Polo mit recht gemütlichen Zimmern. Das Frühstück wird im begrünten Innenhof serviert. Ideal nicht nur für Autoreisende, die am Piazzale Roma parken. DZ 60–250 € inkl. Frühstück. Salizzada San Pantaleon, San Polo, 130.

Anlegestelle San Tomà, ☎ 041/710882, ✆ 041/5206554, www.hotelfalier.com.

*** Casa Peron** 29 → Karte S. 148/149. Einfache, aber ordentliche Herberge im südwestlichen San Polo. Relativ schnell zu Fuß vom Bahnhof aus zu erreichen. Von den 11 Zimmern hat eines eine eigene Dachterrasse, bei frühzeitiger Reservierung unbedingt danach fragen! DZ 50–110 €, ohne Bad 40–90 €, jeweils inkl. Frühstück. Salizzada San Pantaleon, San Polo, 85. Anlegestelle San Tomà, ☎ 041/710021, ✆ 041/711038, www.casaperon.com.

*** Albergo Guerrato** 17 → Karte S. 148/149. Mitten im turbulenten Rialtoviertel. 14 klimatisierte Zimmer mit schlichter Einrichtung, aber modernem Bad. Gut geführt, wachsame Rezeption. DZ 45–145 € inkl. Frühstück. Calle drio la Scimia, San Polo, 240. Anlegestelle Rialto-Mercato, ☎ 041/5285927, ✆ 041/2411408, www.pensioneguerrato.it.

*** Alex** 24 → Karte S. 148/149. Schlichte, aber ordentliche kleine Herberge in guter Lage. Beliebt bei jungen Leuten. Zusatzbetten möglich. DZ 60–130 €, ohne Bad 35–1000 €, jeweils inkl. Frühstück. Rio Terrà dei Frari, San Polo, 2606. Anlegestelle San Tomà, ☎/✆ 041/5231341, www.hotelalexinvenice.com.

Sestiere di Castello

***** Danieli 37 → Karte S. 162/163. Traditionsherberge vom Allerfeinsten. Viel bestaunter Blickfang an der Uferpromenade. Der gotische Marmorpalazzo der Dogenfamilie Dandolo wurde bereits 1822 in ein Luxushotel umgewandelt. Seitdem logieren hier Gäste mit allerhöchsten Ansprüchen. Die beiden angrenzenden Palazzi gehören ebenfalls dazu, die moderne Fassade des linken wird allerdings nicht nur von Ästheten als Schandfleck empfunden. Vornehmes Restaurant mit Dachterrasse. DZ 900–2000 €, Frühstück 68 €. Riva degli Schiavoni, 4196. Anlegestelle San Zaccaria, ☎ 041/5226480, ✆ 041/5200208, www.luxurycollection.com/danieli.

**** Gabrielli Sandwirth 39 → Karte S. 162/163. Altehrwürdiger Uferpalazzo, stilvoll ausgestattet. Herrlicher Lagunenblick. Gehobener Komfort, aber nicht luxuriös. Hier wurden einige Szenen des Films „Wenn die Gondeln Trauer tragen" gedreht. Mit Hotelrestaurant. DZ 150–490 € inkl. Frühstück. Riva degli Schiavoni, 4110. Anlegestelle Arsenal, ☎ 041/5231580, ✆ 041/5209455, www.hotelgabrielli.it.

**** Ruzzini Palace 11 → Karte S. 162/163. Neues 11-Zimmer-First-Class-Hotel am Campo Santa Maria Formosa. 10 Jahre hat der aufwendige Umbau des herrschaftlichen Palazzo gedauert. Die Zimmereinrichtung vereint typisch venezianische Elemente mit modernem Design. Insgesamt komfortabel bis luxuriös. DZ 140–500 € inkl. Frühstück. Campo Santa Maria Formosa, 5866. Anlegestelle San Zaccaria, ☎ 041/2410447, ✆ 041/5230956, www.ruzzinipalace.com.

*** Villa Igea 33 → Karte S. 162/163. Am ruhigen Campo San Zaccaria. Es handelt sich um die hübsche Dependance des nahe gelegenen 4-Sterne-Hotels Savoia e Jolanda (Riva degli Schiavoni), wo sich auch die Rezeption befindet. DZ 108–355 € inkl. Frühstück. San Marco, 4684. Anlegestelle San Zaccaria, ☎ 041/2410956, ✆ 041/5206859, www.hotelvillaigea.it.

*** Casa Fontana 28 → Karte S. 162/163. Schöne und zentrale Lage im belebten West-Castello. Freundlicher Familienbetrieb seit 1969, sehr gepflegt. 16 ansprechende Zimmer mit Klimaanlage. DZ 80–250 € inkl. Frühstück. Campo San Provolo, 4710. Anlegestelle San Zaccaria, ☎ 041/5220579, ✆ 041/5231040, www.hotelfontana.it.

** La Residenza 32 → Karte S. 162/163. Stattlicher Palazzo an einem volkstümlichen Campo im östlichen Castello. Freundlich geführt. Herrschaftlicher Gemeinschafts- und Frühstücksraum mit Stuck, Gemälden und historischem Mobiliar. Die 14 teils geräumigen Zimmer sind im venezianischen Stil eingerichtet, auch Parkettböden. DZ 80–220 € inkl. Frühstück. Campo Bandiera e Moro, 3608. Anlegestelle Arsenale, ☎ 041/5285315, ✆ 041/5238859, www.venicelaresidenza.com.

*** Doni** 31 → Karte S. 162/163. Kleiner spätgotischer Palazzo im Rücken der Riva degli Schiavoni, direkt an einem Kanal gelegen. Familienbetrieb seit 1946. Ordentlicher Gesamteindruck. DZ 60–130 €, ohne Bad 50–105 €, jeweils inkl. Frühstück. Fondamenta del Vin, 4656. Anlegestelle San Zaccaria, ☎/✆ 041/5224267, www.albergodoni.it.

»» Mein Tipp: Locanda Casa Querini 20 → Karte S. 162/163. Sympathische kleine Pension mit 6 klimatisierten Zimmern im venezianischen Stil. Versteckte, ruhige Lage

Hotels (Alberghi) 81

in West-Castello. Ohne Sterne, aber mit Charme. DZ 40–200 € inkl. Frühstück. Campo San Giovanni Nuovo, 4388. Anlegestelle San Zaccaria, ☎ 041/2411294, 🖷 041/5236188, www.locandaquerini.com. «

Locanda Santi Giovanni e Paolo 🖻 → Karte S. 162/163. Nette 6-Zimmer-Pension nahe dem Campo San Zanipolo. Hübsch im venezianischen Stil eingerichtet und klimatisiert. DZ 60–200 € inkl. Frühstück, das auf dem Zimmer serviert wird. Calle dell'Ospedaletto, 6401. Anlegestelle Fondamenta Nuove (Cannaregio), ☎ 041/5222767, 🖷 041/2775645, www.locandassgiovannipaolo.it.

Sestiere di Cannaregio

**** Ai Mori d'Oriente 🖻 → Karte S. 182/183. Ruhige Lage am Rio della Sensa. Herrschaftlicher Palazzo mit relativ unscheinbarer Fassade und lang gestrecktem Innenhof. Komfortabel bis luxuriös. DZ 100–1.000 € inkl. Frühstück. Fondamenta dei Mori, 3319. Anlegestelle Madonna dell'Orto, ☎ 041/711001, 🖷 041/714209, www.hotelaimoridoriente.it.

**** Una Hotel 🖻 → Karte S. 182/183. Ruhige Lage im Herzen von Cannaregio. In jüngerer Zeit restaurierter Palazzo, dezent im venezianischen Stil eingerichtete, einladende Zimmer. Angenehme Atmosphäre. DZ 109–941 €, Frühstück 20 €. Ruga Do Pozzi, 4173. Anlegestelle Ca' D'Oro, ☎ 041/2442711, 🖷 041/2442712, www.unahotels.it.

*** Malibran 🖻 → Karte S. 182/183. Sehr zentrale und dennoch relativ ruhige Lage im Rücken der Crisostomo-Kirche. Betagt, aber gepflegt. Urgemütliches Hotelrestaurant. Im angrenzenden Haus soll Marco Polo im 14. Jh. gelebt haben. DZ 75–250 € inkl. Frühstück. Corte del Milion, 5864. Anlegestelle Rialto, ☎ 041/5228028, 🖷 041/5239243, www.hotelmalibran.it.

»» Mein Tipp: *** Mignon 🖻 → Karte S. 182/183. In einer ruhigen Seitengasse hinter dem quirligen Campo Santi Apostoli. Gut geführte Herberge mit kleinem Innenhof, in der gefrühstückt werden kann. 15 ansprechende Zimmer im venezianischen Stil. DZ 35–250 € inkl. Frühstück. Calle dei Preti, 4535. Anlegestelle Ca' d'Oro, ☎ 041/5237388, 🖷 041/5208658, www.mignonvenice.com. «

** Bernardi Semenzato 🖻 → Karte S. 182/183. Zentrale Lage, in unmittelbarer Nähe des belebten Campo Santi Apostoli. Ordentlicher Gesamteindruck. Die ca. 30 Zimmer verteilen sich auf das Haupthaus und 2 benachbarte Dependancen, nicht alle sind klimatisiert. DZ 40–112 €, ohne Bad 40–75 €, Frühstück 8 €. Calle dell'Oca, 4363. Anlegestelle Ca' d'Oro, ☎ 041/5227257, 🖷 041/5222424, www.hotelbernardi.com.

* Rossi 🖻 → Karte S. 182/183. Recht preiswerte Herberge in Bahnhofsnähe. Im Gegensatz zu einigen anderen Bahnhofshotels gepflegt und ruhig gelegen. 14 klimatisierte, einfache Zimmer. Kleiner Frühstücksraum. DZ 60–98 €, ohne Bad 50–84 €, jeweils inkl. Frühstück. Calle Procuratie, 262, ☎ 041/715164, 🖷 041/717784, www.hotelrossi.ve.it.

Locanda del Ghetto 🖻 → Karte S. 182/183. Nette 6-Zimmer-Pension mitten im jüdischen Viertel. Ohne Sterne, aber mit Charme. Gut geführt. 2 Zimmer mit Balkon und Blick auf den Campo. DZ 70–200 € inkl. Frühstück. Campo Ghetto Nuovo, 2892, ☎ 041/2759292, 🖷 041/2757987, www.locandadelghetto.net.

Ca' San Marcuola 🖻 → Karte S. 182/183. Stattlicher Palazzo am gleichnamigen Kanal. Ruhige Lage unweit der quirligen Strada Nova. Üppig im venezianischen Stil dekoriert. Mehrere Zimmer mit Kanalblick, auch geräumige Familienzimmer. DZ 62–240 € inkl. Frühstück. Campo San Marcuola, 1763. Anlegestelle San Marcuola, ☎ 041/716048, 🖷 041/2759217, www.casanmarcuola.com.

Ca' Riccio 🖻 → Karte S. 182/183. Netter, kleiner Familienbetrieb im südöstlichen Zipfel von Cannaregio. Hübsch eingerichtet und klimatisiert. Bei frühzeitiger Buchung nach den geräumigen, hellen Dachgeschosszimmern fragen! DZ 95–200 € inkl. Frühstück, das auf dem Zimmer serviert wird. Rio Terrà dei Biri, 5394. Anlegestelle Fondamenta Nuove, ☎ 041/5282334, 🖷 041/5232458, www.cariccio.com.

Sestiere di Dorsoduro

*** Accademia Villa Maravege 🖻 → Karte S. 196/197. Prächtiger Palazzo aus dem 17. Jh. an der Mündung des Rio Trovaso in den Canal Grande. Stilvolles Mittelklassehotel mit nostalgischem Charme und idyllischem Garten. DZ 80–380 € inkl. Frühstück. Fondamenta Bollani, 1058. Anlegestelle Accademia, ☎ 041/5210188, 🖷 041/5239152, www.pensioneaccademia.it.

***American** 33 → Karte S. 196/197. Ruhige und schöne Lage am Rio San Vio. Gepflegter Palazzo aus dem 18. Jh., im venezianischen Stil eingerichtet. Mehrere Zimmer mit winzigem Balkon und Kanalblick. DZ 50–410 € inkl. Frühstück. Rio San Vio, 628. Anlegestelle Accademia, ℡ 041/5204733, ℻ 041/5204048, www.hotelamerican.com.

***Agli Alboretti** 25 → Karte S. 196/197. Gepflegtes Haus hinter der Galleria dell'Accademia. Zum Teil kleine, aber sehr gemütliche Zimmer. Frühstück wird im lauschigen Innenhof serviert. Angeschlossenes, empfehlenswertes, aber recht teures Restaurant. DZ 49–300 € inkl. Frühstück. Rio Terrà Foscarini, 884. Anlegestelle Accademia, ℡ 041/5230058, ℻ 041/5210158, www.aglialboretti.com.

***La Calcina** 38 → Karte S. 196/197. Altehrwürdiges Haus an Dorsoduros breiter Uferpromenade, in dem bereits der englische Kunsthistoriker John Ruskin nächtigte. In jüngerer Zeit gründlich renoviert und geschmackvoll ausgestattet. Angeschlossenes Restaurant, Frühstücksterrasse am Ufer. DZ 90–330 € inkl. Frühstück. Zattere dei Gesuati, 780. Anlegestelle Zattere, ℡ 041/5206466, ℻ 041/5227045, www.lacalcina.com.

Seguso 37 → Karte S. 196/197. Dem benachbarten La Calcina an Alter und nostalgischem Charme überlegen. Antikes Mobiliar. Wer ein wenig Venedig-Atmosphäre von vorgestern sucht, ist hier richtig. Mehrere Zimmer mit Kanalblick, entweder auf den breiten Canale della Giudecca oder den kleinen Rio San Vio. DZ 70–190 €, ohne Bad 65–180 €, jeweils inkl. Frühstück. Zattere dei Gesuati, 779. Anlegestelle Zattere, ℡ 041/5286858, ℻ 041/5222340, www.pensioneseguso.com.

》》 **Mein Tipp:** **Casa Messner** 36 → Karte S. 196/197. Ruhige Lage im östlichen Dorsoduro. Sympathischer und kinderfreundlicher Familienbetrieb. In jüngerer Zeit vollständig renoviert. Klimatisierte Zimmer, dezent im venezianischen Stil möbliert. Kleiner Garten, angeschlossenes Ristorante. Etwas preiswerter, aber nicht so schön ist die gleichnamige 1-Sterne-Dependance in unmittelbarer Nachbarschaft. DZ 50–220 € inkl. Frühstück. Fondamenta Ca' Balà, 216. Anlegestelle Santa Maria della Salute, ℡ 041/5227443, ℻ 041/5227266, www.hotelmessner.it. 《《

> **Übernachtungsmöglichkeiten auf den Laguneninseln:** → Murano (S. 226), Burano (S. 229), Torcello (S. 233), Sant'Erasmo (S. 234) und Lido (S. 246).

Apartments/Wohnungen 83

Unter freiem Himmel

In der Vergangenheit hat Venedig oftmals für Negativschlagzeilen im Umgang mit den *Saccopelisti* (Backpackers) gesorgt. Anlass waren die nächtlichen Belagerungen des Bahnhofs, der mangels billiger Quartiere immer mal wieder zum öffentlichen Schlaflager wurde. Die Stadtverwaltung griff hart durch und ordnete die nächtliche Schließung des Bahnhofsgebäudes aus „hygienischen Gründen" an. Von 0.30 bis 3.45 Uhr wird jetzt rigoros abgeschlossen, und vor dem Bahnhof patrouillieren Ordnungshüter. Im Gegenzug ist die Stadt bemüht, den Rucksacktouristen preiswerte Unterkünfte in den Schlafsälen der Gästehäuser zu vermitteln, wenn die Jugendherberge auf La Giudecca bereits belegt ist. Wer keine Strafe wegen Campierens unter freiem Himmel riskieren will, sollte sich im Informationsbüro des Bahnhofs (bis 18.30 Uhr) nach Übernachtungsmöglichkeiten erkundigen.

Ostelli (Jugendherbergen und Gästehäuser)

In Venedig gibt es eine Jugendherberge, die dem internationalen Jugendherbergsverband angeschlossen ist. Es handelt sich um eine der günstigsten Übernachtungsmöglichkeiten in der Lagunenstadt. Allerdings muss man im Besitz des YHA-Jugendherbergsausweises sein; eine Altersbegrenzung besteht nicht. Abgesehen von diesem *Ostello di Venezia* gibt es mehrere Gästehäuser und Klosterherbergen in der Stadt, die, teils ganzjährig, preiswerte Zimmer anbieten. Ein komplettes Verzeichnis der *Ostelli* erhält man bei den Fremdenverkehrsämtern (→ S. 95). Da diese Quartiere gut ausgelastet sind, muss auch dort unbedingt rechtzeitig reserviert werden.

Ostello di Venezia 5 → Karte S. 210/211. Jugendherberge an der Uferpromenade von La Giudecca. Modernisierter Palazzo mit Blick auf das historische Zentrum. 260 Betten, DZ und Schlafsäle, gute Sanitäranlagen. Anmeldung 15.30–22 Uhr, Schließzeit 23.30 Uhr. Ganzjährig geöffnet, zweite Dezemberhälfte geschlossen. YHA-Ausweis erforderlich (Kauf vor Ort für 18 € möglich). Übernachtung im DZ ca. 30 €, im Mehrbettzimmer ca. 28 €, jeweils pro Pers. inkl. Frühstück. Mittag- und Abendessen möglich, ca. 10 €/Mahlzeit. Fondamenta delle Zitelle, Giudecca 86. Anlegestelle Zitelle, ☎ 041/5238211, ℡ 041/5235689, www.ostellovenezia.it.

Foresteria Valdese 12 → Karte S. 162/163. Gästehaus der Waldenser- und Methodistenkirche in einem Palazzo aus dem 18. Jh., zentral nahe dem Campo Santa Maria Formosa gelegen. Ganzjährig geöffnet und für alle Menschen offen. DZ 105–140 €, 3- bis 9-Bett-Zimmer 120–325 € inkl. Frühstück. Fondamenta Cavanis, Castello, 5170, ☎ 041/5286797, ℡ 041/2416238, www.foresteriavenezia.it.

Domus Ciliota 24 → Karte S. 136/137. Privates Gästehaus, ehemalige Klosterherberge im westlichen San Marco nahe dem Campo Santo Stefano. 50 ordentliche, modern eingerichtete Zimmer mit Klimaanlage. Ruhiger Innenhof. DZ 80–150 € inkl. Frühstück. Calle delle Muneghe, San Marco, 2976, ☎ 041/5204888, ℡ 041/5212730, www.ciliota.it.

Apartments/Wohnungen

Bei einem längeren Aufenthalt lohnt es sich, ein Apartment bzw. eine Wohnung zu mieten. Tendenziell steigt das Gesamtangebot von Jahr zu Jahr. Im offiziellen Unterkunftsverzeichnis, das Sie bei den Fremdenverkehrsämtern (→ S. 95) erhalten, sind weit über hundert Direktvermieter in der Kategorie „möblierte Ferienwohnungen" verzeichnet. Eine empfehlenswerte Alternative dazu bietet die Agentur *Alloggi Temporanei Venezia*, die gepflegte Wohnungen mittleren bis gehobenen Niveaus sowie Gästezimmer bei ausgesuchten venezianischen Familien in allen historischen Stadtvierteln vermittelt.

»› Mein Tipp: Alloggi Temporanei Venezia 33 → Karte S. 136/137. Vermittlung vom gemütlichen Gästezimmer bis zur stilvollen Wohnung am Canal Grande. Mindestaufenthalt 3–4 Tage. Helga Anna Gross und ihr deutsch-italienisches Team beraten individuell und übergeben die Quartiere vor Ort persönlich – Sprach- und Orientierungsprobleme gibt es also nicht. DZ inkl. Frühstück ab 120 €/Nacht. Apartments/Wohnungen für 2 Pers. ab 700 €, 4 Pers. ab 850 €, 6 Pers. ab 1350 €/Woche. Calle Vetturi o Falier, San Marco, 2923, ✆ 041/5231672, 📧 041/5208818, www.mwz-online.com. «‹

Empfehlenswert ist auch die Buchungs-Website www.veniceapartment.com mit über 100 Wohnungen.

B & B (Bed & Breakfast)

Gemäß einem neuen Gesetz darf in Italien als privater B & B-Anbieter nur in Erscheinung treten, wer nicht mehr als drei Doppelzimmer offeriert und selber im Haus bzw. auf dem Grundstück wohnt. In Verbindung mit Subventionen hat das neue Gesetz in ganz Italien zu einem B&B-Boom geführt, so auch in Venedig, wo das offizielle Unterkunftsverzeichnis (erhältlich bei der ENIT, → „Information", S. 95) mehr als 200 Adressen enthält, aus denen Sie wählen können. Wer dabei an eine Billiglösung denkt, irrt sich – es muss z. T. mit Hotelpreisniveau gerechnet werden.

B & B Italia, Agentur, Zentrale in Rom. ✆ 06/6878618, 📧 06/6878619, www.bbitalia.it; Vermittlung von Privatunterkünften in Venedig und ganz Italien.

Camping (Campeggio) und andere Strandquartiere

Venedig und Campingurlaub, geht das überhaupt? Das geht sogar ausgezeichnet! Ein idealer Standort ist die *Landzunge von Cavallino*, die man mit dem Auto bequem über *Eraclea* und *Jesolo* erreicht. Die Cavallino-Halbinsel mit ihren kilometerlangen Sandstränden und schattigen Pineta-Wäldern ist ein regelrechtes Campingparadies mit insgesamt 30 hervorragend ausgestatteten Plätzen. Die besten Plätze (für Venedigurlauber) liegen an der Südspitze *Punta Sabbioni*, denn von dort aus verkehren stündlich ACTV-Linienschiffe nach Venedig (Linie LN). Im Hochsommer müssen auch Campingplätze unbedingt rechtzeitig reserviert werden!

*** Miramare. Mittelgroßer, gepflegter Platz direkt an der Punta Sabbioni und nur 500 m von der Anlegestelle der Linienschiffe entfernt. Einkaufsmöglichkeiten, Restaurant etc. Geöffnet Anfang April bis Anfang Nov. 2 Erw. mit Zelt und Auto bzw. Wohnmobil ca. 30 €/Tag. Auch Bungalowvermietung. Lungomare Dante Alighieri 29, Punta Sabbioni, Litorale del Cavallino, ✆ 041/966150, 📧 041/5301150, www.camping-miramare.it.

*** Ca' Savio. Riesiger, komfortabler Platz im Strandort Ca' Savio (kurz vor der Punta Sabbioni). Sport- und Einkaufsmöglichkeiten, kinderfreundliche Ausstattung. Geöffnet Ende April bis Ende Sept., auch buchbar über www.eurocamp.de. 2 Erw. mit Zelt und Auto bzw. Wohnmobil ca. 30 €/Tag. Auch Bungalowvermietung. Via Ca' Savio 77, ✆ 041/966017, 📧 041/5300707, www.casavio.it.

*** Del Sole. Kleinerer Platz im Strandort Ca' Savio. Geöffnet Ende April bis Ende Sept. 2 Erw. mit Zelt und Auto bzw. Wohnmobil ca. 30 €/Tag. Via Meduna 12, Ca' Savio, Cavallino-Treporti, ✆/📧 041/658333, www.campeggiodelsole.it.

Il Teatro. In jüngerer Zeit eröffnete, architektonisch ansprechende und bereits mehrfach ausgezeichnete Apartment- und Hotelanlage im Strandort Lido di Jesolo. Gut geführt, modern ausgestattet. Ganzjährig geöffnet. 2- bis 4-Pers.-Apartments ab 50 €/Pers. und Tag. Piazza Marina 8, Lido di Jesolo, ✆ 0421/972648, 📧 0421/373260, www.hotelresidenceilteatro.com.

Essen und Trinken

Keine andere Stadt als Venedig war es, die erstmals aromatischen Geschmack in die europäische Küche brachte, diese alte Metropole des Gewürzhandels mit den exotischsten Märkten des Mittelalters, auf denen der Pfeffer mit Gold aufgewogen wurde!

Auch die erste Gabel, die man in Europa zu Gesicht bekam, war jene, mit der die byzantinische Gemahlin des Dogen Domenico Selvo im 11. Jh. zu speisen pflegte. Zucker, so heißt es in der Handelschronik, brachten venezianische Schiffe zum ersten Mal 996 aus der Levante mit. Kaffee hingegen, der anfänglich als Medizin Verwendung fand, war ein Importschlager des 17. und 18. Jh. Und das erste Kochbuch druckten die Venezianer bereits Ende des 15. Jh.

Abgesehen von den wenigen Filialen nationaler und internationaler Fast-Food-Ketten ist die venezianische Gastronomie überraschend bodenständig und der regionalen Tradition verhaftet geblieben. Dennoch fällt auf, dass immer mehr alteingesessene Familienbetriebe ihr Restaurant an ausländische Neu-Venezianer verkaufen, was in den meisten Fällen nicht gerade zur Bewahrung der *Venezianità*, der viel gerühmten venezianischen Tradition in der Küche und im Service, beiträgt.

Ganz den Gegebenheiten einer Wasserstadt entsprechend, ist die authentische venezianische Küche, die *Cucina veneziana*, in erster Linie eine Meeresküche (*Cucina di mare*). Nirgendwo anders in Italien werden solche Mengen an Fisch und Meeresfrüchten verzehrt wie in der Lagunenstadt. Und wer sich vormittags auf den Rialtomarkt begibt, wird von der Größe und Vielfalt des dortigen Fischmarkts beeindruckt sein. Die frische

Ware, die dort zentnerweise umgesetzt wird, kommt zwar längst nicht mehr ausschließlich aus heimischen Gewässern, aber in den abgedeichten Teichen der Lagune (*Valli*) hat die Fischzucht nach wie vor Konjunktur.

Liebhaber einer vielfältigen Meeresküche kommen also voll auf ihre Kosten und werden die köstlichen lokalen Spezialitäten (→ Kasten S. 89) goutieren. Aber teuer sind sie geworden, die begehrten Delikatessen aus dem Meer, und verständlicherweise sind diese nicht zu jeder Jahreszeit zu haben. Und da die Ausnahme bekanntlich die Regel bestätigt, ist das venezianischste aller Gerichte kein Fisch-, sondern ein Fleischgericht: *Fegato alla veneziana*, Kalbsleber auf venezianische Art.

Überall dort, wo viel Wasser ist, so heißt es in Venetien, wächst Gemüse besonders gut. Da sind v. a. die schmackhaften Artischocken, Auberginen, Kürbisse, Erbsen, Tomaten und Salate von den Gemüseinseln der *Laguna veneta* zu nennen, die das Antipasto-, Primo- und Contorno-Angebot auf den Speisekarten im wahrsten Sinne des Wortes wieder bodenständig machen und erheblich bereichern, zur Freude aller Vegetarier und Fischverächter.

Frühstück (Colazione)

Das italienische Frühstück wird in einer *Bar*, möglichst mit angeschlossener *Pasticceria* (Konditorei), eingenommen. Man sucht sich in der Glasvitrine seine *Pasta* (Gebäck) aus; das kann eine Brioche bzw. ein mit Marmelade oder Creme gefülltes *Cornetto* (Hörnchen) sein. Wer seinen Geschmacksrezeptoren morgens noch nichts Süßes zumuten mag, findet eine große Auswahl an *Panini* (belegte Brötchen) und *Tramezzini* (dreieckige Weißbrotschnitten). Dazu bestellt man sich den ersten *Cappuccino* des Tages oder gleich einen *Caffè* (Espresso) – und das italienische Frühstück ist komplett.

Das *Hotelfrühstück* fällt hingegen zumeist „international" aus; je nach Hotelkategorie kann man sich an einem üppigen Büfett bedienen oder wird ganz bescheiden mit Zwieback und Marmelade abgespeist. Auch der Hotelkaffee hat i. d. R. keine Bar-Qualität.

Mittag- und Abendessen

Auf *Pranzo* (Mittagessen, ab 13 Uhr) und *Cena* (Abendessen, ab 19 bzw. 20 Uhr) wird in Italien großer Wert gelegt – und Venedig bildet da keine Ausnahme. Es handelt sich jeweils um reichhaltige Mahlzeiten mit mehreren Gängen, wobei das Abendessen im Vergleich etwas üppiger ausfällt. Im Lokal beginnt eine komplette Mahlzeit mit der Vorspeise (*Antipasto*), die oftmals in großer Auswahl auf Vitrinentischen im Lokal steht. Danach geht es weiter mit dem *Primo Piatto* (erster Gang), entweder einem Nudelgericht (*Pasta*), einem Reisgericht (*Risotto*) oder einer Suppe (*Minestra*). Der anschließende *Secondo Piatto* (zweiter Gang), Fisch (*Pesce*) oder Fleisch (*Carne*), wird durch eine extra zu bestellende Beilage (*Contorno*) ergänzt. Käse (*Formaggio*) schließt bekanntlich den Magen. Der Nachtisch, Obst (*Frutta*) oder eine Süßspeise (*Dolce*), setzt den Schlusspunkt. Danach helfen nur noch *Caffè* und *Grappa*!

Wem das alles zu viel ist, der sollte gezielt kombinieren, denn individuelle Abweichungen werden selbstverständlich toleriert. Der Gast kann z. B. auf die Vorspeise verzichten, oder den ersten Gang überspringen und/oder die Nachspeise streichen. Wer es jedoch mit der Reduzierung übertreibt, vielleicht sogar auf das Hauptgericht verzichten will, der bekommt das in einigen Lokalen zumindest andeutungsweise zu spüren.

Die Venezianer sind ein weinseliges Völkchen

Bàcari, Ombre und Cicheti – eine venezianische Leidenschaft

Schon vormittags herrscht in den *Bàcari*, den venezianischen Weinschenken, reger Betrieb. Vor allem die volkstümlichen Bàcari am Rialtomarkt sind regelrechte Institutionen, in denen sich die Einheimischen bei jeder sich bietenden Gelegenheit zu einem Gläschen Wein (*Ombra* bzw. *Ombretta*) treffen. *Andar per ombra* („in den Schatten gehen") nennen die Venezianer ihren Gang an die Weintheke, wo eine wirklich beachtliche Auswahl an regionalen und anderen italienischen Weinen zu finden ist. Die Wendung stammt aus der Zeit, als die fliegenden Weinhändler ihren offenen Wein im wandernden Schatten des Glockenturms von San Marco verkauften, um ihn möglichst kühl zu halten. Zum Wein, der bereits ab 1,50 € in 0,1-l-Gläsern ausgeschenkt wird, isst man beliebig viele Appetithäppchen, sogenannte *Cicheti*, die es in allen nur erdenklichen Variationen gibt: auf der Basis von Fisch, Meeresfrüchten, Wurst, Käse, Fleisch, Eiern und Gemüse. Normalerweise handelt es sich um mehrschichtige Häppchen, die stets frisch und mit einem Zahnstocher aufgespießt, in Glasvitrinen bereitgehalten werden. Einen einfachen Cicheto gibt es ab 1 €, während ein opulent mit Fisch belegter durchaus ein Vielfaches kosten kann. Aber nur zum Essen und Trinken gehen die Venezianer nicht in den Bàcaro; ganz abgesehen von Ombre und Cicheti ist die Weinschenke ein Ort der Geselligkeit. Hier wird über alles Mögliche palavert und diskutiert, jeder unterhält sich mit jedem, und soziale Unterschiede scheinen dabei keine Rolle zu spielen. Touristen, die ein authentisches Stück venezianischer Lebensfreude im Zeichen des Bacchus kennenlernen wollen, sollten unbedingt einmal einkehren: „Andar per ombra!" Unsere Bàcaro-Empfehlungen finden Sie unter den Gastro-Tipps am Ende der jeweiligen Stadtteilkapitel.

Il conto, per favore

Mit diesen Worten bittet man nach dem Essen um die Rechnung. Der Grundpreis für eine ausgiebige Mahlzeit ohne Getränke wird dabei in Venedig kaum unter 30 € liegen. Je nach Speiselokal und Qualität geht es natürlich auch teurer. Hinzu kommt eine Pauschale (1,50–5 €/Pers.) für Brot und Gedeck (*Pane e Coperto*) sowie 10–12 % Bedienung (*Servizio*); beides wird auf der Rechnung i. d. R. extra aufgeführt, sofern es nicht schon im Grundpreis enthalten ist (*Coperto e Servizio compreso*). Trinkgeld *(Mancia)* gibt nur ein zufriedener Gast. Die Rechnung *(Ricevuta)* muss unbedingt mitgenommen und eine Weile aufbewahrt werden, um sie bei eventuellen Kontrollen der Finanzpolizei vorzeigen zu können.

Eine durchaus passable Alternative zum teuren Mittag- bzw. Abendessen à la carte bietet das *Menu turistico* bzw. *Menu a prezzo fisso*, das in vielen Restaurants angeboten wird. Es besteht zumeist aus drei Gängen. Zu viel an Qualität darf man nicht erwarten, aber wer sparen muss, verschafft sich so zumindest eine reelle Mahlzeit zu einem moderaten Pauschalpreis (um 20 €), in dem i. d. R. auch tatsächlich alles inbegriffen ist.

Die venezianischen Restaurantpreise gehören mit zu den höchsten in ganz Italien, aber das bedeutet keineswegs, dass man in Venedig nicht gut und preislich angemessen essen kann. Diejenigen Speiselokale, in denen das Preis-Leistungs-Verhältnis weitgehend stimmt, liegen natürlich nicht im unmittelbaren Einzugsbereich des Markusplatzes, wo man diesbezüglich eher unangenehme Überraschungen erlebt, sondern zumeist in den weniger touristischen Ecken der einzelnen *Sestieri*. In den jeweiligen Stadtteilkapiteln dieses Buches finden Sie unsere Empfehlungen unter der Rubrik „Essen und Trinken". Die dort aufgelisteten und beschriebenen *Ristoranti, Trattorie, Osterie, Pizzerie* und *Bàcari* sind neben dem Preis-Qualitäts-Aspekt auch nach atmosphärischen Kriterien (Gemütlichkeit, Freundlichkeit etc.) ausgewählt worden. Und nicht zuletzt danach, ob sie von den Einheimischen bevorzugt werden, was wohl das sicherste Indiz für den guten Standard eines Lokals ist. Unsere Preisangaben sind durchschnittliche Grundpreise und beziehen sich auf ein Drei-Gänge-Essen à la carte ohne Getränke. Der Einfachheit halber heißt es dann bei den jeweiligen Restaurantbeschreibungen: Menü 20–30 €, 30–40 €, 40–50 € oder über 50 €.

Venezianische Spezialitäten

Aus der Backstube (Forno) oder der Konditorei (Pasticceria)

Fritole → Karnevalskrapfen mit Rosinen und Pinienkernen, gibt's nicht nur zur Faschingszeit.

Baicoli → eine Art süßer, sehr dünner Zwieback.

Sfoglie → Blätterteigschnitten bzw. -taschen, zumeist mit Creme gefüllt.

Strudel → Die venezianische Variante des Wiener Pendants, mit Pinienkernen statt Mandeln.

Antipasti

Sarde in saor → Gebratene Sardinen in Öl und Weinessig mit Zwiebeln, Rosinen und Pinienkernen eingelegt. Schmeckt ein wenig wie unser Brathering.

Antipasto di mare → Vorspeisenteller mit Fisch und Meeresfrüchten, mariniert, gekocht und/oder roh (crudo).

Peoci salati → Miesmuscheln mit Knoblauch und Petersilie.

Carpaccio → Hauchdünne, mit Öl und Zitrone beträufelte rohe Rindfleischscheiben, mit Rucola und Parmesan serviert. Eine venezianische Kreation (→ „Harry's Bar," S. 144), benannt nach dem Maler Carpaccio. Gibt es auch auf Fischbasis.

Granseola → Meereskrebs (Meeresspinne genannt), mundgerecht im Panzer serviert.

Canoce bzw. Cicale di mare → Scampiähnliche Schalentiere (Heuschreckenkrebse genannt), zart und delikat.

Schie → Kleine Krabben, schmecken wie unsere Nordseekrabben, mit Maisbrei serviert.

Castraure → kleine Artischockenherzen in Öl mit Knoblauch.

Primi

Bigoli in salsa → dicke Vollkornspaghetti mit pikanter Sardellensoße.

Pasticcio → Fischlasagne.

Linguine alla granseola → dünne Bandnudeln mit dem Fleisch der Meeresspinne (Meereskrebs), eine echte Delikatesse.

Risotto nero bzw. alle seppie → Reisgericht mit Tintenfisch samt Tinte, daher die schwarze Farbe.

Spaghetti/Risotto caparossoli → Spaghetti bzw. Reis mit Venusmuscheln (vongole veraci).

Brodetto bzw. Zuppa di pesce → Fischsuppe.

Brodetto di anguille → Aalsuppe.

Gnocchi di zucca → Kürbisgnocchi.

Risi e bisi → Reisgericht mit jungen Erbsen, Schinken, Sellerie und Zwiebeln.

Risotto al radicchio → Reisgericht mit Radicchio, eine beliebte Spezialität aus Treviso.

Secondi

Baccalà mantecato → Stockfischmus, mit einer gebratenen Scheibe Polenta serviert.

Fritto misto → kleine frittierte Fische und Meeresfrüchte.

Anguilla alla griglia → gegrillter Aal.

Coda di rospo ai ferri → gegrillter Seeteufelschwanz.

Seppie nere con Polenta → Tintenfisch samt Tinte, mit Maisbrei serviert.

Sogliola alla casseruola → gedünstete Seezungenfilets.

Moleche → Kleine Meereskrebse mit Kräutern in Öl gebraten bzw. in Teig frittiert. Werden im Herbst und Frühjahr zur Zeit des Panzerwechsels in der Lagune gefangen.

Fegato alla veneziana → Kalbsleber mit Zwiebeln in Weißwein, wird mit Maisbrei serviert.

Contorni

Polenta → Maisbrei (z. T. auch gestockt, in Scheiben geschnitten und gegrillt).

Radicchio → Radicchio, in Öl und Pfeffer gebraten.

Dolci

Tiramisù → Mascarpone-Creme mit likörgetränkten Biskuits und Kakao. Diese venezianische Spezialität ist die bekannteste italienische Süßspeise.

Buranelli → trockene Plätzchen, eine Spezialität der Insel Burano.

Wein und andere Getränke

Zum guten Essen gehört selbstverständlich der einheimische Wein. Und der kommt in Venedig aus dem Hinterland der Region Venetien, einem ausgesprochenen Weinbaugebiet. Nach Apulien und Sizilien ist Venetien der drittgrößte Produzent Italiens und in der Erzeugung von Qualitätsweinen (DOC) liegt die Region sogar an der Spitze. Weiß- und Rotweine sind in Venetien gleichermaßen stark vertreten, aber aufgrund der ausgeprägten Fischküche sind in Venedig v. a. die Weißweine beliebt. Auf den offenen Wein (Vino della casa), der in den Speiselokalen ausgeschenkt wird, kann man sich weitgehend verlassen, da er i. d. R. mit Sachverstand ausgewählt wurde. Die beste Möglichkeit, sich in Venedig durch die immense Vielfalt der regionalen Weine und Rebsorten zu probieren, bieten die traditionellen Weinschenken, die Bàcari (→ Kasten S. 87). Auf einen spritzigen, weißen Schaumwein, den längst auch zu Hause beliebten *Prosecco*, der aus der gleichnamigen Traube gekeltert wird, sei besonders hingewiesen.

Ein typisch venezianischer Aperitif ist der sogenannte *Spritz* oder *Sprizz*. Er wurde zur Zeit der österreichischen Besatzung aus Weißwein, Campari und Sodawasser kreiert und ist auch nach dem Habsburger-Intermezzo ein beliebtes Mixgetränk geblieben, wahlweise mit Campari oder Aperol. Eine weitere venezianische Kreation heißt *Bellini*. Dieser Cocktail wird aus Prosecco und Pfirsichmark gerührt, sein Erfinder ist der Mitbegründer von Harry's legendärer Bar, Namensgeber hingegen die Künstlerfamilie Bellini. Außerdem kommen Liebhaber des *Grappa* in Venedig nicht zu kurz, denn der hochprozentige Tresterschnaps wird ebenso wie der Wein in allerbester Qualität aus Venetien bezogen.

Caffè (Espresso): Der *Caffè italiano* ist ein Lebensgefühl! Es gibt ihn in der Standardversion, schlicht und einfach als *Caffè espresso* (klein und schwarz), als *Caffè doppio* (doppelt), als *Caffè ristretto* (besonders stark), als *Caffè lungo* bzw. *alto* (mit etwas mehr Wasser), als *Caffè macchiato* (mit einem Schuss Milchschaum), als *Caffè decaffeinato* bzw. *hag* (koffeinfrei), als *Caffè corretto* (mit einem Schuss Schnaps) und natürlich als *Cappuccino* (mit Milchschaum). – Mittlerweile wundern sich die italienischen Baristi, warum die deutschen Urlauber verstärkt *Latte macchiato* bestellen, wo es sich dabei in Italien doch um ein Kindergetränk handelt!

Rustikal-gemütliche Osteria

Wissenswertes von A bis Z

Ärztliche Hilfe

Zwischen Deutschland und Italien sowie Österreich und Italien besteht ein Sozialversicherungsabkommen, d. h., wer in einer gesetzlichen Krankenkasse ist, hat Anspruch auf ärztliche Hilfe. Dafür benötigen Sie allerdings die *Europäische Versichertenkarte*. Im Bedarfsfall müssen Sie sich damit zunächst an die venezianische *Azienda ULSS*, die örtliche Niederlassung des staatlichen italienischen Gesundheitsdienstes, wenden. Dort liegt ein Verzeichnis der zugelassenen Vertragsärzte aus. Theoretisch kann man jetzt einen Arzt aufsuchen und sich kostenfrei behandeln lassen. Realität ist jedoch, dass die meisten Ärzte nur gegen Bares behandeln. Auch gegen Vorlage einer detaillierten Rechnung (*Ricevuta*) erstattet Ihnen die heimische Krankenversicherung nur einen Teil der Behandlungskosten. Deshalb ist es unbedingt sinnvoll, eine *private Reisekrankenversicherung* abzuschließen. Darin ist neben der vollen Abdeckung der ärztlichen Behandlungskosten auch ein aus medizinischen Gründen notwendiger Rücktransport nach Hause eingeschlossen, den die gesetzlichen Kassen nicht übernehmen.

Schneller, einfacher und praktischer ist es, bei Beschwerden direkt eines der Krankenhäuser aufzusuchen, wo auch die Krankenkassen-Formalitäten geklärt werden können.

Ospedale Civile, Campo Santi Giovanni e Paolo, Castello 6777.

Ospedale al Mare, Lungomare d'Annunzio 1, Lido di Venezia.

> Ärztlicher Notruf (*Pronto Soccorso Medico*) landesweit unter ☎ 118.

Apotheken (Farmacie)

Die mit einem grünen Kreuz gekennzeichnete *Farmacia* kann bei kleineren Beschwerden den Arzt ersetzen. Viele Medikamente sind rezeptfrei erhältlich, darunter auch einige Antibiotika. Die jeweiligen Wochenendapotheken (*Farmacie di Turno*) stehen im Infoheft „Un'ospite di Venezia" (→ S. 95) und werden in den Schaufenstern aller Apotheken bekannt gegeben.

Apotheken-Öffnungszeiten: Mo–Fr 8.30–12.30 u. 15.30–19.30 Uhr, Sa nur vormittags.

Englisch spricht man z. B. in der **Farmacia Internazionale**, Calle Larga XXII Marzo (nahe dem Campo San Moisè), San Marco 2067, ☎ 041/5222311.

Baden

In den Sommermonaten haben die 12 km langen Sandstrände des *Lido di Venezia* regen Zulauf. Sie werden allerdings weitgehend von den kostenpflichtigen *Stabilimenti balneari*, den Strandbädern, kurz *Bagni* genannt, eingenommen. Lange und breite Sandstrände findet man außerdem an der *Punta Sabbioni*, die gut mit der Fähre zu erreichen ist.

Es war nicht immer so, aber der Golf von Venedig gehört mittlerweile zu den saubersten Gewässern der italienischen Adriaküste. Für die Badesaisons 2010 bis 2013 hat der Lido di Venezia sogar die begehrte *Bandiera Blu* (Blaue Fahne) erhalten, eine Auszeichnung für sauberes Wasser, gepflegte Strände und gute Sanitäranlagen. Mitglieder können sich beim *ADAC-Sommerservice* unter www.adac.de über die aktuelle Wasserqualität informieren (Juni–Aug.).

Diplomatische Vertretungen

In Notfällen können sich Urlauber an die diplomatische Vertretung ihres Landes wenden.

Deutsches Honorarkonsulat, Palazzo Condulmer, Fondamenta Condulmer, Santa Croce, 251. ☎ 041/5237675, venedig@hk-diplo.de. Mo–Sa 9–12 Uhr.

Österreichisches Honorarkonsulat, Palazzo Condulmer, Fondamenta Condulmer, Santa Croce, 251. ☎ 041/5240556. Mo–Fr 9–12 Uhr.

Schweizer Generalkonsulat, in Padua, Viale Veneto, 26. ☎ 049/8791490.

Ermäßigungen

Die ermäßigten Eintrittspreise für staatliche Museen gelten für Schüler und Studenten bis 25 Jahre (Schüler- bzw. Studentenausweis nicht vergessen!). Auch EU-Bürger über 65 Jahre kommen in den Genuss von Ermäßigungen. Bei allen nichtstaatlichen (städtischen und privaten) Museen sowie kulturellen Einrichtungen sollte

man immer nachfragen, da es keine einheitliche Regelung gibt.

Rolling Venice Card: Diesen Pass gibt es für alle im Alter von 14–29 Jahren gegen Vorlage des Ausweises. Kostenpunkt 4 €. Man erhält damit Ermäßigungen für öffentliche Verkehrsmittel (ACTV, 3-Tageskarte 18 €), Museen, Kirchen, Theater und Kinos sowie in einigen Geschäften, Hotels, Ostelli und Restaurants. Erhältlich ist der Pass bei den städtischen Informationsbüros (→ S. 95), er ist immer bis zum Ende des jeweiligen Jahres gültig. Mit dem Kauf erhält man einen Discount Guide, in dem alle Einrichtungen verzeichnet sind, die Ermäßigungen gewähren.

Venice Card: Erhältlich als *VeniceCard Junior* und *Adult* mit einer Gültigkeit von 7 Tagen. Sie bietet freien Eintritt in die Museen auf dem Markusplatz, in alle städtischen Museen (→ S. 110), das jüdische Museum, den Palazzo Querini Stampalia und die Chorus-Kirchen (→ S. 140), darüber hinaus gibt es Ermäßigungen für private Museen sowie Sonderausstellungen und kulturelle Veranstaltungen. Die **Venice Card Junior** für alle von 6 bis 29 Jahren kostet 29,90 €. Die **Venice Card Adult** für alle ab 30 kostet 39,90 €. **San Marco** heißt die abgespeckte Variante der Venice Card (24,90 €), die nur für eine Auswahl von Museen und Kirchen freien Eintritt gewährt. Verkauf in den Informationsbüros (→ S. 95) und an den ACTV-Schaltern (→ S. 72). Weitere Informationen unter www.hellovenezia.it.

Feiertage

Am 15. August – Mariä Himmelfahrt – wird in ganz Italien *Ferragosto* gefeiert. Dieses Hauptfest der Marienverehrung ist außerdem das größte Familienereignis Italiens und Höhepunkt der Urlaubssaison – daran denken, dass an diesem Tag fast alles geschlossen hat! Mehr zu den Stadtfesten finden Sie ab S. 62.

Gesetzliche Feiertage: Weihnachten *(Natale)*, Neujahr *(Capodanno)* und Dreikönigstag *(Epifania)* wie in der Heimat.

Karfreitag *(Venerdì santo)* ist kein Feiertag, Ostermontag *(Lunedì di Pasqua)* jedoch wie gewohnt.

25. April: Tag der Befreiung von der deutschen Wehrmacht *(Anniversario della Liberazione)*.

1. Mai: Selbstverständlich auch hier *Festa del Lavoro*.

Pfingsten *(Pentecoste)*: Nur Sonntag.

2. Juni: Republikgründung *(Fondazione della Repubblica)*.

15. August: *Ferragosto* (s. o.)!

1. November: Allerheiligen *(Ognissanti)* wie bei uns.

8. Dezember: Marias unbefleckte Empfängnis *(Festa dell'Immacolata)*.

Die Stadtfeste im Überblick: *Carnevale di Venezia:* Die letzten zwölf Tage vor Aschermittwoch.

Festa di San Marco: Am 25. April.

Festa de la Sensa: Am Sonntag nach Christi Himmelfahrt.

Vogalonga: Pfingstsonntag.

Festa del Redentore: Am 3. Juliwochenende.

Regata storica: Am 1. Septembersonntag.

Festa della Madonna della Salute: Am 21. November.

Finanzen

Seit der Einführung des Euro im Januar 2002 ist es für Italienurlauber endgültig aus mit dem Millionärsgefühl.

Geldwechsel (Cambio) ist für Deutsche und Österreicher Schnee von vorgestern. Empfehlenswert sind jetzt **Euro-Reiseschecks**; sie werden u. a. von American Express, Thomas Cook und Visa angeboten. Kaufquittung und Schecks immer getrennt aufbewahren. Bei Verlust oder Diebstahl wird Ersatz geleistet, falls man die Kaufbestätigung für die Schecks vorweisen kann.

Öffnungszeiten der Banken sind landesweit einheitlich geregelt, Mo–Fr 8.30–13.30 und 14.45–16.30 Uhr.

EC-Geldautomaten (Bancomat) gibt es in Venedig genügend. Mit EC-/Maestro-Karte und Geheimnummer kann man auch an Wochenenden problemlos Bargeld bekommen – vorausgesetzt, die Apparate funktionieren und weisen das EC-/Maestro-Zeichen auf. Zu Hause werden sogenannte Fremdgebühren für jede Abhebung berechnet, die an die ausländische Bank gehen.

Die gängigen **Kreditkarten** werden in vielen Geschäften, Hotels und zunehmend auch Restaurants akzeptiert; verbreitet sind *Eurocard/MasterCard* und *Visa*. Geldautomaten können mit Kreditkarte und Geheimnummer benutzt werden, wenn sie das entsprechende Zeichen aufweisen.

> Bei **Verlust der EC-/Maestrobzw. Kreditkarte** sofort das Konto über die Frankfurter Zentrale sperren lassen. Von Italien aus wählen Sie die Sammelnummer ☎ 0049/116116 (24-Std.-Service).
>
> Bei **finanziellen Notfällen**, die eine sofortige Überweisung aus der Heimat nötig machen, ist der Postbank Direkt-Service das beste Mittel (→ „Post").

Gepäckträger

An den Hauptankunftspunkten **Stazione Santa Lucia**, **Piazzale Roma**, **Rialto** und **San Marco** stehen i. d. R. uniformierte Gepäckträger (*Portabagagli*) mit ihren Karren bereit. Deren Dienste sind so teuer wie anderswo ein Taxi. Für ein bzw. zwei Gepäckstücke werden entfernungsunabhängig im Stadtgebiet 25 € berechnet, für drei bzw. vier Gepäckstücke 35 € und für jedes weitere 10 €. Man muss den Gesamtpreis dennoch vorher aushandeln.

Information

Information vor der Reise: Für erste Anfragen wenden Sie sich am besten an das staatliche italienische Fremdenverkehrsamt *ENIT (Ente Nazionale Italiano per Il Turismo)*. Es unterhält in Deutschland, Österreich und in der Schweiz je eine Niederlassung. Lassen Sie sich allgemeine Informationen zu Venedig und bei Bedarf das Unterkunftsverzeichnis schicken.

Jedes Jahr gibt es neue Souvenirkreationen

Venedig-Infos im Internet

www.turismovenezia.it und www.veniceconnected.com: Die offiziellen Websites des venezianischen Fremdenverkehrsamtes enthalten nahezu alle touristisch relevanten Infos.

www.hellovenezia.it: Alle Infos zu den öffentlichen Verkehrsmitteln (ACTV) und zur Venice Card.

www.enit-italia.de: Deutsche Website des italienischen Fremdenverkehrsamtes ENIT.

www.labiennale.org: Website der Biennale di Venezia. Portal zu allen Festivals (Kunst, Architektur, Kino, Tanz, Musik und Theater).

www.meetingvenice.it: Brauchbare kommerzielle Website mit Kulturinfos.

www.salve.it: Wissenswertes und Aktuelles zur Lagune von Venedig und zum Hochwasserschutz.

ENIT in Deutschland: Barckhausstr. 10, 60325 Frankfurt/M., ✆ 069/237434, ✆ 232894, frankfurt@enit.it.

ENIT in Österreich: Mariahilferstr. 1b, 1060 Wien, ✆ 01/5051263012, ✆ 5050248, vienna@enit.it.

ENIT in der Schweiz: Uraniastr. 32, 8001 Zürich, ✆ 043/4664040, ✆ 4664041, zurich@enit.it.

Information in Venedig: Das städtische Fremdenverkehrsamt *Azienda di Promozione Turistica (APT)* unterhält mehrere Informationsbüros (s. u.). In diesen IAT-Büros kann man sein Prospektmaterial beliebig aufstocken und gezielte Fragen stellen. Gegen eine geringe Gebühr ist außerdem ein mehrsprachiges Venedig-Magazin erhältlich; es erscheint alle zwei bis drei Monate und enthält alle touristischen Basisinformationen sowie einen nahezu vollständigen Veranstaltungskalender.

Piazza San Marco, im Napoleonischen Flügel (*Ala Napoleonica*), Mo–So 9–15.30 Uhr, ✆ 041/5298711.

Venice Pavillon, im Pavillon der Giardini Reali, nahe der Anlegestelle San Marco Vallaresso, tägl. 10–18 Uhr, ✆ 041/5298711.

Stazione Santa Lucia, im Bahnhof, Mo–So 8–18.30 Uhr, ✆ 041/5298711.

Piazzale Roma, am ASM-Parkhaus, Mo–So 9.30–18.30 Uhr, ✆ 041/5298711.

Aeroporto Marco Polo, im Flughafengebäude, Mo–So 9.30–19.30 Uhr, ✆ 041/5298711.

Lido di Venezia, Gran Viale Elisabetta 6, , 1. Juni bis 30. Sept., Mo–So 9–12 und 15–18 Uhr, ✆ 041/5298711.

Punta Sabbioni, Piazzale Punta Sabbioni, , Jan.–Sept., Mo–So 8–12 und 13–18 Uhr, Okt.–Nov. 9–15 Uhr, ✆ 041/966010.

Die o. g. IAT-Büros verkaufen die *Venice Card* und die *Rolling Venice Card* (→ S. 93) sowie Eintrittskarten für kulturelle Veranstaltungen (→ S. 97).

Seit über 30 Jahren erscheint die Publikation „Un'ospite di Venezia – A guest in Venice" 14-tägig und zweisprachig (italienisch/englisch); sie enthält neben nützlichen Informationen auch einen umfangreichen Veranstaltungskalender und liegt in Hotels, Restaurants, Bars, Geschäften etc. gratis aus.

Internet/WLAN

In den historischen Sestieri Venedigs hat die Stadt mehrere WLAN-Zonen (*Wi-Fi hotspots*) eingerichtet, um Urlaubern unterwegs einen Internetzugang zu ermöglichen. Dieser Dienst ist gebührenpflichtig (5 €/Tag); wie es genau funktioniert, erfährt man unter www.veniceconnected.com.

Kinder

Früher hieß es in Elternkreisen: Mit Kindern kann man nicht nach Venedig fahren! Doch die Zeiten haben sich gründlich geändert. Heute heißt es in Kinderkreisen: Wie kriegen wir unsere Eltern dazu, mit uns nach Venedig zu fahren? Grund dafür ist der *Herr der Diebe* – der Bestseller von Cornelia Funke bzw. die gleichnamige Kinoverfilmung des beliebten Jugendbuchs

Wissenswertes von A bis Z

über die Abenteuer einer Kinderbande in Venedig. „Wäre nicht schlecht, wenn Sie das irgendwie in Ihren Führer einbauen könnten", schrieb eine Mutter nach einem gelungenen Familienurlaub in Venedig. – Gern geschehen!

Mittlerweile gibt es auch spezielle Venedig-Reiseführer für Kinder, z. B. vom Verlag Lonitzberg.

Kino

Zur Stadt des Films avanciert Venedig jedes Jahr Anfang September, wenn auf dem Lido das *internationale Filmfestival* (→ S. 245) stattfindet. Im August und September wird auf dem *Campo San Polo* ein *Freilichtkino* installiert, in dem die neuesten internationalen Filme (italienisch synchronisiert) gezeigt werden. Während des Filmfestivals findet dort ein Parallelprogramm statt.

Ansonsten bieten die *Programmkinos Giorgione Movie* (Rio Terrà dei Franceschi, Cannaregio 4612) und *Rossini* (Salita del Teatro, San Marco 3997) aktuelle internationale Filme. Das Tagesprogramm der beiden Kinos entnimmt man am besten der Tageszeitung „Il Gazzettino". Das neue Haus der Filmkunst *La Casa del Cinema* in einem Seitenflügel des Palazzo Mocenigo (San Stae 1990) ist ein Cineastentreff mit umfangreicher Filmothek, wo auch Retrospektiven gezeigt werden.

Klimadaten

Die meisten Niederschläge fallen im November mit etwa 80 l/m². Die Werte für die durchschnittlichen Min.-/Max.-Temperaturen in Grad Celsius des langjährigen Klimamittels s. folg. Tabelle:

	Minimum	Maximum
Januar	1,1	6,4
Februar	2,4	8,5
März	5,9	12,1
April	9,7	16,2
Mai	13,9	20,6
Juni	17,8	24,7
Juli	20,3	27,8
August	20,1	27,5
September	16,5	23,8
Oktober	11,3	18,3
November	6,2	11,7
Dezember	1,9	7,2

Kulturelle Veranstaltungen

Das ganze Jahr über bietet Venedig die Gelegenheit, klassische Konzerte, Opern, Theateraufführungen, Musicals und andere kulturelle Veranstaltungen zu besuchen. Eine vollständige Übersicht der Veranstaltungsorte kann hier nicht gegeben werden. Wer ins venezianische Kulturleben eintauchen möchte, besorgt sich am besten die Stadtmagazine, Infobroschüren und Veranstaltungskalender, die in den städtischen *IAT-Informationsbüros* (→ S. 95) und anderswo erhältlich sind. Die Tageszeitung „Il Gazzettino" ist ebenfalls eine gute Informationsquelle.

Die bekanntesten Großveranstaltungen sind zweifellos **die Biennalen**, darunter die internationale *Kunst-Biennale von Venedig* (→ S. 177) sowie das *Filmfestival am Lido* (→ S. 245).

Infos und Kartenvorverkauf für alle Biennalen (auch der Abteilungen Musik, Theater, Tanz und Architektur) unter www.labiennale.org.

Für Venedig-Besucher, die es klassisch mögen, sei auf folgende Veranstaltungsorte hingewiesen, die ein nachhaltiges Kulturerlebnis versprechen:

Gran Teatro La Fenice: Ein Besuch dieses renommierten Opernhauses mit der tragischen Geschichte (→ S. 141) lohnt sich allein schon wegen des großartigen Interieurs. Hier finden seit November 2004 wieder klassische Konzerte, Opern und Ballettabende statt.

San Marco 1965, Campo San Fantin. Kasse tägl. 10–17 Uhr. Theaterferien im August.

Programm/Reservierung: Im Internet unter www.teatrolafenice.it bzw. ℡ 041/2424.

Teatro Malibran: Wird in Kooperation mit dem Fenice bespielt. Ursprünglich ein renommiertes Opernhaus aus dem 17. Jh., mittlerweile vollständig modernisiert.

Cannaregio 5873, hinter der Chiesa San Giovanni Crisostomo, von außen kaum als Theater erkennbar. Karten über La Fenice (s. o.).

Teatro Carlo Goldoni: Ein traditionsreiches Theater, in dem vorwiegend Komödien gespielt werden, darunter auch die des Namengebers.

Calle Goldoni, San Marco 4650, www.teatrostabileveneto.it ℡ 041/2402011/14. **Vorverkauf** an der Theaterkasse tägl. 10–13 und 15–18.30 Uhr.

Musica a Palazzo: Polpuläre Kammeropern im herrschaftlichen Palazzo Barbarigo Minotto am Canal Grande.
Fondamenta Barbarigo, San Marco 2504, www.musicapalazzo.com, ✆ 3409717272.

Barockkonzerte mit dem Orchester *Interpreti Veneziani* (→ Chiesa di San Vidal, S. 140).

Vivaldi-Konzerte in der Chiesa di Santa Maria della Pietà (→ S. 167).

Literatur

Venedig ist keine Heimatstadt der Literaten, denn Schriftsteller von besonderem Format hat sie nur ganz wenige hervorgebracht: Der Dramatiker *Carlo Goldoni* (1707–1793) und der umtriebige *Giacomo Casanova* (1725–1798) sind beinahe die Einzigen, die immer wieder genannt werden, wenn es um das literarische Erbe Venedigs geht. Im Gegensatz dazu haben sich viele namhafte ausländische Schriftsteller von der morbiden Schönheit der Lagunenstadt zu Höchstleistungen inspirieren lassen. Entsprechend groß ist die Auswahl an literarischen Werken, deren Handlung in Venedig angesiedelt ist. Hinzu kommt eine regelrechte Flut an Anthologien, Sachbüchern, Reise- und Erlebnisberichten älteren und jüngeren Datums. Publikationen zur Stadtgeschichte, Kunst- und Kulturgeschichte sowie zur Architektur bilden dabei einen großen Anteil. An opulenten Bildbänden fehlt es ebenfalls nicht.

Eine neuere und obendrein sehr populäre Sparte stellt der Venedig-Krimi dar – ein Genre, das in erster Linie von der in Venedig lebenden amerikanischen Bestsellerautorin *Donna Leon* beherrscht wird. Zweifellos ist das venezianische Labyrinth der geeignete Ort, um detektivischen Spürsinn walten zu lassen und finstere Verwicklungen zu inszenieren. Aber in Wirklichkeit ist Venedig eine friedliche Stadt mit niedriger Kriminalitätsrate. Hinter dunklen Ecken lauern höchstens die eigenen Ängste.

Donna Leons sympathischer Commissario Guido Brunetti führt seine Leser jedenfalls in die verstecktesten Winkel der Stadt. Ganz nebenbei wimmelt es in den Leon-Krimis von interessanten und detaillierten Milieuschilderungen mit Wiedererkennungseffekt. Echte Brunetti-Fans sollten die Website www.brunettistadtplan.de anklicken: Dort sind ein Stadtplan, in dem die Hauptschauplätze der Romane und Verfilmungen verzeichnet sind, mehrere thematische Spaziergänge und eine Vaporetto-Tour erhältlich.

Im Folgenden einige Klassiker der Venedig-Literatur und ein paar persönliche Lesetipps:

Mann, Thomas: Der Tod in Venedig. Das Venedig-Werk schlechthin (1970 verfilmt). Der verarmte, aber hoch angesehene Professor Aschenbach begibt sich in Venedig auf eine leidvolle Suche nach dem Schönen. Fischer Taschenbuch.

Highsmith, Patricia: Venedig kann sehr kalt sein. Ein psychologischer Kriminalroman mit viel winterlicher Venedig-Atmosphäre. Diogenes.

Calvino, Italo: Die unsichtbaren Städte. In den erdachten Gesprächen zwischen Marco Polo (→ S. 28) und Kublai Khan werden märchenhafte Städteporträts entworfen, die alle irgendwie auf Venedig beziehen. dtv und Hanser.

Casanova, Giacomo: Aus meinen Leben. Hier plaudert der Latin Lover des 18. Jh. über Bettina, Henriette, Clementina, Voltaire und seine Flucht aus den Bleikammern. Reclam.

Brodsky, Joseph: Ufer der Verlorenen. Der russische Dichter (1972 ausgebürgert) reiste jedes Jahr nach Venedig – im Winter. Seiner Liebe zu Venedig gibt er in diesem Buch wortgewaltig Ausdruck. 1996 wurde Brodsky auf der Insel San Michele beigesetzt. Fischer Taschenbuch.

Sartre, Jean-Paul: Königin Albemarle oder der letzte Tourist. Nach Abschluss seines Buchs über Genet fährt Sartre nach Venedig und ergeht sich dort in subjektiven Betrachtungen über die Stadt. Fragmentarische Gedanken und Reflexionen mit Tiefgang. Rowohlt.

Tukur, Ulrich: Die Seerose im Speisesaal. Der erste Erzählband des auch in Venedig lebenden deutschen Schauspielers. Mich haben einige der venezianischen Geschichten an die magischen Schauergeschichten von Edgar Allan Poe erinnert. Claassen und List Taschenbuch.

Notruf und Beschwerden

Allgemeiner Notruf/Polizei *(Polizia Soccorso Pubblico di emergenza)*: ✆ 113.

Pannenhilfe/ADAC-Notrufnummer (deutschsprachig) → „Anreise", S. 69.

Für eventuelle **Beschwerden** *(Reclami turistici)* kann man sich an die o. g. IAT-Informationsbüros wenden, wo man ein Beschwerdeformular *(Modulo complaint)* ausfüllen muss, das an das Hauptbüro des örtlichen Fremdenverkehrsamtes weitergeleitet wird.

Post

Die italienische Post genießt nicht gerade den besten Ruf. Die Urlaubskarte dauert ihre Zeit, obwohl auch sie mittlerweile als *Posta prioritaria*, also vorrangig befördert wird. Die italienischen Briefkästen sind rot.

Briefmarken/Porto: *Francoboli* gibt es bei der Post und in autorisierten Tabacchi-Läden und -Bars. Das Porto für eine Postkarte bzw. einen Standardbrief in EU-Länder beträgt 0,85 €.

Postbank Direkt-Service/Western Union: Wenn die finanziellen Mittel ausgehen, ist dieser Service, den die Western Union Financial über die deutsche Postbank anbietet, der schnellste Draht um an Bargeld zu kommen, und zwar innerhalb von wenigen Stunden! Zu Hause anrufen, Aufenthaltsort angeben und bitten, die gewünschte Summe per Postbank-Direkt-Transfer unter Angabe des Empfängernamens nach Italien zu schicken. Der Empfänger bekommt die Auszahlungsstelle in Italien (ein Postamt oder eine Agentur der Western Union) sowie die Geldtransfer-Kontrollnummer vom Einzahler mitgeteilt. Gegen Vorlage des Ausweises (bzw. einer Kopie) und Nennung der Kontrollnummer wird der Betrag vor Ort in bar ausgezahlt. Diese Transaktion kostet eine Gebühr von 5 % der Transfersumme (vom Absender zu zahlen). Infos unter ✆ 0228/55005500.

Die Möglichkeit der telegrafischen **Postüberweisung** gibt es nicht mehr.

Zentrales **Postamt** in San Marco, Calle Larga de L'Ascension 1241, hinter dem Eingang zu den Museen am Markusplatz. Öffnungszeiten: Mo–Fr 9–12 und 15–18 Uhr, Sa nur vormittags.

Raucher haben's schwer

In Italien, dem europäischen Mutterland der Zwanglosigkeit, wurde früher an fast allen Orten und in allen Lebenslagen gepafft. Gesundheitliche Bedenken gab es kaum. Das Anbieten von Zigaretten gehörte zur Grundhöflichkeit. Rauchverbote (*Vietato fumare*) wurden weitgehend ignoriert. Doch mittlerweile hat der Staat eingegriffen und eines der schärfsten Gesetze gegen das Rauchen verabschiedet. Jetzt sind die Tabakfreuden an vielen Orten verboten, und hohe Geldstrafen sorgen dafür, dass die Rauchverbote auch eingehalten werden. Tabu sind Krankenhäuser – eigentlich eine Selbstverständlichkeit –, Postämter, Museen, Wartehallen, öffentliche Gebäude und Regionalzüge sowie Bars und Restaurants. Der Glimmstängel am falschen Ort kann zwischen 25 und 250 € Strafe kosten, und wer in der Umgebung von schwangeren Frauen oder Kindern unter zwölf Jahren raucht, den kann es sogar noch härter treffen.

Verunsichert sind v. a. Raucher aus dem Norden Europas, die fast mit Bewunderung darüber staunen, dass die Italiener die Rauchverbote brav respektieren.

Rollstuhlfahrer

Rollstuhlgerechte Hotels stehen im Unterkunftsverzeichnis, das Sie bei den Fremdenverkehrsämtern (→ S. 95) anfordern können. Es wird zwischen Behindertenzugänglichkeit mit und ohne Begleitung unterschieden.

In der Stadt stellen die Kanalbrücken z. T. unüberwindbare Hindernisse dar. In dem ebenfalls bei den Fremdenverkehrsämtern erhältlichen Stadtplan *Venezia accessibile* sind alle für Rollstuhlfahrer zugänglichen Wege und Brücken eingezeichnet sowie die behindertengerechten Toiletten. Die *Vaporetti* mit der Mittelplattform können von Rollstuhlfahrern benutzt werden, außerdem verkehren Wassertaxis für Behinderte (Taxiboote → S. 73).

Informationen für Rollstuhlfahrer
(Città per tutti) unter www.comune.venezia.it.

Sport und Sportereignisse

Während es in Venedig selbst kaum Möglichkeiten gibt, sich sportlich zu betätigen, findet man auf dem Lido allerlei Gelegenheiten dazu.

Fitnessstudio: *Fitness Point*, Calle del Pestrin, Castello 6141, nahe dem Campo Santa Maria Formosa. ✆ 041/5209246, Mo–Fr 8–22 Uhr, Sa 8–15 Uhr, So 9.30–12.30 Uhr. Tagesgebühr 12 €.

Golf: Kontakt über den *Circolo Golf Venezia*, Lido, www.circologolfvenezia.it.

Jogging: In der Stadt bieten sich die Uferpromenade *Riva degli Schiavoni* sowie die anschließenden Parkanlagen zum Laufen an.

Jedes Jahr an einem Sonntag im April findet ein **Volkslauf** mit ca. 10.000 Teilnehmern durch die historischen Stadtviertel von Venedig statt (13 km Distanz). Dann heißt es „Su e zo per i ponti" (die Brücken rauf und runter). Die Teilnehmergebühr beträgt 6 €, Informationen und Anmeldung unter ✆ 041/5904717 und www.suezoperiponti.it.

Der **Venedig-Marathon** Ende Okt. gehört zu den schönsten internationalen Marathonveranstaltungen. Er führt über den Ponte della Libertà und endet am Markusplatz, www.venicemarathon.it.

Reiten: Kontakt über den *Circolo Ippico Veneziano*, Lido, ✆ 041/5262028.

Radfahren: → Lido di Venezia (S. 246) und L'Isola di Sant'Erasmo (S. 235).

Rudern: Unterricht im venezianischen Rudern (also im Stehen) bietet die Non-Profit-

Edles Kunsthandwerk aus kostbarem Murano-Glas

Organisation *VIVA Voga Veneta*, www.rowvenice.org.

Tennis: Mietplätze auf dem Lido bietet z. B. der *Tennis Club Cà del Moro*, Via Ferruccio Parri 6, ☎ 041/770801.

Wassersport: Infos dazu im IAT-Büro des Lido di Venezia.

Stadtpläne

Wem die Karten und Pläne im vorliegenden Reisehandbuch nicht ausreichen, sollte auf keinen Fall irgendeinen beliebigen Stadtplan am nächstbesten Kiosk kaufen, denn diese taugen nicht besonders viel. Empfehlenswert ist lediglich der Venedig-Stadtplan (mit Lido und nördlicher Lagune) der *Litografia Artistica Cartografica* (LAC). Er heißt **Venezia e le isole della Laguna** und ist im Maßstab 1:6000 vor Ort erhältlich. Gut und mit Straßenverzeichnis versehen ist auch **Venedig** (mit Lido, Murano und Burano) von *Freytag & Berndt* im Maßstab 1:5000.

Telefonieren

Wer mit dem Handy unterwegs ist, wird keine Verbindungsprobleme haben, denn das italienische Mobilfunknetz arbeitet nahezu flächendeckend. Es ist jedoch unbedingt ratsam, sich vor der Reise über die anfallenden *Roaming-Gebühren* zu informieren. Sparen helfen spezielle Tarifoptionen der deutschen Mobilfunkanbieter (Vodafone-ReiseVersprechen und Smart Traveller von T-Mobile) oder das Einlegen italienischer SIM-Karten ins eigene Handy.

Es gibt sie noch, **die öffentlichen Telefone**, von denen man mit magnetischen Telefonkarten problemlos *Orts- und Ferngespräche* führen kann. Die *Carta telefonica* kauft man bei der Post und in Tabacchi-Läden. Vor dem Gebrauch die rechte obere Ecke abtrennen. Wenn die Karte leer ist, kann man ohne Unterbrechung weiter telefonieren, indem man eine neue Karte nachschiebt.

Rent a bike in der Erprobung

Internationale Vorwahlen: Von Italien nach Deutschland ☎ 0049, nach Österreich ☎ 0043, in die Schweiz ☎ 0041.

Nach Italien aus Deutschland, Österreich und der Schweiz ☎ 0039.

> Italien gehört zu den Ländern, in denen man beim Telefonieren stets die **komplette Vorwahlnummer** mitwählen muss, auch bei Gesprächen innerhalb eines Ortes. Im Falle Venedigs ist es die **041**, die jeder Teilnehmernummer vorangestellt ist.
>
> Zwingende Verwendung der kompletten Vorwahl bedeutet auch, dass man bei Gesprächen aus dem Ausland immer die Null der Vorwahl mitwählen muss, also 0039-041 plus die jeweilige Teilnehmernummer.

Toiletten

Angesichts der Touristenscharen stellt der Mangel an öffentlichen Toiletten (*Bagno* bzw. *Gabinetto*) wirklich ein Problem dar. Die Restauranttoiletten sind nur den zahlenden Gästen vorbehalten, und längst nicht jede Bar verfügt über ein Klo. Wohin also?

An folgenden Plätzen findet man ausgeschilderte öffentliche Toiletten: Bahnhof, Piazzale Roma, Markusplatz (2-mal), Rialtobrücke (2-mal), Accademia, in Castello (Campo Bragora) und in Cannaregio (San Leonardo). Benutzung nur zwischen 8 und 20 Uhr, 1–1,50 €.

Der Canal Grande in voller Schönheit

Die historischen Stadtviertel

La Piazza di San Marco – Venedigs altes Herrschaftszentrum	→ S. 104
Il Canal Grande – Venedigs einzigartiger Wasserboulevard	→ S. 120
Il Sestiere di San Marco – Das Markusviertel	→ S. 134
I Sestieri di San Polo e Santa Croce – Die Viertel San Polo und Santa Croce	→ S. 146
Il Sestiere di Castello – Das Castello-Viertel	→ S. 160
Il Sestiere di Cannaregio – Das Cannaregio-Viertel	→ S. 180
Il Sestiere di Dorsoduro – Das Dorsoduro-Viertel	→ S. 194
La Giudecca e San Giorgio Maggiore – Die Vorstadtinseln	→ S. 208

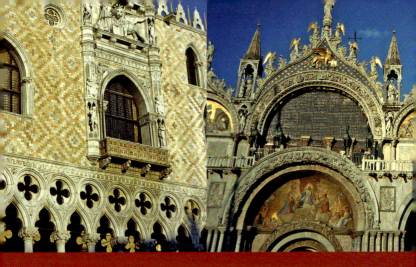

Tausende von Tagesbesuchern strömen in den Dogenpalast und in die Markusbasilika

La Piazza di San Marco – Venedigs altes Herrschaftszentrum

Die prunkvolle Kulisse des Markusplatzes ziert Venedigs meerseitiges Entree. Wer hier ankommt, hat den attraktivsten Einstieg in die Lagunenstadt gewählt und kann sich sogleich in den Bann der atemberaubend schönen Platzanlage ziehen lassen. Einen wirklich überwältigenden Anblick bieten die beiden orientalisch anmutenden Prachtexemplare der venezianischen Zuckerbäckerarchitektur, die Markuskirche und der Dogenpalast.

Auf die besondere Bedeutung, die der Markusplatz im Stadtbild Venedigs einnimmt, deutet allein schon die exklusive Bezeichnung *Piazza* hin, denn alle anderen Plätze der Stadt heißen – geradezu unterwürfig – *Campo*. Ebenso verhielt es sich lange Zeit mit dem majestätischen Dogenpalast, dem die Stadtoberen den Titel *Palazzo* verliehen, während alle Adelspaläste der Stadt schlicht *Casa* (auf Venezianisch *Ca'*, Haus) genannt werden mussten, egal wie groß und prächtig sie waren.

Streng genommen besteht der Markusplatz aus zwei rechtwinklig zueinander stehenden Plätzen, der trapezförmigen Hauptpiazza, etwa 175 m lang und zwischen 56 und 82 m breit, sowie der kleinen Piazzetta, die den eigentlichen Zugang zum angrenzenden *Markusbecken* (*Bacino di San Marco*) bildet. – Aber wer läuft schon mit dem Zollstock über die weitläufige, mit Marmor gepflasterte Platzanlage, anstatt sich dem Zauber ihrer architektonischen Geschlossenheit ganz und gar hinzugeben?

Doch verwundert wird man sich bald fragen, wie das einzigartige Gebäudeensemble, das den Markusplatz umgibt, angesichts der extrem unterschiedlichen Baustile, eine derartige Harmonie ausstrahlen kann: Byzantinischen Stil verkörpert die Markuskirche, späte Gotik der Dogenpalast, während die Alten Prokuratien der Frührenaissance angehören und der Napoleonische Flügel

Piazza San Marco

dem Klassizismus. Aber im lauten Trubel der Touristenscharen und Jugendlichen auf Klassenfahrt verflüchtigt sich diese Frage ganz schnell und man wird sich brav in den Strom der endlosen Besucherschlangen einreihen und geduldig warten, bis man an der Reihe ist, um einen Blick werfen zu können auf die weltberühmten Goldmosaiken der Basilika, in die prächtigen Säle des Dogenpalasts und von der Glockenstube des Campanile über die ganze Lagunenstadt.

Am Abend, wenn die Kirchen und Museen geschlossen sind und die Tagestouristen die Stadt bereits verlassen haben, sollte man noch einmal zum Markusplatz zurückkehren und sich seiner Magie erneut aussetzen. Was muss sich auf dieser anmutigen Piazza, die Napoleon einst als schönsten Salon Europas rühmte, in den glanzvollen Jahrhunderten der Serenissima alles abgespielt haben? Die Gemälde der großen venezianischen Maler zeigen den Markusplatz jedenfalls in einem ständigen Festrausch, geschmückt mit Bannern und Fahnen der eroberten mittelmeerischen Besitzungen, überfüllt mit kostümierten Prozessionsteilnehmern und festlich gekleideten Gesandtschaften, die am Dogenpalast und der Basilika vorbeiziehen und von einem großen Aufgebot an Senatoren und Prälaten empfangen werden, in deren Mitte der Doge seine Position als oberster Vertreter der Stadtrepublik feierlich eingenommen hat. Der Markusplatz war Venedigs Festplatz, alle wichtigen Feierlichkeiten fanden hier statt. Aber er war auch regelmäßiger Marktplatz, auf dem nicht selten turbulente, basarähnliche Märkte abgehalten wurden, zu denen die Händler von weither angereist kamen, um die edelsten Waren anzupreisen. Die eckigen weißen Markierungen auf der Piazza kennzeichnen noch heute, wo die einzelnen Händler ihre Stände und Marktzelte aufbauen durften.

Wie jede italienische Piazza war auch der Markusplatz eine volkstümliche Piazza. In mediterraner Manier versammelten die Venezianer sich hier am Abend, um beim geselligen Beisammenstehen die neuesten Nachrichten auszutauschen, bis die Glocken des Campanile die Nacht einläuteten. Als dann im 18. Jh. die ersten Kaffeehäuser unter den Arkaden der Prokuratien eröffneten, wurde es so richtig gemütlich und die Piazza erhielt ihre legendäre Salonatmosphäre. Obwohl heute weit mehr Touristen als Einheimische in den altehrwürdigen *Cafés Florian*, *Quadri* und *Lavena* sitzen, gehört ein lauschiger Abend im Kaffeehausstuhl, wo man seinen Gedanken vor der unvergleichlichen Kulisse der Piazza di San Marco freien Lauf lassen kann, zu den schönsten Venedig-Erlebnissen – auch wenn die Getränke sündhaft teuer geworden sind (→ S. 109).

Die Tauben von San Marco

Jetzt ist endgültig Schluss mit dem „Ich-füttere-Tauben-auf-dem-Markusplatz-Erinnerungsfoto". Jahrzehntelang war die harmonische Eintracht zwischen Tauben, Futterverkäufern und Touristen ein ungeschriebenes Gesetz in Venedig. Dann hat die Stadtverwaltung errechnen lassen, dass die Reinigung der Schäden, die durch den Taubenkot verursacht werden, jeden Einwohner der Lagunenstadt jährlich stolze 275 € kostet. Eindeutig zu viel! Und ohne lange zu fackeln wurden den 18 amtlich zugelassenen Taubenfutterverkäufern, die Tag für Tag ihre Karren auf den Markusplatz gerollt und ihre Körner zentnerweise an die Touristen verkauft hatten, die Lizenzen entzogen. Die venezianischen Futterverkäuferdynastien, die aufgrund der vererbbaren Lizenzen unantastbar schienen, waren perplex und mussten sich jeweils mit 80.000 € Entschädigung abfinden. Futter weg, Tauben weg, und tatsächlich hat sich die Anzahl der gurrenden Schmutzfinken von geschätzten 100.000 auf etwa 10.000 reduziert. Für die ahnungslosen Touristen, die trotzdem munter weiterfüttern und ihr obligatorisches Erinnerungsfoto mit Taube auf Kopf, Arm oder Schulter inszenieren, hat die Stadtverwaltung jetzt ein Bußgeld von 500 € beschlossen, aber bisher herrscht Nachsicht und es werden lediglich höfliche Ermahnungen ausgesprochen.

Sehenswertes auf der Piazza di San Marco

Basilica di San Marco

Dieser faszinierende Kreuzkuppelbau mit seinem orientalischen Gewand beherrscht die Stirnseite der Hauptpiazza vollständig. Schon auf den ersten Blick wird deutlich, dass es sich um kein gewöhnliches Gotteshaus handelt, sondern um die Staatskirche Venedigs, einem Sinnbild venezianischer Macht, Größe und Unabhängigkeit. Mit diesem schillernden Prachtbau verherrlichte

Basilika San Marco, Porta Sant'Alippio – dieses Portalmosaik zeigt die Überführung der Markusreliquien nach Venedig

Venedig sich selbst, seine glorreiche Geschichte und natürlich seinen Stadtheiligen, den Evangelisten Markus, dessen Symbol der geflügelte Löwe war.

Alles begann in der ersten Hälfte des 9. Jh., als venezianische Kaufleute die *Reliquien des heiligen Markus* aus Alexandria raubten und nach Venedig überführten. Man verwahrte die Reliquien zunächst in der Palastkapelle des Dogen und begann wenig später mit dem Bau einer repräsentativen Kirche. Von diesem frühen Vorgängerbau der Markuskirche sind kaum noch Spuren vorhanden. – Die Geschichte der heutigen Basilika begann 1063 mit der Initiative des Dogen Domenico Contarini. Vorbild des geplanten Neubaus war die Apostelkirche in Konstantinopel, die Architekten und Handwerker stammten vermutlich ebenfalls von dort. Bereits 1094 wurde die im romanisch-byzantinischen Mischstil errichtete Fünf-Kuppel-Basilika geweiht, aber ihre Baugeschichte setzte sich bis ins 16. Jh. fort, alle Stilepochen drückten ihr einen weiteren Stempel auf. Eigens für die Leitung der Bauarbeiten schuf man ein neues Staatsamt, das der *Prokuratoren von San Marco*, die u. a. anordneten, dass alle venezianischen Seefahrer und Kaufleute wertvolle Bauteile (sogenannte Spolien) wie Säulen, Kapitelle und Reliefs aus Marmor, Porphyr und anderen edlen Materialien zur Ausschmückung der Basilika mitzubringen hatten.

Das Äußere von San Marco: Nach der Eroberung Konstantinopels (1204) erhöhte sich die Anzahl der Raub- und Beutestücke sprunghaft, sodass der ursprüngliche rohe Ziegelbau der Markuskirche nach und nach mit kostbaren Marmorinkrustationen, Skulpturen und anderem Zierrat verkleidet und geschmückt werden konnte. In dieser Zeit gelangten auch die vier antiken Bronzepferde, die *Cavalli di San Marco*, auf die Terrasse über dem Hauptportal. Seit 1982 stehen dort allerdings Kopien, während die Originale im Basilikamuseum (s. u.) zu sehen sind. Die ältesten Spolien, die damals aus dem östlichen

La Piazza di San Marco

Mittelmeerraum nach Venedig gebracht wurden, befinden sich an der Südfassade (Ecke Dogenpalast). Es handelt sich um die beiden frei stehenden, üppig skulptierten Marmorpfeiler, die *Pilastri Acritani* (6. Jh.) sowie die vierköpfige *Porphyrskulptur der Tetrarchen* (4. Jh.), die vermutlich den römischen Kaiser Diokletian und seine Mitkaiser darstellt. Die ältesten *Außenmosaiken* (13. Jh.) befinden sich über dem äußersten linken Portal der Hauptfassade, der *Porta Sant'Alippio*, und zeigen die Ankunft der geraubten Markusreliquien, und zwar vor der Kulisse der Markuskirche, wie sie im 13. Jh. ausgesehen hat. Der üppige Mosaikschmuck an den Außenfassaden deutet die Pracht der byzantinischen Goldmosaiken bereits an, die fast den gesamten Innenraum der Basilika bedecken.

Das Innere von San Marco: Der mit biblischen Mosaiken geschmückte *Narthex* (Vorhalle), durch den man ins Innere gelangt, gibt lediglich einen Vorgeschmack auf die über *4000 m² große Mosaikfläche*, die wie eine Goldtapete an den Innenwänden und Kuppelgewölben der Basilika klebt. Dieser fantastische Kunstschatz ist die größte zusammenhängende Mosaikfläche der Welt, sie wurde zwischen dem 11. und dem 18. Jh. geschaffen, anfangs von Mosaizisten aus Byzanz und später von venezianischen Künstlern. Der weitaus größte Teil der Fläche war bereits im 14. Jh. fertiggestellt. Der einzigartige Mosaikschmuck von San Marco beeindruckt v. a. durch seine ikonografische Komplexität. Das Programm der erzählenden Bilder erfasst nahezu alle Themen des Alten und Neuen Testaments und kommt einer Bibel in Bildern gleich. Doch der überwältigende Gesamteindruck wird durch den düsteren Innenraum leider etwas getrübt, denn die relativ kleinen Fensterflächen lassen nicht genügend Licht herein, um alle Bildergeschichten erkennen zu können.

Der Blick nach unten, auf den mittlerweile welligen *Fußboden*, ist ebenfalls ein wahrer Hochgenuss. Wie ein orientalisch gemusterter und ornamentierter Teppichboden bedeckt eine farbige Mosaikfläche aus Marmor, Porphyr und Glas den gesamten Kirchenfußboden. Der obligatorische Rundgang führt zum *Hochaltar*, der durch eine kunstvoll gearbeitete Chorschranke mit Marmorstatuen vom Hauptraum abgetrennt ist. Unter dem Baldachin mit seinen vier reliefverzierten Säulen ruhen die *Markusreliquien* in einem gläsernen Sarkophag. Eine absolute Kostbarkeit der byzantinisch-lateinischen Goldschmiedekunst verbirgt sich hinter dem Hochaltar, es handelt sich um die viel bestaunte *Pala d'Oro*, eine große goldene Tafel (140 x 345 cm), die mit über 2000 Edelsteinen besetzt ist (extra Eintritt, s. u.). Die einzelnen Gold- und Emailleplatten, aus denen dieser Altaraufsatz zusammengesetzt ist, entstanden zwischen dem 10. und 14. Jh. Christus als Pantokrator (thronender Christus) steht

Porphyrskulptur der Tetrarchen

Die Nummer eins unter den Piazza-Cafés: Caffè Florian

Florian, Quadri und Lavena – Venedigs Kaffeehausklassiker

Als die Venezianer im 17. Jh. erstmals Kaffee aus der Levante importierten, dauerte es nicht lange, bis das anfänglich als Medizin eingenommene schwarze Getränk zum stimulierenden Genussmittel avancierte. Die Mode, bittersüßen Kaffee zu trinken, nahm bald solche Ausmaße an, dass allein unter den Arkaden des Markusplatzes über 20 kleine Kaffeeschenken um Kundschaft buhlten. Im 18. Jh. entwickelten sich einige dieser *Botteghe del caffè* zu eleganten Kaffeehäusern, in denen sich neben venezianischen Lebemännern und Lebenskünstlern vom Schlage eines Giacomo Casanova auch die feine Gesellschaft der Stadt tummelte.

Größter Beliebtheit erfreuten sich die drei heute noch existierenden Cafés *Florian*, *Quadri* und *Lavena*. Das berühmteste unter ihnen ist zweifellos das Florian, das ehemalige *Café Venezia Trionfante*, das mit Stolz darauf verweist, einige der namhaftesten Literaten, Musiker und Künstler der letzten drei Jahrhunderte bewirtet zu haben. Politisch brisant wurde es im legendären *Florian* lediglich zur Zeit der österreichischen Besatzung in der ersten Hälfte des 19. Jh., als die Anti-Habsburger-Fraktion dort konspirierte, während die Besatzungsoffiziere im gegenüberliegenden *Quadri* verkehrten.

Alle drei Kaffeehäuser zeichnen sich durch erlesene Qualität und gesalzene Preise aus, haben abends lange geöffnet, und wenn draußen ein Orchester aufspielt, muss mit einem Musikzuschlag gerechnet werden.

Caffè Florian 32 → Karte S. 136/137, 1720 gegründet und damit das älteste Kaffeehaus Italiens. Die stilvolle Einrichtung hat längst Patina angesetzt, und die Liste der illustren Florian-Gäste ist lang. Man sitzt auf roten Samtpolstern zwischen schweren Wandspiegeln und labt sich an erlesenen Köstlichkeiten. Cello- und Geigenspieler sorgen häufig für eine romantische Klangkulisse. Im Winter mittwochs geschlossen. ✆ 041/5205641.

Caffè Quadri 23 → Karte S. 136/137, vis-à-vis vom Florian, ein halbes Jahrhundert jünger, aber ebenso legendär. Im Stil gleicht es einem Wiener Kaffeehaus samt Backwaren und Walzermusik. Abends wird im ersten Stock zum gepflegten Dinieren eingedeckt, die Restaurantpreise sind allerdings horrend. Im Winter montags geschlossen. ✆ 041/5222105.

Caffè Lavena 26 → Karte S. 136/137, traditionsreiches Kaffeehaus von 1750, ebenfalls unter den Arkaden des Markusplatzes. Angeblich frequentierte der in Venedig verstorbene *Richard Wagner* das Lavena, um *Giuseppe Verdi* aus dem Weg zu gehen, der das gegenüberliegende Florian bevorzugte. Helles Interieur und angeschlossene Pianobar. Im Winter dienstags geschlossen. ✆ 041/5224070.

Die **Sammelkarte für die Museen auf dem Markusplatz/I Musei di Piazza San Marco** (16 €, erm. 8 €) gilt 3 Monate lang für den Palazzo Ducale, das Museo Correr, das Museo Archeologico und die Großen Säle der Biblioteca Marciana auf dem Markusplatz. Die Museen Correr, Archeologico und Biblioteca Marciana haben einen gemeinsamen Eingang (Ala Napoleonica).

Der **Museumspass/Museum Pass** (24 €, erm. 18 €) gilt 6 Monate lang für die o. g. Museen auf dem Markusplatz sowie für alle städtischen Museen (Musei civici): Ca' Rezzonico (Dorsoduro), Palazzo Mocenigo (Santa Croce), Casa Goldoni (San Polo), Ca' Pesaro (Santa Croce), Museo del Vetro (Murano), Museo del Merletto (Burano) und Fondaco die Turchi (Santa Croce).

Ermäßigte Preise für Familien mit der **Offerta Famiglie**: 2 Erwachsene und mind. 1 Kind (erstes Ticket 24 €, alle weiteren 18 €) sowie für EU-Bürger über 65 Jahre (18 €).

Ermäßigte Museumssammeltickets gibt es auch als **Venice Card** und **Rolling Venice Card** (→ S. 93).

im Zentrum dieser Preziose, während am unteren Rand die Geschichte des Evangelisten Markus erzählt wird. Ein weiterer Kunstschatz verbirgt sich in der *Cappella della Madonna Nicopeia* links vom Hauptaltar: das Andachtsbild der namengebenden *Siegbringenden Madonna*, eine mit Perlen und Juwelen besetzte Ikone aus dem 10. Jh., die als Beutestück aus Konstantinopel hierher gelangte.

In den ersten Jahrhunderten nach ihrer Fertigstellung diente die Markuskirche als Grabstätte der Dogen, überall stößt man auf Wandnischen mit Dogengrabmälern. *Andrea Dandolo* war der letzte Doge, der 1354 hier beigesetzt wurde.

Tesoro und Galleria von San Marco: In der Basilika befinden sich noch zwei Museen, der Tesoro (Schatzkammer) im rechten Seitenschiff und die Galleria im Obergeschoss über dem Eingang. Beide Museen geben Einblick in die unermesslichen Kunstschätze der Markuskirche. Der Tesoro beherbergt den Kirchenschatz, der zugleich Staatsschatz war. Er besteht größtenteils aus Beutestücken, die die Venezianer aus Konstantinopel mitbrachten, sowie aus späteren Schenkungen und Ankäufen. Zu sehen sind kostbare Reliquienschreine, byzantinische Ikonen, Elfenbeinarbeiten, Messkelche, feine Glasarbeiten u. v. m. Der Aufstieg zur *Galleria* lohnt sich hingegen wegen der dort ausgestellten Originale der antiken Bronzepferde *Cavalli di San Marco*. Außerdem hat man die Goldmosaiken in Augenhöhe vor sich und darf obendrein die Loggia betreten, um den Blick über die großartige Platzanlage schweifen zu lassen.

Basilica di San Marco: Mo–Sa 9.45–17 Uhr, So 14–17 Uhr, Eintritt frei. Pala d'Oro: 2,50 €, erm. 1 €. Tesoro: 3 €, erm. 1,50 €. Galleria (Museo di San Marco): Tägl. 9.45–17 Uhr, Eintritt: 5 €, erm. 2,50 €. Fotografieren verboten. In einem Depot an der Piazzetta dei Leoncini müssen Taschen und Rucksäcke kostenpflichtig abgegeben werden, dort erhält man bei Bedarf auch Tücher zur Bedeckung von nackten Schultern und Beinen (1 €/Tuch).

Eine Karte und praktische Informationen rund um den Markusplatz finden Sie im Kapitel „Il Sestiere di San Marco" ab S. 134.

Palazzo Ducale (Dogenpalast)

Majestätisch beherrscht das Regierungsgebäude der Dogenrepublik die Markus-Piazzetta. Ebenso wie die be-

Palazzo Ducale (Dogenpalast)

nachbarte Markuskirche repräsentiert und glorifiziert der Dogenpalast die einstige Weltmacht Venedig. Bis zur Selbstauflösung der Republik im Jahr 1797 beherbergte der Palazzo Ducale sämtliche Amtsräume der Regierungsorgane sowie die Privatgemächer des Dogen und nicht zuletzt auch die berüchtigten Zellen des Staatsgefängnisses.

Seine Baugeschichte reicht bis in die Gründungszeit der Lagunenstadt zurück. Bereits Anfang des 9. Jh. stand an der Stelle des heutigen Dogenpalasts eine Holzzitadelle mit Wehrtürmen, die ringsum von Kanälen geschützt war. Erst im 12. Jh. entstand auf Initiative des *Dogen Sebastiano Ziani* ein Steinbau im byzantinischen Stil, der jedoch aufgrund der steigenden Zahl der Regierungsmitglieder bald einem repräsentativeren Neubau weichen musste, dessen Errichtung 1340 begann. Die Chronik der Baugeschichte, die letztlich bis ins 17. Jh. hineinreicht, verzeichnet mehrere Rückschläge durch verheerende Brände, v. a. die von 1483 und 1577.

Das Äußere des Dogenpalastes: So prächtig und elegant wie heute erstrahlen die leicht rötlich schimmernden Marmorfassaden des Palazzo Ducale seit ihrer Fertigstellung im Jahr 1438. Die Westfassade, die zur Piazzetta zeigt, und die uferseitige Südfassade sind nahezu identisch im Aufbau. Beide Fassaden gelten als Musterbeispiele der venezianischen Spätgotik und dennoch sind sie voll und ganz in den orientalisch-byzantinischen Stil getaucht. Diese perfekt gelungene Stilverschmelzung, die die Außenansicht des Dogenpalasts kennzeichnet, war seinerzeit beispielhaft für die herrschaftlichen Uferpaläste am Canal Grande.

Die unteren Arkaden mit ihren leicht gedrungenen Spitzbögen, darüber die offenen Loggien mit ihrem filigranen Maßwerk und der zierliche Zinnenrand vor dem flachen Dach lassen diesen Repräsentationsbau monumental und

Bei Hochwasser geht es auf dem Laufsteg zum Dogenpalast

schwerelos zugleich erscheinen. Aus Symmetriegründen befindet sich das Hauptportal, die *Porta della Carta*, am äußersten Rand der Westfassade, wo es außerdem das architektonische Bindeglied zur Markuskirche darstellt. Das Hauptportal heißt deshalb „Papiertor", weil die Bürger, die keinen Zutritt zum Dogenpalast hatten, hier ihre Bittschriften abgeben konnten, und vor diesem Tor wurden ihnen auch die Bekanntmachungen und Gesetze der Republik verkündet. Über dem Tor kniet der *Doge Francesco Foscari* vor dem Markuslöwen. Der anschließende Bogengang *Arco Foscari* verkörpert stilistisch den Übergang zur Frührenaissance und führt in den *Cortile* (Innenhof) zur wuchtigen *Scala dei Giganti* (Treppe der Giganten) mit den beiden Kolossalstatuen Mars und Neptun. Auf der obersten Stufe dieser monumentalen Treppe wurden die neu gewählten Dogen mit dem *Corno ducale*, der charakteristischen Dogenmütze gekrönt.

La Piazza di San Marco

Scala dei Giganti

Durch die *Porta del Frumento* (Weizentor) der uferseitigen Südfassade gelangt der heutige Besucher in den Cortile. Von dort führt eine Seitentreppe hinauf ins Obergeschoss. Im Mauerwerk des oberen Arkadengangs ist einer der berüchtigten Denunziationsbriefkästen *Bocca di Leone* („Löwenmaul") zu sehen, die überall in der Stadt steckten. Mittels eingeworfener Zettel konnte damals jedermann unerkannt seine Nachbarn und Mitbürger beschuldigen und der staatlichen Sicherheitsbehörde melden.

Das Innere des Dogenpalastes: Der Rundgang durch die prunkvollen Säle des Dogenpalasts vermittelt einen anschaulichen Eindruck vom mächtigen Regierungsapparat der Serenissima. Die Räumlichkeiten, mit deren Ausschmückung die namhaftesten Künstler der Stadt über Jahrhunderte hinweg beschäftigt waren, sind von einer derartigen Pracht erfüllt, dass es einem fast die Sprache verschlägt. So muss es damals wohl auch den ausländischen Gesandten ergangen sein, als sie die reich verzierte goldene Treppe *Scala d'Oro* hinauf in die luxuriösen Amtsräume des Obergeschosses geführt wurden. Zunächst gelangt man in die *Sala del Anticollegio*, den ehemaligen Warteraum für ausländische Gesandte, dessen mythologische Wandgemälde fast alle von *Tintoretto* stammen, abgesehen von *Paolo Veroneses* Meisterwerk „Raub der Europa".

In der anschließenden *Sala del Collegio*, in der nur die hochrangigen Besucher empfangen wurden, sind die Wände und Decken vollständig mit Gemälden von Tintoretto, Tizian und Veronese geschmückt, darunter auch Veroneses Wandbild „Sebastiano Venier", in dem er den Oberbefehlshaber der venezianischen Flotte in der Schlacht von Lepanto verherrlichte.

Es folgt der Senatssaal, *Sala del Senato*, in dem das 100-köpfige Gremium der Senatoren zweimal pro Woche tagte. Das Deckengemälde „Venedig als Königin der Meere" stammt von *Tintoretto*. In den anschließenden Räumen *Sala del Consiglio dei Dieci* und *Sala della Bussola* war die gefürchtete Sicherheitsbehörde untergebracht. Nicht ganz unpassend dazu folgt der Waffensaal (*Sala d'Armi*) mit über 2000 z. T. reichlich martialischen Exponaten zur venezianischen Waffen- und Foltertechnik, darunter auch ein bemerkenswertes Schnellfeuergewehr.

Danach steigt man hinunter zur *Sala del Maggior Consiglio*, dem größten und beeindruckendsten Raum des Palazzo Ducale, 54 m lang und 25 m breit. Die verschwenderische Ausschmückung dieses Großen Ratssaals entspricht seiner Bedeutung, denn hier tagte das größte Organ des Staatsapparats mit seinen bis zu 2000 Mitgliedern. Es war mehr als ein Desaster, als die viel gerühmten Saalausmalungen von Gentile und Giovanni Bellini, Tizian, Carpaccio u. a. dem Großbrand von 1577 nahezu vollständig zum Opfer fielen. Für die erneute bildliche Ausschmückung des Großen Ratssaals und der anderen zerstörten Amtsräume verpflichtete die Regierung u. a. *Tintoretto* und *Veronese*. Beide Maler hinterließen hier großartige Beispiele ihrer außergewöhnlichen Begabung. Das riesige Wandbild „Paradies" von *Tintoretto* stellt einen Superlativ der Malerei dar, mit 7 x 22 m ist es weltweit das größte Ölgemälde auf Leinwand. Im Zentrum eines unglaublichen Menschengewimmels thront Christus als Lichtgestalt. Wohl nicht zufällig schmückt gerade dieses gigantische Gemälde die Wand hinter dem Dogenthron. Die übrigen Wandflächen sind mit Bildern ausgestaltet, in denen die großen geschichtlichen Ereignisse der Serenissima verherrlicht werden. Die vergoldete Holzdecke enthält insgesamt 35 Leinwandgemälde, darunter *Paolo Veroneses* „Apotheose Venedigs", eine Komposition von ungeheurer Leuchtkraft und Perspektive. Im Deckenfries sind die Porträts der ersten 76 Dogen der Republik aneinandergereiht, die seit 697 regierten. Ein Feld ist jedoch schwarz übermalt, der betreffende *Doge Marino Falier* wurde 1355 wegen Hochverrats einen Kopf kürzer gemacht.

Die benachbarte *Sala dello Scrutinio* zeigt an der schmalen Seite eine Darstellung des Jüngsten Gerichts von *Jacopo Palma d. J.*, die gestalterische Ähnlichkeiten mit Tintorettos Paradies aufweist. Die gegenüberliegende Seite füllt ein prächtiges Triumphtor aus.

Der Rundgang durch den Dogenpalast führt auch in den Bereich der einstigen *Privatgemächer des Dogen*, wo u. a. Bilder von *Giovanni Bellini*, *Vittore Carpaccio* und *Hieronymus Bosch* zu sehen sind.

Auf früheren Geheimwegen lernt man dann den düsteren Teil des Dogenpalasts kennen. Labyrinthische Gänge und Treppen führen zu den *Antiche Prigioni*, den alten venezianischen Kerkern und Folterkammern, und von dort über die berühmte **Seufzerbrücke** (*Ponte dei Sospiri*) in das venezianische Staatsgefängnis *Prigioni Nuove*, das erst im 16. Jh. als eigenständiger Bau neben dem Dogenpalast errichtet worden ist.

Steinbüste eines von insgesamt 120 Dogen der Republik Venedig

Durch die filigranen Fensteröffnungen der überdachten Seufzerbrücke konnten die Gefangenen einen letzten Blick in die Freiheit werfen, bevor sie in den Verliesen schmoren mussten – und in den berüchtigten *Bleikammern (Piombi)*, den Zellen direkt unter dem bleiernen Dach, schmorten sie tatsächlich, denn im Sommer war die Hitze dort unerträglich. Nicht minder schrecklich waren die *Pozzi*, die nasskalten Brunnen im Erdgeschoss, wo die Feuchtigkeit die Gefangenschaft zur Hölle machte. Einer der prominentesten Insassen der Prigioni war *Casanova* (→ S. 114), dem unter spektakulären Umständen die Flucht gelang. Bemerkenswert ist, dass in einem Raum neben dem Gefängnis eine Art Ethikkommission getagt haben soll.

Itinerari segreti di Palazzo Ducale: Die erwähnten Bleikammern (Piombi) sieht man nur im Rahmen einer erweiterten Führung (obligatorische Voranmeldung, s. u.). Auf dieser „Geheimgänge durch den Dogenpalast" genannten Führung gelangt man in die dritte und die vierte Etage des Palazzo Ducale, wo sich auch die Amtsräume einiger hoher Staatsdiener befanden, die z. T. noch spärlich möbliert sind. Zu den Highlights der Tour gehören neben Casanovas Zelle, in der ausführlich über seinen Gefängnisaufenthalt referiert wird, auch die mit Folterwerkzeugen ausgestatteten Folterkammern (*Camere di Tortura*). Interessant ist außerdem der Blick auf die ausgetüftelte Aufhängung der Decke der *Sala del Maggior Consiglio* (s. o.).

Palazzo Ducale: April–Okt. tägl. 8.30–19 Uhr, Nov.–März tägl. 8.30–17.30 Uhr. Eintritt mit der Sammelkarte für die Museen auf dem Markusplatz/I Musei di Piazza San Marco bzw. mit dem Museumspass (→ S. 110) oder der Venice Card. Abgesehen von der individuellen Besichtigung kann eine erweiterte Gruppenführung (*Itinerari segreti*, s. o.) auf Italienisch, Englisch oder Französisch gebucht werden: Dauer ca. 75 Min., 20 €, erm. 14 €, obligatorische Voranmeldung unter ✆ 041/42730892 (aus dem Ausland) bzw. 848082000 (in Italien), unter

Casanova – ein venezianisches Multitalent

Das Licht der Welt erblickte *Giacomo Girolamo Casanova* am 2. April 1725. An seinem Elternhaus in der Calle Malipiero im Markusviertel erinnert eine Gedenktafel daran. Sein Name ist zum Synonym des Verführers geworden, doch seine Begabungen waren keineswegs einseitig. In seinen Lebenserinnerungen trifft man ihn als Literaten und Glücksspieler, Diplomaten und Spitzel, Freimaurer und Abenteurer, Laienprediger, Musiker, Höfling, Hasardeur, Schwärmer und Scharlatan. Dass diesem Mann der Schalk im Nacken saß, verrät sein Konterfei schon auf den ersten Blick.

Aufgewachsen in einer Zeit, als die Serenissima ihren endgültigen Untergang in einem karnevalesken Finale zelebrierte, machte Casanova seinem Namen schon in jungen Jahren viel Ehre. Er verkehrte in Adelskreisen, an den Spieltischen der zahlreichen Casinos, in den verruchtesten Bordellen der Stadt und stellte sogar den Nonnen nach. Einflussreiche Gönner halfen ihm immer wieder auf die Beine, wenn er strauchelte und z. B. seinen ganzen Besitz in einer einzigen Nacht verspielte. Doch vor dem Kerker konnte ihn niemand bewahren. Als Opfer einer Denunziation wurde Casanova am 26. Juli 1755 wegen Libertinage und Blasphemie verhaftet. In seinen Memoiren beschrieb Casanova die Situation der Gefangenen des Dogenpalastes recht eindrücklich: „In den *Pozzi* (→ „Prigioni", S. 114) steht das Wasser stets zwei Fuß tief, und wenn der Gefangene nicht den ganzen Tag bis zu den

www.visitmuve.it oder am Karten- und Informationsschalter des Palazzo Ducale (sofern es noch freie Plätze gibt). Dieses Ticket schließt auch die individuelle Besichtigung des Dogenpalasts ein, für die sich der handliche Audioführer (auch auf Deutsch, 5 € bzw. 8 € für 2 Pers.) empfiehlt. Im Hof des Dogenpalastes befinden sich eine Cafeteria sowie eine Garderobe.

Colonne di San Marco e San Teodoro

An der Wasserseite der Markus-Piazzetta markieren zwei Granitsäulen geradezu theatralisch den „Eingang" zur Stadt. Wo heute die Gondolieri auf Kundschaft warten, erstreckte sich einst Venedigs Haupthafen, in dem alle Schiffe, die die Adria heraufkamen, anlegten. Die beiden Säulen gelangten im 12. Jh. aus Tyros (Libanon) als Beutestücke hierher. Eine trägt die heldenhafte Statue des heiligen Theodor, der bis zum Raub der Markusreliquien als oberster Schutzpatron der Stadt verehrt wurde. Auf der anderen Säule reckt sich der Markuslöwe, das Wappentier Venedigs. Dieser geflügelte Säulenlöwe mit der Bibel zwischen den Pranken war einst vergoldet und stammt vermutlich aus Persien, Flügel und Buch erhielt er jedoch erst in Venedig. Laut Volksmund bringt es übrigens Unglück, zwischen den Säulen hindurchzugehen, denn die Stelle diente früher als Hinrichtungsplatz für Hochverräter.

Biblioteca Nazionale Marciana

Gegenüber vom Dogenpalast, also an privilegierter Stelle, steht dieses elegante klassizistische Bibliotheksgebäude von *Jacopo Sansovino* und *Vincenzo Scamozzi* aus dem 16. Jh. Es verkörpert Venedigs endgültige Hinwendung zur Renaissancearchitektur und gilt als perfektes Vorbild für fast alle Profanbauten in diesem Stil. Mit lebensgroßen Dachskulpturen und üppigen Verzierungen über den Säulenreihen wird die strenge Symmetrie dieses zweigeschossigen Flachbaus aufgelockert. Zum Gebäude-

---

Knien im Salzwasser verbringen will, muss er sich auf ein Holzgerüst setzen, wo er auch seinen Strohsack hat, und wo er am Abend sein Wasser, seine Suppe und seine Portion Brot entgegennimmt. Dieses muss er gleich essen, bevor es ihm die riesigen Wasserratten aus den Händen reißen" – die Aussicht, sein Leben unter solchen Bedingungen fortzusetzen, regte Casanovas Fantasie an. In der Nacht des 31. Oktober 1756 gelang ihm nach mühsamen nächtelangen Bohrarbeiten (die ein Komplize für ihn ausführte!) die Flucht aus der Zelle über die Dächer in den Innenhof des Dogenpalasts, wo er einen Nachtwächter übertölpelte, der glaubte, Casanova sei am Vorabend versehentlich eingeschlossen worden. Noch in derselben Nacht setzte er sich nach Mestre ab und gelangte von dort über Treviso ins europäische Ausland.

Erst 18 Jahre später kehrte er – mittlerweile amnestiert – in seine Heimatstadt zurück, wo er ausgerechnet als Spitzel der venezianischen Geheimpolizei arbeitete. Abermals verleumdet und denunziert, wurde Casanova unwiderruflich aus Venedig verbannt. Als *Chevalier de Seingalt*, wie er sich fortan nannte, trieb es ihn in den verschiedensten Funktionen an die Höfe von Wien, Paris, London und Sankt Petersburg. 1798 verstarb er auf Schloss Dux im nördlichen Böhmen, wo er dem Grafen Waldstein 13 Jahre lang als Bibliothekar gedient hatte – eine Stellung, die Casanova auch genutzt hat, um seine berühmten Lebenserinnerungen „Geschichte meines Lebens" niederzuschreiben, eine Hinterlassenschaft von kulturgeschichtlichem Rang (→ S. 98).

komplex gehört auch die benachbarte, ehemalige Münze *La Zecca*, ebenfalls ein Bau von Sansovino. Hier befindet sich der enorme Bestand der *Libreria Vecchia di San Marco* (Markusbibliothek) mit seinen über 750.000 Bänden.

Die großen Lesesäle (*Sale monumentali*) beherbergen eine wertvolle Handschriftensammlung sowie zahlreiche Preziosen der Buchmalerei und der Kalligrafie (Schönschreibkunst). Die Wände und Decken sind mit kunstvollen Gemälden ausgeschmückt. Einige der Wandporträts antiker Philosophen im großen Saal stammen von *Tintoretto* und *Veronese*. Veronese wird auch die zweite Deckenbildreihe mit allegorischen Darstellungen der Musik, Arithmetik und Geometrie zugesprochen. *Tizian* hingegen hat das Deckenbild im hinteren kleinen Saal angefertigt, eine Allegorie der Weisheit (1560).

Sale monumentali della Biblioteca Marciana: Öffnungszeiten wie Palazzo Ducale. Eintritt nur mit Sammelkarte, Museumspass und Venice Card (→ S. 93).

Procuratie Vecchie

Campanile und Loggetta

In exponierter Lage, am Schnittpunkt von Piazza und Piazzetta, ragt der schwergewichtige Ziegelsteinbau des Campanile 99 m empor. Im 12. Jh. war das Werk vollbracht, seine Pyramidenspitze erhielt der Turm jedoch erst im 15. Jh. Der Stadtrepublik diente er als Leucht-, Wach- und Glockenturm gleichermaßen. Im 16. Jh. wurden hier gar Ehebrecher an den Pranger gestellt – und zwar in einem vergitterten Käfig, der am Turm befestigt war. Am 14. Juli 1902 stürzte der Campanile ohne Vorwarnung in sich zusammen. Die bekannten Fotoaufnahmen, die von diesem Unglück existieren, sind allerdings geschickte Fälschungen. 1912 war der originalgetreue Wiederaufbau beendet. Heute führt ein Fahrstuhl hinauf zur *Glockenstube*, wo früher fünf verschiedene Glocken ertönten – eine rief z. B. die Senatoren in den Dogenpalast. Um Mitternacht hingegen ertönte die Mutter aller Glocken, die *Marangona*, und gebot Schweigen. Wer schwindelfrei ist, sollte sich den fantastischen Ausblick von oben nicht entgehen lassen. Beim Schlange stehen kann man die kleine Marmorloggia am Fuß des Turms ausgiebig unter die Lupe nehmen. Sie wurde in der ersten Hälfte des 16. Jh. von *Sansovino* geschaffen. Anfangs diente sie den Regierungsmitgliedern als Treffpunkt, später beherbergte sie die Wache des Dogenpalasts. Die Bronzefiguren (Apollo, Merkur, Minerva sowie eine Friedensfigur) stammen ebenfalls von Sansovino.

Campanile: Juli–Sept. tägl. 9–21 Uhr, April–Juni und Okt. 9–19 Uhr, Nov.–März 9.30–15.45 Uhr. Eintritt: 8 €, erm. 4 €.

Procuratie Vecchie e Nuove

Die Längsseiten der Piazza San Marco werden vollständig von den beiden Procuratien beherrscht, den Verwaltungsgebäuden der Serenissima, in denen die höchsten Beamten (Prokuratoren) ihre

Amtsstuben hatten. Die Prokuratoren verwalteten das gesamte Vermögen der Stadtrepublik und waren für alle öffentlichen Bauvorhaben zuständig, wobei die kostspielige Vollendung der Markuskirche absolute Priorität hatte. Das dreigeschossige Gebäude der *Procuratie Vecchie*, an der Nordseite, entwarf *Mauro Coducci* im Stil der venezianischen Frührenaissance. 1517 waren die Arbeiten an diesem Monumentalbau mit seiner 150 m langen Arkadenfassade abgeschlossen. Betreten darf man heute allerdings nur die edlen Geschäfte und die alteingesessenen Kaffeehäuser unter den Arkaden. Gegenüber entstanden über ein Jahrhundert später die *Procuratie Nuove*, die den mittlerweile gestiegenen Platzbedarf der Prokuratoren befriedigen sollten. *Baldassare Longhena* stellte diesen dreigeschossigen Bau, den *Vincenzo Scamozzi* 1586 begonnen hatte, Mitte des 17. Jh. fertig. Scamozzi orientierte sich bei seinem Entwurf ganz am benachbarten Bibliotheksgebäude (Biblioteca Marciana), nur das dritte Stockwerk ist ein Zugeständnis an die gegenüberliegenden Procuratie Vecchie.

Die Piazzetta: Venedigs meerseitiges Säulen-Entree

Museo Archeologico im Gebäude der Procuratie Nuove: Die Räumlichkeiten der Neuen Prokuratien beherbergen u. a. das interessante archäologische Museum Venedigs. Obwohl die Lagunenstadt selbst erst lange nach dem Ende der klassischen Antike entstanden ist, befinden sich hier einzigartige Kunstschätze aus dieser Zeit. Zu den Attraktionen gehören z. B. die Mädchenstatuen (Koren) aus der archaisch-griechischen Epoche und die Steinreliefs aus dem alten Assyrien (8. Jh. v. Chr.). Büsten und Statuen aus der römischen Kaiserzeit sind ebenfalls zu sehen sowie Kleinkunst aus Keramik, Bronze und Elfenbein. Insgesamt ein lohnender Besuch, der jedoch nur unter dem Stichwort „Beutekunst" etwas mit Venedig zu tun hat.

Museo Archeologico: Öffnungszeiten wie Palazzo Ducale. Eintritt mit Sammelkarte, Museumspass und Venice Card (→ S. 93).

Ala Napoleonica

Wie kein anderes Gebäude macht dieser klassizistische Verbindungsbau zwischen den beiden Prokuratien die architektonischen Eingriffe aus der Zeit der Napoleonischen Okkupation Venedigs deutlich. Ganz abgesehen von den schamlosen Plünderungen, die auch vor dem venezianischen Staats- und Kirchenschatz nicht Halt machten, griff *Napoleon* sogar in die architektonische Gestaltung der Piazza San Marco ein, die er als den „schönsten Salon Europas" bezeichnete. Nun weiß man nicht, ob er dies vor oder nach dem Umbau sagte, jedenfalls ließ er zwischen 1807 und 1810 für die Errichtung seiner venezianischen Residenz die an dieser Stelle stehende *Chiesa San Geminiano* aus dem 16. Jh. abreißen. Gegenüber der Markuskirche bildete San Geminiano damals den Abschluss der Piazza. Jetzt hat diese Seite wenigstens ein harmonisches Aussehen – sagen wohlwollende Experten, während andere sich die Kirche zurückwünschen.

Die Museen Correr, Archeologico und Biblioteca Marciana haben hier ihren gemeinsamen Eingang.

Museo Correr

Dieses gut bestückte Museum im Napoleonischen Flügel und den Procuratie Nuove besitzt im Wesentlichen zwei Abteilungen: die umfangreiche Sammlung zur Stadt- und Kulturgeschichte Venedigs und eine Gemäldegalerie mit repräsentativen Werken des 14.–16. Jh.

Zunächst betritt man jedoch die jüngst restaurierten Prunksäle des sogenannten *Palazzo Reale*, in denen die österreichische *Kaiserin Sissi* Mitte des 19. Jh. wohnte. Vor allem der große Ballsaal beeindruckt durch seine herrschaftliche Pracht. Der eigentliche Streifzug durch die Geschichte Venedigs beginnt dann mit alten Stadtansichten und mit Einblicken in die Welt der Dogen. Neben einigen Dogenporträts gibt es kostbare Amtstrachten und zwei Exemplare der seltsamen, goldbestickten Kopfbedeckung *Corno ducale* zu sehen, die der phrygischen (kleinasiatischen) Fischermütze nachempfunden ist. Diese krönenden Zipfelmützen der Dogen waren mit Edelsteinen im Wert von ungefähr 200.000 Dukaten besetzt. Auch Numismatiker kommen in dieser Abteilung auf ihre Kosten, sie können sich ausgiebig von der venezianischen Münzkunst des 12.–18. Jh. überzeugen, sogar Prägemaschinen gehören zu den Exponaten. Die anschließenden Räume widmen sich der Seemacht Venedig; ausgestellt sind u. a. Gemälde von Seeschlachten, darunter natürlich die historische Schlacht von Lepanto. Auch einige kunstvolle Überreste des letzten venezianischen *Bucintoro* sind zu sehen. Die Zerstörung dieses Prunkschiffs der Dogen, das auf zahlreichen Gemälden zu bewundern ist, hat ebenfalls Napoleon zu verantworten. Außerdem zeigt eine umfangreiche Waffensammlung Exponate zur venezianischen Waffentechnik sowie erbeutete türkische Schwerter und Rüstungen.

Blick vom Campanile auf die Prokuratien und die Ala Napoleonica

Die *Gemäldegalerie* befindet sich im zweiten Stockwerk. Sie ist von besonderer Bedeutung, weil sie Werke der venezianischen Malerei des 14. Jh. besitzt, aus der Zeit vor der bahnbrechenden Bellini-Ära. Tafelbilder von *Paolo* und *Lorenzo Veneziano* sowie *Jacobello del Fiore* zeigen die ersten Ansätze der venezianischen Maler, sich vom Ikonenstil der byzantinischen Malerei zu lösen. In der kleinen Sektion mit flämischer Kunst des 15. Jh. ist auch *Antonello da Messina* vertreten, der die altniederländische Harzölmalerei nach Norditalien brachte. Ein ganzer Saal ist der Bellini-Familie gewidmet, in dem einige der berühmten Madonnendarstellungen („Pietà") von *Jacopo* und *Giovanni Bellini* zu sehen sind, während *Gentile Bellini* u. a. mit einem Porträt des Dogen Giovanni Mocenigo vertreten ist. Es folgen Werke aus der Früh- und Hochrenaissance, u. a. von *Vittore Carpaccio* und dem Universalgenie *Jacopo Sansovino*.

Torre dell'Orologio:
Durchgang ins quirlige Markusviertel

Eine angeschlossene Sektion des Museo Correr befasst sich mit dem *Risorgimento*, der Zeit der italienischen Unabhängigkeits- und Einigungsbestrebungen Mitte des 19. Jh.

Ganz zum Schluss begegnet man Skulpturen und Reliefs von *Antonio Canova* (1757–1822).

Museo Correr: Öffnungszeiten wie Palazzo Ducale. Eintritt nur mit Sammelkarte, Museumspass und Venice Card (→ S. 93).

Torre dell'Orologio (Uhrturm)

Dieser prächtige Renaissanceturm rechts neben den Alten Prokuratien ist nach einem Entwurf von *Mauro Coducci* errichtet worden. Der Mechanismus der vergoldeten Turmuhr vom Ende des 15. Jh. wurde damals als Wunderwerk betrachtet. Er setzt sich zweimal im Jahr in Bewegung: Am Himmelfahrts- und am Dreikönigstag ziehen die Heiligen Drei Könige an der Madonna vorbei. Tagaus, tagein hingegen schlagen die beiden Bronzemohren auf der oberen Terrasse die Stunde. Das große Zifferblatt zeigt nicht nur die Stunde an, sondern auch die Mondphasen und den Sonnenverlauf in den Tierkreiszeichen. Seitdem die aufwendige Restaurierung des Gebäudes samt Turmuhr und Mechanik abgeschlossen ist, darf man auch wieder die Dachterrasse betreten.

Torre dell'Orologio: Führungen tägl. zwischen 10 und 17 Uhr auf Italienisch, Englisch und Französisch. Obligatorische Voranmeldung unter ☏ 041/42730892 (aus dem Ausland) bzw. 848082000 (in Italien) oder direkt vor Ort. Eintritt: 12 €, erm. 7 €.

Piazzetta dei Leoncini

So heißt der nordöstliche Zipfel des Markusplatzes, wo es zugeht wie auf einem Kinderspielplatz. Seit Generationen reiten hier die jüngsten Besucher von San Marco auf den beiden roten Marmorlöwen, nach denen die Piazzetta benannt ist.

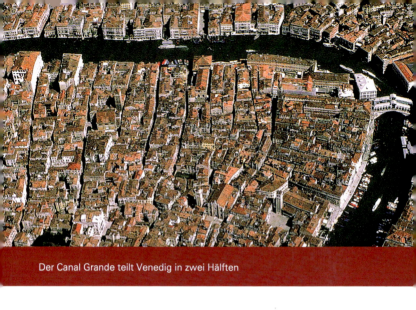

Der Canal Grande teilt Venedig in zwei Hälften

Il Canal Grande – Venedigs einzigartiger Wasserboulevard

Einen überaus bequemen Streifzug durch das historische Zentrum der Lagunenstadt bietet eine Bootsfahrt auf dem Canal Grande. Die ältesten und schönsten Palastfassaden Venedigs säumen die Ufer zu beiden Seiten dieses Prachtkanals, der sich wie ein spiegelverkehrtes S mitten durch die Stadt schlängelt und sie halbiert: Am rechten Ufer erstrecken sich die historischen Stadtteile Cannaregio, San Marco und Castello, am linken Ufer Santa Croce, San Polo und Dorsoduro.

Der Canal Grande hat im Prinzip einen natürlichen Verlauf, denn es handelt sich um einen ehemaligen Mündungsarm des Flusses Brenta. Die Stadtgründer nannten ihn *Rivus Altus* („tiefer Fluss") und begannen hier mit der Befestigung ihrer Lagunenstadt. Der Canal Grande, wie er erst viel später genannt wurde, bildet das gekrümmte Rückgrat Venedigs. An seinen Ufern stehen die prächtigsten venezianischen Palazzi, deren Schaufassaden alle zur Wasserseite ausgerichtet sind. *Canalazzo* nennen die Venezianer ihren Prachtkanal treffend, das ist eine Wortschöpfung, in der die Worte „Canal" und „Palazzo" miteinander verschmelzen. Fast 200 Palazzi aus der Glanzzeit der Serenissima stehen hier dicht an dicht, und dazwischen ragt ein gutes Dutzend imposanter Kirchenbauten auf, insgesamt eine überwältigende Gebäudeansammlung, die sich vollständig nur vom Wasser aus erschließen lässt. – Steigen Sie am besten in einen *Vaporetto* und fahren Sie den Prachtkanal in voller Länge auf und ab. Sichern Sie sich dabei möglichst einen der begehrten Bugplätze, auf denen die Kanalfahrt im öffentlichen Wasserbus zur gemütlichen Sightseeing-Tour wird.

Vom *Markusbecken* (*Bacino di San Marco*) bis zum Bahnhof (*Stazione*

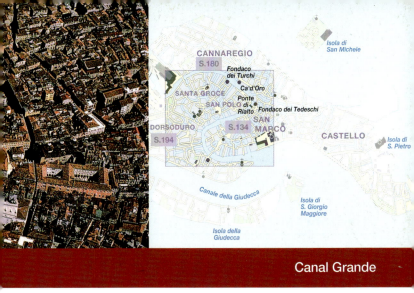

Canal Grande

Santa Lucia) misst der ca. 5 m tiefe Canal Grande fast 4 km. Seine Breite schwankt zwischen 30 und 70 m, vier Brücken – *Ponte dell'Accademia, Ponte di Rialto, Ponte Scalzi* und *Ponte della Costituzione* – überspannen ihn. Letztere, ein ultramoderner Brückenbogen, führt erst seit 2008 vom Bahnhof hinüber zum Piazzale Roma. Das Verkehrsaufkommen steht dem üblichen Cityverkehr auf den Hauptverkehrsadern anderer Städte übrigens in nichts nach. Egal, ob Vaporetto, Sportboot oder Mülltransportschiff, der rege Bootsverkehr verursacht einen hohen Wellengang, unter dem die historischen Gebäude erheblich leiden. Deshalb steht eine Sperrung des Kanals für Motorboote seit Jahrzehnten in der Debatte. Aber die romantische Vorstellung vom verkehrsberuhigten Canal Grande, auf dem nur noch Gondeln und flache Lagunenboote geräuschlos dahingleiten, scheint sich nicht verwirklichen zu lassen. Bislang versucht man immer noch, den Schaden durch eine peinlich genaue Geschwindigkeitsregelung zu begrenzen. Danach beträgt die vorgeschriebene Höchstgeschwindigkeit für Vaporetti 11 km/h, für Taxiboote 9 km/h und für Transportschiffe 7 km/h, während in den Seitenkanälen nur 5 km/h erlaubt sind – kaum zu glauben, aber es wird sogar geblitzt. Wie gefährlich der Verkehr auf Venedigs Hauptkanal mittlerweile geworden ist, zeigt der tödliche Unfall im Hochsommer 2013, als eine Gondel von einem zurücksetzenden Vaporetto gerammt wurde.

Einmal den Canal Grande rauf und runter kommt einer Fahrt durch die komplette Architekturgeschichte Venedigs gleich. Entweder man lässt sich dabei einfach vom Anblick der einzigartigen Prachtfassaden berauschen oder man versucht, die einzelnen Baustile genüsslich auseinander zu halten. Die Palette der Stilelemente reicht vom romanischen Bogengang aus dem 12. Jh. bis zur reinen klassizistischen Fassade aus dem 18. Jh. Nach wie vor ist der *Canalazzo* die allererste Adresse Venedigs, aber viele der herrschaftlichen Kaufmanns- und Adelspaläste haben längst ihre einstige Bestimmung verloren, sie werden nur noch selten von den größtenteils verarmten Nachfahren der alten Patrizier- und Dogengeschlechter bewohnt. Die heutigen Besitzer der geschichtsträchtigen Palazzi sind in erster Linie Banken, Versicherungen und internationale Konzerne, denn die kostspielige Instandhaltung können sich Privatpersonen kaum noch leisten. Viele der historischen Gebäude hat die Stadt bzw. die Region aufwendig restauriert und zu Museen, Amts- und Verwaltungssitzen umfunktioniert; außerdem sind einige der begehrtesten Luxushotels am Kanal entstanden. Aber auch die Kehrseite gehört zur Realität: Etliche Uferpalazzi sind gänzlich unbewohnt und marode, so marode wie ihre jahrhundertealten Holzfundamente, deren katastrophaler Zustand bei Niedrigwasser besonders deutlich ins Auge fällt. – Ewiger Glanz und endgültiger Untergang der alten Serenissima liegen am Canal Grande ganz eng beieinander.

Rundfahrt auf dem Canal Grande

Von San Marco zum Ponte dell'Accademia

Besteigt man am Anleger San Marco Vallaresso einen Vaporetto (Linie 1 hält überall, Linie 2 nur an einigen Anlegern), erblickt man beim Ablegen die weithin sichtbare Turmspitze des Seezollamtes, auf deren vergoldeter Weltkugel die Glücksgöttin Fortuna balanciert. In dem spitz zulaufenden Zollgebäude befindet sich ein neues Museum für zeitgenössische Kunst (→ S. 202). Nach wenigen Metern Fahrt steht am rechten Kanalufer die prachtvolle Fassade des viergeschossigen *Palazzo Giustinian*. Dieser gotische Bau aus dem 15. Jh. beherbergte im 19. Jh. das Grandhotel Europa; heute residiert dort das Organisationskomitee der Kunst-Biennale di Venezia (→ S. 177). Schräg gegenüber bildet die Barockkirche *Santa Maria della Salute* (→ S. 202) den geradezu monumentalen Blickfang. Doch aufgepasst, am rechten Ufer schiebt sich bereits der schmale, um 1480 errichtete *Palazzo Contarini Fasan* ins Bild, mit seinen filigran gearbeiteten Marmorbrüstungen ein Kleinod der Spätgotik. Diesen Palazzo hat Shakespeare in seinem „Othello" zum Haus der Desdemona gemacht. Schräg gegenüber fällt der Blick auf die kleine, mit farbigem Marmor verkleidete *Ca' Dario* (→ „Der verfluchte Palazzo", → S. 123). Dieser auf den ersten Blick eher unscheinbare Palazzo mit der leichten Schieflage ist ein ideales Studienobjekt, denn er verkörpert den typisch venezianischen Mischstil des späten 15. Jh., in dem orientalische Ornamentik, gotische Grundmuster und Renaissanceformen zu einer harmonischen Einheit verschmelzen. Daneben erkennt man den weißen Flach-

Ca' Dario

Ca' Dario – der verfluchte Palazzo

Mittlerweile möchte niemand mehr diesen kleinen, windschiefen Marmorpalast am Canal Grande geschenkt haben, denn es liegt seit Jahrhunderten ein Fluch auf ihm, der sich auch in jüngerer Zeit noch bemerkbar macht.

Erbauer war im späten 15. Jh. ein hoher Staatsbeamter namens Giovanni Dario, dessen Tochter in die benachbarte Familie Barbaro einheiratete. Über Jahrhunderte bewohnten dann Nachfahren dieser Barbaros das geheimnisvolle Anwesen. Lang ist die Chronik der unheilvollen Ereignisse, die sich hier abgespielt haben sollen: Es ist die Rede von tragischen Selbstmorden, plötzlichen Erkrankungen, Meuchelmorden und Exzessen aller Art.

Unheilbeladen stand die Ca' Dario im 19. Jh. jahrzehntelang leer, nicht einmal die Stadt wollte den Palazzo kaufen. Als sich endlich neue Besitzer fanden, nahm auch das Unglück wieder seinen Lauf: Der französische Dichter *Henri Régnier* (1864–1936) starb bald nach seinem Einzug. Ein anderer Besitzer wurde von seinem Diener erschlagen. In den 70er-Jahren des 20. Jh., als der Manager der Gruppe „The Who" hier lebte, spielten sich Drogenorgien mit tödlichen Folgen ab. Ein italienischer Industrieller, belastet mit Korruptionsvorwürfen, beging hier Selbstmord. Danach wurden mehrere Prominente als potenzielle Käufer genannt, darunter auch *Woody Allen*, aber alle sprangen im letzten Moment ab, als sie vom Fluch der Ca' Dario erfuhren. Der Kaufpreis soll zehn Millionen Dollar betragen haben. Als ich beim letzten Venedigbesuch mit dem Vaporetto vorbeifuhr, war der Palazzo komplett eingerüstet, und am Landeingang wundert man sich über den Namen „Gaussen".

bau des Palazzo *Venier dei Leoni* (18. Jh.), in dem die *Collezione Peggy Guggenheim* (→ S. 201) untergebracht ist, eine außergewöhnlich repräsentative Sammlung der klassischen Moderne. Rechts, hinter dem Anleger Santa Maria del Giglio, erhebt sich der wuchtige *Palazzo Corner*, der wegen seiner überragenden Größe auch *Ca' Grande* genannt wird. In diesem Vorzeigebau der Hochrenaissance von Jacopo Sansovino befindet sich heute der Sitz der Stadtpräfektur. Gleich daneben, hinter dem Garten, steht die kleine rote *Casina delle Rose*, dort wohnte der Dichter *Gabriele d'Annunzio* im Ersten Weltkrieg. Ebenfalls auf der rechten Uferseite, unmittelbar vor der hölzernen *Accademia-Brücke* (1932 errichtet), stehen die gotischen *Palazzi Barbaro* und *Cavalli-Franchetti*. 1815 erwarb eine Bostoner Familie den Barbaro-Palast, der alsbald zum beliebten Treffpunkt der internationalen Künstler- und Literatenszene avancierte. Gegenüber verdient der *Palazzo Contarini-Polignac* besondere Beachtung. In diesem Frührenaissancebau wohnen angeblich noch heute Nachfahren der Adelsfamilie Polignac.

Vom Ponte dell'Accademia zur Rialtobrücke

Am *Bootsanleger Accademia* befindet sich die *Galleria dell'Accademia* (→S. 199), diese berühmte Gemäldegalerie der venezianischen Malerei ist in einer säkularisierten Kirche sowie einem ehemaligen Konvents- und Bruderschaftsgebäude untergebracht. Auf der rechten Uferseite erblickt man den barocken *Palazzo Giustinian Lolin*, ein Frühwerk *Baldassare Longhenas*.

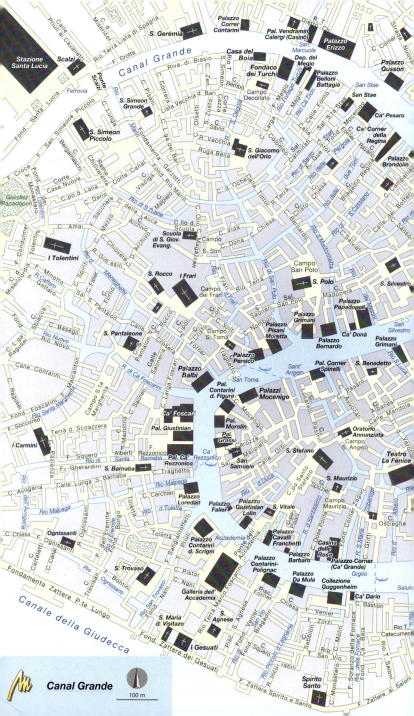

Daneben steht der kleine gotische *Palazzo Falier* mit seinen markanten Loggien. Aus dem hier ansässigen Adelsgeschlecht stammten drei Dogen, der letzte, Marino Falier, wurde 1355 wegen seiner unrepublikanischen Machtgelüste enthauptet. Schräg gegenüber, an der Einmündung des Rio San Trovaso in den Canal Grande, steht die kleine, von *Carlo Scarpa* renovierte *Casa Mainella* (mit der Terrasse auf der vorgelagerten Erdgeschosswohnung).

Am *Anleger Ca' Rezzonico* befindet sich der gleichnamige Barockbau. Die Stadt hat in diesem wuchtigen Anwesen das *Museo del Settecento Veneziano* (s. u., „Sehenswertes") untergebracht. Die *Ca' Rezzonico* gehört damit zu den wenigen öffentlich zugänglichen Palazzi am Canal Grande. Unmittelbar gegenüber erhebt sich die *Kirche San Samuele* und daneben der vorbildlich restaurierte *Palazzo Grassi* (→ S. 140), ein klassizistischer Prachtbau par excellence. Hausherr des Grassi-Palazzo ist der französische Milliardär *François Pinault*, der ihn für wechselnde Kunst- und Kultur-Events nutzt.

Kurz vor dem Kanalknick erblickt man auf der linken Seite den viergeschossigen *Palazzo Giustinian* (15. Jh.), in dem Richard Wagner zwischen 1858 und 1859 wohnte und an seiner Oper „Tristan und Isolde" arbeitete. Die benachbarte *Ca' Foscari* (ebenfalls 15. Jh.) ist frisch restauriert und gehört heute zur Universität. Einst war sie der Wohnsitz des Dogen Francesco Foscari, der nach seiner fast 35-jährigen Amtszeit hier gestorben ist. Auf dem Reliefband über der mittleren Fenstergruppe ist das Familienwappen der Foscari zu erkennen.

Gegenüber dem *Bootsanleger San Tomà* erstrecken sich die *Palazzi Mocenigo*, ein Ensemble von vier Bauten aus dem 16. und 17. Jh., ehemals im Besitz der weit verzweigten Mocenigo-Familie, die insgesamt sieben Dogen stellte. Anfang des 19. Jh. war *Lord Byron* Untermieter und schrieb an seinem epischen Fragment „Don Juan". Auf der linken Uferseite schiebt sich jetzt der bis ins Detail symmetrische *Palazzo Pisani Moretta* ins Bild. Dieser makellose gotische Prachtbau wird noch immer von Nachfahren der Pisani-Familie bewohnt.

Am *Anleger Sant'Angelo* sieht man dann einen der frühen Renaissancebauten, der um 1500 nach einem Entwurf von Mauro Coducci erbaut wurde. Dieser beispielhafte *Palazzo Corner Spinelli* beherbergt heute die Schauräume der noblen venezianischen Textilfirma *Rubelli*.

Im folgenden Abschnitt des Canal Grande gibt es einige der ältesten Palazzi aus der romanisch-byzantinischen Epoche zu bewundern. Da ist zunächst, links, die kleine *Ca' Donà della Madonetta* aus dem 13. Jh. zu nennen. Trotz vieler Umbauten hat die Fassade ihre romanische Grundstruktur weitgehend bewahrt. Absolut einzigartig ist die Dachloggia der Ca' Donà.

Vis-à-vis vom *Anleger San Silvestro* blickt man auf die beiden prächtigsten Kanalbauten des 13. Jh., den *Palazzo Corner Loredan* und den *Palazzo Dandolo Farsetti* . Diese benachbarten Gebäude besitzen noch ihre typisch romanischen Erd- und Obergeschossarkaden, während die obersten Stockwerke im 14. Jh. aufgesetzt und später umgestaltet wurden. Heute hat in den beiden Palästen das Rathaus von Venedig seinen Sitz. Ein Stück weiter rechts dann der Wohnsitz des letzten Dogen von Venedig, Lodovico Manin. Die bereits in Sichtweite befindliche *Rialtobrücke* (s. u., „Sehenswertes") ist der zentrale Verkehrsknotenpunkt der historischen Innenstadt, sie halbiert den Canal Grande und war bis Mitte des 19. Jh. die einzige Fußgängerverbindung über den Kanal.

Von der Rialtobrücke zum Ponte Scalzi

Hinter der Rialtobrücke setzt sich die Reihe der prachtvollen Profanbauten fort. Neu hinzu kommt der Gebäudetyp des venezianischen Handelshauses, des „Fondaco" (→ S. 45), denn im folgenden Abschnitt des Canal Grande befand sich das alte Handelszentrum der Sere-

Die Paline, die bunt bemalten Pfosten, markieren das wasserseitige Bogentor

nissima. Gleich hinter der Brücke steht rechts der wuchtige *Fondaco dei Tedeschi* (s. u., „Sehenswertes"), in dem die deutschen Kaufleute bis 1812 ihren Sitz hatten. Dieser Handelsstützpunkt der Deutschen wurde 1505 nach einem Brand neu errichtet. Die schmucklose Fassade war einst mit Wandfresken von Giorgione und Tizian verziert. Das Wassergeschoss mit dem breiten Torgengang diente als Warenumschlagplatz und musste deshalb besonders funktional angelegt sein. Im 20. Jh. war hier die Hauptpost Venedigs untergebracht, z. Z. wird der Fondaco in ein Shoppingcenter der Luxusklasse umgebaut. Ein Stück weiter erkennt man die Fassade der *Ca' da Mosto*. Dieses bereits Anfang des 13. Jh. errichtete Gebäude ist in den unteren beiden Stockwerken noch mit den alten Reliefbildern, Wandfriesen und Rundbögen im typisch romanisch-byzantinischen Stil geschmückt. Im 17. Jh. wurde die Ca' da Mosto durch ein drittes Stockwerk erweitert, außerdem zog man ein Mezzaningeschoss ein. Es handelt sich um das Geburtshaus von *Alvise da Mosto*, dem Entdecker der Kanarischen und Kapverdischen Inseln. Gegenüber erstreckt sich das heute noch lebhafte Rialtoviertel (→ S. 146) mit den alten Verwaltungsgebäuden und Marktplätzen. Die mit langen Bogengängen versehenen *Fabbriche Vecchie e Nuove* entstanden im 16. Jh. Den hinteren Abschluss dieses verwinkelten Marktviertels bildet die 1907 im neogotischen Stil errichtete Fischmarkthalle, die *Pescheria*.

Am *Bootsanleger Ca' d'Oro* stellt der gleichnamige Uferpalast einen absoluten Höhepunkt der gotischen Profanarchitektur Venedigs dar. Noch märchenhafter als heute muss die makellose Fassade der *Ca' d'Oro* (s. u., „Sehenswertes") ausgesehen haben, als ihre üppigen Verzierungen noch die blau-goldene Bemalung trugen. Die Ca' d'Oro beherbergt die *Galleria Franchetti* und ist öffentlich zugänglich.

Schräg gegenüber erhebt sich die imposante *Ca' Corner della Regina*. Es handelt sich um das letzte Bauvorhaben von Domenico Rossi. Dieser barocke Repräsentationsbau der steinreichen Familie Corner war seinerzeit als der höchste Palazzo am Kanal geplant. Die *Ca' Pesaro* (s. u., „Sehenswertes"), zwei Häuser weiter, steht auf dem Baugrund von drei gotischen Vorgängerbauten. Der im Auftrag des Dogen Giovanni Pesaro erbaute monumentale Palast von Baldassare Longhena beherbergt heute die *Galleria d'Arte Moderna* und das *Museo Orientale*.

Am *Anleger San Stae* blickt man auf die klassizistische Fassade der *Chiesa di San Stae* (→ S. 154). Ein Stück weiter erfreut der verspielte *Barockpalazzo Belloni Battagia* das Auge, ebenfalls ein Werk Longhenas. Gleich nebenan steht der festungsähnliche Kornspeicher der Serenissima, das *Deposito del Megio* mit dem Relief des Markuslöwen. Gegenüber dann der herrliche *Renaissancepalazzo Vendramin Calergi* (s. u., „Sehenswertes"), den Mauro Coducci um 1500 entwarf. Hier starb *Richard Wagner* am 13. Februar 1883 an einem Schlaganfall. Dieser außen wie innen stilvolle Prachtbau beherbergt mittlerweile ganzjährig die Spielbank von Venedig sowie die musealen Richard-Wagner-Säle, die besichtigt werden können.

Gegenüber dem *Bootsanleger San Marcuola* steht der älteste erhaltene Großbau am Canal Grande. Der *Fondaco dei Turchi* (Handelshaus der Türken, s. u., „Sehenswertes") hat trotz mehrfacher Besitzerwechsel und Umbauten seine romanisch-byzantinische Grundstruktur bewahrt. Heute, nach einer aufwendigen Restaurierung, beherbergt dieses monumentale Gebäude das *Museo di Storia Naturale*. Daneben, in der einstöckigen roten *Casa del Boia*, wohnte einst der Henker. Wendepunkt der Rundfahrt auf dem Canal Grande ist die Bahnhofs-Anlegestelle hinter der Barfüßerbrücke *Ponte Scalzi* von 1934.

Ca' Rezzonico

Sehenswertes am Canal Grande

Ca' Rezzonico mit Museo del Settecento Veneziano

Die Bauphase des massigen Barockpalazzos dauerte fast hundert Jahre. Im 17. Jh. von *Baldassare Longhena* begonnen, konnte der herrschaftliche Uferpalazzo erst Mitte des 18. Jh. für die geadelte Bankiersfamilie Rezzonico fertig gestellt werden. Dem Kunstgeschmack der Zeit folgend, ließen die wohlhabenden Besitzer die großen Säle in den oberen Stockwerken mit kostbaren Deckengemälden, u. a. von *Giovanni Battista Tiepolo*, ausschmücken. Der stilvoll möblierte Palazzo wurde Mitte des 19. Jh. von dem englischen Dichter *Robert Browning* (1812–1889) gekauft. Nachdem das tadellos gepflegte Anwesen in den 30er-Jahren des 20. Jh. in den Besitz der Stadt überging, bot es sich geradezu an, daraus ein Museum zu machen. Zusätzlich bestückt mit historischem Mobiliar und Gemälden namhafter einheimischer Genremaler gibt das „Museum des venezianischen 18. Jh." heute einen lebendigen Einblick in die Wohn- und Lebenskultur zur Blütezeit des Rokoko.

In den kostbar ausgestatteten Räumlichkeiten sind u. a. wertvolle Möbel, Lüster, Seidentapeten, Wandteppiche, Chinoiserien und Porzellansammlungen zu sehen. Eine Vorstellung von der Pracht des venezianischen Salonlebens vermittelt v. a. der riesige Ballsaal im eleganten *Piano nobile* (Obergeschoss). Reinen Kunstgenuss bietet das allegorische Deckengemälde „Hochzeit des Ludovico Rezzonico" von *Giovanni Battista Tiepolo*, der auch den sogenannten Thronsaal des Palazzo mit Fresken schmückte. Im Mezzaningeschoss sind u. a. bedeutende Werke des venezianischen Genremalers *Pietro Longhi* zu sehen sowie einige Stadtansichten von *Francesco Guardi* und *Canaletto*, außerdem ein monumentales Historienbild von *Giambattista Piazzetta*. In jüngerer Zeit hinzugekommen ist eine private Gemäldesammlung, die Schenkung Martini, mit Bildern von Cima da Conegliano, Alvise Vivarini, Tintoretto, Sebastiano und Marco Ricci. Den Abschluss bildet eine vollständig eingerichtete Apotheke aus dem 18. Jh. Der *Giardino di Ca' Rezzonico* ist beispielhaft für die venezianische Gartenbaukunst.

Museo del Settecento Veneziano: Dorsoduro 3136, Ca' Rezzonico. Anlegestelle: Ca' Rezzonico. Geöffnet: Nov.–März tägl. außer Di 10–17 Uhr, April–Okt. 10–18 Uhr. Eintritt mit Museumspass und Venice Card, Einzelticket 8 €, erm. 5,50 €. Café und Shop im Erdgeschoss.

Ponte di Rialto

Die wohl wichtigste und schönste Steinbrücke, von *Antonio da Ponte* ganz im Stil der Hochrenaissance errichtet, ist ein Wahrzeichen Venedigs. Die 48 m lange Bogenbrücke aus istrischem Marmor überspannt den Canal Grande an seiner schmalsten Stelle und war bis 1854 die einzige feste Verbindung zwischen den beiden Stadthälften. Bereits im 12. Jh. befand sich hier eine Holzbrücke, die später durch eine Zugbrücke ersetzt wurde. Da die Rialtobrücke den Stadtteil San Marco mit dem Marktviertel verband und deshalb stark frequentiert wurde, musste sie besonders funktional und praktisch sein. Als Mitte des 16. Jh. ein Jahrzehnte andauernder Wettbewerb für den Bau einer Steinbrücke ausgeschrieben wurde, waren Sachlichkeit und Zweckmäßigkeit die obersten Kriterien. Mit *Sansovino, Palladio* und *Ponte* beteiligten sich die namhaftesten Architekten der Zeit. Während Sansovino angeblich an den bautechnischen Problemen scheiterte, wurde Palladios Entwurf wegen praktischer Nachteile abgelehnt. Den Zuschlag bekam schließlich Antonio da Ponte, dessen 1590 fertig gestellte Brücke bis heute eine perfekt funktionierende Lösung darstellt. Die elegante Arkadenbrücke hat einen breiten mittleren Weg, der von zwei überdachten Ladenreihen und Seitenwegen flankiert wird.

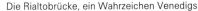

Die Rialtobrücke, ein Wahrzeichen Venedigs

Seit einer kleinen Ewigkeit trotzen die Marmorblöcke der Rialtobrücke dem verseuchten Lagunenwasser, dem Wellenschlag und den Abgasen der Motorboote sowie den unzähligen Tritten der Touristenmassen. Doch die Wasserratten, die neuerdings zuhauf in den Brückenfundamenten hausen, sind zum aktuellen Hauptfeind geworden. Kleine Gesteinsbrocken fallen mittlerweile vom Ponte di Rialto ab, weshalb eine baldige Restaurierung unumgänglich sein wird.

Anlegestelle: Rialto.

Fondaco dei Tedeschi

Im 12. und zu Beginn des 13. Jh. war Venedig bereits eine bedeutende Handelsstadt, die auch Kaufleute aus den Ländern jenseits der Alpen anzog. Den deutschen Kaufleuten, zu denen später auch die Fugger gehörten, wies der venezianische Senat 1228 einen besonders privilegierten Handelsplatz zu, nämlich die Warenbörse (Fondaco) unmittelbar neben der Rialtobrücke. Dort konnten sie ihre Waren unter Aufsicht der Handelsbehörden deponieren und verkaufen, mussten im Gegenzug aber mit ihren Erlösen venezianische Importgüter kaufen. Das ursprüngliche Handelshaus aus dem frühen 13. Jh. brannte 1505 ab und wurde sofort wieder aufgebaut. Der noch heute bestehende Neubau, der den deutschen Kaufleuten auch als Herberge diente, war Eigentum der Republik Venedig. *Giorgione* und der junge *Tizian* wurden 1507/1508 mit der Dekoration der Außenfassade beauftragt. Fragmente dieser Fresken sind heute in der *Galleria dell'Accademia* (→ S. 199) zu sehen. Der Fondaco selbst besaß 160 Räume, die sich auf vier Stockwerke verteilten. Die Wohn-, Verwaltungs- und Speiseräume befanden sich ganz oben, während die Magazine und Läden die übrigen Stockwerke ausfüllten. Noch heute lässt das Untergeschoss viel von seiner ursprünglichen Bestimmung erkennen. Zur Zeit wird dieses altehrwürdige Kontorgebäude neben der Rialtobrücke in ein Shoppingcenter der Luxusklasse umgebaut. Der Entwurf des Stararchitekten *Rem Koolhaas* sorgt bereits seit einigen Jahren für Aufregung.

Ca' d'Oro, ein spätgotisches Palazzo-Juwel

Ca' d'Oro mit Galleria Franchetti

Die berühmte Ca' d'Oro ist ein regelrechter Kunstschrein der venezianischen Profanarchitektur. Die spätgotische und die orientalisch-byzantinische Formensprache sind hier auf geniale Weise in perfekten Einklang gebracht worden. Das filigrane Maßwerk der Loggien und der verspielte Zinnenrand geben dem Uferpalazzo eine ansonsten kaum erreichte Leichtigkeit. Geradezu märchenhaft muss die Ca' d'Oro früher ausgesehen haben, als neben den verschiedenen Marmorfarben auch Ultramarin und Goldtöne aus kostbaren Pigmenten die Fassade schmückten; davon ist leider nichts erhalten. Blau und Gold waren einst die Farben der gotischen Flügelaltäre und des gemalten Sternenhimmels – wie konnte *Marino Contarini*, der die Ca' d'Oro (Goldhaus) 1421 in Auftrag gab, seinen Platz im Goldenen Buch des Stadtadels besser zur Schau stellen?

Spätgotisch: Palazzo Contarini-Fasan

Gegen Ende des 19. Jh. erwarb *Baron Giorgio Franchetti* den Palazzo, ließ ihn aufwendig restaurieren und vermachte ihn später zusammen mit seiner wertvollen Kunstsammlung der Stadt, die darin die Galleria Franchetti einrichtete. Von der ursprünglichen Innenausstattung beeindruckt v. a. der kostbare Mosaikfußboden im Erdgeschoss. Die Kunst- und Antiquitätensammlung Franchetti hingegen besteht u. a. aus seltenen Renaissancemöbeln, wertvollen Wandteppichen, Bronzefiguren und einer umfangreichen Gemäldesammlung, zu der neben zweitrangigen Werken auch einige Glanzstücke der venezianischen Malerei gehören, darunter *Tizians* „Venus vor dem Spiegel", *Vittore Carpaccios* „Verkündigung" und *Andrea Mantegnas* „Heiliger Sebastian" in der Palastkapelle. Es ist allein schon ein erhabenes Gefühl, auf die Loggia des eleganten Obergeschosses zu treten, den Canal Grande zu Füßen.

Galleria Franchetti: Cannaregio 3932, Ca' d'Oro. Anlegestelle: Ca' d'Oro. Geöffnet: Mo 8.15–14 Uhr, Di–Sa 8.15–19.15 Uhr, So 10–18 Uhr. Eintritt: 6 €, erm. 3 €, in Verbindung mit einer Sonderausstellung 12 €, erm. 9 €.

Ca' Pesaro mit Galleria d'Arte Moderna und Museo Orientale

Der Repräsentationsbau des *Dogen Giovanni Pesaro* ist ein bombastisches Schwergewicht unter den barocken Bauten am Canal Grande. Das von *Baldassare Longhena* entworfene Gebäude konnte nach mehreren Unterbrechungen erst 1710 fertig gestellt werden. Der imposante Aufbau der Schaufassade setzt sich an den Fassaden der Seitenkanäle mit unverminderter Größe fort. Die architektonischen Herzstücke des monumentalen Uferpalazzo sind die riesigen Säle des Piano nobile (Obergeschoss) sowie der aufwendig gestaltete Innenhof mit dem Brunnenhaus.

Die Ca' Pesaro beherbergt zwei Museen, die Galerie für Moderne Kunst und das Museum für Fernöstliche Kunst, außerdem eine Kunstbibliothek. In den lichtdurchfluteten Sälen des Obergeschosses, in denen allein die Kunstgalerie untergebracht ist, hängen wertvolle Gemälde und Zeichnungen des späten 19. und frühen 20. Jh., u. a. von *Max Liebermann, Paul Klee, Gustav Klimt, Wassily Kandinsky, Franz von Stuck, Marc Chagall, Emil Nolde, Matisse, Max Ernst, Yves Tanguy, Giorgio De Chirico* und den beiden italienischen Pointillisten *Giovanni Fattori* und *Telemaco Signorini*. Außerdem sind zahlreiche Skulpturen von *Auguste Rodin, Jean Arp, Henry Moore, Adolfo Wildt* und *Arturo Martini* zu sehen. Die Galleria d'Arte Moderna wurde bereits 1908 eröffnet und war in den ersten beiden Jahrzehnten ein bedeutendes Ausstellungszentrum avantgardistischer Kunst von internationalem Rang.

Mittlerweile ist eine neue Ausstellungsfläche im zweiten Obergeschoss hinzugekommen. Hier findet man neben *Rodins Bürgern von Calais* auch Werke weniger bekannter Künstler wie *Martinuzzi, Vedova, Viani, Cadorin, Donghi* und *Tito* in Verbindung mit Sonderausstellungen.

Das separate und gut bestückte Museo Orientale im obersten Stockwerk widmet sich im Wesentlichen dem japanischen Kunsthandwerk und zeigt typisch fernöstliche Gegenstände wie bemalte Schirme, Lackarbeiten und Porzellan sowie Möbel, Musikinstrumente, Schattentheaterfiguren und Rollbilder. Den etwas martialischen Auftakt bildet ein Waffensortiment der Samurai.

Galleria d'Arte Moderna: Santa Croce 2076, Ca' Pesaro. Anlegestelle: San Stae. Geöffnet: Nov.–März tägl. außer Mo 10–17 Uhr, April–Okt. 10–18 Uhr. Eintritt mit dem Museumspass und der Venice Card; Einzelticket 10 €, erm. 7,50 €.

Museo Orientale: Öffnungszeiten wie Galleria d'Arte Moderna. Eintritt mit dem Museumspass und der Venice Card; Einzelticket 8 €, erm. 5,50 €.

Café und Shop im Erdgeschoss.

Palazzo Vendramin Calergi mit Casinò Municipale und Appartamenti di Richard Wagner

Ein vollendetes Frühwerk der venezianischen Renaissance, zwischen 1481 und 1504 von *Mauro Coducci* entworfen und ausgeführt. Die dreigeschossige Gliederung der Fassade wird durch eine Balkonreihung sowie einen breiten Wappenfries betont. In diesem Palast, der ursprünglich für die Dogenfamilie Loredan errichtet wurde, lebte *Richard Wagner* vom September 1882 bis zu seinem Tod am 13. Februar 1883. Er bewohnte mit seiner Familie den 20 Zimmer großen Grimaldi-Flügel im Zwischengeschoss, in dem heute eine Wagner-Stiftung untergebracht ist. Besichtigen kann man drei Zimmer der ehemaligen Wagnerwohnung, die ausgestattet sind wie eine Gedenkstätte mit persönlichen Hinterlassenschaften, darunter Faksimiles seiner Kompositionen, Bücher, Zeichnungen, Gemälde, Briefe und die Sterbemaske im Sterbezimmer. Nur etwas für Wagner-Fans.

Die übrigen herrschaftlichen Räumlichkeiten beherbergen die Spielbank von Venedig (Casinò) mit Bar und feinem Restaurant.

Casinò Municipale: Cannaregio 2040, Palazzo Vendramin Calergi. Anlegestelle: San Marcuola. Geöffnet: Ganzjährig tägl. 15.30-2.30 Uhr. Eintritt: 10 €, dafür bekommt man einen Spielchip im gleichen Wert. Ausweiskontrolle, kein Garderobenzwang.

Appartamenti di Richard Wagner: Führungen Di und Sa 10.30 Uhr, Do 14.30 Uhr, obligatorische Voranmeldung unter ✆ 3384164174. Eintritt frei, aber eine Spende (5 €) für die Stiftung wird erwartet.

Fondaco dei Turchi mit Museo di Storia Naturale

Seine typisch romanisch-byzantinische Form erhielt das Handelskontor der Türken im 13. Jh. Der Bogengang des

Wassergeschosses datiert sogar in das ausgehende 12. Jh. Im 14. und 15. Jh. residierten die Herzöge von Ferrara in diesem Prachtbau, später wurden hier ausländische Gesandte untergebracht. Erst ab 1621 diente das wuchtige Gebäude türkischen Kaufleuten als Magazin, Handelsplatz und Herberge.

In der zweiten Hälfte des 19. Jh. wurde das heruntergekommene Gebäude mehr oder weniger gründlich in den baulichen Zustand des 13. Jh. zurückversetzt. 1923 zog hier das Museum für Naturgeschichte ein, das seinen Besuchern u. a. Einblicke in die Artenvielfalt der Adria verschaffte.

Nach jahrelanger Schließung, Restaurierung und Umstrukturierung ist der Fondaco der Öffentlichkeit nun wieder zugänglich. Der große Innenhof, das steinerne Treppenhaus und die hohen Säle des Obergeschosses sind eine wahre Augenweide. Eingezogen ist ein meeresbiologisches Institut samt Bibliothek, das u. a. die Lagune von Venedig erforscht. Zwei Abteilungen des Museums für Naturgeschichte sind bereits wieder eröffnet worden. In einem 5 m langen Meerwasseraquarium (5000 Liter Fassungsvermögen) wird der Meeresgrund vor der Lagune mitsamt seiner Artenvielfalt anschaulich gemacht. In der zweiten Abteilung ist ein 110 Millionen Jahre altes Dinosaurierskelett sowie das 12 m lange Skelett eines ebenso alten Riesenkrokodils zu sehen. Es handelt sich um Fossilien-Funde, die der venezianische Wissenschaftler Giancarlo Ligabue 1973 im Saharagebiet der Republik Niger machte. Nach und nach kommen weitere Abteilungen hinzu.

Museo di Storia Naturale: Santa Croce 1730, Fondaco dei Turchi. Anlegestelle: San Stae. Geöffnet: Juni–Okt. Di–Fr 10–18 Uhr, Nov.–Mai 9–17 Uhr, Sa/So 10–18 Uhr, Eintritt mit dem Museumspass und der Venice Card; Einzelticket: 8 €, erm. 5,50 €.

Stolzer Privatbesitz am Canalazzo

Barocke Pracht und idyllischer Stadtgarten

Il Sestiere di San Marco – Das Markusviertel

In diesem zentralsten der sechs historischen Stadtviertel von Venedig dominiert die Piazza San Marco als absoluter Touristenmagnet; aber wenn man erst einmal diesem faszinierenden alten Herrschaftszentrum der Serenissima den schuldigen Besichtigungstribut gezollt hat, dann verspricht der anschließende Bummel durch das quicklebendige Markusviertel mit seiner reizvollen Mischung aus Kultur und Kommerz eine willkommene Abwechslung.

Von der unteren Schleife des Canal Grande eingerahmt, war dieser vornehme Stadtteil immer schon das bevorzugte Wohngebiet des oberen Stadtadels. Wer sich kein Ufergrundstück direkt am Canal Grande leisten konnte, der bezog wenigstens ein standesgemäßes Quartier in San Marco. Vor allem die großen *Campi* (Plätze) des Viertels mit ihren stattlichen Herrschaftshäusern und imposanten Kirchen sind es, die das Innere von San Marco prägen. Angesichts der architektonischen Fülle ist es kein Wunder, dass die *Gondolieri* ihre Kundschaft besonders gerne durch das Markusviertel rudern. Idealer Ausgangspunkt ist der *Bacino Orseolo*, der Gondelhalteplatz an der nordwestlichen Ecke der Piazza San Marco. Aber auch eine Stadtteilerkundung zu Fuß ist ein wahres Vergnügen, besonders dann, wenn man Muße hat und sich möglichst abseits des touristischen Trampelpfads bewegt und das Sehenswerte über kleine Nebengassen ansteuert. So richtig verlaufen kann man sich dabei eigentlich nicht, denn irgendwo führt immer eine Brücke über den *Rio* und zeigt ein Hinweisschild den Weg zum nächsten größeren *Campo* an. Auch gelegentliche Abstecher ans Ufer des *Canal Grande* sind unbedingt ratsam, denn die gegenüberliegenden Prachtfassaden der Uferpalazzi lassen sich von

San Marco

dort aus in beschaulicher Ruhe betrachten und fotografieren.

Doch die eigentlichen Attraktionen sind die großen *Campi* des Viertels, von denen jeder sein eigenes Flair hat. Während der *Campo Santo Stefano* zu den nobelsten und zugleich lebhaftesten Plätzen Venedigs gehört, herrscht auf dem benachbarten *Campo Sant'Angelo* schon wesentlich mehr Ruhe. Aber egal, auf welchem Campo man sich zum Verschnaufen, zum x-ten Cappuccino oder zum abendlichen Aperitif niederlässt, gemütliche Straßencafés, die nicht selten den halben Platz einnehmen, gibt es fast überall.

Kunst und Kultur bietet das Markusviertel im Vergleich zu den anderen historischen Stadtvierteln in relativ vielfältiger Form. Abgesehen von den bedeutenden Kirchenbauten und Adelshäusern sowie dem *Museo Fortuny* und dem Kunsttempel *Palazzo Grassi* gibt es mit *La Fenice* und dem *Teatro Goldoni* auch zwei herausragende Bühnen. Außerdem präsentieren einige gut bestückte private *Galerien* moderne und zeitgenössische Künstler.

Natürlich ist es kein Geheimnis, dass das Markusviertel auch – und vielleicht sogar in erster Linie – ein *Geschäftsviertel* ist. Reiner Kommerz bestimmt die Szenerie in der unmittelbaren Umgebung der Piazza San Marco. In den dortigen *Mercerie* und der *Frezzeria* (Ladengassen) setzt Venedig heute auf moderne Weise seine ruhmreiche Tradition als Kaufmannsstadt und internationale Handelsmetropole fort. Das Warenangebot in diesem basarähnlichen Bezirk ist jedenfalls überwältigend, auch für shoppingerfahrene Großstadtmenschen. Internationale Designerware, Schmuck, Lederwaren, Antiquitäten und Kitsch findet man dort ebenso wie wertvolles venezianisches Kunsthandwerk aus Glas und feinstem Tuch; auch die bunten Karnevalsmasken lächeln bzw. starren die Shoppingtouristen nicht nur zur Faschingszeit an. Eine Plage hingegen sind, jedenfalls aus der Sicht der betroffenen Geschäftsleute, die allgegenwärtigen schwarzafrikanischen Straßenhändler mit ihren billigen Imitationen begehrter Designerware, zumeist chinesischer Produktion, deren Kauf übrigens unter Strafe steht.

Spaziergang 1: Durch das Markusviertel

Die eine, ideale Route durch diesen mit Reizen nicht geizenden Stadtteil gibt es nicht, dazu ist er einfach zu vielfältig und bietet an jeder Ecke neue Möglichkeiten für überraschende Entdeckungen, sei es das Objekt der Begierde im Schaufenster oder der lauschige Treppenabsatz an einem stillen Kanal. Nur wer sich zielstrebig von Campo zu Campo bewegt, bahnt sich einen ziemlich direkten Weg durch das innere Markusviertel und stößt dabei fast wie von selbst auf alle wichtigen Sehenswürdigkeiten.

Gleich hinter der *Torre dell'Orologio* (→ S. 119) beginnt das Geschäftsviertel mit seinen *Mercerie* und bietet Kommerz total. Dieses traditionelle Einkaufsrevier der Lagunenstadt hat lebhaften Basarcharakter und lässt kaum einen Wunsch zahlungskräftiger Shoppingtouristen unbefriedigt. Die Mercerie ziehen sich mit ihren verwinkelten Quer- und Parallelgassen bis zur wuchtigen Erlöserkirche, der *Chiesa San Salvatore* (s. u., „Sehenswertes").

Während der Kaufrausch und das hektische Treiben im Einzugsbereich der Rialtobrücke (→ S. 129) ihre Fortsetzung finden, führt der Weg über den *Rio di San Salvador* in ruhigere Gefilde. Auf dem *Ponte dell'Ovo* springt einem plötzlich die Spitze des Campanile von San Marco ins Auge, und ein paar Schritte weiter steht man etwas verblüfft vor der abweisenden Fassade des

E Essen & Trinken
(s. S. 109 u. 143/144)

1 Ristorante/Pizzeria Marco Polo
2 Trattoria/Pizzeria Da Mamo
4 Osteria Al Colombo
7 Bàcaro Al Volto
9 Trattoria Sempione
10 Bàcaro/Osteria Cavatappi
11 Le Bistrot de Venise
13 Bar/Pasticceria Rosa Salva
15 Ristorante/Pizzeria Acqua Pazza
16 Osteria Al Bacareto
20 Selfservice Chat Qui Rit
21 Bàcaro/Trattoria Da Fiore
22 Gelateria/Café Paolin
23 Caffè Quadri
26 Caffè Lavena
28 Ristorante Antico Martini
29 Le Café
30 Osteria Vino Vino
31 Caffè Aurora
32 Caffè Florian

Ü Übernachten
(s. S. 78/79 u. 83/84)

6 Al Gazzettino
19 Locanda Fiorita
24 Domus Ciliota
27 Santo Stefano
33 Alloggi Temporanei Venezia/Wohnungsvermittlung
39 Luna Baglioni
44 Bel Sito & Berlino
45 Flora
47 Locanda Barbarigo
48 Gritti Palace

E Einkaufen (s. S. 145)

5 Goldoni
8 Le Stampe
12 Herby
14 Fonditore Valese
17 Libreria Studium
18 Livio de Marchi
34 Il Papiro
35 Fiorella Gallery
36 Antichità Trois
37 Schola San Zaccaria
38 Jesurum
40 Legatoria Piazzesi
41 Contini Galleria
42 Attombri
43 Venetia Studium

N Nachtleben
(s. S. 144)

3 Devil's Forest
25 Hard Rock Cafe
46 Harry's Bar

Piazza San Marco & Markusviertel

Teatro Goldoni, in dem u. a. natürlich die Komödien von Carlo Goldoni gespielt werden (→ „A–Z/Kulturelle Veranstaltungen"). Gleich daneben lädt der ruhige und hübsche Platz *Corte del Teatro* zum Verschnaufen ein. Am kleinen *Campo San Luca* haben Hungrige die Wahl zwischen einem alteingesessenen Traditions-Café und einer lauten Fast-Food-Bar – kontrastreicher geht's kaum.

Der anschließende *Campo Manin* mit dem Denkmal des Volkshelden Daniele Manin hat seine Beschaulichkeit durch die sterile Fassade des modernen Bankgebäudes weitgehend eingebüßt. Von hier aus erreicht man aber bequem die sehenswerten *Palazzi Contarini del Bovolo* und *Pesaro* (s. u., „Sehenswertes"). Am breiten und friedlichen *Campo Sant'Angelo,* dessen Kirche im 19. Jh. abgerissen wurde, schiebt sich der im 16. Jh. entstandene Glockenturm der *Chiesa Santo Stefano* ins Bild (s. u., „Sehenswertes"). Seine Schieflage widerspricht den Gesetzen der Statik und erregt schon lange allgemeine Besorgnis. Er ist jedoch kein Einzelfall, schiefe Glockentürme haben in Venedig Tradition. In den letzten Jahrhunderten stürzte ein halbes Dutzend spektakulär in sich zusammen, darunter auch der Campanile von San Marco. Mehrere Glockentürme wurden aus Sicherheitsgründen bereits vorsorglich abgerissen. Konkurrenz machen dem weltbekannten Schiefen Turm von Pisa heute lediglich noch drei venezianische Glockentürme: neben Santo Stefano noch San Giorgio dei Greci und San Pietro, beide in Castello.

Am *Campo Santo Stefano* selbst herrscht eine angenehm mediterrane Piazza-Stimmung, und die Cafés sind immer gut gefüllt. Sowohl tagsüber als auch abends fühlen sich hier Einheimische und Touristen gleichermaßen wohl. Im zentralen *Palazzo Loredan* residiert ein Institut für Kunsterziehung und zieht junge Leute auf den Campo Santo Stefano – für meinen Geschmack einer der schönsten Plätze der Stadt. Am unteren Ende des Campo erhebt sich die säkularisierte Chorus-Kirche *San Vitale* bzw. San Vidal (→ Chorus Pass, S. 140), in der es ein Altarbild von *Vittore Carpaccio* zu sehen gibt.

Jetzt lohnt ein Abstecher an den Canal Grande zum *Campo San Samuele*, wo sich der wuchtige *Palazzo Grassi* (s. u., „Sehenswertes") erhebt, der als renommiertes Ausstellungszentrum längst zu Venedigs Top-Attraktionen gehört. Begibt man sich zwecks Ausstellungsbesuch hinein, wird man erstaunt feststellen, dass der schwergewichtige Palazzo in den oberen Stockwerken gefühlsmäßig leicht schwankt. Dieses Phänomen – das übrigens gerne verschwiegen wird – lässt eindrücklich spürbar werden, dass Venedig tatsächlich auf Wasser gebaut ist und an einigen Stellen schwankt wie ein Ozeanriese.

Achtung, gleich am Anfang der engen Calle Malipiero übersieht man leicht die Gedenktafel, die an *Giacomo Casanova* erinnert. In der säkularisierten Kirche des *Campo San Maurizio* befindet sich das neu eingerichtete *Museum der Barockmusik* (s. u., Museo della Musica barocca). Anschließend öffnet sich der heimelige *Campo Zobenigo* mit der sehenswerten *Kirche Santa Maria del Giglio* (s. u., „Sehenswertes"). Ein paar Schritte weiter nördlich ragt das berühmte *Opernhaus La Fenice* (s. u., „Sehenswertes") auf.

Auf der breiten *Calle Larga XXII Marzo* schließt sich der Kreis und man befindet sich wieder mitten im Shoppingtrubel; die eleganten Geschäfte dieser exklusiven Meile zählen zu den allerfeinsten Einkaufsadressen Venedigs. Am anschließenden *Campo Moisè* liefern sich die barocke Fassade der *Chiesa San Moisè* (s. u., „Sehenswertes") und die hässlichste Hotelfassade Venedigs ein peinliches Stilgefecht. *Joseph Brodsky* (→ „A–Z/Literatur") schreibt dazu: „Zusammen sehen sie aus wie Albert Speer, der eine Pizza capricciosa verzehrt." Interessant zu wissen, dass im alten Hotel Bauer das Oberkommando der deutschen Wehrmacht untergebracht war, weshalb es kurz vor der Kapitulation von Partisanen gesprengt worden war.

Über die Calle Vallaresso gelangt man, vorbei an *Harry's* legendärer *Bar*, zu den *Giardini Reali*, der einzigen grünen Lunge des Markusviertels – ein Geschenk aus der Napoleonischen Ära.

Sehenswertes im Markusviertel

Chiesa San Salvatore

Diese wuchtige Klosterkirche (Bauzeit 1507–1534) des Augustinerordens ist der ereiferte Kirchenbau des Viertels, der es in seinen Ausmaßen fast mit der Markuskirche aufnehmen kann. Unter drei Kuppeln und hinter einer Barockfassade aus dem 17. Jh. versteckt sich eine kostbare Kirchenausstattung im Renaissancestil. Aufwendige Grabmäler von Dogen und Adelsfamilien zieren die Innenwände und Nischen.

Liebhaber sakraler Kunst wird der jüngst restaurierte Hochaltaraufsatz aus dem 14. Jh. interessieren (*Pala d'Argento*), der allerdings nicht immer zu sehen ist, denn ein Gemälde von *Tizian* („Verklärung Christi") verdeckt ihn zumeist.

Nur 3-mal im Jahr (an Weihnachten, Ostern und zur Feier der Transfiguration am 6. August) wird Tizians Gemälde in den Altartisch versenkt und der Blick auf die ca. 2,50 x 3 m große Pala freigegeben.

Den Altar im rechten Querschiff schmückt ein weiteres Gemälde von Tizian („Verkündigung"). Ein Fenster im farbigen Mosaikfußboden erlaubt einen bescheidenen Blick in die Krypta.

Campo San Salvador. Geöffnet: Mo–Sa 9–12 und 15–19 Uhr, So nur nachmittags, Juni–Aug. 16–19 Uhr. Eintritt frei.

Palazzo Contarini del Bovolo

Dieser Palazzo aus dem späten 15. Jh. befindet sich am Schnittpunkt von drei Kanälen. Interessanter als seine Wasserfassade ist der zu besichtigende Innenhof, den man über den landseitigen Eingang betritt. Der Wendeltreppenturm im Hof ist vom Allerfeinsten und ein Beispiel kunstvoller Innenhofgestaltung auf engstem Raum. Der spiralförmig ansteigende Bogengang des Treppenturms *Scala del Bovolo* nimmt das Arkadenmotiv auf und wirkt wie eine Verlängerung der eher schmal geratenen Fassade.

Corte del Bovolo 4299 (nahe dem Campo Manin). Voraussichtlich bis 2014/15 wegen Restaurierung geschlossen. Von der Gasse kann man jedoch einen Blick auf den Turm werfen.

Museo Fortuny (Palazzo Pesaro)

In diesem gotischen Palazzo mit dem markanten siebenbogigen Fassadenfenster lebte der spanische Stoffdesigner, Maler, Bildhauer und Fotograf *Mariano Fortuny* von 1899 bis zu seinem Tod im Jahr 1949. Hier entwarf der exzentrische Modezar u. a. seine plissierten Seidenkleider, in die er die Damen der oberen Zehntausend hüllte. Das Museum im eleganten Obergeschoss ist ganz den farbenprächtigen Arbeiten

Der Wendeltreppenturm des Palazzo Contarini

Fortunys gewidmet, wozu auch die berühmten Delphos-Gewänder und handbemalte Lampenschirme aus Seide gehören. Es handelt sich um einige der letzten Originale. Feinste Fortuny-Stoffe werden nach wie vor exklusiv in Venedig gefertigt (→ „La Giudecca", S. 210). Originalgetreu produzierte Fortuny-Lampenschirme findet man nur noch im Lizenzbetrieb *Venetia Studium*, den der Fortuny-Schüler Lino Lando gegründet hat (→ S. 145).

Campo San Benedetto 3780. Geöffnet: tägl. (außer Di) 10–18 Uhr. Eintritt: 10 €, erm. 8 €. Im Untergeschoss des Palazzo Pesaro sind häufig wechselnde Ausstellungen zu sehen, deren Besichtigung im Eintrittspreis eingeschlossen ist.

Chiesa Santo Stefano

Spätgotische Klosterkirche am lang gestreckten gleichnamigen Campo. Ein Kuriosum stellt der Verlauf des rückwärtigen Kanals dar, er unterquert die Hauptapsis der Kirche (zu sehen vom Ponte San Maurizio). Im hohen, schlichten Kirchenraum sind einige Grabmäler und Gemälde von Bedeutung. In der Sakristei hängen drei Werke von *Tintoretto* („Fußwaschung", „Abendmahl" und „Jesus auf dem Ölberg"). Der Kreuzgang des Klosterhofs ist vom benachbarten Campo Sant'Angelo aus zugänglich.

Campo Santo Stefano. Geöffnet: Mo–Sa 10–17 Uhr. Eintritt: 3 € bzw. mit Chorus Pass oder Venice Card.

> Das **Kirchensammelticket/Chorus Pass** (10 €, erm. 7 €) ist ein Jahr gültig und in den jeweiligen Kirchen erhältlich. Dieses Ticket schließt die Besichtigung von insgesamt 16 Kirchen im historischen Stadtgebiet und auf La Giudecca ein. Die Einzeltickets kosten 3 €. **Freier Eintritt mit Venice Card** (→ S. 93). Im Markusviertel befinden sich drei der 16 Chorus-Kirchen.

Palazzo Grassi

Dieser klassizistische Uferpalazzo aus dem 18. Jh. ist ein Meisterwerk *Giorgio Massaris*. Die Schaufassade erschließt man sich am besten vom Canal Grande aus. Die wohlhabende Familie *Grassi*, die sich ihre Aufnahme in den Club der Stadtoberen gegen Bares erkauft hatte, lebte hier bis Mitte des 19. Jh. Danach wechselten die Besitzer mehrfach, und zwischenzeitlich diente der Palazzo sogar als Badehaus. 1984 wurde er von der Fiat-Familie Agnelli aufgekauft und einer gründlichen Restaurierung unterzogen, wobei auch die schönen Fresken ihren verloren gegangenen Glanz wieder erhielten. Seit der viel beachteten Futurismus-Ausstellung von 1986 hat der Palazzo seinen Ruf als Kunsttempel gefestigt. 2005 kaufte ihn der französische Kunstsammler und Milliardär *François Pinault*. Nach seinen Wünschen hat der japanische Architekt *Tadao Ando* den Palazzo innen umgestaltet; seitdem wird hier die hochkarätige Pinault-Sammlung zeitgenössischer Kunst gezeigt, im Wechsel mit internationalen Kunst- und Kulturevents.

Das neue *Centro d'Arte contemporanea* an der Punta della Dogana in Dorsoduro (→ S. 202) gehört ebenfalls zum venezianischen Pinault-Besitz.

Campo San Samuele. Anlegestelle: San Samuele. Nur im Rahmen von Ausstellungen zu besichtigen. Tägl. außer Di 10–19 Uhr. Eintritt: 15 €, erm. 10 €. Für Palazzo Grassi und Centro d'Arte 20 €, erm. 15 €.

Museo della Musica barocca (Museum der Barockmusik)

In der säkularisierten Chiesa San Maurizio sind historische Musikinstrumente, Notenbücher und Dokumente zum Thema Barockmusik in Venedig zu sehen. Im angeschlossenen Shop werden neben Klassik-CDs auch Konzertkarten für das Orchester *Interpreti Veneziani* verkauft, das regelmäßig in der nahe gelegenen und ebenfalls säkularisierten Chiesa di San Vidal spielt.

Campo San Maurizio. Geöffnet: tägl. 10–19 Uhr. Eintritt frei. Konzertkarten 26 €, erm. 21 €.

Chiesa Santa Maria del Giglio

Das Gotteshaus stammt ursprünglich aus dem 10. Jh., es wurde jedoch im Barockstil des 17. Jh. erneuert. Auftraggeber der Umgestaltung war die Adelsfamilie *Barbaro*, die sich in Form einiger Skulpturen an der Fassade verewigen ließ. Die Sockelreliefs zeigen Panoramen verschiedener Städte, in denen die Barbaros Besitzungen hatten bzw. in

Santa Maria del Giglio

diplomatischen Diensten standen. Den einschiffigen Kirchenraum zieren zahlreiche Kapellen sowie Gemälde aus dem 17. und 18. Jh. In der kleinen Sakristei hängt eine absolute Kostbarkeit: ein anmutiges Gemälde von *Peter Paul Rubens,* auf dem eine Mutter mit zwei Kindern zu sehen ist.

Campo Zobenigo. Geöffnet: Mo–Sa 10–17 Uhr. Eintritt: 3 € bzw. mit Chorus Pass oder Venice Card.

Gran Teatro La Fenice

Das klassizistische Opernhaus vom Ende des 18. Jh. gehört zu den renommiertesten Bühnen der Welt. Hier feierten die berühmtesten Komponisten, Sänger, Regisseure, Dirigenten und Choreografen große Erfolge. Im 19. Jh. komponierten *Rossini, Bellini, Donizetti* und *Verdi* einige ihrer bedeutendsten Opernwerke exklusiv für das Fenice. *Giuseppe Verdi* arbeite mehrere Jahre in Venedig und brachte es auf fünf Uraufführungen. 1844 begeisterte er das Publikum erstmals mit „Ernani", 1854 verabschiedete er sich mit der überarbeiteten Version von „La Traviata". Auch *Richard Wagner* wurde im Fenice mit „Rienzi", „Lohengrin" und „Der Ring des Nibelungen" zum gefeierten Komponisten. Später triumphierten hier internationale Stars wie *Strawinsky, Prokofjew, Gershwin, Bernstein, Britten, Nono, Strehler* sowie *Maria Callas, Luciano Pavarotti* und *Pina Bausch,* um nur einige Namen zu nennen.

Mit der Errichtung des ersten öffentlichen Opernhauses *San Cassiano* 1637 avancierte Venedig zum Zentrum der frühen italienischen Opernkultur. Die ersten Protagonisten der venezianischen Oper waren *Monteverdi, Cavalli* und *Cesti.* In rascher Folge entstanden weitere Opernhäuser, und im 18. Jh. besaß die Stadt bereits 19 Musiktheater, von denen einzig das Fenice übrig geblieben ist (abgesehen vom modernisierten *Teatro Malibran*). Errichtet wurde das klassizistische Opernhaus als einer der letzten Bauten des alten Venedig von 1790 bis 1792. Seinen Namen „La Fenice" – Phönix wie der wunderbare Vogel aus der Asche – erhielt es als Nachfolgebau einer 20 Jahre zuvor an gleicher Stelle abgebrannten Oper. Doch 1836 wurde auch La Fenice von einem verheerenden Feuer völlig verwüstet. Aber bereits ein Jahr später erstrahlte es wieder in vollem Glanz samt vergoldeter Stuckatur im Parkett und auf den fünf Logenrängen. 800 Zuschauer hatten insgesamt Platz, und 160 Jahre lang fanden hier hochkarätige Konzerte, Opern-, Ballett- und Theateraufführungen statt. Auch während der Weltkriege wurde gespielt, bis das Opernhaus 1996 erneut einem Großbrand zum Opfer fiel. Heute weiß man, dass die mit Elektroarbeiten betraute Firma, die in Verzug geraten war, absichtlich einen Kurzschluss verursacht hat, der zum katastrophalen Brand führte. Betroffenheit und Anteilnahme waren so groß, dass internationale Spendengelder in Millionenhöhe flossen, und in Verbindung mit einem großzügigen UNESCO-Fond konnte sofort mit dem Wiederaufbau begonnen werden. Die heiß ersehnte Wiedereröffnung fand im November 2004 statt. Seitdem streiten sich Experten und Kritiker gerne darüber, ob es klug gewesen ist, das Fenice originalgetreu wiederaufzubauen, anstatt die Gelegenheit zu nutzen, es den Anforderungen eines modernen Opernhauses anzupassen, v. a. in technischer Hinsicht.

Campo San Fantin. Klassische Konzerte, Opern und Ballettabende (→ „A bis Z/Kulturelle Veranstaltungen", S. 97).

Führungen: tägl. 9.30–18 Uhr, mit Audioguide, auch auf Deutsch. Ticketverkauf direkt an der Theaterkasse: 8,50 €, erm. 6 €. Musik- und Book-Shop im Foyer.

Chiesa San Moisè

Die Barockmasse der Kirchenfassade springt einem förmlich ins Auge. Überladen und überfrachtet könnte man auf den ersten Blick sagen, aber diese Fassade gilt als vollendetes Beispiel für die grundlegende Umkehrung des Verhältnisses von Architektur und Skulptur. Die barocke Skulptur spielt keine untergeordnete Rolle mehr, sondern tritt in ein gleichwertiges Verhältnis zur Architektur. Kontrastreich erhebt sich rechts der Glockenturm aus dem 14. Jh. Über den Seitenportalen befinden sich zwei Grabmäler, während im Innern eine „Fußwaschung" von *Tintoretto* zu bewundern ist.

Campo San Moisè. Mo–Sa 9.30–12.30 Uhr. Eintritt frei.

La Fenice – Venedigs Kulturtempel

Praktische Infos

→ Karte S. 136/137

Essen und ...

Ristorante Antico Martini 28 Geräumiges, mit Antiquitäten eingerichtetes Restaurant der gehobenen Kategorie, so alt und fast so bekannt wie das benachbarte Gran Teatro La Fenice. Wenn die Vorstellung im Fenice beendet ist, füllt sich das Martini mit Prominenz. Gute Küche, erlesene Weine, teuer, Menü deutlich über 50 €. Kein Ruhetag. Campo San Fantin, San Marco 1983, ℡ 041/5224121.

Osteria Vino Vino 30 Der kleine Ableger des feinen Ristorante Antico Martini (s. o.). Die gepflegte Einrichtung aus den 1920er-Jahren hat längst Patina angesetzt. Beachtliche Weinauswahl, gute venezianische Gerichte, akzeptables Preis-Qualitäts-Verhältnis. Täglich mittags und abends geöffnet, immer voll, besonders nach der Vorstellung im Fenice. Ponte delle Veste, San Marco 2007A, ℡ 041/2417688.

Trattoria Sempione 9 Gemütliche, alteingesessene Trattoria, allerschönste Lage direkt an einer Kanalbrücke. Gute italienische Küche, gehobene Preise. Die Kellner sind echte Signori, also nicht besonders servil. Menü 40–50 €. Ponte Baretteri, San Marco 578, ℡ 041/5226022.

Osteria Al Colombo 4 Ruhige Lage am lauschigen Campo hinter dem Teatro Goldoni. Es handelt sich um die kleine Osteria des benachbarten Feinschmeckerrestaurants. Hier wird die gleiche Qualität in rustikalem Ambiente zum halben Preis serviert! Tische auch auf dem Campo. Kein Ruhetag. Corte del Teatro, San Marco 4619, ℡ 041/5222627.

Bàcaro/Osteria Cavatappi 10 Eine der wenigen authentischen Weinschenken mit lokaltypischer Küche im Markusviertel. Große Weinauswahl, leckere Snacks und Käsehäppchen am Tresen. Mittags und abends werden appetitliche Salate, Primi und Secondi zu vernünftigen Preisen serviert. Tische auch im Freien. Campo della Guerra, San Marco 525, ℡ 041/2960252.

Ristorante/Pizzeria Marco Polo 1 Neben der Chiesa San Lio, angenehm klimatisierte Räume, farbiger Terrazzofußboden und dunkles Holzinterieur, Tische auch draußen. Solide venezianische Küche, Menü 30–40 €, gute Pizza. Salizzada San Lio, San Marco 5571, ℡ 041/5235018.

Osteria Al Bacareto 16 Alteingesessener Familienbetrieb, freundliche Bedienung, vier gemütliche Speiseräume, einige Tische draußen auf der Gasse. Herzhafte venezianische Spezialitäten wie *Bigoli in salsa*, *Baccalà mantecato* und *Fegato alla veneziana*, preislich gerade noch im Rahmen, Menü 40–50 €. So geschlossen. Salizzada San Samuele, San Marco 3447, ℡ 041/5289336.

》》》 Mein Tipp: Bàcaro Al Volto 7 Uralte, stimmungsvolle Weinschenke, etwas abseits gelegen. Freundliches Personal, vorwiegend jüngeres Publikum. Enorme Weinauswahl, appetitliche Snacks und Gerichte. Mittags und abends geöffnet, Do Ruhetag. Calle Cavalli di San Marco 4081, ℡ 041/5228945. **《《《**

Bàcaro/Trattoria Da Fiore 21 Volkstümliche Weinschenke und feine Trattoria am Campo Santo Stefano. Am Tresen gibts es kalte und warme Leckereien (Cicheti, Fleischbällchen, Gemüseomeletts, frittierter Fisch etc.) zum Wein. Im gepflegten Speiseraum nebenan wird anspruchsvolle lokaltypische Küche serviert. Menü 40–50 €. Di Ruhetag. Calle delle Botteghe, San Marco 3461, ℡ 041/5235310.

Ristorante/Pizzeria Acqua Pazza 15 Am beschaulichen Campo Sant'Angelo. Zahlreiche Tische im Freien. Als Pizzeria empfehlenswert. Gute, aber teure neapolitanische Pizza. Mo Ruhetag. San Marco 3808, ℡ 041/2770688.

Trattoria/Pizzeria Da Mamo 2 Kleines, freundliches Lokal nahe der Rialtobrücke. Pasta, Pizza und vieles mehr, alles appetitlich zubereitet und recht preiswert. Calle dei Stagneri, San Marco 5251, ℡ 041/5236583.

Selfservice Chat Qui Rit 20 In der Nähe der Piazza San Marco. Essen im Mensastil, durchschnittliche Qualität, kleine Preise. 11–21.30 Uhr geöffnet, Sa Ruhetag. Frezzeria/Ecke Calle Tron, San Marco 1131, ℡ 041/5229086.

… Trinken und mehr

Florian, **Quadri** und **Lavena**, Venedigs Kaffeehausklassiker (→ S. 109).

Caffè Aurora 31 War einige Zeit das besondere Kaffeehaus am Markusplatz mit einem anspruchsvollen Unterhaltungsprogramm und für die Einheimischen als Alternative zu den teuren Platzhirschen Florian & Co gedacht. Mittlerweile ist es ein prominentes Beispiel für die Geschäftstüchtigkeit der chinesischen Immigranten. Aber preiswerter als die Platzhirsche ist es geblieben. Piazza San Marco 50.

Harry's (legendäre) Bar 46 Stilvolles Yachtclub-Ambiente, 1931 von *Harry Pickering* und *Giuseppe Cipriani* eröffnet. Während Pickering Geld und Namen gab, erfand Cipriani den *Cocktail Bellini* und das *Carpaccio* (marinierte hauchdünne rohe Rindfleischscheiben). Beide Kreationen werden heute noch in absoluter Vollendung serviert. *Hemingway*, der hier Montgomerys kippte, war einer von vielen prominenten Stammgästen, über die penibel Buch geführt wird. Im ersten Stock bietet ein teures Gourmetrestaurant Spitzenqualität. Einlass bis 23 Uhr, geöffnet bis 2 Uhr. Kein Ruhetag. Calle Vallaresso, San Marco 1323, ✆ 041/5285777.

Gelateria/Café Paolin 22 Alteingesessene Gelateria und Kaffeehaus mit Tischen im Freien. Das hausgemachte Eis gilt als das beste der Stadt. Campo Santo Stefano, San Marco 2962.

Le Café 29 Beliebtes, modern eingerichtetes Kaffeehaus am Campo Santo Stefano. Ideal für den nachmittäglichen Cappuccino und den abendlichen Aperitif auf dem lauschigen Campo. San Marco 2797.

Bar/Pasticceria Rosa Salva 13 Stammsitz der stadtbekannten Kaffeehaus-Dynastie, ausgezeichnete Backwaren und Snacks, der Cappuccino ist geradezu berühmt. So Ruhetag. Calle Fiubera, nahe dem Markusplatz, San Marco 951.

»› Mein Tipp: Le Bistrot de Venise 11 Hübsch an einer Kanalbrücke gelegen. Dieses angenehme und gemütlich eingerichtete Lokal wird im vorderen Bereich als Café und Bistro betrieben (kalte und warme Snacks je nach Tageszeit). In den Wintermonaten finden anspruchsvolle kulturelle und gastronomische Veranstaltungen (Ausstellungen, Lesungen, Livemusik, Performances, Diskussionen, Verkostungen etc., Eintritt frei) statt; das Programmheft liegt dann im Lokal aus (oder man besucht die Website). Im hinteren Bereich verwandelt sich das Venise in ein elegantes Ristorante mit ausgezeichneter venezianischer Küche, die überlieferte historische Rezepte neu interpretiert. Erlesene Weine. Hübsch eingedeckte Tische auch im Freien. Menü ab 50 €. Calle dei Fabbri, San Marco 4685, ✆ 041/5236651, www.bistrotdevenise.com. «««

Devil's Forest 3 Nahe der Rialtobrücke. Bierkneipe im Stil eines British Pub. Ab und zu Livemusik. Täglich bis 1 Uhr geöffnet. Calle dei Stagneri, San Marco 5185.

Hard Rock Cafe 25 Die Venedig-Filiale dieser internationalen Kette residiert am zentralen Bacino Orseolo, mit Bar, Restaurant und Shop. Unmittelbar davor geben die Gondolieri den Ton an! Tägl. 11–24 Uhr geöffnet.

Einkaufen

Antiquitäten

Antichità Trois 36 Alteingesessenes, gut geführtes Geschäft für venezianische Antiquitäten am Campo San Maurizio, San Marco 2666.

Bronze

Fonditore Valese 14 Gute Adresse für hochwertige Bronzearbeiten. Zur Produktpalette dieses Traditionsbetriebs gehören Kerzenhalter, venezianische Masken, kleine Skulpturen, Türgriffe und vieles mehr. Die alte Gießerei befindet sich in Cannaregio. Calle Fiubera, San Marco 793.

Bücher

Goldoni 5 Buchhandlung mit großem Angebot an Kunst- und Venedigbüchern. Calle dei Fabbri, San Marco 4742.

Libreria Studium 17 Kunstbücher, Stadt- und Reiseführer in mehreren Sprachen (auch auf Deutsch). Gleich hinter der Markuskirche. Calle Canonica, San Marco 337.

Glasschmuck

Attombri 42 Hochwertiger, aber erschwinglicher Glasschmuck aus Murano-Glasperlen. Bunte Perlenketten, Armbänder und üppige Colliers. Frezzeria, San Marco 1179.

Heilkräuter

Herby 12 Sympathische kleine *Erboristeria*, hier bekommt man homöopathische Heilmittel, Salben, Biokosmetik, Tee etc. Calle della Mandola, San Marco 3801.

Holz

Livio De Marchi 18 Kleine und große Kuriositäten aus Holz, von der Krawatte bis zur Vespa. Schauen und staunen, was dieser Künstler so alles aus Holz zaubert. Salizada San Samuele, San Marco 3157.

Kunst und Trash

Contini Galleria 41 Renommierte Galerie für moderne und zeitgenössische Kunst auf drei Ebenen, darunter auch ganz große Künstlernamen, man staune über die Preisvorstellungen. Calle Larga XXII Marzo 2288.

Erschwingliche Druckgrafik findet man bei **Le Stampe** 8, Calle Teatro Goldoni 4606.

Eine reine Trash-Boutique hingegen ist die **Fiorella Gallery** 35, Campo Santo Stefano 2806.

Schola San Zaccaria 37 Kleine Kunstgalerie. Aquarelle und Grafiken mit Venedig-, Masken- und Commedia-dell'Arte-Motiven von Gianfranco Missiaja. Campo San Maurizio, San Marco 2664.

Marmorpapier

Legatoria Piazzesi 40 Eine der ältesten Druckereien Venedigs. Bedrucktes Marmorpapier, Karten, Alben und dekorative Objekte für den Schreibtisch. Campiello della Feltrina (nahe dem Campo San Maurizio), San Marco 2511.

Il Papiro 34 Eine weitere gute Adresse für bedrucktes Marmorpapier und alles, was man daraus machen kann. Calle del Piovan, San Marco 2764.

Textiles

Jesurum 38 Alteingesessenes Fachgeschäft für hochwertige Stoffe und Spitzen. Bettwäsche, Tischdecken, Taschentücher, Schals etc., alles in dezenten Farbtönen. Calle Larga XXII Marzo, San Marco 2401.

Venetia Studium 43 In diesem edlen Stofftempel des Fortuny-Schülers Lino Lando werden auch originalgetreu produzierte Fortuny-Lampenschirme verkauft (s. o., Museo Fortuny). Calle Larga XXII Marzo, San Marco 2425; es gibt mehrere Filialen in der Stadt.

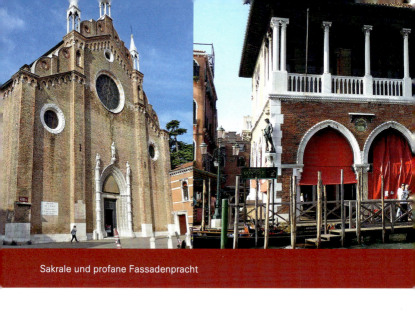

Sakrale und profane Fassadenpracht

I Sestieri di San Polo e Santa Croce – Die Viertel San Polo und Santa Crocedi

Von der oberen Schleife des Canal Grande umschlungen, gehören die beiden ineinander übergehenden Stadtteile San Polo und Santa Croce zum historischen Stadtgebiet. Das kleine, quirlige Rialtoviertel nordwestlich der gleichnamigen Brücke gilt sogar als die Keimzelle Venedigs, denn hier begannen die Lagunenbewohner mit der Erschließung des „tiefen Flusses" (Rivus Altus), den sie erst viel später „großer Kanal" nannten.

Beide Stadtviertel sind ganz auf den Canal Grande ausgerichtet, so wird das Kanalufer von herrschaftlichen Wohnbauten gesäumt, während im Innern von San Polo und Santa Croce eher die bescheideneren Quartiere entstanden sind. Unter dem architektonischen Aspekt ist es ratsam, sich zunächst die attraktive Wasserseite vom Canal Grande aus zu erschließen (→ S. 120) und erst dann im Kerngebiet auf Entdeckungsreise zu gehen, einem labyrinthischen Gewirr aus engen Gassen, schmalen Brücken und aufgeschütteten Kanälen.

Venedigs „Bauch", das lebendige *Rialtoviertel*, das gleich an der Rialtobrücke beginnt, wird fast vollständig vom quirligen Markttreiben beherrscht und erinnert damit an das mittelalterliche Venedig, das sein Markt- und Handelszentrum an eben dieser Stelle hatte. Noch heute spürt man auf dem *Rialtomarkt* die sprichwörtlich gewordene venezianische Geschäftstüchtigkeit und Händlermentalität. Und als sei die Zeit stehen geblieben, werden an den Ladekais unentwegt Waren jeglicher Art angeliefert und auf die einzelnen Marktplätze, Hallen, Stände und Geschäfte verteilt. Gab es früher noch penibel vorgeschriebene Ladezonen, etwa für Wein (*Riva del Vin*) und Öl (*Riva dell'Olio*), so herrscht heute eher Anarchie im Lieferverkehr. Und das Warenangebot im Rialtoviertel ist natürlich vielfältiger und touristischer geworden, ab-

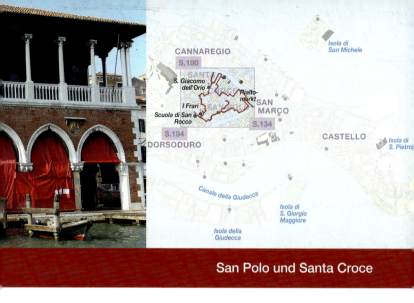

San Polo und Santa Croce

gesehen vom Obst- und Gemüsemarkt *(Erberia)* oder vom Fischmarkt *(Pescheria)*, wo die kehligen Stimmen der Händler am lautesten um Kundschaft werben. Vor allem hier hört man diesen seltsamen venezianischen Dialekt, den selbst Italiener aus anderen Regionen kaum verstehen. Auch in den Seitengassen pulsiert das Leben nach wie vor im Rhythmus des Warenverkehrs, und die Straßennamen verraten, welche Gewerbe hier einst blühten. Um den *Campo delle Beccarie* herum hatten die Metzger ihr Revier, eine Gasse weiter betrieben die *Botteri* (Fassbinder) ihr Handwerk, und in der *Calle dell'Ostaria* wurde deftiges Essen und offener Wein serviert. Etwas feiner ging es hingegen in den Geschäften der Juweliere, Goldschmiede und Tuchhändler zu. Und wo die venezianischen Dukaten derart reichlich zirkulierten, da waren natürlich auch die Geldverleiher und Bankhäuser nicht weit – ebenso wie die Steuerbehörde mit dem angeschlossenen Schuldnergefängnis.

Ein gezielter Bummel durch San Polo und Santa Croce führt vom Rialtoviertel zu den Highlights dieses insgesamt eher bescheidenen Stadtgebiets, der monumentalen *Basilica dei Frari* und der *Scuola Grande di San Rocco*, die beide mit grandiosen Kunstschätzen ausgestattet sind. Wer seine Bekanntschaft mit *Tizian* und *Tintoretto* vertiefen möchte, darf diese beiden erstklassigen Kunsttempel auf keinen Fall links liegen lassen. Wer sich unter Urlaub in Venedig eher Müßiggang vorstellt, der findet auf den weitläufigen *Campi* von *San Polo* und *Santa Croce* das geeignete Revier dazu.

Spaziergang 2: Durch San Polo und Santa Croce

Alle Wege führen zum *Ponte di Rialto* (→ S. 129), denn diese wichtige Brücke über den *Canal Grande* stellt seit eh und je den zentralen Verkehrsknotenpunkt Venedigs dar. Angesichts des unablässigen Menschengedränges fällt es nicht schwer, sich vorzustellen, dass die frühere Holzbrücke 1444 unter der Last der Menge einstürzte. Ende des 16. Jh. dann solide aus Stein errichtet, gewährt

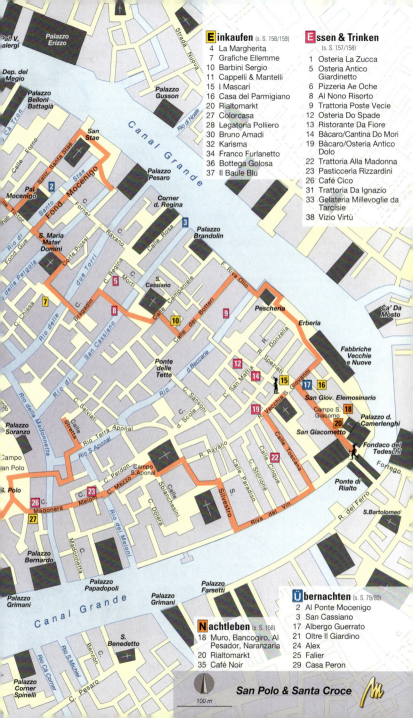

die Rialtobrücke den direkten Zugang zum unmittelbar angrenzenden Rialtomarkt, wo die Tour durch San Polo und Santa Croce beginnen sollte.

Kein Zweifel, dieser *Rialtomarkt* ist mit Abstand das Lebendigste, was Venedig zu bieten hat. Ein regelrechter Budenzauber, der die Sinne unmittelbar anspricht. Wer ausgelassene Marktatmosphäre mag, kommt hier garantiert auf seine Kosten. Im hektischen Gewirr der Marktstände und Ladengassen mit ihrer verlockenden Warenvielfalt und ihren Appetit machenden Düften fällt es schwer, die geschichtsträchtigen Baudenkmäler des Rialtoviertels nicht ganz aus den Augen zu verlieren. Da ist zunächst die älteste Kirche Venedigs zu nennen, die *Chiesa San Giacomo di Rialto*, deren Grundstein angeblich 421, im offiziellen Gründungsjahr Venedigs, gelegt worden sein soll. Sicher ist allerdings lediglich, dass der Baukörper so, wie er sich heute präsentiert, aus dem 11. Jh. stammt. Bei der gotischen Säulenvorhalle handelt es sich um eine spätere Hinzufügung. Kunstgeschichtlich ist *San Giacometto*, wie die Kirche im Volksmund genannt wird, eher unbedeutend, aber eine Giebelinschrift drückt ihre wahre Bestimmung aus: „Dass in der Umgebung dieser Kirche das Gesetz des Kaufmanns recht sei, das Gewicht richtig und die Verträge ehrenhaft" – ein Gotteshaus, ganz den Händlern und dem Geschäftsleben gewidmet. Dazu passt natürlich auch, dass bereits im 12. Jh. die Geldwechsler ihre Tische in der Säulenvorhalle von San Giacometto aufstellten und dass hier im Rialtoviertel die ersten Kredit- und Girobanken („Banco Giro") eröffneten, die mit Schuldverschreibungen und Wechseln handelten. So mancher Händler mag sich in das Kircheninnere zurückgezogen haben, um für einen erfolgreichen Geschäftsabschluss zu beten.

Am *Campo San Giacomo di Rialto*, dem Arkadenplatz vor der Kirche, befindet sich eine kleine Treppe mit der Figur des *Gobbo di Rialto* (Buckliger von Rialto), und daneben steht ein Säulenstumpf namens *Pietra del Bando*. An dieser Stelle wurden früher die Handelsgesetze und Steuerverordnungen verkündet. Und gegen das bescheidene Entgelt von einer *Gazzetta* konnten sich die Bürger hier die aktuellen Nachrichten vorlesen lassen. „Gazzetta", der Name vieler italienischer Zeitungen, geht auf diesen bezahlten Nachrichtendienst zurück. Der „Bucklige von Rialto" war außerdem der Endpunkt eines Spießrutenlaufs: Räuber und andere Missetäter wurden nämlich oftmals dazu verurteilt, nackt vom Markusplatz zum Rialto zu laufen, und zwar unter Gertenschlägen. Der *Gobbo* war das erlösende Ziel dieses Folterlaufs.

Die Fabbriche Vecchie e Nuove begrenzen den Rialtomarkt am Kanalufer

Spaziergang durch San Polo und Santa Croce 151

Gleich hinter San Giacomo di Rialto, am Kanalknick, erhebt sich der *Palazzo dei Camerlenghi*, ein Renaissancebau (frühes 16. Jh.), in dessen Vorgängerbau bereits das oberste venezianische Finanzamt residierte. Im Erdgeschoss dieser gnadenlosen Behörde befanden sich Zellen für säumige Steuerzahler. Ein Stück weiter am Kanalufer, neben *Erberia* (Obst- und Gemüsemarkt) und *Pescheria* (Fischmarkthalle), erstrecken sich die alten Verwaltungsgebäude des Rialtoviertels, die *Fabbriche Vecchie e Nuove*, in denen die Handelsaufsicht und das Handelsgericht untergebracht waren.

Über das Ölufer *Riva dell'Olio* – mit Blick auf die gegenüberliegende *Ca' d'Oro* (→ S. 131) – gelangt man schlagartig in ruhigere Gefilde. Hier, im Bereich des *Campo San Cassiano* und des *Ponte delle Tette* (Busenbrücke), befand sich einst ein verrufenes Rotlichtviertel, in dem die ansässigen Prostituierten barbusig an Fenstern und Balustraden werben durften (→ „Prostitution in Venedig", S. 152).

Über den beschaulichen *Campo Mater Domini* mit seinen pittoresk verwitterten Häuserfassaden führt der Weg zur *Ca' Pesaro* mit seinen beiden Museen (→ S. 131) und zur *Kirche San Stae* (s. u.) am Canal Grande. Nach der Besichtigung des sehenswerten *Palazzo Mocenigo* (s. u.) bietet sich ein Abstecher zum *Fondaco dei Turchi* (→ S. 132) an. Weiter geht es über den Rio del Megio zum oval angelegten Kirchenplatz von *San Giacomo dell'Orio* (s. u.). Die freistehende Kirche beherrscht die Platzmitte mit ihren harmonisch geschwungenen Apsiswölbungen. Platanenschatten und ein paar Bänke laden zum Verweilen ein.

Jetzt führt ein Zickzackweg mit Verirrungsgefahr durch ein eher reizarmes Wohngebiet vorbei an der *Scuola Grande di San Giovanni Evangelista* (s. u.) zur monumentalen *Frari-Kirche* (→ S. 155), wo es ein frühes Meisterwerk von Tizian zu bewundern gibt. Im Rücken der Frari-Kirche befindet sich mit der *Chiesa* und der *Scuola Grande di San Rocco* ein weiteres, unbedingt sehenswertes Gebäudepaar (→ S. 156). Neben dem riesigen Bruderschaftshaus, das ein *Tintoretto-Museum* beherbergt, fällt die Chiesa San Rocco, in der weitere Gemälde des jungen Tintoretto hängen, geradezu bescheiden aus.

Der anschließende kleine *Campo San Tomà* wird ganz von der weißen, fensterlosen Fassade der *Chiesa San Tomà* beherrscht. Von hier aus sind es nur wenige Schritte zum Geburtshaus des Komödiendichters *Carlo Goldoni*, in dem heute eine theaterwissenschaftliche Bibliothek mit angeschlossenem Museum (s. u.) untergebracht ist. Hier befindet man sich übrigens im ehemaligen Viertel der *Saoneri* (Seifensieder), im 16. Jh. ein lukrativer Produktionszweig, um den Venedig stark beneidet wurde.

Hinter dem Rio di San Polo öffnet sich der volkstümliche *Campo San Polo*. Während der Ziegelsteinbau der *Chiesa San Polo* (s. u.) dem Platz mit seiner Apsis fast die kalte Schulter zeigt, erfreuen einige Häuserfassaden das Auge, darunter der gotische *Palazzo Soranzo* (Nr. 2169–2171), in dem *Giacomo Casanova* ein und aus ging. Heute ist der Campo San Polo, auf dem früher sogar Stierkämpfe stattfanden, ein wichtiger Veranstaltungsort während der Karnevalszeit und des internationalen Filmfestivals. Von hier führt ein kurzer Abstecher zur angeblich schmalsten Gasse Venedigs, der 65 cm breiten *Calle Stretta* (→ Karte).

Riva del Vin, das „Weinufer" am Canal Grande, wo man von einer fotoreifen Ansicht der Rialtobrücke empfangen wird, erreicht man über die beiden Plätze *Campo San Aponal* und *Campo San Silvestro*. Und zum Abschluss des Spaziergangs unbedingt einen Blick in die unscheinbare Kirche *San Giovanni Elemosinario* werfen (s. u.).

Prostitution in Venedig (13.–18. Jh.)

Das älteste erhaltene Dokument in Venedigs umfangreichen Stadtarchiven, das die Existenz der Prostitution in der Lagunenstadt belegt, stammt von 1228. In diesem Schriftstück werden zwei Brüder, zwei reiche Kaufleute, aufgefordert, einem gewissen Angelo Bernardo den Mietvertrag für eines ihrer Wohnhäuser zu kündigen, weil dieser dort zusammen mit seiner Geliebten und einigen anderen Frauen ein kleines Bordell (Postribolo) betreibt. Mit Strenge und Unnachgiebigkeit trachtete Venedigs allgegenwärtiger Behördenapparat seinerzeit danach, die Ausbreitung der Prostitution einzudämmen.

Doch schon Anfang des 14. Jh. änderte sich die Grundeinstellung zur öffentlichen Ausübung der Prostitution. Zunächst einmal tolerierten die zuständigen Behörden die Präsenz von Dirnen in den Osterien und Tavernen des Rialtoviertels, wo sie ungestört auf Freierfang gehen durften. Praktisch, dass diese berüchtigten Gaststätten und Wirtshäuser im turbulenten Markt- und Handelszentrum der Stadt zumeist auch Zimmer vermieteten. Beabsichtigtes Ziel war es, der Prostitution einen geeigneten und überschaubaren städtischen Raum zuzugestehen und sie vom übrigen Stadtgebiet fernzuhalten. Außerdem glaubte man seinerzeit, dass eine kontrollierte Prostitution dazu beitragen könnte, anderen schlimmen Übeln wie Vergewaltigung, Sodomie und Homosexualität Einhalt zu gebieten.

1360 öffnete das erste offizielle Bordell Venedigs seine Türen, und das Rialtoviertel, wo sich das sogenannte *Castelletto* befand, entwickelte sich endgültig zum Rotlichtviertel. Halb privat und halb öffentlich geführt stand das Freudenhaus unter der Aufsicht der *Capi di Sestiere*, die regelmäßig und pünktlich einen Teil der Monatseinnahmen kassierten, um die Hausmeister zu bezahlen und die Miete an die Besitzer der Wohnblocks abzuführen, bei denen es sich um die ortsansässigen Adelsfamilien Venier und Morosini handelte. Schwierigste Aufgabe für die Capi war es, zu verhindern, dass die herumschlendernden Prostituierten ihren streng reglementierten Aufenthaltsbereich zwischen dem Campo delle Beccarie und dem Campo San Cassiano verließen.

Genau ein Jahrhundert lang erfüllte das *Castelletto a Rialto* seinen Zweck, bis es 1460 durch ein größeres Bordell in der Calle delle Beccarie ersetzt wurde. Die Konzession für das neue Castelletto erhielt ein Stadtadliger namens Priamo Malipiero, der auch für die Einhaltung der erweiterten Vorschriften und umfangreichen Reglementierungen verantwortlich war. Beispielsweise galt es, die eingeführte Sperrstunde zu überwachen, die Kuppler vom Freudenhaus fern zu halten und das nach wie vor begrenzte Aufenthaltsgebiet der Prostituierten zu kontrollieren.

Gegen Ende des 15. Jh. erreichte Venedig seinen wirtschaftlichen Höhepunkt und hatte sich in allen Bereichen des öffentlichen Lebens zu einer schillernden Metropole der Neuzeit entwickelt. Kein Wunder, dass in dieser Zeit auch die engen und strengen Grenzen des Rotlichtmilieus gesprengt wurden. Unaufhaltsam breitete sich Prostitution in der ganzen Stadt aus. Per Dekret zum Sperrbezirk erklärt wurde lediglich die nähere Umgebung der repräsentativen Piazza San Marco.

Immigranten aus aller Welt strömten nach Venedig und durchmischten die Stadtbevölkerung heftig. Bunt und exotisch war auch das wachsende Heer der Prostituierten, die sich in Venedig niederließen. Sie boten ihre Dienste in Osterien, Tavernen, Herbergen, Bädern und Privatwohnungen an. Alles schien perfekt venezianisch organisiert zu sein, wenn da nicht die parasitären Zuhälter gewesen wären, denen die Frauen nahezu schutzlos ausgeliefert waren, seitdem sie das schützende Castelletto verlassen hatten. Erst als der Frauenhandel, die Gewalt gegen Frauen, Ausbeutung und Erpressung unerträgliche Ausmaße annahmen, reagierte eines der höchsten Organe der Stadt, der *Consiglio dei Dieci* 1492 mit einem Gesetz, dass alle Prostituierten für frei erklärte (Libere tutte le Meretrici) und alle Zuhälter (Ruffiani) aus der Stadt verbannte.

Doch ein neuer Feind der käuflichen Liebe war bereits im Anflug – die Syphilis (il mal franzoso), die sich bald auch in Venedig ausbreitete. 1522 eröffnete im Sestiere Dorsoduro das karitative *Ospedale degli Incurabili* für Syphiliskranke. Bereits damals war eine medizinische Behandlung möglich, aber in diesen Genuss kamen nur wenige Erkrankte, während die meisten qualvoll starben. Dass die Prostituierten in der Hochzeit der Epidemie öffentlich beschimpft und zu Sündenböcken gemacht wurden dürfte wohl niemanden wundern.

Das revolutionäre Zeitalter der Renaissance prägte im 16. Jh. auch das soziale und kulturelle Leben in Venedig. Die Künste und das Menschenbild verfeinerten sich, das Bildungsniveau und das Standesbewusstsein stiegen. Eine Zeit in der die Kurtisane (*Cortigiana*), die Prostituierte mit Stil, die Bühne betrat. Längst war das Angebot an käuflicher Liebe so ausdifferenziert wie die venezianische Gesellschaft selber, jeder konnte die passende Dame seines Begehrens finden, ob als Meretrice, Puttana, Compagnessa oder anders bezeichnet. Doch über allen schwebte die Kurtisane, der Inbegriff der kultivierten Hure mit dem besonderen Merkmal der gesellschaftlichen Anerkennung. Nur in Venedig – hieß es damals sogar in Paris – genoss die Kurtisane die gleichen Freiheiten wie die Künstler.

Ausdruck des gehobenen Niveaus der venezianischen Prostitution waren neben einer aufwendigen Garderobe und eines extravaganten Lebensstils auch die phantasievollen Praktiken des Kundenfangs. Beispielsweise ist überliefert, dass die Elite der Zunft sich spezielle Gondeln mit Alkoven (*Bettnischen*) anfertigen ließ um damit auf dem Canale della Misericordia Ausschau nach Freiern zu halten. Andere Damen bevorzugten es als trauernde Witwen verkleidet ihre Freier in den Kirchen der Stadt zu suchen. Zur Schattenseite der Realität gehörten jedoch Armut und Elend unter den Prostituierten; vorbildlich waren hingegen Frauenhäuser in denen ausgestiegene Dirnen aufgenommen und resozialisiert wurden, während in den Waisenhäusern der Stadt gefährdete Mädchen vor dem Einstieg in die Prostitution geschützt wurden. Ausgerechnet im 17. Jh., der Zeit barocker Prachtentfaltung, zügelloser Feste und überschwänglicher Salonkultur, begann die Moralgesetzgebung wieder zu greifen und der Glanz der venezianischen Kurtisane zu verblassen. Sie verlor ihre gesellschaftliche Akzeptanz und Verbote schränkten ihre Bewegungsfreiheit und ihr luxuriöses Auftreten erheblich ein – zur Freude der venezianischen Adelsfrauen und vornehmen Damen.

Im 18. Jh. herrschte eine seltsam ausgelassene Atmosphäre in Venedig. Das unvermeidliche Ende der Adelsrepublik versetzte die Stadt und ihre Bewohner paradoxerweise in einen karnevalesken Rauschzustand, wobei die allgegenwärtige Prostitution ein enormes Ausmaß und eine nie geahnte Selbstverständlichkeit erreichte. Es war die Zeit Giacomo Casanovas und die sprichwörtliche Sittenlosigkeit Venedigs erregte die Gemüter in ganz Europa. Selbst der viel gereiste Goethe muss große Augen bekommen haben, wie es seine erotisch stark aufgeladenen Venezianischen Epigramme verraten.

Sehenswertes in San Polo und Santa Croce

Museo di Palazzo Mocenigo

> Kirchensammelticket/Chorus Pass: → S. 140, in den Vierteln San Polo und Santa Croce befinden sich 5 der 16 Chorus-Kirchen (s. u.).

Dieser herrschaftliche Palazzo gehörte zum enormen städtischen Besitz der reichen und verzweigten Familie *Mocenigo*, die zwischen 1414 und 1778 insgesamt sieben Dogen stellte. Einer der letzten Stammhalter vermachte ihn 1945 der Stadt, die den Palazzo auf Grund seiner kostbaren Ausstattung und seines guten Erhaltungszustands als Museum öffnete. Der reich möblierte *Piano nobile* (erster Stock) ist beispielhaft für die Wohnverhältnisse des venezianischen Adels in der zweiten Hälfte des 18. Jh. Die Fülle an wertvollen Gemälden und Fresken in den acht zugänglichen Sälen ist überwältigend. Der *Portego* (großer Saal) hängt voller Porträts der berühmtesten Familienmitglieder. Zu sehen sind außerdem riesige Lüster und Armleuchter aus Muranoglas sowie historische Kleidungsstücke, edle Stoffe und Accessoires.

Salizzada di San Stae, Santa Croce 1992. Geöffnet: Nov.–März Di–So 10–16 Uhr, April–Okt. 10–17 Uhr. Eintritt mit dem Museumspass und der Venice Card; Einzelticket 8 €, erm. 5,50 €.

Chiesa San Stae

Die eindrucksvolle Kirche am Canal Grande stammt aus dem 17. Jh., erhielt jedoch Anfang des 18. Jh. eine klassizistische Fassade. Fassaden-Baumeister war *Domenico Rossi*, der mit diesem grandiosen Entwurf in Venedig debütierte, Geldgeber war der *Doge Alvise Mocenigo II*, dessen Grabmal sich auch hier befindet. Ganz eindeutig stand die Fassade in der Tradition *Andrea Palladios*, man lobte die Linienführung, hielt den Statuenschmuck jedoch für überladen: ein Wirrwarr von schmachtenden Figuren lautete das harte Urteil der Zeitgenossen. Das Kircheninnere ist mit kostbaren Werken ausgestattet, darunter die „Marter des heiligen Bartholomäus" von *Giovanni Battista Tiepolo*.

Campo San Stae. Geöffnet: Mo–Sa 10–17 Uhr. Eintritt: 3 € bzw. mit Chorus Pass oder Venice Card.

Chiesa San Giacomo dell'Orio

Sie ist eine der ältesten Kirchen des Viertels, ihr Grundstein wurde schon im 9. Jh. gelegt. Allerdings reicht die hier vorhandene architektonische Bandbreite bis ins 16. Jh. Ein regelrechter Säulenwald ziert das Kircheninneres, darunter befinden sich etliche Beutestücke aus Konstantinopel. Den wertvollsten Kunstschatz stellt die „Maria mit dem Kind und Heiligen", das Hochaltarbild von *Lorenzo Lotto* (1480–1556), dar. In der Neuen Sakristei befindet sich ein großartiges Deckengemälde von *Paolo Veronese*.

Campo San Giacomo dall'Orio. Geöffnet: Mo–Sa 10–17 Uhr. Eintritt: 3 € bzw. mit Chorus Pass oder Venice Card.

Scuola Grande di San Giovanni Evangelista

Der Adler, das Wappentier des Evangelisten Johannes, schmückt den Torbogen des Innenhofs, der von prächtigen Renaissancefassaden begrenzt wird. 1261 wurde die zweitälteste Bruderschaft Venedigs gegründet, deren wertvollster Schatz eine Reliquie vom Kreuz Christi war. Während *Mauro Coducci* das imposante Bruderschaftsgebäude entwarf, fertigten seine Zeitgenossen *Gentile Bellini* und *Vittore Carpaccio* den grandiosen Gemäldezyklus „Wunder der heiligen Kreuzreliquie" an, der den hinteren Saal des Obergeschosses schmückte. Heute befindet sich dieser kunstgeschichtlich sehr bedeutende Bilderzyklus im Saal 20 der Galleria dell'Accademia (→ S. 199). Seit Jahren fordert ihn die Scuola vergeblich zurück.

Campiello della Scuola 2454. Besichtigung im Rahmen von Ausstellungen und Konzerten (siehe www.scuolasangiovanni.it); ansonsten leider unregelmäßige Öffnungszeiten. Eintritt Scuola und Chiesa 8 €, nur Scuola 5 €.

Basilica Santa Maria Gloriosa dei Frari (Frari-Kirche)

Eines der größten und bedeutendsten Gotteshäuser Venedigs. Im 14. und 15. Jh. vom Bettelorden der Franziskaner errichtet, fällt dieser monumentale, aber schlichte Backsteinbau stilistisch noch in die venezianische Gotik. Die Frari-Kirche war seinerzeit das Zentrum der sogenannten *Konventualen* im venezianischen Franziskanerorden, die von der Dogenrepublik unterstützt wurden. Deshalb fiel das Baugrundstück, das die Stadt ihnen zur Verfügung stellte, so großzügig aus. Der riesige *Klosterkomplex* mit den beiden Kreuzgängen beherbergt heute das Staatsarchiv. Monumental ist auch der *Glockenturm*, der nach dem Campanile von San Marco der zweithöchste Turm der Stadt ist.

Der Außenschmuck der schlichten Kirchenfassade beschränkt sich auf das gestaffelte Marmorportal und die himmelwärts strebenden Giebeltürmchen. Im Innern verweist die stattliche Anzahl prächtiger Grabdenkmäler deutlich auf die gute Beziehung des Ordens zu den Herrschenden. Neben Dogen, Prälaten, Honoratioren, Admirälen und Generälen hat auch das Malergenie *Tizian* seine letzte Ruhestätte in der Frari-Kirche gefunden – wo er sich auch selbst ein Denkmal gesetzt hat mit dem farbenprächtigen Mariä-Himmelfahrt-Gemälde von 1516–18, der „Assunta" über dem Altar. Ebenfalls von Tizian stammt die „Madonna der Familie Pesaro" (1519–26) im linken Seitenschiff.

Im Mittelschiff dominiert die hohe marmorne Chorschranke (1475) von *Pietro Lombardo,* ein Paradebeispiel für den Übergangsstil von der Spätgotik zur Frührenaissance. Dahinter verbirgt sich das hölzerne gotische Chorgestühl mit seinen insgesamt 124 Intarsienbildern.

Am Haupteingang springt das pyramidenförmige Grabmal des klassizistischen Bildhauers *Antonio Canova* (1757–1822) ins Auge. Canova selbst entwarf es eigentlich für Tizians Grabstätte (die sich genau gegenüber befindet). Offensichtlich empfand man es als zu klassizistisch-streng für den großen Maler, nun ehrt es Canova selbst, während Tizian unter einem antiken Tempel mit geflügeltem Markuslöwen ruht. Kaum zu fassen ist das gigantische Grabmal des *Dogen Giovanni Pesaro,* dessen Säulenaufbau von vier überlebensgroßen Sklaven gebildet wird (ein Werk *Longhenas).* Weitere Kunstwerke in der Frari-Kirche stammen von *Giovanni Bellini* (Flügelaltar in der Sakristei, von 1488) und *Donatello* (Johannes-Statue, erste Kapelle rechts vom Hochaltar).

Campo dei Frari. Geöffnet: Mo–Sa 9–18 Uhr, So 13–18 Uhr. Eintritt: 3 € bzw. mit Chorus Pass oder Venice Card.

Scuola Grande di San Rocco (Tintoretto-Museum)

Die Laienbruderschaft des heiligen Rochus, in der v. a. mittelständische Kaufleute und Handwerker organisiert waren, war eine der reichsten und größten Bruderschaften Venedigs (→ S. 46). Ihr Versammlungsgebäude, ein prunkvoll ausgestatteter Renaissancepalast aus der ersten Hälfte des 16. Jh., ist heute ein viel besuchtes Tintoretto-Museum, in dem es einen unvergleichlichen Gemäldezyklus dieses genialen Meisters der dramatischen Bewegung und der starken Licht-Schatten-Kontraste zu bewundern gibt.

Tintoretto arbeitete von 1564 bis 1587 an der Bilderfolge des Bruderschaftshauses. Anzahl und Größe der insgesamt 56 Gemälde waren von der Innenarchitektur des Gebäudes vorgegeben, allein in der vergoldeten Decke des Großen Saals im Obergeschoss galt es, 21 Felder in fünf unterschiedlichen Formaten zu füllen. Der gesamte Zyklus zieht sich vom Erdgeschoss bis in die Sala dell'Albergo im oberen Stockwerk.

Wer das Gesamtkunstwerk in seiner entstehungsgeschichtlichen Reihenfolge betrachten will, beginnt am besten mit der *Sala dell'Albergo*. Die dortigen Deckengemälde gehören zu den ersten fertiggestellten Arbeiten. Die zentrale Darstellung zeigt die „Vergöttlichung des heiligen Rochus", mit der sich Tintoretto 1564 gegen drei Mitbewerber für den lukrativen Auftrag durchsetzte. Die Wände sind mit dramatischen Passionsszenen, einer überwältigenden Kreuzigung sowie einem Selbstbildnis des Künstlers geschmückt.

Der anschließende *Große Saal*, der als Versammlungsraum diente, ist mit einer Fülle von bewegenden Bibelszenen bebildert, in denen Tintoretto – auf der Höhe seiner Schaffenskraft – alle Register der dramatischen Bildkomposition und perspektivischen Illusion zieht. Im *Erdgeschoss* schließlich dominieren die Werke des gereiften Meisters, der das Mystische betont, v. a. im Zyklus zum Marienleben, der mit der „Verkündigung Mariens" beginnt und mit ihrer „Himmelfahrt" endet.

Campo San Rocco. Geöffnet: tägl. 9.30–17.30 Uhr. Eintritt: 10 €, erm. 8 € inkl. Audioführer (auch auf Deutsch).

Casa Goldoni

Bei diesem gotischen Palazzo Centanni handelt es sich um das Geburtshaus des heute noch populären Komödiendichters *Carlo Goldoni* (1707–1793), dessen 300. Geburtstag in Venedig aufwendig gefeiert wurde. Das Gebäude beherbergt eine theaterwissenschaftliche Bibliothek sowie ein kleines Museum, das dem Reformator der italienischen Komödie gewidmet ist. Zu sehen sind u. a. Manuskripte, Erstausgaben seiner Werke sowie eine Materialsammlung zu den venezianischen Goldoni-Inszenierungen. Das Museums-Highlight bildet ein Marionettentheater aus dem 18. Jh. Goldoni selbst starb arm und einsam in Paris. Das beliebte Komödientheater im Stadtteil San Marco ist nach ihm benannt.

Calle dei Nomboli, San Polo 2794. Geöffnet: Nov.–März tägl. außer Mi 10–16 Uhr, April–Okt. 10–17 Uhr. Eintritt mit dem Museumspass und der Venice Card; Einzelticket 5 €, erm. 3,50 €.

Chiesa San Polo

Spätgotische Kirche mit Glockenturm aus dem 14. Jh. Äußerlich keine Augenweide, aber im Kircheninnern stecken einige Kunstwerke von Rang: ein „Abendmahl" von *Tintoretto,* eine „Muttergottes mit dem heiligen Johannes von Nepomuk" von *Giovanni Battista Tiepolo* sowie die Kreuzwegstationen in der Sakristei von *Giandomenico Tiepolo*.

Campo San Polo. Geöffnet: Mo–Sa 10–17 Uhr. Eintritt: 3 € bzw. mit Chorus Pass oder Venice Card.

Chiesa San Giovanni Elemosinario

Wie San Giacometto (→ S. 150) eine der ältesten Kirchen Venedigs. Die kleine Kreuzkuppelkirche ist heute von außen kaum erkennbar in ein Häuserkonglomerat integriert. Neben der bemalten Zentralkuppel verlangen zwei Kunstwerke besondere Aufmerksamkeit: das Altarbild von *Tizian*, das den heiligen Johannes als Almosengeber zeigt, und ein frühmittelalterliches Steinrelief (6./7. Jh.) mit einer Darstellung der Geburt Christi. Zu sehen ist außerdem eins der seltenen Gemälde von Tizians Sohn *Marco Vecellio*.

Ruga Vecchia San Giovanni. Geöffnet: Mo–Sa 10–17 Uhr. Eintritt: 3 € bzw. mit Chorus Pass oder Venice Card.

Praktische Infos → Karte S. 148/149

Essen und …

Ristorante Da Fiore 13 Fisch-Feinschmeckerlokal (solo pesce!), eine der besten kulinarischen Adressen Venedigs, mehrfach ausgezeichnet. Stilvoll eingerichtet, distinguierte Atmosphäre, professionell-freundlicher Service. Erlesene Weine, allerfeinste Dolci. Oberste Preisklasse, Menü deutlich über 50 €. Absolut romantisch ist der Zweiertisch auf dem kleinen Balkon über dem Rio. So Ruhetag. Calle Scaleter, San Polo 2002, ✆ 041/721308.

Trattoria Alla Madonna 22 Der venezianische „Fischkönig" residiert in einer schmalen Seitengasse im Rialtoviertel. Das große, stimmungsvolle Ristorante bietet über 200 Plätze in sechs Speiseräumen und ist stets voll. Man reiht sich in die Schlange vor der Tür ein und wartet, bis man einen Tisch zugewiesen bekommt. Die Auswahl an Antipasti, Primi und Secondi ist enorm. Die Portionen sind reell, die Bedienung ist flink. Eine echte Gastro-Institution und preislich akzeptabel, Menü 30–40 €. Mi Ruhetag. Calle della Madonna, San Polo 594, ✆ 041/5223824.

Trattoria Poste Vecie 9 Ehemalige Poststation, direkt an der Fischmarkthalle, angeblich die älteste Trattoria der Lagunenstadt. Edles, nostalgisches Ambiente. Gemütlich sitzt man auch im angrenzenden Wintergarten. Fisch und Meeresfrüchte in allen Variationen. Menü ca. 50 €. Di Ruhetag. Pescheria, San Polo 1608, ✆ 041/721822.

I Sestieri di San Polo e Santa Croce

>>> Mein Tipp: Osteria Do Spade 🔢 Nahe dem Rialtomarkt, in einem finsteren Tunnelgang. Aus dem hemdsärmeligen Bàcaro ist mittlerweile eine gemütliche Osteria geworden. Große Auswahl an Weinen, kalte und warme Appetitmacher im Tresenbereich. In den hinteren Speiseräumen werden typisch venezianische Gerichte serviert, Menü 20–30 €. Kein Ruhetag. Sottoportico delle do Spade, San Polo 860, ☏ 041/5210583. **«**

Bàcaro/Cantina Do Mori 🔢 Urgestein einer venezianischen Weinschenke am Rialtomarkt. Lange Theke mit Barhockern. Enorme Auswahl an Weinen und leckeren Häppchen *(Cicheti* und *Crostini).* Sehr beliebt, oft rappelvoll, etwas für Fortgeschrittene. Von 8.30–20 Uhr geöffnet, So geschlossen. Calle dei Do Mori, San Polo 429.

Bàcaro/Osteria Antico Dolo 🔢 Ausgesprochen sympathische Lokalität nahe dem Rialtomarkt. In der kleinen Garküche werden ab 12 Uhr auch deftige Häppchen für die Tresengäste zubereitet. Um mittags einen der ca. 30 Sitzplätze zu ergattern, muss man frühzeitig kommen. Abends unbedingt reservieren, am Wochenende gibt es zwei mögliche Essenszeiten (um 19.30 und 21.30 Uhr). Die Atmosphäre stimmt hier, aber die Preise sind leider deutlich gestiegen, Menü mittags 20–30 €, abends 40–50 €. Kein Ruhetag. Ruga Vecchia San Giovanni, San Polo 778, ☏ 041/5226546.

>>> Mein Tipp: Osteria La Zucca 🔢 Nahe dem Campo di San Giacomo dell'Orio, schön an einer Kanalbrücke gelegen. Seit Jahren eine zuverlässige Adresse. Gemütlich-rustikal eingerichtet, freundliche Atmosphäre. Viele vegetarische Gerichte, einige Fleisch-Secondi, kein Fisch, leckere Dolci. Tische auch draußen, drinnen Blick auf den Kanal. Menü 30–40 €. Da die Osteria relativ klein ist, gibt es abends nur zwei Reservierungszeiten, um 19 und 21 Uhr. So Ruhetag. Ponte del Megio, Santa Croce 1762, ☏ 041/5241570. **«**

Trattoria Da Ignazio 🔢 In einer schmalen, lebhaften Gasse versteckt sich dieses alteingesessene Gasthaus mit lauschigem Innenhof. Angenehme Atmosphäre, solide zubereitete venezianische und überregionale Gerichte, hausgemachte Pasta und Dolci, gute Flaschenweine, angemessene Preise, Menü 40–50 €. Sa Ruhetag. Calle dei Saoneri, San Polo 2749, ☏ 041/5234852.

Pizzeria Ae Oche 🔢 Rustikal im Scheunenstil eingerichtet. Riesenauswahl, an die 100 Pizzakreationen, kleine Preise. Einige Tische auf der Gasse. Junges Publikum. Calle del Tintor, nahe San Giacomo dell'Orio, Santa Croce 1552.

Al Nono Risorto 🔢 Betagtes, großes Gasthaus mit Charme und Patina, aber v. a. wegen des lauschigen Gartens mit dichter Pergola zu empfehlen. Einfache Hausmannskost, Menü 20–30 €, große Pizzaauswahl. Überwiegend junges, studentisches Publikum. Sotoportego Bettina, Santa Croce 2338, ☏ 041/5241169.

Osteria Antico Giardinetto 🔢 Etwas versteckt gelegen, nahe Campo San Cassiano. Kleiner, gemütlicher Speiseraum und separater Wintergarten. Kreative venezianische Küche mit Frischegarantie, eine Spezialität des Hauses sind die rohen Fisch-Antipasti, Menü ca. 50 €. Nur abends geöffnet, Mo Ruhetag. Calle die Morti, Santa Croce 2253, ☏ 041/722882.

... Trinken und mehr

Café Cico 🔢 Einfaches, volkstümliches Café am Campo San Polo mit kleiner Speisekarte. Von Jahr zu Jahr mehr Tische im Freien. San Polo1960.

Gelateria Millevoglie da Tarcisie 🔢 Ausgezeichnete Eisdiele an der Scuola Grande di San Rocco. Salizzada di San Rocco, San Polo 3033.

Pasticceria Rizzardini 🔢 Eine der feinsten Konditoreien des Viertels. Hier wird das Konditorhandwerk noch nach traditionellen Rezepten ausgeübt. Di Ruhetag. Campiello dei Meloni (zw. Campo San Polo und Campo San Aponal), San Polo 1415.

Vizio Virtù 🔢 Cioccolateria, ein Schokoladentempel der ganz besonderen Art. Lassen Sie sich verführen! Calle del Campaniel, San Polo 2898.

Café Noir 🔢 Angesagte Studentenkneipe. Drinks und Snacks bis 2 Uhr. Es wird auch Hardrock aufgelegt. Gehört bereits zu Dorsoduro, Calle dei Preti Crosera, 3805.

Am **Rialtomarkt** 🔢, hinter dem Campo San Giacometto, hat sich in den letzten Jahren ein intensives Abend- und Nachtleben etabliert. Beteiligt sind die Bars und Osterie **Muro, Bancogiro, Al Pesador** und **Naranzaria** 🔢 Wer keinen Tisch ergattert, steht oder sitzt am Kanalufer.

Einkaufen

Markt

Rialtomarkt 🔢 Venedigs größter Markt, absolut stimmungsvoll. Eine Welt für sich,

Praktische Infos

mit unzähligen Ständen, Geschäften, Garküchen, Weinschenken und fliegenden Händlern. Gleich hinter der Rialtobrücke. Tägl. außer So 7–14 Uhr.

Feinkost und Wein

I Mascari 15 Erinnert vom Warenangebot an die Zeit, als Venedig Europas größter Importeur für exotische Gewürze, Kaffee, Tee und Trockenfrüchte war. Und obendrein versteckt sich hier die größte Weinhandlung (*Enoteca*) Venedigs. Calle degli Spezieri, Rialto 380.

Casa del Parmigiano 16 Ein Feinkostgeschäft am Rialtomarkt, das sich auf die prominenteste aller italienischen Käsesorten spezialisiert hat, den Parmesan. Es gibt aber auch andere leckere Käsesorten sowie Schinken und Wurst für Selbstversorger. Campo C. Battisti, San Polo 214.

Bottega Golosa 36 Erlesene Tee- und Kaffeesorten, feinstes Gebäck und Süßigkeiten, verschiedene Sorten von Konfitüre und Honig, Bioprodukte etc. Campo San Tomà 2816.

Glas

Bruno Amadi 30 Seit fast 40 Jahren Glasbläser aus Leidenschaft mit einem Faible für Fische und Meeresgetier. Seine winzige Ladenwerkstatt gleicht einer Glasmenagerie. Calle dei Saoneri, San Polo 2747.

Keramik

La Margherita 4 In ihrer kleinen Ladenwerkstatt stellt die sympathische Margherita Rossetto bunte Gebrauchs- und Kunstkeramik her. Bunte Tassen und Majolikafliesen mit venezianischen Architekturmotiven sind die Renner. Corte Canal, Santa Croce 659.

Marmorpapier und Postkarten

Legatoria Polliero 28 Buchbinderei in dritter Generation, Notizbücher, Alben, Kalender etc. in Leder und Marmorpapier gebunden. Campo dei Frari, San Polo 2995.

Karisma 32 Stifte mit Federkiel und Utensilien aus kunstvoll verziertem Marmorpapier. Calle Saoneri 2752 (nahe dem Campo San Polo).

Grafiche Ellemme 7 Kleine Druckerei, die auch besondere Postkarten herstellt. Campo S. Maria Mater Domini, Santa Croce 2173.

Masken

Barbini Sergio 10 War 50 Jahre lang Maskenmacher aus Leidenschaft. Seine hoch-

Rialtomarkt – Venedigs Bauch

wertige Handarbeit wurde mehrfach ausgezeichnet. Jetzt führt seine Enkelin Michela Tacchi, die bei ihm gelernt hat, die Tradition fort. Wer Kaufabsichten hat, sollte sich auch hier umschauen. Calle dei Cristi (zw. Rialtomarkt und Campo San Cassiano), San Polo 1720.

Spielzeug

Il Baule Blu 37 Ein liebenswertes Geschäft, das sich u. a. auf altes Spielzeug spezialisiert hat, mit Vorliebe für Teddybären. San Tomà 2916.

Holz

Franco Furlanetto 34 Gehört zur jüngeren Generation der venezianischen Holzkünstler. Er ist Schüler von Saverio Pastor (→ S. 207) und macht *Remi e Forcole* (Ruder und Holzdollen) für historische Ruderboote, die bei der Regatta storica (→ S. 64) zum Einsatz kommen. Seine Souvenirkreationen sind bezahlbar. Calle Nomboli, nahe der Casa Goldoni, San Polo 2768.

Textiles

Colorcasa 27 Feine Stoffe für Einrichtung und Kleiderschrank. Hier gibt es auch die edlen Fortuny-Stoffe, die auf La Giudecca produziert werden. Showroom in San Polo 1990 (nahe dem Campo San Polo).

Hüte und Mäntel

Cappelli & Mantelli 11 Unscheinbarer Laden mit Atelier, in dem Monica Daniele ihre besonderen Hutkreationen für die Dame und den Herrn entwirft. Einzigartig in Venedig ist ihre Produktion des bodenlangen venezianischen Mantels (*Tabarro*), der auch die Karnevalsfigur *Sior maschera* umhüllt. Calle del Scaleter, San Polo 2235.

Riva degli Schiavoni: Venedigs turbulenteste Uferpromenade

Il Sestiere di Castello – Das Castello-Viertel

Größtes und kontrastreichstes der historischen Stadtviertel. Während sich im Westen das noble Ambiente des Markusviertels noch eine ganze Weile fortsetzt – besonders im Bereich der stark frequentierten Uferpromenade Riva degli Schiavoni –, stößt man im Osten auf Venedigs raue Peripherie mit vernachlässigten Arbeitervierteln und dem gigantischen Areal der traditionsreichen Werft Arsenale.

Auch für die Einheimischen ist der Übergang zwischen den beiden Vierteln San Marco und Castello fließend, wo genau die Grenze verläuft, interessiert eigentlich niemanden so genau. Fragt man jedoch nach der Schokoladenseite des Viertels, dann wird einmütig die *Riva degli Schiavoni* genannt, Venedigs breite Uferpromenade, die gleich hinter dem Dogenpalast beginnt. Im angrenzenden *Bacino di San Marco (Markusbecken)* lagen einst die ausländischen Handelsschiffe vor Anker, zusammen mit den venezianischen Galeeren und Segelschiffen sicherlich ein großartiger Anblick, der die Venezianer immer wieder zur Uferpromenade zog. Der Name *Schiavoni* stammt übrigens von den Händlern aus Dalmatien (*Schiavonia*), die hier ihren Warenumschlagplatz hatten. Obwohl das Ufer seine maritime Betriebsamkeit weitgehend verloren hat, ist es ein Tummelplatz und ein Verkehrsknotenpunkt geblieben, an dem sich die Einheimischen und Touristen von morgens bis abends an den Vaporetto-Stationen und auf den Kanalbrücken drängen.

Vor der prächtigen Kulisse der Uferpalazzi, von denen einige zu stilvollen Luxushotels umgewandelt worden sind, preisen fliegende Händler ihre Waren und Souvenirkreationen an, Gondeln schaukeln an den Holzstegen, und sehnsüchtige Blicke schweifen über die

Castello

Lagune, die hier bereits zum Meer geworden zu sein scheint.

Wahrscheinlich ist es die Promenaden-Hektik, die bald den Entschluss reifen lässt, sich ins verzweigte Castello-Viertel zu begeben, um die dortigen Sehenswürdigkeiten aufzusuchen. Wie schon im Markusviertel gehören die großen und kleinen *Campi* mit ihren bedeutenden Kirchen zu den Attraktionen von West-Castello. Unweigerlich stößt man beim Bummel auf den beschaulichen *Campo Santa Maria Formosa*, wo sich Wege aus allen Richtungen kreuzen und wo noch viel authentische Alltagsatmosphäre herrscht. Und von den Bruderschaften (→ S. 46), die in Castello ansässig waren, sind es die *Scuola Grande di San Marco* und die *Scuola San Giorgio degli Schiavoni*, die noch heute eine lebendige Vorstellung vom Reichtum und der Bedeutung dieser typischen venezianischen Institutionen vermitteln.

Komplett anders präsentiert sich Ost-Castello mit dem riesigen Komplex des seit 1918 geschlossenen *Arsenale*. Diese im Hochmittelalter gegründete Schiffswerft war jahrhundertelang Venedigs industrieller Motor und Garant seiner Seeherrschaft. Die *Arsenalotti* (Werftarbeiter), die mit ihren Familien in den angrenzenden Wohnvierteln lebten, gehörten zum privilegierten venezianischen Proletariat. Heute sind die Wohngebiete dieses östlichen Stadtteils zum Teil verwaist, und das Gelände des Arsenals ist nicht frei zugänglich. Dennoch lohnt sich ein Streifzug durch dieses traditionsreiche, wenn auch ärmliche Randgebiet Venedigs unbedingt. Auch ein Museumsbesuch gehört zum Pflichtprogramm, denn das *Museo Navale* lässt die glorreiche Vergangenheit der alten Seerepublik bis ins Detail lebendig werden. Wer noch tiefer in die Stadtgeschichte eintauchen möchte, kann das – zumindest im übertragenen Sinn – auf der *Kircheninsel San Pietro*, wo sich eine der allerersten Lagunensiedlungen befand.

Am äußersten Ende von Castello, auf dem Gelände der *Kunst-Biennale* und auf der angrenzenden *Wohninsel Sant'Elena*, erstrecken sich erholsame Parkanlagen – und schnelle Vaporetto-Verbindungen führen zurück ins historische Zentrum.

Markusbecken und Riva degli Schiavoni

Spaziergang 3: Durch das Castello-Viertel

Den Streifzug durch diesen weitläufigen und abwechslungsreichen Stadtteil sollte man – je nach Zeit und Gusto – sorgfältig planen, denn ein Tag reicht für eine umfassende Erkundung kaum aus, schon gar nicht, wenn man auch alle Kirchen und Museen ausgiebig besichtigen will.

Ausgangspunkt ist die Uferpromenade *Riva degli Schiavoni*, die sich am Abend wesentlich beschaulicher präsentiert als tagsüber, wenn sie vom unablässigen Touristenstrom bevölkert wird. Nur abends hat man einen freien Blick auf die *Seufzerbrücke* (→ S. 113) und auf die Prachtfassaden der Luxushotels entlang der Uferpromenade. Die allerfeinste Traditionsherberge ist das *Danieli*, das 1822 im gotischen Palazzo der Familie Dandolo (die insgesamt vier Dogen stellte) eröffnet wurde; ein architektonischer Schandfleck ist hingegen der moderne Anbau. Eine unscheinbare Gasse neben dem *Londra Palace*, das auch als Hotel mit den hundert Fenstern zur Lagune bezeichnet wird, führt auf den ruhigen *Campo San Zaccaria* (s. u.).

Ein paar Schritte weiter die Uferpromenade entlang, erhebt sich die klassizistische *Chiesa di Santa Maria della Pietà* (s. u.), besser bekannt als Kirche des venezianischen Komponisten *Antonio Vivaldi*. Gleich dahinter, stadteinwärts, erstreckt sich das ehemalige *Quartiere dei Greci* (Griechenviertel) Venedigs, dessen kulturelles und religiöses Zentrum von der *Chiesa San Giorgio dei Greci* und dem angeschlossenen Ikonenmuseum (s. u.) gebildet wird. Der schiefe Glockenturm ist ein hilfreicher Wegweiser durch das schmale Gassenlabyrinth. Der verwunschene kleine Kirchgarten, den man nur vom Ponte dei Greci aus erreicht, lädt zum Verschnaufen und Meditieren ein, bevor man sich in den lebhaften Teil des inneren Castello-Viertels begibt.

Ein schöner Weg führt über die *Fondamenta dell'Osmarin* und die anschließende *Ruga Giuffa* zum stimmungsvollen Kirchenplatz von *Santa Maria Formosa* (s. u.). Hier ist die *Pinacoteca Querini-Stampalia* (s. u.) unbedingt einen Besuch wert. Zwischen dem *Campo Santa Maria Formosa* und dem weiter nördlich gelegenen *Campo Santi Giovanni e Paolo* liegt ein volkstümliches Wohnviertel, in dem noch einige Bezeichnungen an mittlerweile ausgestorbene Handwerksberufe erinnern, die hier ausgeübt wurden. An der *Fondamenta dei Felzi* beispielsweise, dem Nordufer des Rio di San Giovanni, befanden sich die Werkstätten, in denen die Gondelkabinen *(Felzi)* gebaut wurden. Diese z. T. sehr kunstvoll gearbeiteten Aufbauten kann man heute nur noch im Schifffahrtsmuseum bestaunen.

Der breite *Campo Santi Giovanni e Paolo,* im Volksmund *San Zanipolo* genannt, wird von einigen der bedeutendsten Baudenkmäler des Castello-Viertel eingerahmt: der *Dominikanerkirche San Zanipolo* und der *Scuola Grande di San Marco* (s. u.). Auch das monumentale Reiterstandbild des legendären Söldnerführers Bartolomeo Colleoni ist ein wahres Meisterwerk. Es stammt von dem florentinischen Bildhauer Andrea Verrocchio (15. Jh.), der dem Bronzefeldherrn ein grimmiges Aussehen mitgab.

Fans der venezianischen Hausnummern können jetzt die Rekordziffer 6828 an der Ponte-Rosso-Brücke aufsuchen, die hinüber ins Cannaregio-Viertel führt. Der Weg zur Klosteranlage San Francesco della Vigna führt hingegen über die Handwerkergasse *Barbaria delle Tole,* in der einst Holztafeln („Tole") für den Export in arabische Länder gefertigt wurden. Einige herrschaftliche Palazzi mit verwitterten Fassaden erinnern an die besseren Zeiten, die dieses heute eher etwas vernachlässigte Stadtrandgebiet erlebt hat.

Am Kirchenplatz *San Francesco della Vigna* (s. u.) gewährt ein Gittertor Einlass in den Kreuzgang mit Klostergarten. Die Klosteranlage wurde auf dem Gebiet eines ehemaligen Weingartens (*Vigna*) errichtet.

Ein bisschen Spürsinn braucht man jetzt schon, um den direkten Weg vom seitlichen Säulengang des Kirchenplatzes, an dem fast immer ein paar Hobbymaler sitzen, zur Scuola San Giorgio degli Schiavoni zu finden. Auf halber Strecke liegt der stille *Campiello delle Gatte* (Katzenplatz), auf dem eine Gedenktafel an den hoch geschätzten Schriftsteller Ugo Foscolo (1778–1827) erinnert, der hier einige Jahre lebte.

Vivaldi-Kirche:
Konzertsaal und Gotteshaus

An der *Scuola San Giorgio degli Schiavoni* angelangt, gehört ein Besuch des dortigen *Carpaccio-Museums* zum Pflichtprogramm Kunstbeflissener (s. u.).

Kirchen-Liebhaber wird an dieser Stelle interessieren, dass die *Chiesa Sant'Antonin* nach 20-jähriger Restaurierungszeit wieder besucht werden kann (Führungen nur samstags um 10 Uhr, 8 €). Solche langen Restaurierungszeiträume sind in Venedig nicht selten. Die nahe *Chiesa San Lorenzo*, in der das *Grab Marco Polos* vermutet wird, ist seit mehr als 20 Jahren geschlossen, obwohl es sich für geschichtsbewusste Venezianer um eine Kultstätte handelt.

Campo Santi Giovanni e Paolo

Jetzt führt die *Salizzada Antonin* zum verträumten *Campo Bandiera e Moro*, der von der spätgotischen *Chiesa San Giovanni in Bragora* und einigen herrschaftlichen Palazzi beherrscht wird.

Nach der Überquerung des *Rio Ca' di Dio* steht man unversehens vor der *Porta dell'Arsenale*, dem majestätischen Eingangsportal der stillgelegten venezianischen Schiffswerft, die leider nicht betreten werden darf (→ „L'Arsenale, die verbotene Stadt", S. 172). Der Blick vom erhöhten Standpunkt auf der Holzbrücke über den *Rio dell'Arsenale* gibt nur eine bescheidene Sicht auf diese größte mittelalterliche Werft Europas frei. An der *Darsena Arsenale Vecchio* erkennt man noch einige alte Lagerhäuser, während sich die Ruderwerkstätten, Seilereien, Gießereien und Artilleriewerkstätten hinter den hohen, wehrhaften Ziegelsteinmauern entlang dem Rio dell'Arsenale verstecken. Wen die maritime Seite der Seerepublik Venedig näher interessiert, sollte sich genügend Zeit nehmen für das gut bestückte *Schifffahrtsmuseum* (s. u.), das in einem ehemaligen Getreidespeicher aus dem 16. Jh. am *Campo San Biagio* untergebracht ist.

Die breite *Via Giuseppe Garibaldi*, ein zugeschütteter Kanal, bildet die belebte Hauptgeschäftsstraße Ost-Castellos und führt direkt hinüber zur kleinen *Isola di San Pietro di Castello* (s. u.). An den Ufern des *Rio di Sant'Anna*, der Fortsetzung der Via Garibaldi, stehen noch einige *Reihenhäuser* aus der Zeit der Republik, sie sind beispielhaft für die Wohnverhältnisse des einfachen venezianischen Volks (→ S. 46).

Am Ende der Via Garibaldi beginnen Venedigs ausgedehnte *Parks*, die sich bis zur *Isola di Sant'Elena* hinüberziehen. Die Grünanlagen stammen aus der napoleonischen Zeit, in der so einige Zwangsveränderungen am Stadtbild vorgenommen wurden. Mitten in den

Giardini Pubblici errichtete man Ende des 19. Jh. die *Länderpavillons der Kunst-Biennale* (→ S. 177), die das Gesicht dieses äußersten Zipfels des Castello-Viertels erneut veränderten. Außerhalb der sechs Monate andauernden Biennale-Saison macht das weitläufige Gelände einen eher verwilderten Eindruck, und überall stößt man auf geschlossene Pavillons, die wie verbarrikadierte Ferienvillen zur Winterzeit aussehen. Nur einige ausländische Touristen bewegen sich dann über das Gelände, meistens auf der Suche nach ihrem Heimatpavillon.

Sehenswertes im Castello-Viertel

Chiesa San Zaccaria

Kirchensammelticket/Chorus Pass → S. 140. Im Castello-Viertel befinden sich 2 der 16 Chorus-Kirchen (s. u.).

Die Kirche des ehemaligen Benediktinerinnenklosters ist einer der ältesten Sakralbauten des Stadtteils und wurde vermutlich schon im 9. Jh. gegründet. Ihr heutiges Aussehen erhielt sie im Wesentlichen in der zweiten Hälfte des 15. Jh., als *Mauro Coducci* die Fassade im Stil der venezianischen Frührenaissance gestaltete. Die markanten Rundungen nehmen der skulpturengeschmückten Kirchenfassade ihre Strenge nahezu vollständig. Der standfeste Glockenturm stammt noch aus der romanisch-byzantinischen Epoche. Im Innern der Kirche erinnert v. a. die Krypta noch an den ursprünglich romanisch-byzantinischen Baukörper, während der Chor gotisch und das Langhaus im Stil der Frührenaissance gehalten ist. Von der Ausstattung beeindrucken v. a. die Gewölbefresken in der Seitenkapelle des heiligen Tarasio sowie eine Mariendarstellung von *Giovanni Bellini*, die „Thronende Madonna mit Kind und Heiligen" – mal drauf achten, die Figuren sind mit typischen venezianischen Kostbarkeiten ausgestattet: Muranoglas, feinsten Textilien und einer Violine.

Im angrenzenden *Convento di San Zaccaria*, so wird gerne erzählt, brachte der venezianische Stadtadel seine Töchter unter, um sie vor verbotenen vorehelichen Liebschaften zu schützen. Lange Zeit muss das wohl funktioniert haben, nicht aber im 18. Jh., als das Benediktinerinnenkloster wegen seiner rauschenden Maskenbälle und regelmäßigen Männerbesuche bekannt war. In dieser lustbetonten und freizügigen Zeit, als das venezianische Salonleben seinen Höhepunkt erreicht hatte, genossen auch die eingesperrten Adelstöchter ihr Dasein gänzlich ungeniert. Heute residieren hier die Carabinieri und sorgen für Ordnung.

Campo San Zaccaria. Geöffnet: tägl. 10–12 und 16–18 Uhr. Eintritt frei.

Chiesa di Santa Maria della Pietà

Giorgio Massari begann ab 1735 mit dem Bau der Kirche im Stil des venezianischen Klassizismus. Sie gehörte zum benachbarten *Ospedale della Pietà*, einem Waisenhaus und angesehenen Mädchenkonservatorium, in dem *Antonio Vivaldi* (1678–1741) fast 40 Jahre als *Maestro di violino* (Geigenlehrer), Chorleiter und Priester tätig war. Die Kirche diente damals auch als Konzertsaal und musste folglich den hohen akustischen Ansprüchen gerecht werden, womit sich der ovale Innenraum und die niedrigen Deckengewölbe erklären lassen. Der helle, fast ganz in Weiß gehaltene

Kirchenraum beherbergt ein grandioses Deckengemälde von *Giovanni Battista Tiepolo*. „Vivaldis Kirche" beherbergt ein kleines Vivaldi-Museum, und es finden regelmäßig Kammerkonzerte statt. Die Musiker können aus einem beträchtlichen Repertoire schöpfen, denn Vivaldi hat über 500 Kompositionen hinterlassen, sein wohl bekanntestes Werk sind „Die vier Jahreszeiten".

Riva degli Schiavoni. Geöffnet: Di–Fr 10–12 und 15–17 Uhr, Sa/So 10–13 und 14–17 Uhr. Eintritt: 3 €. Mehrmals wöchentlich Konzerte, Beginn 20.30 Uhr. Konzertkarten (25 €, erm. 20 €) sind an der Kirchenkasse erhältlich und bei den IAT-Informationsbüros bzw. unter www.chiesavivaldi.it.

Chiesa San Giorgio dei Greci und Museo Dipinti Sacri Bizantini

Die schmale, hoch aufragende Kirche mit dem kleinen Kirchgarten am rechten Ufer des *Rio dei Greci* gehört zur griechisch-orthodoxen Gemeinde Venedigs. Mit der typischen Ikonostase (Trennwand zwischen Altar und Kirchenraum) sowie der ausschließlich den Kirchgängerinnen zugedachten Empore entspricht sie ganz den liturgischen Gepflogenheiten der griechisch-orthodoxen Konfession. Keine andere Kirche der Stadt ist mit einer solchen Fülle an goldglänzenden *Ikonen* geschmückt. Nur das benachbarte Ikonenmuseum überbietet diese Sammlung noch, dort sind fast hundert Ikonen aus dem 14.–18. Jh. zu bewundern sowie liturgische Gewänder und Gerätschaften. Das Museum befindet sich in dem Barockgebäude der *Scuola di San Niccolò dei Greci*, dem Bruderschaftshaus der ehemaligen Griechengemeinde, das von *Baldassare Longhena* erbaut worden ist.

Ponte dei Greci. Geöffnet: Kirche und Museum tägl. 9–17 Uhr. Eintritt (Museum): 4 €, erm. 2 €.

Chiesa Santa Maria Formosa

Mauro Coducci errichtete diesen frei stehenden Kirchenbau im letzten Jahr-

Campo Santa Maria Formosa

zehnt des 15. Jh. im Stil der Frührenaissance. Bei der Barockfassade und dem Glockenturm handelt es sich um Ergänzungen aus dem frühen 17. Jh. Der Kirchenraum jedoch erstrahlt noch im kühlen Glanz seiner üppigen Marmorausstattung, wie sie in der venezianischen Frührenaissance üblich war. Ein kostbarer Flügelaltar von *Bartolomeo Vivarini* (1473) zeigt die Schutzmantelmadonna in der Mitte, während auf der rechten Bildtafel Mariens Geburt und links Maria im hohen Alter dargestellt sind. Die lebendig erfassten Szenen lassen bereits Einflüsse der niederländischen Malerei erkennen, die in der zweiten Hälfte des 15. Jh. zahlreiche Nachahmer in Norditalien fand. Einmal im Jahr, am Lichtmesstag, so ist es überliefert, kam der Doge hierher zur Messe.

Campo Santa Maria Formosa. Geöffnet: Mo–Sa 10–17 Uhr. Eintritt: 3 € bzw. mit Chorus Pass oder Venice Card.

Palazzo Querini-Stampalia mit Pinacoteca

In den herrschaftlichen Sälen des Renaissancepalazzos sind eine beachtliche Kunstgalerie sowie eine gut frequentierte Bibliothek untergebracht. Der letzte Stammhalter der alten venezianischen *Adelsfamilie Querini,* die zeitweise im Besitz der Kykladeninsel Stampalia (heute Astipaläa) gewesen war, vermachte den Palazzo samt privater Gemäldesammlung und Bibliothek 1868 der Stadt. Die im zeitgenössisch möblierten Obergeschoss gezeigten Werke stellen einen repräsentativen Querschnitt durch die venezianische Malerei des 14.–18. Jh. dar. Mariendarstellungen *Giovanni Bellinis* sind ebenso vertreten wie Genrebilder *Pietro Longhis,* darunter dessen „Geografiestunde", in dem ein ironischer Blick auf den häuslichen Müßiggang des venezianischen Adels geworfen wird. Großer Beliebtheit erfreuen sich auch die wechselnden Ausstellungen und Kulturevents im Palazzo Querini.

Eine Augenweide ganz anderer Art ist das 1963 von dem italienischen Stararchitekten *Carlo Scarpa* (1906–1978) gestaltete Untergeschoss, zu dem auch ein Innenhof gehört, in dem die harmonische Strenge eines japanischen Zen-Gartens herrscht – mit Wasserläufen und blühenden Bäumen.

Campiello Querini. Geöffnet: Di–So 10–18 Uhr, Mo geschl. Eintritt: 10 €, erm. 8 € bzw. mit Venice Card. Der Café- und Bookshop-Bereich ist vom Schweizer Architekten Mario Botta modernisiert worden.

Palazzo Grimani

Die weitverzweigte Adelsfamilie Grimani besaß mehrere Palazzi in Venedig. Dieser erst jüngst als Museum eröffnete Palazzo, in einer unscheinbaren Seitengasse der Ruga Giuffa gelegen, gehörte *Giovanni Grimani,* einem manischen Sammler antiker Skulpturen. Schon im 16. Jh. galt seine Antikensammlung als Sehenswürdigkeit. Später bildete sie den Grundstock des Museo Archeologico am Markusplatz. Das völlig verfallene Gebäude gelangte 1981 in den Besitz des italienischen Kulturministeriums. Nach über 20-jähriger Restaurierungszeit ist der Palazzo heute in erster Linie ein herausragendes Beispiel für Substanz erhaltende Restaurierungsmaßnahmen. Spärlich bestückt mit Kunstwerken aus verschiedenen Epochen, kann er im Rahmen von Wechselausstellungen besichtigt werden. Aus der einstigen Antikensammlung ist u. a. die Ganymed-Skulptur zurückgekehrt.

Ramo Grimani 4858, nahe dem Campo Santa Maria Formosa. Geöffnet: Mo 8–14 Uhr, Di–So 8–19 Uhr. Eintritt: 7 €, erm. 5 € bzw. mit dem Ticket der Galleria dell'Accademia (→ S. 199).

Das griechische Venedig

Die Griechen zählen zu den ältesten Ausländergemeinden Venedigs. Bereits um die Jahrtausendwende kamen die ersten Griechen aus den venezianischen Kolonien in der Ägäis. Aber erst während der Herrschaft der Sultane Orhan, Murat I. und Bayezit I. (14. Jh.) sowie nach dem Fall Konstantinopels (1453) kam es zu einer verstärkten Zuwanderung. In Venedig genossen die Griechen Glaubensfreiheit. Als Gotteshaus stand ihnen zunächst die Kapelle der Basilica dei Santi Giovanni e Paolo zur Verfügung. 1526 erwarben die Griechen, die u. a. als Kunsthandwerker, Buchdrucker, Händler und Schreiber tätig waren, ein Grundstück, auf dem sie ab 1539 die Chiesa San Giorgio dei Greci errichteten (Einweihung 1561). Im 16. und 17. Jh. führte der Verlust der griechischen Inseln und des Peloponnes an das Osmanische Reich zu weiteren Zuwanderungswellen. Einige der griechischen Familien gehörten sogar dem Großen Rat der Republik an. Zu Beginn des 17. Jh. lebten ca. 12.000 Griechen in Venedig, davon gibt es heute nur noch ein paar Dutzend Nachfahren.

Basilica Santi Giovanni e Paolo (San Zanipolo)

Die Dominikanerkirche ist mit hundert Metern Länge das größte gotische Gotteshaus Venedigs. Es zeigt im Grundriss Ähnlichkeiten mit der berühmten Dominikanerkirche Santa Maria Novella von Florenz. Die Bauarbeiten an diesem schlichten Backsteingebäude zogen sich von 1333 bis 1430 hin. Auf einen Glockenturm wurde verzichtet, nicht aber auf den typisch gotischen Fassadenzierrat mit den Heiligenstatuen in den weithin sichtbaren Türmchen. Das gestaffelte Hauptportal wird von byzantinischen Marmorsäulen gerahmt. Beim Eintreten überwältigt einen die lichtdurchflutete Weite des Raumes. Hohe, meterdicke Rundsäulen stützen das Gewölbe des Mittelschiffs sowie die kunstvoll verzierten Querbalken. Im Lauf der Jahrhunderte wurde „San Zanipolo", wie die Kirche auf Venezianisch verkürzend genannt wird, zur Grabkirche der berühmtesten Persönlichkeiten der Serenissima. Neben insgesamt 27 Dogen sind hier Feldherren, Admiräle, Künstler, Bischöfe und Adlige bestattet worden. Die Stilvielfalt der z. T. pompösen Grabmäler ist entsprechend groß. Mehrere Brände haben die Kunstschätze, zu denen Werke von *Tizian* und *Tintoretto* gehörten, dezimiert. Übrig geblieben ist u. a. ein jüngst restaurierter, vergoldeter Flügelaltar, der *Giovanni Bellini* zugeschrieben wird. In der zentralen Darstellung sieht man den Dominikanerheiligen *Vinzenz Ferrer*, ein bedeutender Bußprediger des Mittelalters. Die Tafeln auf der Predella, dem Unterbau des Altars, zeigen Szenen aus dessen Leben.

Campo dei Santi Giovanni e Paolo. Geöffnet: Mo–Sa 8–12.30 und 15–18 Uhr, So 15–17.30 Uhr. Eintritt frei.

Scuola Grande di San Marco (Ospedale Civile)

In einem ganz anderen Gewand als die schlichte Dominikanerkirche San Zanipolo präsentiert sich die benachbarte Scuola der venezianischen Goldschmiede und Seidenhändler. Die – ganz untypisch – extrem aufwendig gestaltete Fassade dieses Bruderschaftshauses, das um 1490 von *Pietro Lombardo* entworfen wurde, vollendete *Mauro Coducci* um 1500 im Stil der Frührenaissance. Die schwungvollen Giebelrundungen mit ihren krönenden Skulpturen und das reliefverzierte Hauptportal lassen diesen herrschaftlichen Profanbau fast wie ein Kirchengebäude erscheinen. Et-

Scuola Grande di San Marco und San Zanipolo

was für Kenner sind auch die illusionistischen Wandelhallen mit den flügellosen Markuslöwen. Da in der Scuola heute das städtische Krankenhaus (Ospedale Civile) untergebracht ist, ist eine Besichtigung der Innenräume nicht möglich, aber mit der Prachtfassade hat man immerhin schon das Wichtigste gesehen.

Chiesa San Francesco della Vigna

Diese wuchtige Franziskanerkirche setzt den einzigen bedeutenden architektonischen Akzent im nördlichen Teil Castellos. *Sansovino* und *Palladio* schufen zwischen 1543 und 1572 einen repräsentativen Sakralbau der Hochrenaissance, dessen Fassade – die eindeutig Palladios Handschrift trägt – die strenge Symmetrie eines antiken Säulentempels aufnimmt. Zu den Kunstwerken im hallenartigen Innern gehören u. a. ein Flügelaltar von *Antonio Vivarini* und zwei Gemälde von *Paolo Veronese*. Der herrliche gotische Kreuzgang (einer von insgesamt dreien des Franziskanerklosters) führt zur *Capella Santa,* wo eine meisterliche Madonnendarstellung von *Giovanni Bellini* zu bewundern ist. Die üppigen Nutzgärten der Klosteranlage, die man nur eingeschränkt besichtigen kann, verweisen noch auf die ehemalige Nutzung des Geländes als Weingarten, daher der Name *Vigna*.

Campo San Francesco della Vigna. Geöffnet: tägl. (außer Sa) 8.30–12.30 und 15–19 Uhr. Eintritt frei.

Scuola San Giorgio degli Schiavoni (Carpaccio-Museum)

Mitten im Castello-Viertel, am Ende des Rio della Pietà bezog die Gemeinde der aus Schiavonia (Dalmatien) stammenden Händler Anfang des 16. Jh. ihr Bruderschaftshaus. Äußerlich bescheiden, präsentiert sich die Scuola im Innern um so prächtiger. Ein grandioser Gemäldezyklus, den *Vittore Carpaccio*

L'Arsenale – die verbotene Stadt

Venedigs traditionsreiche Schiffswerft war einer der ersten, größten und effektivsten Industriekomplexe Europas. Hier baute die Serenissima ihre Kriegsschiffe und Handelsgaleeren wie am Fließband. Tausende *Arsenalotti* waren in der Blütezeit der Seerepublik auf diesem streng bewachten Gelände beschäftigt und brachten es auf eine durchschnittliche Jahresproduktion von 200 Schiffen. Das Holz für den Bau der Schiffe kam aus Istrien, wo Venedig unbegrenzte Einschlagrechte besaß.

Als Gründungsdatum wird das Jahr 1104 angegeben, als Venedig bereits einige Seeschlachten und Eroberungen im Mittelmeerraum zu verzeichnen hatte. Den ersten Großauftrag erhielt die Werft im Vorfeld des 4. Kreuzzuges, als sich der amtierende Doge verpflichtete, dem Heer der Kreuzritter eine Flotte zur Verfügung zu stellen. Auf dem Werftgelände, das sich seinerzeit noch auf die *Darsena Arsenale Vecchio* beschränkte, zimmerten die Arsenalotti in einer Rekordzeit von nur wenigen Monaten hundert Kriegsgaleeren und dreißig Transportschiffe für die „Kreuzfahrt" ins Heilige Land. Das Geheimnis der schnellen Bauweise lag in der effizienten Arbeitsteilung, mit der die Werftarbeiter ans Werk gingen. *Dante Alighieri* (1265–1321) beschrieb diese mittelalterliche Serienproduktion gut ein Jahrhundert später im 21. Gesang seiner „Göttlichen Komödie" folgendermaßen: „Im Arsenale der Venezianer, wo der Teer kocht während des Winters, sieht man einige, die Schiffe bauen, andere teeren, einige bringen die Eisenteile an, wieder andere die Ruder und Segel, manche arbeiten am Bug, andere am Heck."

Im 15. und 16. Jh. wurde die Fläche der Docks und Hafenbecken durch den Bau des *Canale delle Galeazze* und der *Darsena Grande* vergrößert. Hinzu kamen Produktionsstätten für Waffen und Munition, Schlossereien, Seilereien, Lagerhäuser, Getreidespeicher und selbst Bäckereien, in denen der unverderbliche Schiffszwieback hergestellt wurde. Ein Industriekomplex war entstanden, mit bis zu 16.000 Werktätigen, die allesamt Venezianer waren und in unmittelbarer Nachbarschaft der Werft lebten. Die Serenissima wusste die Arbeit dieser Arsenalotti zu schätzen und garantierte ihnen neben dem Wohnrecht auch festgesetzte Mindestlöhne und eine Arbeitsstelle auf Lebenszeit. Bedingung waren natürlich absolute Regierungstreue und Verschwiegenheit, denn als Werftarbeiter waren die Arsenalotti auch Geheimnisträger.

Ein Geheimnis musste im 16. Jh. ganz besonders gehütet werden, nämlich der Bau der venezianischen Galeassen, die als entscheidende Waffe in der historischen Schlacht von Lepanto gegen die Türken eingesetzt wurden. Im gleichnamigen Hafenbecken *Canale delle Galeazze* baute man diese schnellen und wendigen Kriegsschiffe der Hochrenaissance. Sie waren 50 m lang, hatten 36 Backbord- und Steuerbordkanonen, und zur Besatzung gehörten 350 Rudersklaven und 200 Entersoldaten. Wie flink die Arsenalotti einen solchen „Panzerkreuzer" damals zusammensetzten, demonstrierten sie 1574 dem verbündeten *König Heinrich III.* von Frankreich. Während dieser mit dem *Dogen Alvise Mocenigo I.* zu Tische saß, fertigten die Arsenalotti ein komplettes Schiff mit Aufbauten und Kanonen.

Auch im 17. und 18. Jh. blieb das Arsenale das wirtschaftliche und militärische Rückgrat der Seerepublik. An einsatzbereiten Kriegsgaleeren fehlte es zu keiner Zeit, und auch die Produktion der Handelsschiffe befand sich immer auf der Höhe der technischen Entwicklung. So wurde beispielsweise der Florentiner *Galileo Galilei*, der von 1592 bis 1610 an der Universität von Padua Mathematik lehrte, damit beauftragt, den günstigsten Drehpunkt der Ruder zu berechnen, um höhere Geschwindigkeiten zu erreichen. Doch von der Plünderung durch die französischen Truppen (1797/98) erholte sich die Traditionswerft nicht mehr. Nach dem Zweiten Weltkrieg wurde die Werft endgültig geschlossen – militärisches Sperrgebiet ist sie bis heute geblieben.

Arsenale-Kran – ein Relikt von 1875

Das Arsenale ist generell nicht zugänglich. Der Grund dafür ist die Nutzung des Geländes durch die italienische Marine. Da es aber längst kein Geheimnis mehr ist, dass es sich um einen völlig bedeutungslosen Marinestützpunkt ohne Flottenpräsenz handelt, wurde der Druck auf die Regierung immer größer, das gesperrte Gelände, auf dem bereits einige Restaurierungsarbeiten im Gange sind, für öffentliche Zwecke freizugeben. Als einen großen Schritt in diese Richtung kann man wohl die Öffnung des Arsenale im Rahmen der Kunst-Biennale verstehen. Von 2005 bis 2013 erfasste das der Kunst-Biennale zur Verfügung gestellte Areal bereits das gesamte Südostufer der Darsena Grande mit den dazugehörigen Werkshallen. Zu den neuen Nutzern des weitläufigen Arsenale gehören auch das Meeresforschungsinstitut *Ismar/CNR*, der innovative *Spazio Thetis*, wo Kunst und Technologie sich gegenseitig befruchten sollen, sowie das Kontroll- und Wartungszentrum der umstrittenen und noch nicht betriebsbereiten MOSE-Hochwasserschutzanlage.

Leider sind die Zeiten vorbei, als die Vaporetto-Linien 4.1 und 4.2 durch das älteste Hafenbecken der Werft (Darsena Arsenale Vecchio) und den Canale delle Galeazze führte. Seit 1999 umkreist der Wasserbus das Gelände weiträumig, sodass sich keine Gelegenheit mehr bietet, einen Blick auf die legendäre Werft zu werfen; aber vielleicht ändert sich das ja im Zuge der erweiterten Nutzungsabsichten bald wieder.

zwischen 1502 und 1508 anfertigte, schmückt das gesamte Erdgeschoss. Der Bilderzyklus, der sich mit dem Leben der dalmatinischen Schutzheiligen Georg, Hieronymus und Tryphon befasst, stellt einen Höhepunkt der venezianischen Malerei des frühen 16. Jh. dar und besticht durch seine brillante Detailgenauigkeit. Der Kunstgenuss wird allerdings durch die dunklen Räumlichkeiten etwas getrübt.

Calle dei Furlani. Geöffnet: Di–Sa 9.15–13 und 14.45–18 Uhr, So nur vormittags, Mo nur nachmittags. Eintritt: 5 €, erm. 3 €.

Porta dell'Arsenale

Einziger Landeingang zur Werft, um 1460 von *Bartolomeo Buon* in der Form eines antiken Triumphbogens gestaltet. Welche Bedeutung L'Arsenale für Venedig hatte, beweist die Tatsache, dass es sich bei dem monumentalen Portal um das erste Bauwerk im Stil der venezianischen Frührenaissance handelt. Die Statue auf dem Tympanon stellt Justitia dar, sie wurde 1578 von *Girolamo Campagna* geschaffen. Der Markuslöwe im Zentrum des Giebels ist wie derjenige auf der Piazzetta von San Marco geflügelt und hält ein Buch zwischen den Pranken. Bei den das Tor flankierenden antiken Löwenskulpturen handelt es sich um Beutestücke aus Griechenland, die erst 1692 hier aufgestellt wurden. Die hockende Löwenfigur bewachte einst den Hafen von Piräus.

Museo Storico Navale (Schifffahrtsmuseum)

Die Exponate in den unteren Räumen dieses ehemaligen Getreidespeichers geben Auskunft über den Schiffbau im Arsenale und dokumentieren die Geschichte der venezianischen Seemacht mit historischen Seekarten, nautischen Gerätschaften und Gemälden von Seeschlachten. Waffen und Kanonen sind ebenso zu sehen wie Modelle der unterschiedlichsten Schiffstypen. Zu den Attraktionen gehören auch die prächtigen alten Gondeln mit Aufbau (*Felze*) sowie eine originalgetreue Rekonstruktion des letzten *Bucintoro;* die originalen Überreste dieses Prunkschiffs des Dogen befinden sich im *Museo Correr* (→ S. 118). In den oberen Räumen bereichern u. a. Uniformen die insgesamt empfehlenswerte Ausstellung.

Riva San Biasio. Geöffnet: Mo–Sa 8.45–13.30 Uhr, So geschlossen. Eintritt: 1,55 €, erm. 0,77 €.

Isola di San Pietro

Bei der friedlichen Insel hinter dem Gelände des Arsenale handelt es sich um eine der allerersten Lagunensiedlungen überhaupt. Auf diesem bewohnten Schilfeiland namens *Olivolo* errichteten die Venezianer später eine kleine Festung („Castello"), von der nichts als der Name übrig geblieben ist. Sie bezeichnet heute ein ganzes Stadtviertel – il Sestiere di Castello.

Scuola San Giorgio degli Schiavoni: ein Muss für Carpaccio-Bewunderer

Chiesa San Pietro di Castello

Die gleichnamige Kirche bildet den touristischen Anziehungspunkt auf der Gründungsinsel. Sie fungierte während der gesamten Dauer der Stadtrepublik als Bischofskirche Venedigs. Während San Marco als Staatskirche und Kirche des Dogen galt, fristete das religiöse Oberhaupt Venedigs (Patriarch = Bischof) in diesem Stadtrandgebiet sein Dasein. Eine deutlichere Degradierung der Amtskirche ist kaum denkbar.

Der heutige Kirchenbau mit dem extrem schiefen Renaissance-Glockenturm stammt im Wesentlichen aus dem 17. Jh., seine Fassadengestaltung beruht angeblich auf einem Entwurf *Palladios*. Im Innern ist der marmorne Bischofsthron *(Cattedra di San Pietro)* von Bedeutung. Laut Überlieferung soll ihn der Apostel Petrus in Antiochia benutzt haben. Bei der Rückenlehne handelt es sich um eine Grabstele mit arabischen Schriftzügen, die u. a. Allah preisen – und das im Rücken des Bischofs von Venedig!

Geöffnet: Mo–Sa 10–17 Uhr. Eintritt: 3 € bzw. mit Chorus Pass oder Venice Card.

Porta dell'Arsenale: von Löwen bewacht

Praktische Infos

→ Karte S. 162/163

Essen und …

Ristorante Corte Sconta 35 Viel gerühmtes Feinschmeckerrestaurant. Klimatisierter Speisesaal, lauschiger Hofgarten. Eine Spezialität des Hauses sind die reichhaltigen Fisch- und Meeresfrüchte-Antipasti. Hausgemachte Pasta und Dolci. Menü über 50 €. So/Mo Ruhetag. Etwas abseits gelegen. Calle del Pestrin, Castello 3886, ☏ 041/5227024.

Ristorante Al Covo 38 Stilvolles Gourmetrestaurant, intime Atmosphäre, elegantes Publikum, obere Preisklasse, Menü über 50 €. Mi/Do geschlossen. Campiello della Pescaria, Castello 3968, ☏ 041/5223812.

Bàcaro CoVino 34 Die neu eröffnete Weinschenke des Ristorante Al Covo (s. o.), Speisen und Weine von der gleichen Qualität, ungezwungene Atmosphäre und deutlich preisgünstiger. Tischreservierungen werden für 19.15 und 21.30 Uhr entgegengenommen. Mi/Do zu. Calle del Pestrin, Castello 3829, ☏ 041/2412705.

》》 Mein Tipp: Bàcaro al Portego 8 Eine der authentischsten Weinschenken des Viertels. Appetitliche Cicheti am Tresen, deftige Primi und Secondi im Sitzen, gut und recht preiswert, mittags und abends geöffnet, nur Sonntagmittag geschlossen. Etwas versteckt im quirligen West-Castello gelegen, aber die Suche lohnt sich. Calle Malvasia, Castello 6015, ☏ 041/5229038. 《《

Trattoria Da Remigio 22 Schöne Lage an einem kleinen Campiello. Alteingesessen, gut geführt und auch bei Einheimischen

Il Sestiere di Castello

beliebt. Platz sparend eingerichtet mit langen Tischreihen. Flinke Bedienung. Solide Küche mit Akzent auf Meer, Menü 30–40 €. Unbedingt reservieren. Montagabend und Di geschlossen. Salizzada dei Greci, Castello 3416, ℅ 041/5230089.

Trattoria/Pizzeria Antica Sacrestia 21 Der sympathische Gastronom Pino Calliandro, der sein Lokal seit vielen Jahren mit Herz und Leidenschaft führt, bezieht Anfang 2014 eine neue Location (die bei meiner Recherche noch im Umbau war). Auch hier, verspricht Pino, wird es wieder eine große Auswahl an lokaltypischen und überregionalen Speisen geben, alle sorgfältig zubereitet und von einer flinken, freundlichen Bedienung serviert. Menü 40–50 €. Mo Ruhetag. Calle della Corona, Castello 4463, ℅ 041/5230749.

Trattoria Alla Rivetta 30 Unauffälliges, kleines Lokal direkt an einer Kanalbrücke. Authentische venezianische Küche, die auch von Einheimischen geschätzt wird. Akzeptable Preise, Menü 30–40 €. Rechtzeitig reservieren. Mo Ruhetag. Ponte San Provolo, Castello 4625, ℅ 041/5287302.

»› Mein Tipp: Ristorante Al Giardinetto 18 Mit weit über 100 Geschäftsjahren schon fast historisch. Gemütliche Atmosphäre in drei Speiseräumen und einem riesigen Innenhof. Von Einheimischen und Touristen gleichermaßen frequentiert. Der vordere Speiseraum ist mittags für das einheimische Stammpublikum reserviert, hier speisen u. a. die Gondolieri von Castello. Tadellose Hausmannskost, hausgemachte Pasta und Dolci, offener Wein. Menü 30–40 €. Do Ruhetag. Ruga Giuffa, Castello 4928, ℅ 041/5285332. **‹‹**

Osteria Alle Testiere 16 Kleine, aber feine Osteria mit nur 20 Plätzen, intime Atmosphäre. Kreative maritime Küche zu angemessenen Preisen, Menü ab 50 €. So/Mo Ruhetag. Calle del Mondo Nuovo, Castello 5801, ℅ 041/5227220.

Osteria Al Mascaron 14 Originell und populär, gemütlich-rustikal eingerichtet. Sehr ordentlich zubereitete Venedig-Klassiker sowie täglich wechselnde Gerichte. Die Stimmung ist gut, die Preise sind jedoch etwas überhöht, Menü 40–50 €. Große Weinauswahl. So Ruhetag. Calle Lunga Santa Maria Formosa, Castello 5225, ℅ 041/5225995.

Trattoria Dal Vecio Squeri 7 Lange Zeit lag diese volkstümliche Gaststätte tief im östlichen Castello versteckt, jetzt hat sie ein neues Quartier am ruhigen Campo Santa Giustina gefunden. Die alten Stammgäste sind geblieben, Touristen haben noch immer Seltenheitswert. Schnörkellose Hausmannskost, Menü 30–40 €. So Ruhetag. Castello 6553, ℅ 041/5208379.

Trattoria Alla Rampa 40 Sicherlich das urigste Speiselokal ganz Castellos. Deftige Gerichte, kleine Preise. Mo–Fr nur mittags geöffnet. Ganz am Ende der Via Garibaldi, Castello 1135.

Bàcaro Spritz & Co 27 Winzige Eck-Weinschenke im belebten West-Castello. Große Auswahl an offenen Weinen, immer frische Snacks, Täglich durchgehend geöffnet. Salizada Provolo, Castello 4700.

Osteria Santa Marina 4 Vornehmes Ambiente, zwei gepflegte Speisesäle und Tische auf dem kleinen Campo. Kreative venezianische Meeresküche, die auch anspruchsvolle Genießer zufriedenstellt. Menü über 50 €, exzellente Weine. So und Montagmittag geschlossen. Campo Santa Marina, Castello 5911, ℅ 041/5285239.

… Trinken und mehr

Pasticceria/Café Rosa Salva 1 Altehrwürdiges Unternehmen am Campo San Zanipolo. Eine Institution in Sachen *Caffè*, *Dolci* und *Gelato*. Tische im Freien. Empfehlenswert auch für den abendlichen Aperitif. Campo Santi Giovanni e Paolo, Castello 6779.

Pasticceria/Café Didovich 5 Kleines Nachbarschafts-Café mit guter Konditorei am stillen Campo Santa Marina. Tische auch draußen. Castello 5908.

Pasticceria/Gelateria Melita 41 Einfach und gut. Abseits, im östlichen Castello gelegen, am Ende der Via Garibaldi. Mo geschlossen. Campiello delle Ancore, Castello 1000.

Crazy Bar 24 Jugendlicher Treffpunkt für Einheimische und Touristen gleichermaßen. Hübsch am Kanal gelegen. Drinks und Snacks bis spät in den Abend, Cappuccino und Cornetto am Morgen. Fondamenta dell'Osmarin, Castello 4977.

Enoiteca Mascareta 13 Sehr stimmungsvolle Weinschenke. Beachtliche Weinauswahl und appetitliche Snacks, auch deftige Hauptgerichte. Nur abends geöffnet, dafür aber lange (18–1 Uhr), kein Ruhetag. Calle Lunga Santa Maria Formosa, Castello 5183.

Die Kunst-Biennale von Venedig

Die älteste und renommierteste internationale Ausstellung zeitgenössischer Kunst hat ihren 100. Geburtstag schon geraume Zeit hinter sich. Am 30. August 1895 wurde die erste *Biennale d'Arte* in Anwesenheit von König Umberto I in den *Giardini di Castello* eröffnet. Seitdem findet sie dort, abgesehen von den Weltkriegsunterbrechungen, alle zwei Jahre von Anfang Juni bis Ende November statt. In ihrer langen Geschichte konnte die Kunst-Biennale etliche Höhepunkte verzeichnen, war andererseits aber auch immer wieder heftiger Kritik ausgesetzt, weil sie die kommerziellen Interessen des Kunstmarktes oftmals stärker berücksichtigte als die avantgardistischen Tendenzen des Kunstschaffens.

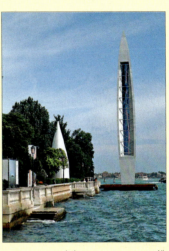

„It is so contemporary!"

Den ersten Skandal hatte die Biennale gleich in ihrem Gründungsjahr, ausgelöst durch ein Gemälde des Turiner Künstlers *Giacomo Grosso*, das fünf nackte Frauen am Sarg eines Don Giovanni zeigte und prompt den Preis des Publikums erhielt. Ihren ersten großen Besuchererfolg erlebte sie 1909, als fast 500.000 Kunstinteressierte nach Venedig kamen. Ihren Tiefpunkt erreichte die Veranstaltung zweifellos 1934, als *Mussolini* und *Hitler* hier ihre Bühne fanden, um sich über „entartete" Kunst auszulassen. 1948 hingegen feierten die von den Nazis verfolgten Künstler, die von *Peggy Guggenheim* (→ S. 201) präsentiert wurden, große Erfolge. Frischer Westwind wehte 1964, als *Robert Rauschenberg* einen Preis erhielt und die Pop-Art ihren Durchbruch erzielte. 1995 feierte das Kunstspektakel mit einer Präsentation kaum bekannter Künstler des 20. Jh. sein hundertjähriges Jubiläum. Auch die Retrospektive der 50. Kunst-Biennale im Jahr 2003 „Von Rauschenberg bis Murakami, 1964–2003" fand großen Zuspruch. Wie auf dem Filmfestival werden mittlerweile auch hier *Goldene Löwen* vergeben, aber große kuratorische Leistungen hatten in den letzten Jahren eher Seltenheitswert.

Dauerthema ist das veraltete Grundkonzept der Biennale geblieben: Viele halten die Präsentation von Kunst in den rund 30 Länderpavillons (*Padiglioni*) für ein längst überholtes Relikt nationalistischen Denkens, besonders im Zeitalter der Globalisierung. Doch seitdem die Pavillons immer häufiger international bespielt werden, scheint diese Pauschalkritik selbst überholt zu sein. Große Zustimmung findet die Ausweitung der Biennale auf das Gelände des Arsenale und auf die verschiedensten Orte im historischen Stadtgebiet von Venedig sowie auf die weniger bekannten Laguneninseln.

Die 56. Biennale di Venezia (*Esposizione internationale d'Arte*) findet 2015 statt. Infos im Internet unter www.labiennale.org. Eintritt (Preise 2013): Einzelticket 25 €, erm. 20 €, Studenten und alle unter 26 J. 14 €; 2-Tages-Ticket 30 €; außerdem wird ein *Permanent Pass* für 80 € angeboten, der zu unbegrenzten Ausstellungsbesuchen berechtigt. Vaporetto: Anlegestellen Arsenale und Giardini, Linien 1, 2 und 4.1/4.2.

Warteschlange auf dem Gelände der Kunst-Biennale

Einkaufen

Bücher

Giovanni e Paolo ❷ Gut sortierte Buchhandlung mit fremdsprachiger Literatur. Am gleichnamigen Campo, Castello 6358.

Libreria Filippi ❶❺ Nahezu vollständiges Angebot an Venedig-Büchern, neu und antiquarisch. Hier finden Venedigliebhaber mit Italienischkenntnissen u. a. die „Curiosità Veneziane", das kommentierte Wegeverzeichnis von *Giuseppe Tassini*. Calle del Paradiso (Quergasse der Salizzada San Lio), Castello 5763.

Acqua Alta ❶❶ Originelle Bücherfundgrube in einer ehemaligen Werkstatt mit Vorhof. Neue und gebrauchte Bücher, Bildbände, Comics etc. in Regalen, Badewannen, Boots- und Gondelrümpfen, auch deutschsprachige Bücher darunter. Im Hinterhof kann man eine Büchertreppe besteigen. Der polyglotte *Luigi Frizzo*, ein venezianisches Original, spricht auch etwas Deutsch. Calle Lunga Santa Maria Formosa, Castello 5176.

Fotoarbeiten

Fotoattualità ❷❸ Gute Adresse für Fotobedarf und Fotoarbeiten, digital und analog. Calle Chiesa, Castello 4496.

> Wer vom Hochwasser überrascht wird, das sich nicht selten mehrere Tage hintereinander wiederholen kann, findet bei dem Gemischtwarenhändler **Pelli** ❻ die rettenden **Gummistiefel**. Calle Malvasia, Castello 6006.

Praktische Infos

Holz

Der Tischler **Paolo Brandolisio** 19 schreinert kunstvolle Holzdollen (*Forcole*) und Ruder (*Remi*) für die venezianischen Gondeln. In der Werkstatt in West-Castello sind Besucher willkommen. Eine Forcola aus Nussbaum oder Kirsche kostet ca. 1000 €, die Souvenir-Forcola ist schon für ca. 100 € zu haben. Paolos Meister war der 1999 verstorbene *Giuseppe Carli*, der dieses venezianische Handwerk zur Kunst gemacht hat, sogar das Museum of Modern Art in New York kaufte eine Forcola von ihm. Paolo Brandolisio hat seine Werkstatt übernommen und setzt die Tradition fort. Sottoportego Corte Rota, Castello 4725.

Kunst

Schola San Zaccaria 26 Kleine Kunstgalerie mit Atelier. Aquarelle und Grafiken mit Venedig-, Masken- und Commedia-dell'Arte-Motiven von Gianfranco Missiaja. Salizzada dei Greci, Castello 3456.

Masken und Kostüme

Atelier Marega 25 Hochwertige klassische Masken und Kostüme aus der eigenen Werkstatt. Während der Karnevalssaison **Masken- und Kostümverleih**. Fondamenta dell'Osmarin, Castello 4968 und 4976, www.marega.it.

Schuhe und Taschen

Fantasievolle Maßschuhe von der sympathischen Schuhmacherin **Giovanna Zanella** 9, für Damen und Herren. Calle Carminati, Castello 5641.

Il Cerchio 29 Taschen und mehr für Frauen, hergestellt in der Schneiderei des Frauengefängnisses von Venedig/La Giudecca. Ein unterstützenswertes Projekt. Verkauf in der winzigen Boutique **Banco Lotto Nr.10**. Salizzada Sant'Antonin, Castello 3478.

Kaffee

Girani 36 Antica Torrefazione, Kaffeerösterei seit 1928. Beratung, Verkauf und Ausschank. Campo Bandiera e Moro, Castello 3726.

Markt

Ein stimmungsvoller Markt (Lebensmittel, Haushaltswaren etc.) findet werktags vormittags in Ost-Castello auf der **Via Garibaldi** statt.

Supermarkt

Punto Supermercato 17 Calle San Lorenzo/Ecke Rio di Agostin.

Das Hauptportal der Chiesa I Gesuiti und der breite Canale di Cannaregio

Il Sestiere di Cannaregio – Das Cannaregio-Viertel

Früher war Cannaregio geprägt von Ordensgemeinschaften mit weitläufigen Nutzgärten, Botschaften und Handelsniederlassungen aus der arabischen Welt und dem ersten jüdischen Ghetto Europas. Heute versprüht es weitgehend den blassen Charme eines Wohnviertels einfacher Leute, mit aller Bescheidenheit und Liebenswürdigkeit, die dazugehört.

Auffallend breite Kanäle durchziehen Cannaregio, dessen Name sich von *Canna* (Schilfrohr) herleitet. Im Westen gibt das hektische Bahnhofsviertel den Ton an, das wie die meisten europäischen Viertel dieser Art ein wenig anrüchig ist und auf das schnelle Geschäft mit den an- und abreisenden Touristen lauert. Im angrenzenden Nordwesten erstreckt sich *San Giobbe*, ein im Kern gesichtsloses Wohngebiet, das aus touristischer Sicht lediglich an den Uferwegen des Canale di Cannaregio interessant ist.

Im stillen Zentrum von Cannaregio schlummert das magisch anziehende jüdische Ghetto Venedigs, das im 17. Jh. mit fast 5000 weitgehend isoliert lebenden Juden seine größte Einwohnerzahl erreichte. Wie eine Inselfestung wird der große *Campo di Ghetto Nuovo* von breiten Kanalwindungen eingekreist – eine beabsichtigte Isolation, die heute noch augenfällig ist.

In der nordöstlichen Peripherie Cannaregios, inmitten eines recht tristen Wohngebiets, befindet sich eine obligatorische Pilgerstätte für Bewunderer *Tintorettos*. Die *Chiesa Madonna dell'Orto* war nämlich Tintorettos Pfarrkirche, für die er einige großformatige Bilder angefertigt und wo er seine letzte Ruhestätte gefunden hat. Nicht weit entfernt von seinem Wohnhaus am *Fondamenta dei Mori,* in dem er Jahrzehnte zurückgezogen mit seiner Familie gelebt hatte.

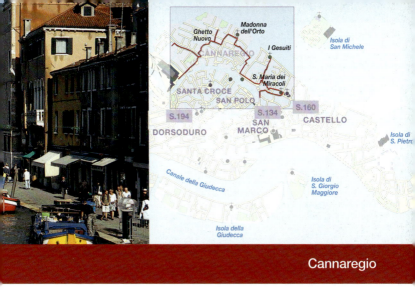

Cannaregio

Nur am Oberlauf des *Canal Grande* zeigt Cannaregio – wie alle anderen historischen Stadtviertel – seine mondäne Seite. Mit der *Ca' d'Oro* befindet sich hier ein außergewöhnliches Kleinod der venezianischen Spätgotik. Die breite *Strada Nova*, die einzige Straße Venedigs, die die Bezeichnung „Straße" auch verdient, stellt die Hauptverbindung zu den angrenzenden Sestieri San Marco und Castello her. Sie wurde im 19. Jh. unter österreichischer Besatzung gewaltsam durch das Viertel getrieben und präsentiert sich als lebendige Geschäftsstraße mit einigen sehr stimmungsvollen Campi und zahlreichen volkstümlichen Quergassen.

Wie weit Cannaregio sich nach Osten ausdehnt, verdeutlicht die Lage der beiden sehenswerten *Renaissancekirchen Santa Maria dei Miracoli* und *San Giovanni Crisostomo*. Ein paar Schritte weiter macht sich bereits der Sog des prominentesten Nadelöhrs der Stadt bemerkbar, die nahe Rialtobrücke.

In äußerster Abgeschiedenheit liegt jedoch wieder die barocke Jesuitenkirche von Cannaregio (*I Gesuiti*). Die angrenzende Uferpromenade *Fondamenta Nuove* stammt aus dem späten 16. Jh. und galt seinerzeit als städtebauliche Höchstleistung, da das Lagunengewässer an dieser Stelle ziemlich tief ist und die Trockenlegung dadurch sehr schwierig war.

Spaziergang 4: Durch das Cannaregio-Viertel

Das moderne Bahnhofsgebäude der *Stazione Santa Lucia*, 1936–43 errichtet und 1950 vollendet, ist ein idealer Ausgangspunkt für die Besichtigung dieses Stadtteils. Bereits 1841, als mit dem Bau der Festlandsverbindung *Ponte della Libertà* begonnen wurde, entstand hier der erste Bahnhof Venedigs, für den zwei Klosteranlagen weichen mussten. Lediglich die *Chiesa Santa Maria degli Scalzi* mit ihrer Barockfassade aus Carraramarmor blieb erhalten. Neu hingegen ist der futuristische *Ponte della Costituzione* (Brücke der

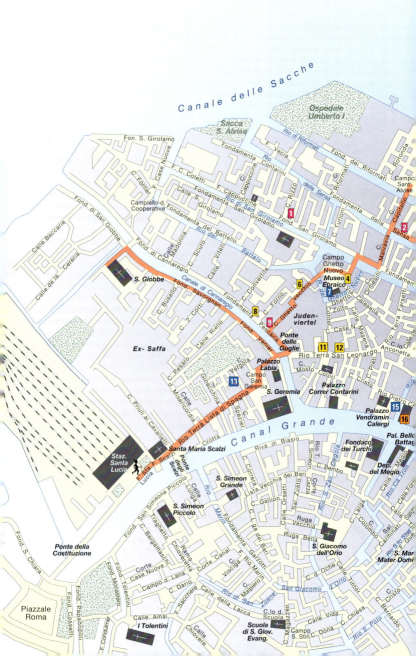

Übernachten (s. S. 81)
- 3 Ai Mori d'Oriente
- 7 Locanda del Ghetto
- 13 Rossi
- 15 Ca' San Marcuola
- 19 Una Hotel
- 24 Bernardi Semenzato
- 25 Mignon
- 28 Ca' Riccio
- 35 Malibran

Essen & Trinken (s. S. 191–193)
- 1 Osteria Al Bacco
- 2 Anice Stellato
- 9 Gam Gam
- 17 Osteria Vini da Gigio
- 20 Bàcaro/Osteria Alla Vedova
- 23 Pizzeria La Perla
- 30 Un Mondo di Vino
- 31 Trattoria Tre Spiedi
- 32 Osteria Da Alberto
- 33 Ristorante Fiaschetteria Toscana
- 34 Osteria Al Ponte
- 36 Osteria Al Milion

Nachtleben (s. S. 192/193)
- 10 Al Paradiso Perduto
- 14 Cantina Vecia Carbonera
- 16 Casinò Municipale
- 21 Irish Pub
- 27 Internetcafé

Einkaufen (s. S. 193)
- 4 Kunstgalerien
- 5 Momylia
- 6 Stamperia del Ghetto
- 8 Casa Mattiazzi
- 11 Marchi
- 12 Pastificio Giacomo Rizzo
- 18 Billa
- 22 Il Forcolaio matto
- 26 Tà Kalá
- 29 Libreria Miracoli

Verfassung) über den Canal Grande, die das Bahnhofsufer mit dem Piazzale Roma verbindet und die *Barfüßerbrücke* (*Ponte Scalzi*) von 1934 entlastet. Über zehn Jahre zogen sich Planung und Bau hin, verschlangen über 10 Millionen Euro und erhitzten zwischendurch die Gemüter. Mittlerweile hat die umstrittene Brücke ihre Alltagstauglichkeit bewiesen, auch wenn Rollkoffer nicht über den eleganten Brückenbogen gezogen werden können! Der spanische Architekt *Santiago Calatrava* hat übrigens auch die Kronprinzenbrücke in Berlin entworfen.

In entgegengesetzter Richtung beginnt die *Lista di Spagna,* eine typische Bahnhofsstraße mit einer beträchtlichen Ansammlung von Hotels und bunten Souvenirläden. Das einzig Interessante an dieser hektischen Meile ist wohl, dass es sich um einen zugeschütteten Kanal (*Rio Terrà*) handelt. Am *Ponte delle Guglie* erhebt sich der *Palazzo Labia* (17. Jh.), in dem die staatliche Rundfunk- und Fernsehanstalt RAI residiert. Nach abgeschlossener Restaurierung wird hier der Tiepolo-Saal zugänglich sein. Über die prunksüchtige *AdelsfamilieLabia*, die den Palazzo errichten ließ, erzählt die städtische Anekdotenchronik Folgendes: Immer wenn der Hausherr ein Festmahl veranstaltete, warf er das goldene Geschirr und Besteck nach dem Bankett in den Kanal und rief dazu: „Ob ich es habe oder nicht, ich bin ein Labia" (auf Italienisch reimt sich das auch noch). Natürlich hatte er ein Netz im Wasser spannen lassen!

Am Westufer des breiten Canale di Cannaregio gelangt man zur sehenswerten *Chiesa San Giobbe*, einem Renaissancebau aus dem 15. Jh. mit einem Majolikagewölbe von Luca della Robbia (Chorus-Kirche, nur vormittags geöffnet, 10–13 Uhr). Kurz vorher erreicht man das ehemalige Industriegebiet Saffa, das 1981 in eine Wohnsiedlung für sozial schwache Venezianer umgestaltet worden ist. Die kleinen Dachterrassen sind architektonische Reminiszenzen an die Altane der venezianischen Palazzi, ebenso wie die Schornsteine.

Chiesa und Scuola Vecchia della Misericordia

Spaziergang durch Cannaregio 185

Gleich hinter dem Ponte delle Guglie lässt man den Touristenstrom geradeaus ziehen und biegt in die *Fondamenta Pescaria* ein. Ein paar Schritte weiter steht man vor einem unscheinbaren Durchgang, der in das ehemalige *jüdische Ghetto Vecchio* und zum *Campo Ghetto Nuovo* führt (s. u.). Diese beiden venezianischen Judenviertel bilden noch heute eine eigene Welt in der Stadt. Synagogen verbergen sich hinter schlichten Häuserfassaden, und hohe stacheldrahtbewehrte Mauern mit Gedenktafeln erinnern an den Holocaust. Davidsterne, stilisierte Chanukkaleuchter und hebräische Schriftzüge künden von jüdischer Vergangenheit und Gegenwart. Die tristen, mehrstöckigen Reihenhäuser lassen die beengten Wohnverhältnisse im ersten jüdischen Ghetto Europas erahnen. Ein Besuch des jüdischen Museums und eine Führung durch die Synagogen ist unbedingt empfehlenswert (s. u.).

Weiter nördlich erstreckt sich zwischen drei breiten Kanälen und dem Lagunenufer ein ausgedehntes Wohngebiet, das noch weitgehend im Rhythmus der Bedürfnisse seiner Anwohner pulsiert. Hier herrscht normaler Alltag mit Geschäften für den täglichen Bedarf und Nachbarschaftsbars am belebten Kanalufer *Fondamenta degli Ormesini*. Ein Bummel durch dieses angenehm ruhige Viertel sollte auch den Besuch der *Chiesa San Alvise* (14. Jh.) einschließen, in der es ein Gemälde von Giovanni Battista Tiepolo zu bewundern gibt (Chorus-Kirche). Anschließend gelangt man über die *Fondamenta Madonna dell'Orto* zur *Klosterkirche Madonna dell'Orto* (s. u.), vorbei am etwas deplaziert wirkenden Luxushotel *Palazzo dei Dogi*.

Vom idyllischen Kirchenplatz führt eine Kanalbrücke zum dreieckigen *Campo dei Mori* (Platz der Mauren). Eigentlich kein besonders erwähnenswerter Platz, würden dort nicht drei Statuen in den Häuserfassaden stecken, die levantinische Kaufleute mit Turbanen darstellen. Hier befand sich einst der *Fondaco degli Arabi*, der Handelshof der Araber. Das Berühren der abgewetzten Bronzenase eines dieser Mauren soll übrigens Glück bringen. Gleich um die Ecke steht die *Casa di Tintoretto*, wo der Maler 1594 starb. Neben dem Hauseingang steckt eine vierte Maurenstatue mit einem ausladenden Turban in der Wand.

Jetzt lohnt sich der Kanaluferweg zum *Campo dell'Abbazia*, wo man auf das Gebäudeensemble der *Scuola della Misericordia* stößt. Dieser abseits gelegene Brunnenplatz mit der verwitterten Kirchenfassade und den Backsteinarkaden des angrenzenden Bruderschaftshauses der Barmherzigkeit, der *Scuola Vecchia della Misericordia*, versprüht eine ganz besondere Atmosphäre. Bei dem riesigen Profanbau jenseits der Holzbrücke handelt es sich um die *Scuola Nuova della Misericordia* (16. Jh.), die nach Plänen von Sansovino errichtet wurde und im späten 20. Jh. jahrelang als Sporthalle herhalten musste; z. Z. wird sie restauriert und ab 2014/15 öffentlich zugänglich sein.

Am Ende der *Fondamenta di San Felice* betritt man einen völlig anderen Teil des kontrastreichen Cannaregio-Viertels: nämlich die *Strada Nova*, eine moderne Geschäftsstraße, in der auch die kulinarischen Genüsse nicht zu kurz kommen. Mehrere Seitengassen führen ans Ufer des Canal Grande, eine davon zur *Ca' d'Oro* (→ S. 131), der Top-Attraktion des Viertels.

Am quirligen *Campo dei Santi Apostoli* mit dem prächtigen Glockenturm beginnt ein Labyrinth aus verwinkelten Gassen und kleinen Plätzen, das sich jeder Wegbeschreibung entzieht. In diesem engen, dicht bevölkerten Gebiet jenseits des *Rio dei Apostoli* läuft Cannaregio zur absoluten Höchstform auf und zeigt sich von seiner quicklebendigen Seite. Hier stößt man auch auf mittelalterliche Spuren, etwa den *Corte del Milion*, wo das Haus *Marco Polos* gestanden haben soll.

Venedigs Judenviertel – das erste Ghetto Europas

Wie andere religiöse und ethnische Gemeinschaften (→ „Das griechische Venedig", S. 170) hatte auch die jüdische Bevölkerung ein eigenes Viertel gebildet, das sich zunächst auf der Insel Giudecca befand. Wirtschaftliche Bedeutung erlangten die venezianischen Juden – denen der Seehandel damals verboten war – erstmals im 14. Jh., als sie als Geldverleiher in Erscheinung traten. Auf Geheiß der Stadtregierung gründeten sie die „Banken der Armen" und etablierten sich in der Rolle von Kreditgebern für Arme – ein Geschäftszweig, den die Kirche den Christen seinerzeit strengstens verboten hatte. Als die Serenissima dann selbst in finanzielle Nöte geriet (durch den Seekrieg gegen den Erzfeind Genua und die Expansion aufs Festland), bediente sie sich bei den jüdischen Bankiers, allerdings in Form von Zwangsdarlehen, deren Zinsbedingungen die Regierung einseitig festlegte. Obwohl Venedig eine vergleichsweise tolerante und weltoffene Stadt war, litten die Juden sehr wohl unter sozialer und auch wirtschaftlicher Diskriminierung. Sie besaßen nicht die vollen Bürgerrechte, mussten hohe Steuerabgaben leisten und durften keinen Grundbesitz erwerben – lediglich als Geldverleiher, Kleinhändler und Handwerker waren sie willkommen. Immerhin genossen sie Glaubensfreiheit, aber das schützte sie keinesfalls vor religiös motivierten Anfeindungen.

Anfang des 16. Jh. eskalierte die Situation. Die schweren Zeiten, die die *Liga von Cambrai* (→ „Geschichte", S. 31) für die Venezianer brachte, führten zu emotionalen Entladungen gegen die Juden, die als Sündenböcke herhalten mussten, da sie den Festlandskrieg durch ihre Darlehen mitfinanziert hatten. Nach anfänglichen Beschimpfungen kam es zu Übergriffen gegen die jüdische Bevölkerung. Deren Beschwerde beim Rat der Zehn hätte bald zur Ausweisung aller Juden aus Venedig geführt. Am 29. März 1516 fasste der Senat jedoch den Beschluss, sie in ein isoliertes Wohngebiet zu sperren. Ausnahmslos alle Juden (seinerzeit lebten insgesamt ca.

700 Juden in Venedig) mussten nach Cannaregio in das Gebiet der Kirchengemeinde San Girolamo umziehen.

Zuvor befand sich dort die sogenannte Neue Gießerei, auf Italienisch *Il Ghetto Nuovo*, nach der das abgeriegelte Wohngebiet – das erste seiner Art in Europa – benannt wurde. Der Begriff „Ghetto" bürgerte sich später als Bezeichnung für alle Judenviertel ein. Laut Verordnung hatten die venezianischen Juden nachts Ausgangssperre – die drei Zugänge zum Ghetto Nuovo wurden stets kontrolliert, und zwar von Christen, deren Wachdienst die Juden zu bezahlen hatten. Dennoch gingen die Bankiers, Krämer und Handwerker weiterhin ihren Geschäften als Kreditgeber, Pfandleiher, Schneider, Kesselflicker etc. nach. Trotz der Isolation und der nach wie vor hohen Steuerlast prosperierte die Ghetto-Gemeinschaft und hatte sogar einen Zuzug von ausländischen Juden zu verzeichnen. Wegen Platzmangels wurden zunächst Wohnhäuser mit bis zu acht Stockwerken errichtet, dann erlaubte die Regierung die Ausdehnung auf zwei angrenzende Wohngebiete. So entstanden nach dem alten *Ghetto Nuovo* 1541 das *Ghetto Vecchio* und 1633 das *Ghetto Nuovissimo*. Zu den drei Synagogen kamen zwei weitere mit angeschlossenen Talmud-Schulen. Mitte des 17. Jh. erreichte die jüdische Bevölkerung mit einem Anteil von 5000 Einwohnern (ca. 3 % der Gesamtbevölkerung) ihren Höchststand. Die Serenissima, die in die kostspieligen Türkenkriege verstrickt war, hielt sich weiterhin am jüdischen Kapital schadlos. 800.000 Golddukaten sollen jüdische Kreditbanken gegen Ende

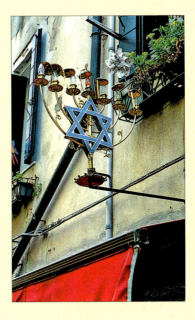

des 17. Jh. für die Kriegskasse lockergemacht haben. Bis ins 18. Jh. hinein war das Leben im Ghetto trotz behördlicher Schikanen und gelegentlicher Geldforderungen von relativen wirtschaftlichen, religiösen und kulturellen Freiheiten geprägt. Die jüdische Gemeinde brachte bedeutende Talmudgelehrte wie den Rabbiner *Leone da Modena* (1571–1648) hervor. Der jüdische Friedhof, der *Cimitero ebraico*, befindet sich übrigens auf dem Lido di Venezia und ist zu besichtigen.

Erst Napoleon ließ das Ghetto 1797 öffnen, doch die nachfolgenden reaktionären österreichischen Habsburger beendeten den kurzen Traum von „Freiheit, Gleichheit, Brüderlichkeit". Woraufhin sich die Juden aktiv an der Risorgimento-Bewegung beteiligten und 1866 im neu vereinigten Königreich Italien die völlige rechtliche Gleichstellung erhielten. Im Dezember 1943 fielen deutsche Nazis und italienische Faschisten ins venezianische Ghetto ein. Eine Gedenktafel am Campo di Ghetto Nuovo erinnert an die Deportation und Ermordung von fast 200 Juden. Heute leben wieder ca. 500 Juden in Venedig, die meisten von ihnen in den ehemaligen Ghettos, wo sich auch das *Museo Ebraico* befindet.

Lediglich ein Torbogen aus weißem Marmor erinnert noch daran. Besonders lebhaft geht es auf dem *Campo Santa Maria Nova* zu, in dessen Umgebung sich die erfolgreiche Krimiautorin *Donna Leon* niedergelassen hat. Man kann sich gut vorstellen, dass ihre Milieustudien vor Ort unmittelbar in ihre Venedig-Bestseller-Krimis einfließen. Wie von selbst findet man in diesem Gassengewirr die beiden so unterschiedlichen Renaissancekirchen *Santa Maria dei Miracoli* und *San Giovanni Crisostomo* (s. u.).

Zu einer kompletten Stadtteilbesichtigung gehört der Abstecher zur Jesuitenkirche *Santa Maria dei Gesuiti* (s. u.). Im 16. und 17. Jh. war in Folge der Spannungen zwischen der Amtskirche und dem venezianischen Staat der Jesuitenorden, der dem Papst unmittelbar unterstellt war, aus Venedig verbannt worden (die Verbannung wurde erst 1715 wieder aufgehoben). Die anschließende Uferpromenade *Fondamenta Nuove* ist ein idealer Ausgangspunkt für Ausflüge zu den nördlichen Laguneninseln (→ S. 220). Wer dafür keine Zeit hat, kann sich am Anblick der nahen Friedhofsinsel San Michele erfreuen.

Sehenswertes im Cannaregio-Viertel

Museo Ebraico

Interessantes kleines Museum im ehemaligen Ghetto Nuovo. Es dokumentiert die Geschichte der venezianischen Juden, die ab 1516 in diesem abgeriegelten Wohngebiet leben mussten. Zu sehen sind kostbare liturgische Gewänder und Kultgegenstände aus Silber und Gold sowie frühe Drucke jüdischer Schriften. Außerdem werden Führungen durch die intakten Synagogen des Judenviertels angeboten. (Das erforderliche Käppchen für männliche Besucher wird ausgeliehen.)

Campo di Ghetto Nuovo. Geöffnet: tägl. (außer Sabbat und an jüdischen Feiertagen), Juni–Sept. 10–19 Uhr, Okt.–Mai 10–17.30 Uhr. Eintritt: 4 €, erm. 3 € bzw. mit Venice Card. Museum inkl. Synagogen-Führung: 10 €, erm. 8 €. Die stündlichen Führungen (erste Führung um 10.30 Uhr) finden im Wechsel auf Italienisch bzw. Englisch statt, Dauer ca. 45 Min. Führungen auf Deutsch nur nach Vereinbarung. Obligatorische Anmeldung zur Friedhofsführung auf dem Lido di Venezia (→ S. 243, Antico cimitero ebraico) ebenfalls im Museum.

Die Synagogen

Im jüdischen Viertel gibt es insgesamt fünf Synagogen, die als solche kaum zu erkennen sind, da sie in das Konglomerat der Wohnhäuser integriert worden sind. In Anlehnung an die christlichen Scuole Venedigs wurden die Synagogen ebenfalls so genannt *(Scola* bzw. *Schola).* Sie dienten und dienen den Juden als Gebetsstätten und Versammlungsräume. Bei ihrer Ausstattung hatte man sich damals auf Holz und vergoldete Stuckaturen zu beschränken, da den Juden die Verwendung von Marmor verboten war!

Am *Campo Ghetto Nuovo* befinden sich drei Synagogen: *Scola Grande Tedesca*, die älteste Synagoge, 1528 von deutschstämmigen Juden errichtet. Aus der Renaissancezeit stammen lediglich noch einige Gebetsbänke. *Scola Canton* (direkt über dem jüdischen Museum), sie wurde 1531 gegründet und mehrfach umgebaut, zuletzt im Stil des venezianischen Rokoko; sie war den aschkenasischen Juden vorbehalten. *Scola Italiana*, die italienische Synagoge, 1571–1575 erbaut; ihre prächtige Gebetskanzel wird von einer kleinen Kuppel überwölbt.

Im *Ghetto Vecchio* befinden sich zwei weitere Synagogen, sie gelten als die prunkvollsten: *Scola Levantina* und

Scola Spagnola, beide Mitte des 16. Jh. für sephardische, spanische und portugiesische Juden errichtet. Die levantinische Synagoge besitzt eine üppige Innendekoration sowie ein kunstvoll geschnitztes Lesepult. Die spanische, die größte der fünf Synagogen, wurde 1635 von *Baldassare Longhena* barock umgestaltet und hat eine ovale Frauengalerie („Matroneum").

Chiesa Madonna dell'Orto

Diese Backsteinkirche aus dem 15. Jh. verkörpert stilistisch den Übergang von der venezianischen Gotik zur Renaissance und besticht v. a. durch die hohe Qualität ihrer Steinmetzarbeiten. Oberhalb des Portals stehen auf achteckigen Postamenten drei Heiligenfiguren (Erzengel Gabriel, Madonna, heiliger Christopherus mit Kind), während die beiden Fassadenseiten von den Statuen der zwölf Apostel gekrönt werden. Weitere Skulpturen stehen in den Giebeltürmchen und auf dem markanten Zwiebelturm. Sehr kunstvoll ist auch das Maßwerk der großen gotischen Fassadenfenster gearbeitet.

Im querschifflosen Innenraum tragen schlanke Marmorsäulen eine flache, mit Querbalken verstärkte Kassettendecke. Ursprünglich war die Kirche dem heiligen Christopherus geweiht, doch der wurde von der Madonna verdrängt, deren Bildnis man in einem angrenzenden Gemüsegarten („Orto" – daher der Name der Kirche) fand. In der rechten Chorkapelle hat *Tintoretto* seine Grabstätte gefunden. Er lebte in der Nachbarschaft, war ein gläubiger Mensch und überzeugter Kirchgänger. Für seine Pfarrkirche fertigte er insgesamt vier Gemälde an, darunter das großformatige „Jüngste Gericht" im Chorraum und den „Tempelgang Mariens" über dem Eingang der rechten Seitenkapelle.

Campo della Madonna dell'Orto. Geöffnet: Mo–Sa 10–17 Uhr. Eintritt: 2,50 €.

Tintorettos Grabstätte: Chiesa Madonna dell'Orto

Kirchensammelticket/Chorus Pass → S. 140. Im Cannaregio-Viertel befinden sich 3 der 16 Chorus-Kirchen.

Chiesa Santa Maria dei Miracoli

Das kleine Kirchenjuwel der Frührenaissance ist zweifellos *Pietro Lombardos anspruchsvollstes Werk. Gleich* nach der Errichtung (1481–1489) löste dieser Marmorschrein, dessen Außen- und Innenwände vollständig mit farbigen Marmorinkrustationen verkleidet sind, einen Sturm der Begeisterung aus. Vergleiche mit den schönsten Marmorkirchen der Zeit in Ravenna, Florenz und Rom wurden angestellt. Betörend wirkt v. a. die elegante Hauptfassade, in die perfekt proportionierte Kreise, Rechtecke, Achtecke, Kreuze und Bogenfenster eingelassen sind – überwölbt von einem abschließenden Rundbogen. Innen erreicht die kostbare Marmorausstattung ihren Höhepunkt, stark kontrastiert von einem vergoldeten Tonnengewölbe mit zahlreichen Heiligenporträts. Vom saalartigen Kirchenschiff führt eine steile Marmortreppe zum erhöht liegenden Chorraum, über den sich eine prächtig dekorierte und lichtdurchflutete Kuppel stülpt. Kein Wunder, dass die „Kirche der Marienwunder" eine der beliebtesten Hochzeitskirchen Venedigs ist.

Rio dei Miracoli. Geöffnet: Mo–Sa 10–17 Uhr. Eintritt: 3 € bzw. mit Chorus Pass oder Venice Card.

Chiesa San Giovanni Crisostomo

Die backsteinerne Kreuzkuppelkirche im Renaissancestil (1497–1504 errichtet) ist ein Spätwerk *Mauro Coduccis*. Die Fassade zeigt in ihrem Aufbau Anklänge an die San-Zaccaria-Kirche im Markusviertel, die als Coduccis venezianisches Meisterwerk gilt. Im Innern hängt ein Altarbild von *Giovanni Bellini*. Das detailreich und meisterhaft gearbeitete Marmorrelief, das die Marienkrönung im Kreise der Apostel darstellt, stammt von *Tullio Lombardo*, einem Sohn *Pietro Lombardos*.

Campo San Giovanni Crisostomo. Geöffnet: Mo–Sa 8.30–12 und 15.30–17 Uhr, So 15.30–17.30 Uhr. Eintritt frei.

Chiesa Santa Maria Assunta dei Gesuiti (I Gesuiti)

Der von *Ignatius von Loyola* im 16. Jh. gegründete Jesuitenorden galt als eine außerordentlich gelehrte Gemeinschaft beredter Intellektueller, die auch in Venedig offensiv die Interessen der römischen Amtskirche vertraten, was letztlich zu ihrer Verbannung aus der Stadt führte. Erst Anfang des 18. Jh. – nach Aufhebung der Verbannung – gründeten die Jesuiten in Venedig eine Gemeinschaft und ließen sich von *Domenico Rossi* eine prächtige Kirche im Stil des prunkvollen römischen Barock errichten. Der große, zweigeschossige Innenraum besitzt ein vergoldetes Deckengewölbe mit allerfeinsten Stuckarbeiten, während die Wände und der Altarraum in grün-weißem Marmorglanz erstrahlen. Wuchtige Sarkophage mit den Büsten der Verstorbenen zeugen ebenfalls von barockem Pomp. Besonders interessant ist der Sarkophag des *Dogen Pasquale Cicogna* (1585–1595), links vom Altar, der mit einer kunstvollen liegenden Figur des Verstorbenen und einem angedeuteten Baldachin geschmückt ist. Der eigentliche Kunstschatz der Gesuiti-Kirche ist *Tizians* Gemälde „Martyrium des heiligen Lau-

Levantinische Kaufleute mit Turbanen, für immer in Stein gemeißelt

rentius" (1557) in der ersten Seitenkapelle links. Dieses Bild mit den antikisierenden Elementen und den dramatischen Licht-Schatten-Kontrasten gehört zu den rätselhaftesten Nachtbildern der venezianischen Malerei. *Tintorettos* „Himmelfahrt Mariens" im linken Querschiff beeindruckt ebenfalls durch das virtuose Zusammenspiel von Licht und Schatten.

Campo dei Gesuiti. Geöffnet: tägl. 10–12 und 17–19 Uhr. Eintritt frei.

Praktische Infos → Karte S. 182/183

Essen und …

Ristorante Fiaschetteria Toscana 33 Der Name „toskanische Weinhandlung" ist irreführend, es handelt sich um ein Schlemmerrestaurant mit vorwiegend venezianischen Fischspezialitäten und ausgezeichneten Nachspeisen. Auf zwei Etagen großzügig angelegt und einige Tische auf dem kleinen Campo. Gehobene Preisklasse, Menü ab 50 €. Di Ruhetag. Salizzada San Giovanni Crisostomo, Cannaregio 5719, ✆ 041/5285281.

Osteria Al Milion 36 Urgemütliches Lokal, hinter der Chiesa San Crisostomo in einem ruhigen Innenhof gelegen, und zwar seit über 300 Jahren. Altes Mobiliar mit Patina und viele historische Gemälde an der Wand, Tische auch im Freien. Solide zubereitete venezianische Gerichte, recht preiswert, Menü 30–40 €. Am selben Platz soll Marco Polo gelebt haben, daher der Name („Al Milion" bezieht sich auf Polos Reisebericht „Il Milione"). Mi Ruhetag. Corte del Milion, Cannaregio 5841, ✆ 041/5229302.

Osteria Al Bacco 1 Etwas abseits am Kanal gelegen. Gemütlich-rustikal, Tische auch draußen. Vorwiegend lokaltypische Küche, aber nach dem jüngsten Besitzerwechsel sind auch einige Gerichte aus der Emilia-Romagna hinzugekommen. Menü 30–40 €. Mo Ruhetag. Fondamenta delle Cappucine, Cannaregio 3054, ✆ 041/721415.

Il Sestiere di Cannaregio

>>> **Mein Tipp: Osteria Da Alberto** 32 Recht kleines, freundliches Lokal nahe der Chiesa Santa Maria dei Miracoli. Angenehme Atmosphäre, nettes Personal, übersichtliche Speisekarte mit venezianischen Spezialitäten und täglich wechselnden Gerichten, sehr gutes Preis-Leistungs-Verhältnis, Menü 30–40 €. Unbedingt reservieren, kein Ruhetag. Calle Larga Giacinto Gallina, Cannaregio 5401, ✆ 041/5238153. «

>>> **Mein Tipp: Osteria Anice Stellato** 2 Am Rio della Sensa. Fast noch ein Geheimtipp, hier sind die solventen jüngeren Venezianer weitgehend unter sich. Vom Gastroführer Gambero Rosso ausgezeichnete Meeresküche, neuerdings werden auch einige Fleischgerichte angeboten, offener Wein. Menü 40–50 €. Mo/Di Ruhetag. Fondamenta della Sensa, Cannaregio 3272, ✆ 041/720744. «

Gam Gam 9 Am breiten Canale di Cannaregio. Etwas steril eingerichtet, aber auch Tische am Kanalufer. Koschere italienische und orientalische Gerichte, z. B. Falafel und Couscous, Menü 20–30 €. Sabbat Ruhetag. Sottoportico di Ghetto Vecchio, Cannaregio 1122, ✆ 041/5231495.

Osteria Vini da Gigio 17 Gepflegte Osteria in schöner Lage am Kanalufer. Ausgezeichnete, der Tradition verpflichtete Küche. Angemessene Preise, Menü ca. 50 €. Nur Flaschenweine. Unbedingt reservieren, da immer voll. Mo/Di Ruhetag. Fondamenta San Felice, Cannaregio 3628, ✆ 041/5285140.

Bàcaro/Osteria Alla Vedova 20 Altoingesessen und stimmungsvoll. Traditionelles venezianisches Lokal, d. h. entweder Wein und Cicheti am Tresen oder eine deftige Mahlzeit im Sitzen. Bei der „Witwe" verkehrt eine gesunde Mischung aus eher junger Stammkundschaft und Touristen. Menü 20–30 €. Unbedingt reservieren, es gibt zwei Durchgänge (19.30 und 21 Uhr). Do geschlossen. Ramo Ca' d'Oro, Calle del Pistor, Cannaregio 3912, ✆ 041/5285324.

Trattoria Tre Spiedi 31 Altgediente, gemütliche Trattoria im lebhaften Osten Cannaregios. Auch nach dem Besitzerwechsel bei Einheimischen und Touristen gleichermaßen beliebt. Schnörkellose Hausmannskost, vernünftige Preise, Menü 30–40 €. Salizzada San Canciano, Cannaregio 5906, ✆ 041/5208035.

Pizzeria La Perla 23 Einfaches Nachbarschaftslokal mit allen erdenklichen Pizzakreationen, kleine Preise. Tische auch draußen. Mi geschlossen. Rio Terra dei Franceschini, nahe dem Campo Santi Apostoli, Cannaregio 4615.

… Trinken und mehr

Cantina Vecia Carbonera 14 Betagte Weinschenke, leckere Snacks (*Cicheti* und *Crostini*), gute Musik (vorwiegend Jazz), lange geöffnet. Direkt am Ponte Sant'Antonio, Cannaregio 2329.

Osteria Al Ponte 34 Einfache Weinschenke an der Brücke zum Campo Santi Giovanni e Paolo. Große Weinauswahl, Bier vom Fass und deftige Snacks. Hier geben die Einheimischen eindeutig den Ton an, etwas für Fortgeschrittene. Cannaregio 6378.

Casinò Municipale 16 Das stilvolle Spielkasino Venedigs im Palazzo Vendramin Calergi am Canal Grande. Betuchte Spieler benutzen den Wassereingang, Neugierige den Landeingang. Roulette, Black Jack, Spielautomaten etc. Mit angeschlossener Bar und Ristorante. Geöffnet: Ganzjährig tägl. 15.30–2.30 Uhr. Eintritt 10 €, dafür bekommt man einen Spielchip im gleichen Wert. Ausweiskontrolle. Strada Nuova, Calle Larga Vendramin, Cannaregio 2040, ✆ 041/5297111. (Das Sommer-Casinò auf dem Lido gibt es nicht mehr.)

Un Mondo di Vino 30 Typische Weinschenke. Beliebt bei jüngeren Einheimischen, die in Trauben vor der Tür stehen. Mo Ruhetag. Salizzada San Canciano, Cannaregio 5984.

Al Paradiso Perduto 10 Beliebter Studententreff mit passabler Küche. Geräumig, Sitzmöglichkeiten auch am Kanal. Gelegentlich Livemusik, lange geöffnet. Di und Mi zu. Fondamenta della Misericordia, Cannaregio 2540.

Irish Pub 21 Wie der Name schon sagt, und wie im Heimatland wird um Mitternacht die letzte Bestellung angenommen. Strada Nova, Cannaregio 3847.

Internetcafé 27 Einer der wenigen Internetpoints mit Wi-Fi/WLAN; mittlerweile allerdings auch Spielhalle. Campo dei Santi Apostoli, Cannaregio 5641.

Einkaufen

Bücher

Libreria Miracoli 29 Kleine Bücherfundgrube am Campo Santa Maria Nova, nahe der Chiesa Santa Maria dei Miracoli. In unmittelbarer Nähe wohnt die Krimiautorin *Donna Leon*, deren Bücher übrigens nicht auf Italienisch erscheinen dürfen – so will es die Autorin zum Schutz ihrer Romanfiguren. Cannaregio 6062.

Masken und Glas

Tà Kalá 26 Gute Adresse für traditionelle und fantasievolle Karnevalsmasken aus Leder und Pappmaché (eigene Produktion) sowie Glasobjekte und Glasschmuck aus Murano. Strada Nova, Cannaregio 4391 (am Campo SS. Apostoli).

Momylia 5 Kleine Ladenwerkstatt, in der Muranoglas zu erschwinglichen Glasperlenketten und Armreifen verarbeitet wird. Campo dei Mori, Cannaregio 3378.

Holz

Il Forcolaio matto 22 „Der verrückte Schreiner" ist der Vierte im Bunde der venezianischen Holzdollen- und Ruder-Schreiner. Er hat sein Handwerk bei Paolo Brandolisio (→ S.181) gelernt und sich zum Allrounder entwickelt, der nebenbei auch bezahlbare Holzsouvenirs herstellt. Calle Priuli, Cannaregio 4231.

Kunst

Stamperia del Ghetto 6 Jüdische Druckerei. Hochwertige Kunstdrucke mit Motiven

aus dem Ghetto. Keramik- und Holzfiguren. Außerdem exklusiver Verkauf von limitierten Farbdrucken der Arbeiten des 2007 verstorbenen Bühnenbildners *Emanuele Luzzatti*. Calle del Ghetto, nahe dem Campo Ghetto Nuovo, Cannaregio 1185.

Zwei kleine **Kunstgalerien** 4 am Campo Ghetto Nuovo. Häufig wechselnde Verkaufsausstellungen zeitgenössischer Kunst. Cannaregio 2918/19.

Markt

Lebensmittelmarkt vormittags (außer So) am **Ponte delle Guglie**, der Brücke über den Canale di Cannaregio, und auf dem anschließenden Rio Terrà San Leonardo.

Kaffee und Wein

Marchi 11 Antica Torrefazione, Kaffeerösterei seit 1930. Beratung, Verkauf und Ausschank. Rio Terrà San Leonardo, nahe dem Ponte delle Guglie, Cannaregio 1337.

Casa Mattiazzi 8 Urige kleine Weinhandlung am Canale di Cannaregio 1116. Offener Wein (*Vino sfuso*) für Selbstversorger.

Pasta und Dolci

Pastificio Giacomo Rizzo 12 Seit 1890 hausgemachte Pasta, Dolci, Brot, Gebäck, Feinkost u. v. m., bis 22 Uhr geöffnet, ideal für Selbstversorger. Rio Terrà San Leonardo, Cannaregio 1355 (nahe der Guglie-Brücke).

Supermarkt

Billa 18 Preiswerter Supermarkt, Mo–Do von 8 bis 23.30 Uhr geöffnet. Strada Nova, Cannaregio 3660.

Campo San Vio und eine der letzten Gondelwerften Venedigs

Il Sestiere di Dorsoduro – Das Dorsoduro-Viertel

Dieses auf den ersten Blick so unprätentiöse historische Stadtviertel zwischen dem Unterlauf des Canal Grande und dem Canale della Giudecca brilliert mit den beiden wichtigsten Kunstgalerien Venedigs: In der weltberühmten Galleria dell'Accademia sind die bedeutendsten Werke der venezianischen Malerei versammelt, und gewissermaßen als Kontrast dazu bietet die Collezione Peggy Guggenheim moderne Kunst von Weltrang.

Es wäre ein fataler Irrtum, diesen Stadtteil aufgrund seiner Randlage zu unterschätzen, denn dieses Sestiere gehört mit seiner ausgewogenen Mischung aus Sehenswürdigkeiten und überraschender Beschaulichkeit mit zum Schönsten, was Venedig zu bieten hat. Und während sich der große Rest der Stadt mit seinem Status quo zu begnügen scheint, steigert Dorsoduro seine Attraktivität in einem für venezianische Verhältnisse geradezu atemberaubenden Tempo, denn in kurzer Zeit sind hier zwei neue Museen für zeitgenössische Kunst entstanden (s. u.).

Im Westteil Dorsoduros lebten früher vorwiegend Seeleute und Handwerker, während im Einzugsbereich der Campi San Barnaba und Santa Margherita kleine Kaufleute und verarmte Adelsfamilien ansässig waren. Nobel, reich und extrovertiert war Dorsoduro nur am *Canal Grande*. Doch während alle anderen Stadtviertel „nur" eine Schauseite am Wasser haben, trumpft Dorsoduro zusätzlich mit einer rückseitigen Uferpromenade auf. Die *Zattere*, wie diese Uferpromenade mit viel Flanieratmosphäre genannt wird, ist die Riva degli Schiavoni Dorsoduros – mit dem feinen Unterschied, dass hier vorwiegend Einheimische und Anwohner promenieren, während Touristen eher eine Nebenrolle spielen, es sei denn, es leert sich gerade eines der großen Kreuzfahrtschiffe, die immer

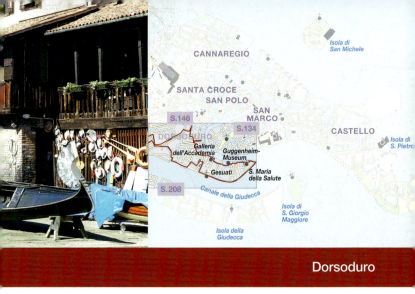

Dorsoduro

häufiger an der nahen *Stazione Marittima* anlegen. Dann gerät die ansonsten friedliche Atmosphäre etwas in Turbulenzen (→ „Invasion der Ozeanriesen", S. 198).

Eine nicht minder anziehende Atmosphäre herrscht rund um den *Campo Santa Margherita*, die größte und volkstümlichste Piazza des Stadtteils. Die unaufgeregte Geschäftigkeit einfacher Leute prägt hier die Stimmung, während die Studenten der benachbarten Universität dieser Gegend eine erfrischende Lässigkeit verleihen.

Zum touristischen Pflichtprogramm gehört neben den beiden erwähnten Kunstgalerien auch das *Museo del Settecento Veneziano* (→ S. 128), das einen interessanten Einblick in Venedigs großartige Rokokoepoche gewährt. Unter den Kirchenbauten Dorsoduros sticht hingegen die *Chiesa Santa Maria della Salute* hervor, die nicht nur am Festtag der Madonna im Mittelpunkt der Aufmerksamkeit steht. Außerdem erhöhen viele kleine Attraktionen, z. B. eine der letzten Gondelwerften im historischen Stadtgebiet Venedigs, den Reiz dieses lang gestreckten Sestiere, das entdeckt werden will.

Spaziergang 5: Durch das Dorsoduro-Viertel

Wenn die *Galleria dell'Accademia* (s. u.) morgens um 8.15 Uhr ihr schmuckloses Portal öffnet, wimmelt es auf dem Vorplatz bereits von Besuchern. Wer zu den Wartenden gehört, sollte sich die Zeit auf dem *Ponte dell'Accademia* vertreiben, denn nirgends hat man einen schöneren Blick auf den Unterlauf des *Canal Grande*. 1854 errichtete die österreichische Besatzungsmacht hier erstmals eine Kanalbrücke aus Eisen. 1932 wurde diese Konstruktion durch eine Holzbrücke ersetzt. Obwohl sie den Eindruck eines Provisoriums macht, ist die Akademiebrücke längst ein unverzichtbarer Übergang zwischen San Marco und Dorsoduro.

Gleich neben dem wuchtigen Gebäude der Accademia taucht man in eine

Übernachten (s. S. 81/82)

- 16 Accademia Villa Maravege
- 25 Agli Alboretti
- 33 American
- 36 Casa Messner
- 37 Seguso
- 38 La Calcina

Essen & Trinken
(s. S. 205–207)

- 2 Caffé Rosso
- 5 Osteria alla Bifora
- 6 Osteria Da Codroma
- 12 Pasticceria Colussi
- 13 Antica Trattoria La Furatola
- 14 Tea Room Beatrice
- 19 Taverna San Trovaso
- 20 Locanda Montin
- 21 Enoteca/Cantinone Già Schiavi
- 22 Pizzeria Ae Oche
- 23 Trattoria Ai Cugnai
- 24 Ristorante San Trovaso
- 27 Osteria Vecio Forner
- 31 Ristorante Ai Gondolieri
- 32 Gelateria Nico
- 35 Ristorante/Pizzeria Da Gianni

Nachtleben (s. S. 206/207)

- 4 Margaret DuChamp
- 6 Osteria Da Codroma
- 9 Venice Jazz Club
- 18 Piccolo Mondo

Einkaufen (s. S. 207)

- 1 Paolo Olbi
- 3 Punto Simply
- 7 Luciano Zardin
- 8 Calle delle Botteghe
- 10 Ca'Macana
- 11 Signor Blum
- 15 Toletta
- 17 Mistero Buffo
- 26 Bac Art Studio
- 28 San Gregorio Art Gallery
- 29 Giorgio Nason
- 30 Saverio Pastor
- 34 Loris Marazzi

überraschend lebendige und sympathische Wohngegend ein. Vieles zeugt von bürgerlichem Wohlstand und altehrwürdiger Tradition. Spricht man mit den Anwohnern, beklagen sie den dramatischen Mangel an Geschäften für den täglichen Bedarf, während der Souvenirhandel sichtbar zunimmt.

Kurz vor dem Campo San Vio erhebt sich der stattliche *Palazzo Cini* (s. u.), der eine sehenswerte, private Kunstsammlung beherbergt.

Am *Campo San Vio* selbst liegt einem der Canal Grande förmlich zu Füßen. Die vielen, z. T. hypermodern durchgestylten Kunstgalerien deuten bereits an, dass sich der *Palazzo Venier* mit der *Peggy-Guggenheim-Sammlung* (s. u.) ganz in der Nähe befindet. Achtung, am *Campiello Barbaro* passiert man die Rückseite der verfluchten *Ca' Dario* (→ S. 123)!

Gleich hinter der unscheinbaren gotischen *Chiesa San Gregorio* ragt die majestätische *Chiesa Santa Maria della Salute* (s. u.) auf, eine der eindrucksvollsten Kirchen Venedigs.

An der „Speerspitze" Dorsoduros, der *Punta della Dogana*, hat man einen herrlichen Blick auf das gesamte Markusbecken. Hier wurde im 17. Jh. das Seezollamt *Dogana da mar* errichtet, dessen markanter Eckturm von einer vergoldeten Weltkugel geschmückt wird. Die Seerepublik führte damals strenge Zollkontrollen ein, die sich jedoch negativ auf den Handel auswirkten. In den riesigen Lagerhallen zu beiden Seiten der Uferwege stauten sich die Waren, die man aufgrund der neuen Zollbestimmungen zwecks Kontrolle zwischenlagern musste.

Entlang der Uferpromenade stößt man auf die alten *Magazzini del sale*, die barocken Salzspeicher der Serenissima, wo das neue *Emilio-Vedova-Museum* (s. u.) seinen Platz gefunden und auch die städtische Kunsthochschule *Accademia di Belle Arti di Venezia* ihre Ausstellungsräume hat.

Ein Stück hinter der verschlossenen *Chiesa Santo Spirito* entfaltet sich die *Fondamenta Zattere* zur breiten, belebten Uferpromenade mit viel Flanieratmosphäre und einladender Gastrono-

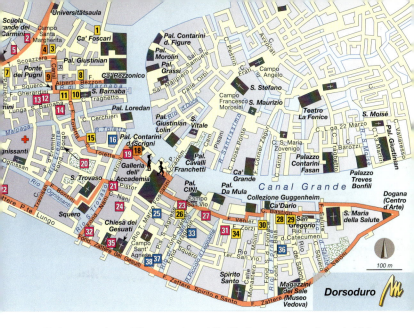

mie. Früher war diese Uferzone ein wichtiger Anlandeplatz für Bauholz, das auf Flößen („Zattere") hierher geschifft wurde, daher der Name.

Hinter der sehenswerten *Chiesa dei Gesuati* (s. u.) stößt man auf den *Rio San Trovaso*, an dessen Westufer sich eine der ganz wenigen, noch aktiven Gondelwerften Venedigs befindet. Bei dem *Squero di San Trovaso* handelt es sich um einen Holzbau im alpinen Stil, den Einwanderer aus dem nördlichen Venetien im 17. Jh. errichteten („Squero" ist die Bezeichnung für eine venezianische Gondelwerft). Heute werden v. a. Wartungsarbeiten und Reparaturen ausgeführt, während der Stapellauf von neuen Gondeln Seltenheitswert hat.

Zurück an der Uferpromenade, wo einige Prachtfassaden (z. B. der Sitz der staatlichen Reederei Adriatica) das Auge erfreuen, erblickt man bereits die vorderen Kaianlagen der *Stazione Marittima*. Dort hat zumeist ein monströses Kreuzfahrtschiff festgemacht, wenn man Glück hat, setzt es sich gerade in Bewegung und schiebt seinen gigantischen Rumpf langsam durch den *Canale della Giudecca* – ein grandioser Anblick, aber eine schleichende Katastrophe für Venedig und die betroffenen Anwohner.

Jetzt führt der Weg über den kleinen *Campo di San Basegio* zur *Chiesa San Sebastiano* (s. u.), einem wichtigen Etappenziel für alle Fans des Malerfürsten Veronese.

Weiter westlich, im Einzugsbereich der *Chiesa San Nicolò dei Mendicoli* (s. u.), befindet man sich mitten im alten Arbeiterviertel von Dorsoduro. Die *Case Tron*, restaurierte Reihenhäuser aus dem 18. Jh., mit ihren markanten sieben Schornsteinen zeugen von bescheidenen Wohnverhältnissen. Auf der anderen Kanalseite, im *Quartiere Santa Marta*, einer Wohnsiedlung aus der Mussolini-Ära, kann man bereits von ärmlichen Verhältnissen sprechen. Dieser äußerste Zipfel Dorsoduros wird von manchen Einheimischen abschätzig als die „Bronx Venedigs" bezeichnet. Eine „No-go-Area" ist es auf keinen Fall, aber nicht nur hier merkt jeder, dass die romantische Museumsstadt Venedig auch ein starkes soziales Gefälle hat.

Invasion der Ozeanriesen

Weit über tausend Kreuzfahrtschiffe und Großfähren passieren jedes Jahr die Lagune von Venedig und spucken Millionen von Touristen an der *Stazione Marittima* von Dorsoduro aus. Dabei kommen die gigantischen Schiffskolosse der pittoresken Lagunenstadt bedrohlich nahe. Seitdem die deutsche „Mona Lisa" 2004 im Markusbecken vor dem Dogenpalast im Nebel auf Grund gelaufen ist, sind Schlepper im Einsatz, um das Schlimmste zu verhindern. Aber das ändert nichts daran, das Venedigs ärgster Feind, das Hochwasser, in den bis zu 300 m langen Riesenschiffen einen neuen Verbündeten hat; denn die über 15 m tiefen Fahrrinnen, die die *Grandi Navi* benötigen, erhöhen die Geschwindigkeit der Flut innerhalb der Lagune und begünstigen die Überschwemmungen der historischen Stadtgebiete.

Viel Schaden, wenig Nutzen, sagen nicht nur Venedigs Umweltschützer angesichts der starken Luftverschmutzung und der zunehmenden Gebäudeschäden durch die Vibrationen der Schiffsmotoren, die Tag und Nacht laufen müssen, damit ausreichend Strom an Bord vorhanden ist. Der Lärm, den die mit schwefelhaltigem Treibstoff angetriebenen Motoren verursachen, wird für die betroffenen Anwohner langsam unerträglich, ganz zu schweigen von den gesundheitsschädlichen Abgasen, die auch die Substanz der historischen Bauten angreifen. An manchen Tagen liegen mehrere Riesen gleichzeitig an den Kais der Stazione Marittima, der Rekord liegt bei zwölf Schiffen, die alle am 21. September 2013 ankamen und zusammen 20.000 Passagiere ausspuckten.

Insgesamt zeichnet sich da eine neue, schleichende Katastrophe für Venedig und seine Bewohner ab. Doch während die Proteste gegen die Invasion der Ozeanriesen (*No Grandi Navi*) zunehmen, lässt sich die Stadtregierung wieder einmal unendlich viel Zeit dabei, die Umweltschäden gegen den wirtschaftlichen Nutzen des Kreuzfahrttourismus abzuwägen. Ein Lagunen-Verbot für die stählernen Hotelschiffe, die der Stadt viel Geld einbringen, wird es kurzfristig wohl nicht geben. Und von der katastrophalen Havarie der Costa Concordia vor der toskanischen Insel Giglio 2012 will anscheinend auch niemand lernen, wie ein nationaler Regierungserlass zeigt, der seitdem Küstenpassagen von weniger als 2 Seemeilen verbietet, überall in Italien – nur nicht in Venedig!

Sehenswertes im Dorsoduro-Viertel

Der spitz zulaufende Gebäudekomplex beherbergt ein neues Privatmuseum für zeitgenössische Kunst, das *Centro d'Arte Contemporanea* (s. u.). Der Eigentümer *François Pinault* ist damit zum Kunstzaren Venedigs aufgestiegen und hat das Guggenheim-Museum, das sich an dieser Stelle ebenfalls vergrößern wollte, auf die Plätze verwiesen. Ein Großteil der alten Lagerhallen wird hingegen von den alteingesessenen Ruder- und Segelclubs der Stadt als Bootshäuser genutzt.

Am Ostufer des *Rio dei Carmini*, der zum gleichnamigen *Campo dei Carmini* führt, erhebt sich der herrschaftliche *Palazzo Zenobio*, ein Barockbau aus dem späten 17. Jh., der gewissermaßen die letzte Bastion der Prachtbauten dieses Stadtteils bildet. Die *Scuola Grande dei Carmini* (s. u.) garantiert wiederum Kunstgenuss vom Feinsten, während die gegenüberliegende *Chiesa Santa Maria dei Carmini* aufgrund ihres gotisch-barocken Stilgemenges ein eher kurioses Gotteshaus ist.

Dahinter öffnet sich der unregelmäßig geformte *Campo Santa Margherita*, eine echte *Piazza del Popolo*, unbestreitbar der volkstümlichste Platz des Viertels. Marktstände, Geschäfte, Restaurants, Cafés, Schatten spendende Bäume und einige Ruhebänke – genügend Gründe, um hier zu verweilen oder am Abend wiederzukehren. Am Nordende des lang gestreckten Campo, in der ehemaligen *Kirche Santa Margherita*, befindet sich heute die Universitätsaula.

In entgegengesetzter Richtung führt der *Rio Terrà Canal* zur Kanalbrücke *Ponte dei Pugni* (Faustkämpferbrücke), die den *Rio San Barnaba* überspannt. Hier fanden ab dem Mittelalter derbe Schlägereien zwischen den *Castellani* und den *Nicolotti* statt. Die Castellani lebten jenseits des Canal Grande im Stadtviertel Castello, während die Nicolotti aus dem Westteil Dorsoduros stammten. Die hasserfüllten Faustkämpfe („Pugni") dieser beiden verfeindeten Fraktionen wurden von der Obrigkeit geduldet und hatten sogar Volksfestcharakter, bis sie Anfang des 18. Jh. schließlich verboten wurden. In der *Pinacoteca Querini-Stampalia* (→ S. 169) befindet sich eine Darstellung dieser als Wettkämpfe bezeichneten Prügeleien.

Jetzt lohnt sich ein Abstecher zur *Ca' Rezzonico* mit dem *Museo del Settecento Veneziano* (→ S. 128).

Auf der anderen Seite der Faustkämpferbrücke, wo zumeist ein mit Obst und Gemüse beladenes Marktschiff festgemacht hat, öffnet sich der stimmungsvolle *Campo San Barnaba*. In der säkularisierten Kirche ist eine ständige Ausstellung mit den „Erfindungen" von *Leonardo da Vinci* zu sehen. Die anschließende *Calle della Toletta*, eine ausgesprochen schöne Wohn- und Geschäftsstraße mit überraschendem Verlauf, führt zurück zur Akademiebrücke.

Sehenswertes im Dorsoduro-Viertel

Galleria dell'Accademia

Venedigs berühmte Gemäldegalerie besitzt eine Fülle erlesener Werke aus dem 14. bis 18. Jh. und bietet damit einen lückenlosen Einblick in die Entwicklung der venezianischen Malerei von der Gotik bis zum Rokoko. 1750 wurde die venezianische Kunstakademie, die *Accademia di Pittura e Scultura*, gegründet. Der Barockmaler *Giovanni Battista Tiepolo* war ihr erster Präsident. Die Accademia diente Malern und Bildhauern als Ausbildungsstätte. Anfang des 19. Jh. bezog sie die säkularisierte *Chiesa Santa Maria della Carità* und die Räumlichkeiten des angeschlossenen Konvents- und Bruderschaftsgebäudes.

Aus der Kunstakademie ging die heutige Galleria dell'Accademia hervor. Ihre umfangreichen Kunstbestände stammen aus aufgelösten Kirchen, Klöstern und Scuole sowie aus Schenkungen privater Kunstsammler und späteren Ankäufen. In 24 Sälen und Korridoren entfaltet sich eine regelrechte Bilderflut, die weitgehend chronologisch geordnet ist.

Saal 1, der ehemalige Versammlungsraum der *Scuola Grande di Santa Maria della Carità*, zeigt klein- und großformatige Tafelbilder des 14. und 15. Jh. Im Mittelpunkt stehen die mehrteiligen Altarbilder von *Paolo* und *Lorenzo Veneziano*, die im Wesentlichen noch der byzantinischen Ikonenmalerei verpflichtet sind, aber bereits eine zaghafte Hinwendung zum Bildaufbau der spätgotischen Tafelmalerei erkennen lassen.

Die *Säle 2–4* präsentieren Altarbilder im Stil der Renaissance aus dem 15. und 16. Jh. Die herausragenden Protagonisten sind hier *Giovanni Bellini, Giambattista Cima da Conegliano, Piero della Francesca* und *Andrea Mantegna.*

Im *Saal 5* stellt „Das Gewitter" von *Giorgione* den absoluten Blickfang dar. Die anschließenden Säle sind der venezianischen und italienischen Renaissance sowie dem Manierismus gewidmet.

Ein weiterer Besichtigungshöhepunkt ist das „Gastmahl im Hause des Levi" von *Paolo Veronese* in *Saal 10*. Dort befindet sich auch das großartige „Wunder des heiligen Markus", mit dem *Tintoretto* gewissermaßen debütierte. Vis-à-vis von Tintorettos Frühwerk hängt – absichtlich oder nicht – *Tizians* letzte Arbeit. Der „König der Maler" wollte mit dieser geradezu erschütternden „Pietà" sein Grab in der Frari-Kirche schmücken.

Im großen *Saal 11* dominieren weitere Gemälde von *Paolo Veronese* und *Tintoretto*. Erstmals betritt hier auch *Giovanni Battista Tiepolo* die Bühne. Von ihm stammt das viel bestaunte Deckenbild „Auffindung des wahren Kreuzes".

Saal 13 ist der Porträtkunst gewidmet. Dass *Tintoretto* auch darin ein Meister war, zeigt eindrucksvoll sein „Bildnis des Jacopo Soranzo".

Einen weiteren Höhepunkt bietet der *Saal 17*, in dem Fantasieveduten von *Canaletto*, humorvolle Genrebilder von *Pietro Longhi* und stimmungsvolle Stadtansichten von *Francesco Guardi* zu sehen sind.

Der *Saal 20* verweist wieder ins 15./16. Jh. und präsentiert den grandiosen Gemäldezyklus „Wunder der heiligen Kreuzreliquie", an dem auch *Gentile Bellini* und *Vittore Carpaccio* mitwirkten. Dieser zwischen 1494 und 1501 entstandene Bilderzyklus ist eine frühe Verherrlichung Venedigs und seiner Bewohner. Von Gentile Bellini stammt die „Prozession auf dem Markusplatz", eine detailversessene Momentaufnahme der festlich geschmückten Piazza San Marco im Jahr 1496. Vittore Carpaccios Beitrag zu dieser Bilderreihe zeigt die Rialtobrücke, Schauplatz der „Heilung eines Besessenen durch die Heiligkreuzreliquie". Aufgrund des detailreich wiedergegebenen Geschehens handelt es sich um eine präzise Teilansicht der Stadt, die voller sozialgeschichtlicher Informationen steckt.

Saal 21 beherbergt *Vittore Carpaccios* Hauptwerk, den allegorischen Bilderzyklus zum „Leben der heiligen Ursula". In großformatigen, feierlichen Gemälden schildert er die abenteuerliche Pilgerreise der Heiligen bis hin zu ihrer Ermordung und glorreichen Apotheose.

In *Saal 23*, dem ehemaligen Kirchenraum, befinden sich u. a. weitere Arbeiten der *Bellini-Familie*.

Den grandiosen Schlusspunkt der Kunstsammlung setzt *Tizian* mit dem „Tempelgang Mariens" in *Saal 24*. Das speziell für diesen Saal (ehemalige *Sala dell'Albergo* der Scuola Grande di Santa Maria della Carità) geschaffene Gemälde ist monumental und breit angelegt und zeigt Maria in kindlicher Gestalt.

Campo della Carità. Vaporetto: Accademia. Geöffnet: Mo 8.15–14 Uhr, Di–So 8.15–

19.15 Uhr. Eintritt: 9 €, erm. 6 €, inkl. Palazzo Grimani (→ S. 169).

Die Galleria dell'Accademia befindet sich seit Jahren im Umbau, bleibt währenddessen aber geöffnet. Die Ausstellungsfläche wird erweitert, die jetzige Hängung wahrscheinlich verändert.

Palazzo Cini

Hier lebte der Kunstsammler und -förderer *Vittorio Cini* (1884–1977; „Fondazione Cini" → S. 209). Die Räumlichkeiten dieses Privatmuseums sind mit kostbarem Mobiliar eingerichtet und mit Kunstgegenständen verschiedenster Art ausgestattet. Die dazugehörige Gemäldesammlung besteht im Wesentlichen aus Renaissancegemälden so namhafter toskanischer Künstler wie *Botticelli, Piero della Francesca, Pontormo* und *Fra Filippo Lippi*. In jüngerer Zeit hinzugekommen ist ein 14-teiliger Bilderzyklus aus der Renaissanceschule der Stadt Ferrara (Scuola Ferrarese del Rinascimento).

Campo San Vio, Dorsoduro 864. Unregelmäßige Öffnungszeiten. Häufig Sonderausstellungen und Kulturevents, www.cini.it.

Collezione Peggy Guggenheim im Palazzo Venier dei Leoni

Der weiße Flachbau des Palazzo Venier ist eigentlich eine Bauruine aus dem 18. Jh. Man sagt, das Gebäude sei deshalb unvollendet geblieben, weil die Besitzer der gegenüberliegenden Ca' Grande ihren Anspruch auf eine ungehinderte Aussicht durchgesetzt hätten. Als die amerikanische Kunstsammlerin *Peggy Guggenheim* 1949 nach Venedig übersiedelte, wurde dieser einstöckige Palazzo am Canal Grande ihr neues Domizil. Im Jahr zuvor hatte die exzentrische Millionärin im Rahmen der Biennale ihre ausgewählte Sammlung zeitgenössischer Kunst bereits der Öffentlichkeit vorgestellt. Jahrelang gab sich in dieser privaten Institution der Moderne die internationale Künstlerszene ein Stelldichein.

Nahezu alle wichtigen Strömungen der klassischen Moderne aus der ersten Hälfte des 20. Jh. sind in der venezianischen

Eine Amerikanerin in Venedig – Peggy Guggenheim (1898–1979)

Als exaltierte Millionenerbin – von väterlicher Seite erhielt sie ein Vermögen in Form von Gold-, Kupfer- und Zinnminen – fand Peggy Guggenheim im Paris der 20er-Jahre ersten Zugang zur Avantgarde Europas. *Marcel Duchamp* und *André Breton* brachten sie dem Surrealismus näher. In London eröffnete sie ihre erste Galerie, u. a. mit Werken von *Jean Cocteau* und *Wassily Kandinsky*. Dank ihres großen Vermögens wurde sie bald zu einer der wichtigsten Kunstsammlerinnen der Welt. Während des Faschismus ermöglichte sie vielen europäischen Künstlern die Flucht nach Amerika, darunter auch *Max Ernst*, den sie 1941 in zweiter Ehe heiratete. Nach dem Krieg wuchs ihre Kunstsammlung beständig. 1949 kaufte die Mäzenin den Palazzo Venier dei Leoni, wo sie 30 Jahre lang lebte und eine Galerie unterhielt.

Die Venezianer bewunderten ihren exzentrischen Lebensstil und erinnern sich noch gut an die Lady, die sich stets in ihrer Privatgondel durch Venedig rudern ließ. Die exzellente Kunstsammlung sowie den Palazzo vermachte Peggy Guggenheim kurz vor ihrem Tod der Stiftung ihres Onkels Solomon, der zeitlebens über ihren Hang zur Avantgarde gelästert haben soll. Sie verfügte außerdem, dass die Kunstwerke geschlossen in Venedig verbleiben sollen.

Peggy-Guggenheim-Sammlung vertreten: Der Kubismus mit Arbeiten von Picasso, Georges Braque und Fernand Léger; der Dadaismus mit Hans Arp und Francis Picabia; der Blaue Reiter mit Wassily Kandinsky und Paul Klee; der Futurismus mit Gino Severini und Jean Metzinger; der Surrealismus mit Salvador Dalí, René Magritte, Max Ernst und Marc Chagall. Piet Mondrian, Jackson Pollock, Jean Dubuffet und Willem De Kooning machen die Liste der frühen Abstrakten nahezu komplett. Abgesehen von den zahlreichen Glanzstücken der Malerei gibt es auch eine repräsentative Auswahl an modernen Skulpturen zu sehen, u. a. von Joan Miró, Alberto Giacometti, Henry Moore und Marino Marini, dessen Reiterstandbild „Engel der Zitadelle" eine besonders privilegierte Position im Vorgarten an der Kanalseite einnimmt. Darf man in dem reitenden Engel gar einen schamlosen Exhibitionisten erkennen?

Das Einzige, was den Kunstgenuss etwas trübt, sind die engen Räumlichkeiten, in denen die Kunstwerke nicht immer ganz zur Geltung kommen; daran hat auch die Erweiterung des Museums um ein Nachbargebäude nichts geändert.

San Gregorio 701. Geöffnet: tägl. außer Di 10–18 Uhr. Eintritt: 14 €, erm. 12 bzw. 8 €.

Chiesa Santa Maria della Salute

Diese monumentale Barockkirche am Ausgang des Canal Grande wird von den Einheimischen kurz *La Salute* genannt, die *Festa della Madonna della Salute* gehört zu den größten Feierlichkeiten der Stadt (→ S. 65). Errichtet wurde die hoch aufragende Kirche mit der imposanten Zentralkuppel, um ein Gelübde einzulösen, das der amtierende Doge und die Bürger Venedigs vor der heiligen Jungfrau geleistet hatten, als die furchtbare Pest von 1630 wütete und über 40.000 Menschen dahingerafft hatte. 1631 entschied man sich für den – wie es hieß – kostengünstigen und außerordentlich wirkungsvollen Entwurf von *Baldassare Longhena*. La Salute gilt als Longhenas unübertroffenes Meisterwerk, obwohl er die Fertigstellung 1687 nicht mehr erlebte. Architektonische Monumentalität und Harmonie sind hier aufs Perfekteste vereint. Insgesamt über hundert frei stehende Figuren schmücken den hellen Kuppelbau, der wegen seiner gedrehten Voluten auch „Kirche mit den Ohren" genannt wird. Auf der Spitze der Kuppel steht die Befreierin von der Pest mit dem Kommandostab eines venezianischen Admirals.

Der runde Zentralraum mit den acht antiken Hauptsäulen ist klar gegliedert und schlicht gestaltet. Die verehrte byzantinische Marienikone, eine dunkelhäutige Muttergottes, schmückt den Hochaltar. Die opulente Skulpturengruppe darüber stellt die Vertreibung der Pest aus Venedig dar. Außerdem verdienen die Gemälde in der Sakristei besondere Aufmerksamkeit, darunter „Der thronende heilige Markus", ein frühes Werk von *Tizian*, das er ursprünglich für die Kirche Santo Spirito in Dorsoduro angefertigt hatte. Im Zentrum des Bildes steht der Schutzheilige Venedigs. Der Schatten über seinem Gesicht wird als Verweis auf die von der Pest gezeichnete Stadt interpretiert. „Die Hochzeit zu Kana", ebenfalls in der Sakristei, schuf *Tintoretto*. Dieses Gemälde mit der kühnen Perspektive stellt ein luxuriöses venezianisches Festmahl mit vielen interessanten Details dar.

Campo della Salute. Geöffnet: tägl. 9–12 und 15–18 Uhr. Eintritt: 2 € (Sakristei).

Centro d'Arte contemporanea

Der Eigentümer des Palazzo Grassi (→ S. 140), der Franzose *François Pinault*, hat sich mit dem Erwerb und Umbau des prominenten Gebäudekomplexes der Dogana ein neues Privatmuseum für zeitgenössische Kunst geleistet.

Chiesa Santa Maria della Salute: außen üppig verziert, innen schlicht

Die Innengestaltung des japanischen Star-Architekten *Tadao Ando* ist mehr als gelungen, und die internationale Kunstszene ist von den hochkarätigen Kunstschauen aus der millionenschweren und ständig wachsenden Pinault-Sammlung begeistert.

Punta della Dogana. Geöffnet: tägl. außer Di 10–19 Uhr. Eintritt: 15 €, erm. 10 €. Centro d'Arte und Palazzo Grassi: 20 €, erm. 15 €. Shop und Café im Museum.

Spazio Vedova (Emilio-Vedova-Museum)

Emilio Vedova ist gebürtiger Venezianer und einer der erfolgreichsten abstrakten Expressionisten Italiens. Am 25. Oktober 2006 verstarb er in Venedig. Wer das Werk dieses temperamentvollen Malers noch nicht kennt, hat jetzt Gelegenheit, einen repräsentativen Teil davon für sich zu entdecken. Das neue Museum befindet sich in einer schmalen Halle der ehemaligen Salzspeicher Venedigs. Die Pläne für den Innenausbau hat der berühmte Architekt *Renzo Piano* unentgeltlich geliefert. Platzmangel macht erfinderisch, herausgekommen ist ein bewegliches Museum – mehrmals täglich wechselt die Hängung vollautomatisch. Vedova selbst, so heißt es, soll die Angewohnheit gehabt haben, seine fertigen großformatigen Bilder immer wieder aus dem Atelierlager hervorzuholen, um sie zu betrachten.

Fondamenta Zattere 50. Geöffnet: Mi–Mo 10.30–18 Uhr, Di zu. Eintritt: 10 €, erm. 5 €.

> **Kirchensammelticket/Chorus Pass** → S. 140. Im Dorsoduro-Viertel befinden sich 2 der 16 Chorus-Kirchen.

Chiesa dei Gesuati (Santa Maria del Rosario)

Die eindrucksvolle Tempelfassade dieser Ordenskirche (1726–1736) gestaltete *Giorgio Massari* streng nach dem von *Andrea Palladio* konzipierten Regelwerk zum Klassizismus. Ein Blick ins Innere lohnt sich v. a. wegen des Deckenfreskos von *Giovanni Battista Tiepolo* und einer dramatischen Kreuzigung von *Tintoretto*.

Fondamenta Zattere. Geöffnet: Mo–Sa 10–17 Uhr. Eintritt: 3 € bzw. mit Chorus Pass oder Venice Card.

Chiesa San Sebastiano

In dieser Renaissancekirche aus der ersten Hälfte des 16. Jh. befindet sich *Paolo Veroneses* Grabstätte. Von ihm stammt nahezu die gesamte Bildausstattung – ein kleines *Veronese-Museum*, das nicht nur Bewunderer seiner Malerei anzieht. Wie in vielen Werken des Künstlers dienen auch hier die biblischen Themen als Anlass für bewegende Figurenkompositionen vor einer detailreichen Architekturkulisse. „Das Martyrium des heiligen Sebastian" schmückt den Chorraum, in der Kassettendecke des Kirchenschiffs wird die „Esther-Legende" erzählt und die Deckengemälde in der Sakristei zeigen „Marias Krönung" sowie „Die vier Evangelisten". Sogar die Flügeltüren der Orgel hat Veronese dekoriert.

Campo di San Sebastiano. Geöffnet: Mo–Sa 10–17 Uhr. Eintritt: 3 € bzw. mit Chorus Pass oder Venice Card.

Campo San Barnaba

Chiesa San Nicolò dei Mendicoli

Der Baukern dieser Backsteinkirche im Westen Dorsoduros stammt aus dem 12. Jh. Die Kirche der Bettler („Mendicoli"), die idyllisch an einem schmalen Kanal liegt, passt mit ihrer bescheidenen Erscheinung gut in dieses proletarische Stadtrandgebiet. Durch einen hellen gotischen Portikus gelangt man ins Innere, wo es einige Renaissancestatuen sowie Gemälde aus der Veronese-Schule zu sehen gibt.

Hier war übrigens Donald Sutherland in dem legendären Venedigfilm „Wenn die Gondeln Trauer tragen" als leitender Restaurator tätig.

Calle San Nicolò. Geöffnet: tägl. 10–12 und 16–18 Uhr, Eintritt frei.

Scuola Grande dei Carmini

Neben der ursprünglich gotischen *Chiesa Santa Maria dei Carmini* (s. u.) befindet sich das Haus der Laienbruderschaft der Karmeliten. Wegen ihrer Marienverehrung standen sie in hohem Ansehen. Aufgrund ihres Vermögens waren sie zu einer der sechs *Scuole Grandi* Venedigs herangewachsen. Das Besondere an diesem architektonisch eher bescheidenen Gebäude ist die Aus-schmückung des großen Versammlungssaals mit Deckengemälden von *Giovanni Battista Tiepolo*. Herausgekommen ist dabei ein kleines *Tiepolo-Museum*: Für den Hauptsaal des Obergeschosses fertigte Tiepolo zwischen 1739 und 1744 neun Werke an. Das auf Leinwand gemalte Hauptbild zeigt die Madonna mit Kind, wie sie dem Seligen Simon erscheint. Die seitlichen Deckenfelder sind mit personifizierten Tugenden ausgefüllt. In den Bet- und Herbergssälen des Gebäudes befinden sich weitere Gemälde, die von *Giambattista Piazzetta* und *Padovanino* stammen.

Campo dei Carmini. Geöffnet: tägl. 11–17 Uhr, Eintritt: 5 €, erm. 4 bzw. 3 €.

Chiesa Santa Maria dei Carmini (I Carmini)

Der Baukörper dieser Kirche ohne Querschiff ist gotisch (13./14. Jh.), was wegen der Barockisierung im 17. Jh. kaum noch zu erkennen ist. Den barocken Glockenturm krönt eine Marienstatue, während im Innern zwei Kunstwerke besondere Beachtung verdienen: die „Anbetung der Hirten", ein Renaissancegemälde von *Cima da Conegliano* (zweiter Seitenaltar, rechts) und das Altarbild mit dem heiligen Nikolaus von *Lorenzo Lotto* (Seitenschiff, links). Vor einigen Jahren ist bei Restaurierungsarbeiten hinter einem Barockgemälde ein gotisches Wandfresko entdeckt worden. Der angrenzende Klosterhof, in dem ein Kunstinstitut untergebracht ist, darf betreten werden.

Campo dei Carmini. Geöffnet: Mo–Sa 14.30–17.30 Uhr, Eintritt frei.

Praktische Infos → Karte S. 196/197

Essen und …

Ristorante Ai Gondolieri 31 Feinschmeckerlokal mit vielen Auszeichnungen, schön am Kanal gelegen. Köstliche Rindfleisch- und Wildgeflügelgerichte. Kein Fisch, solo Carne! Gehobene Preise, Menü über 50 €. Di Ruhetag. San Vio, Dorsoduro 366, ✆ 041/5286396.

Antica Trattoria La Furatola 13 Nahe dem Campo San Barnaba. Alteingesessene Trattoria mit einheimischer Stammkundschaft. Ausgezeichnete Fischküche mit selten gewordenen venezianischen Spezialitäten wie *Pasticcio* (Fischlasagne), *Moleche* (Meereskrebse) und *Zuppa di Pesce* (Fischsuppe). Angemessene Preise, Menü ca. 50 €. Do geschlossen. Calle Lunga San Barnaba, Dorsoduro 2869, ✆ 041/5208594.

Trattoria Ai Cugnai 28 Unweit der Galleria dell'Accademia. Auch nach dem Besitzerwechsel eine zuverlässige Adresse in dieser immer schicker werdenden Gegend. Angenehm rustikaler Speiseraum, offene Küche, kleiner Innenhof. Solide Fischküche, alles sorgfältig zubereitet, Menü 30–40 €. Di Ruhetag. San Vio, Dorsoduro 857, ✆ 041/5289238.

Locanda Montin 20 Etwas abseits der Touristenwege. Alteingesessenes, ehemaliges Künstlerlokal, wird auch heute noch gerne von internationaler Prominenz frequentiert. Eine der besseren gastronomischen Adressen in Dorsoduro. Eine Szene aus Viscontis „Tod in Venedig" wurde hier gedreht. Hübsche Lage, geschmackvoll eingerichtet, großer Pergolagarten. Traditionelle venezianische Küche, Menü 40–50 €. Manchmal wird vielleicht etwas zu eilig serviert. Mi Ruhetag. Fondamenta delle Romite (Eremite), Dorsoduro 1147, ✆ 041/5227151.

Taverna San Trovaso 19 Sehr beliebtes Lokal nahe der Accademia, drei Speiseräume und über 100 Plätze, immer voll. Grundsolide Hausmannskost, große Portionen, vernünftige Preise, Menü 30–40 €, auch Pizza. Mo Ruhetag. Fondamenta Priuli/Ponte delle Meraviglie, Dorsoduro 1016, ✆ 041/5203703.

》》 Mein Tipp: Ristorante San Trovaso 24 Der gleichnamige Ableger der Taverna San Trovaso (s. o.), nur drei Fußminuten entfernt, in einer ehemaligen Schreinerwerkstatt. Hoher, gut klimatisierter Speisesaal, überdachte Hofterrasse. Grundsolide Hausmannskost, sehr gutes Preis-Qualitäts-Verhältnis, Menü 30–40 €. Do Ruhetag. Dorsoduro 967, ✆ 041/5230835. **《《**

Ristorante/Pizzeria Da Gianni 35 Alteingesessenes Gasthaus am Zattere-Ufer mit guter Küche. Leider ist die Patina der vergangenen Jahrzehnte nach der letzten Renovierung komplett verschwunden, dafür ist es jetzt angenehm hell. Spezialisiert auf Fisch und Pizza. Tische am Wasser. Menü 40–50 €. Mi Ruhetag. Zattere ai Gesuati, Dorsoduro 918, ✆ 041/5237210.

》》 Mein Tipp: Enoteca/Cantinone Già Schiavi 21 Urige Weinhandlung und -schenke direkt am Kanalufer, vielleicht die ursprünglichste der Stadt. Appetitliche Auswahl an Cichetti. Sonntagmittags geschlossen, abends tägl. bis 20 Uhr geöffnet. Gegenüber der Chiesa San Trovaso Dorsoduro 992. **《《**

Osteria alla Bifora 5 Betagte große Weinschenke mit Patina, am Campo Santa Margherita, einige Tische im Freien. Große Auswahl an Antipasti. Mittags 12–15 Uhr, abends bis Mitternacht geöffnet. Dorsoduro 2930.

Osteria Vecio Forner 27 Rustikale kleine Osteria, am Campo San Vio, in einer Backstube aus dem 18. Jh., die noch bis ins Jahr 2000 als solche betrieben wurde. Durchgehend kalte und warme Küche, akzeptable Preise. Dorsoduro 671.

Pizzeria Ae Oche 22 Große Pizzeria am Zattere-Ufer, mehrere Tischreihen am Wasser. Enorme Pizzaauswahl, kleine Preise, junges Publikum. Zattere 1414.

Osteria Da Codroma 6 Etwas abseits, dafür aber hübsch am Kanal gelegen. Betagte Nachbarschafts-Osteria mit Patina, urgemütlich. Authentische venezianische Küche, recht preiswert. Mo–Mi nur mittags, Do–Sa mittags und abends geöffnet, So Ruhetag. Fondamenta Briati, Dorsoduro 2540, ✆ 041/5246789.

... Trinken und mehr

Pasticceria Colussi 12 Zählt zum Urgestein italienischer Konditoreien. Zu Ostern stapelt sich hier die *Colomba* und zur Weihnachtszeit der *Panettone*. Calle Lunga San Barnaba, Dorsoduro 2867.

Gelateria Nico 32 Allerbeste Qualität, immer wieder bereichern neue Eiskreationen das Sortiment. Große Terrasse an der Uferpromenade. Zattere ai Gesuiti, Dorsoduro 922.

Tea Room Beatrice 14 Einladende Tee-Bar mit lauschigem Gärtchen. Eine erholsame Oase mitten in der turbulenten Calle Lunga San Barnaba, Dorsoduro 2727.

Caffè Rosso 2 Kleines Piazza-Café. Junges Publikum. Cappuccino und Drinks. Lange geöffnet. So Ruhetag. Campo Santa Margherita, Dorsoduro 2963.

Margaret DuChamp ❹ Angesagtes Szenelokal am Campo Santa Margherita. Bis 2 Uhr geöffnet, Di Ruhetag. Dorsoduro 3019.

Piccolo Mondo ⓲ Auch als El Suk bekannt, Disco mit wechselndem Outfit. Getanzt wird von 22–4 Uhr morgens. Calle Contarini Corfù, Dorsoduro 1056 (nahe der Accademia).

Venice Jazz Club ❾ Live-Jazz in Bar-Ambiente, Mo–Sa 21–23 Uhr. Eintritt inkl. eines Drinks 20 €, Einlass 19 Uhr. Fondamenta dello Squero 3102.

Einkaufen

Antiquitäten

Ein halbes Dutzend gut sortierter Antiquitätenläden findet man dicht an dicht in der Calle delle Botteghe ❽ hinter dem Campo San Barnaba.

Luciano Zardin ❼ Über 1000 antike Kunstdrucke. Alteingesessen und seriös. Gegenüber der Scuola Grande dei Carmini, Dorsoduro 2899.

Bücher

Toletta ⓯ Große Buchhandlung mit modernem Antiquariat. Calle della Toletta, nahe der Accademia, Dorsoduro 1214.

Marmorpapier und Leder

Paolo Olbi ❶ Einer der letzten Buchbinder Venedigs, der die Tradition dieses einst hoch geschätzten Handwerks noch bewahrt. Manuelle Bearbeitung von Marmorpapier und Leder. Verkauf von Grußkarten, Alben, Schreibutensilien und mehr. Calle Foscari, Dorsoduro 3253.

Holz

Loris Marazzi ㉞ Hier findet man Kuriositäten aus Holz: Schuhe, Taschen, Unterhosen, Büstenhalter, Büchertürme, Vorhänge etc. Loris Marazzi ist ein ehemaliger Schüler des Holzkünstlers Livio De Marchi, der sein Atelier im Markusviertel hat (→ S. 145). San Vio 369.

Saverio Pastor ㉚ Schreinert Holzdollen (*Forcole*) und Ruder (*Remi*) für die venezianischen Gondeln. In der Werkstatt im östlichen Dorsoduro sind Besucher willkommen. Die kleine Souvenir-Forcola ist schon für wenig Geld zu haben. Saverios Meister war der legendäre *Giuseppe Carli*, der dieses Handwerk zur Kunst gemacht hat, sogar das Museum of Modern Art in New York kaufte eine Forcola von ihm. Kollege Paolo Brandolisio hat seine Werkstatt in West-Castello (→ S. 179). Fondamenta Rio della Fornace, Dorsoduro 341.

Signor Blum ⓫ Handbemaltes Holzspielzeug und Puzzles aus Holz mit Venedigmotiven. Fondamenta Gherardini, am Campo San Barnaba, Dorsoduro 2840.

Glasschmuck

Sein Handwerk hat Giorgio Nason ㉙ in Murano gelernt. In seinem Werkstattladen unweit der Salute-Kirche stellt er Ringe, Armreifen, Kettenanhänger und Ohrringe aus Buntglas mit einem speziellen Glanz her. Campo San Giorgio, Dorsoduro 167.

Kunst

Mehrere Galerien im Einzugsbereich der Accademia und des Guggenheim-Museums, darunter die ambitionierte San Gregorio Art Gallery ㉘ mit US-Kunstimporten. Dorsoduro 164.

Bac Art Studio ㉖ Kunstdrucke, Kalender, Poster, besondere Ansichtskarten mit Venedigmotiven, Lesezeichen etc. San Vio, Dorsoduro 862.

Masken

Mistero Buffo ⓱ Kleine Ladenwerkstatt und eine der letzten, in der dieses venezianische Kunsthandwerk noch die Bezeichnung Handwerk verdient. Seit 20 Jahren stellt Leonardo Faggian typisch venezianische Masken sowie Reliefs und Objekte aus Pappmaché her; zumeist sitzt er draußen vor der Tür, und man kann ihm bei der Arbeit zuschauen. Fondamenta San Basegio, Dorsoduro 1645.

Ca' Macana ❿ Traditionelle venezianische Masken. In der Antiquitätengasse Calle delle Botteghe, nahe dem Campo San Barnaba, Dorsoduro 3172.

Märkte

Kleiner Lebensmittelmarkt vormittags auf dem Campo Santa Margherita.

Am Kanalufer des Campo San Barnaba werden Obst und Gemüse direkt vom Boot verkauft.

Supermarkt

Punto Simply ❸ Supermarkt für Selbstsorger, gleich hinter dem Campo Santa Margherita, Mo–Sa 8.30–20 Uhr, So 9–14 Uhr. Dorsoduro 3110.

Die dem Markusplatz vorgelagerte Isola di San Giorgio Maggiore

La Giudecca e San Giorgio Maggiore Isola di – Die Vorstadtinseln

Die beiden südlichen Vorstadtinseln – nur wenige Hundert Meter vom Stadtzentrum entfernt, aber getrennt durch den Canale della Giudecca und das Markusbecken – sind ehemalige Klosterinseln. Andrea Palladio errichtete dort im 16. Jh. seine beiden wichtigsten Sakralbauten im betont klassizistischen Stil. Wer den Seitensprung hierher unternimmt, wird allein schon vom fantastischen Blick auf das historische Stadtzentrum ausreichend belohnt.

Ursprünglich war La Giudecca eine reine Klosterinsel, auf der sieben Klostergemeinschaften lebten. Ab dem 14. Jh. siedelte hier auch die jüdische Bevölkerung Venedigs; aus dieser Zeit stammt vermutlich der Name der Insel („Giudaico" = jüdisch). Eine weitere Besiedlungsphase erlebte die Giudecca während der Glanzzeit der Serenissima, als reiche venezianische Kaufleute Sommerresidenzen mit großzügigen Gartenanlagen begehrten und hier geeigneten Baugrund vorfanden. Weniger rühmlich verlief die Entwicklung im 19. und frühen 20. Jh., als größere Gewerbebetriebe und Fabriken die bis dato friedliche Vorstadtinsel in ein kleines Industriegebiet verwandelten. Noch heute zeugen teils verwahrloste Fabrikhallen und Produktionsstätten von diesem kurzen Wirtschaftsboom, der ein abruptes Ende fand, als die Stadtregierung beschloss, sämtliche Industriebetriebe aufs nahe Festland zu verlegen. Zurück blieb die typische Trostlosigkeit eines verlassenen Gewerbegebiets.

Doch es tut sich was: Die lang gestreckte Giudecca-Insel ist heute attraktiver denn je. Immer mehr Venezianer zieht es auf der Suche nach einer ruhigen, bezahlbaren Wohnung hierher. Die Verkehrsanbindung ist gut, und einige der ehemaligen Fabrikgebäude sind bereits in begehrte Eigentums- bzw. Sozialwohnungen umgewandelt worden. Auch

La Giudecca und San Giorgio Maggiore

Künstler und Lebenskünstler finden auf der Insel leichter eine bezahlbare Atelierwohnung bzw. ein Loft als im Stadtgebiet von Venedig. Sogar die touristische Infrastruktur ist im Entstehen begriffen. Mit der schön gelegenen Jugendherberge Ostello di Venezia und dem unscheinbaren Luxushotel Cipriani haben sich auf der Giudecca gleich zwei Top-Herbergen, wenn auch sehr verschiedener Art, niedergelassen. Und einmal im Jahr steht La Giudecca voll im Mittelpunkt des Geschehens, wenn hier das volkstümliche Erlöserfest stattfindet, das eng mit der Entstehungsgeschichte der Palladio-Kirche Il Redentore verbunden ist und zu den beliebtesten und wichtigsten Festen der Stadt zählt (→ S. 64).

Nur einen Katzensprung von La Giudecca entfernt liegt die kleine Insel *San Giorgio Maggiore*, die fast vollständig vom Komplex des ehemaligen Benediktinerklosters eingenommen wird. Mit der majestätischen Klosterkirche hat Palladio einen weiteren, nahezu allgegenwärtigen Meilenstein in der venezianischen Sakralarchitektur gesetzt. Fast wie eine Provokation wirkt hingegen der Glockenturm von San Giorgio Maggiore, der dem Campanile von San Marco zum Verwechseln ähnlich sieht. Macht er ihm doch obendrein auch noch den schönsten Rundumblick auf Venedig und die Lagune streitig. Nicht unbescheiden steht zu Füßen des Campanile das neue Glasmuseum *Le Stanze del Vetro*.

Spaziergang 6:
Auf La Giudecca und San Giorgio Maggiore

Der Spaziergang sollte auf *San Giorgio Maggiore* mit der Besichtigung der gleichnamigen Palladio-Kirche beginnen (s. u.). Im angrenzenden, ehemaligen Benediktinerkloster hat die *Fondazione Cini* seit 1951 ihren Sitz. Diese Stiftung hat das gesamte Klosterareal vorbildlich restauriert und unterhält dort eine internationale Bildungsstätte für Kultur und Geschichte sowie eine Bibliothek. Die Räumlichkeiten des Klosters (Refektorium, Dormitorium

Übernachten (s. S. 83)
5 Ostello di Venezia

Essen & Trinken (s. S. 213)
2 Café Rosa Salva
3 Harry's Dolci
4 Trattoria All'Altanella

Nachtleben (s. S. 213)
1 Skyline Rooftop Bar

etc.) sowie die beiden Kreuzgänge sind an Wochenenden bzw. im Rahmen von Ausstellungen und Veranstaltungen zu besichtigen (s. u.). Der einzige Weg, der auf San Giorgio Maggiore frei zugänglich ist, führt an der Kaimauer des *Jachthafens* entlang, wo sich auch das neue Glasmuseum befindet (s. u.).

Der Uferspaziergang auf *La Giudecca* könnte an der Anlegestelle *Zitelle* (Linie 2) beginnen, wo sich auch die gleichnamige Kirche erhebt. Die „Kirche der Jungfrauen" stammt im Wesentlichen aus dem 18. Jh. und gehörte zu einem Mädchenheim, in dem v. a. Waisenmädchen untergebracht waren – die man zur Herstellung der berühmten venezianischen Spitzen anhielt.

Vorbei an der Jugendherberge *Ostello di Venezia*, die sich in einem ehemaligen Getreidespeicher befindet, gelangt man zur Palladio-Kirche *Il Redentore*, der Hauptsehenswürdigkeit der Vorstadtinsel (s. u.). Anschließend führt der *Ponte Lungo* über einen Kanal zur ältesten Inselkirche, der *Chiesa Sant'Eufemia* (im 9. Jh. gegründet). Im Innern der dreischiffigen Kirche befindet sich ein Bild des heiligen Rochus von *Bartolomeo Vivarini*.

An der anschließenden *Fondamenta San Biagio* erstreckt sich das Kerngebiet der alten Industrieanlagen von La Giudecca. Himmelstürmerisch ragt der markante, neogotische Backsteinkomplex namens *Mulino Stucky* auf. Der Schweizer *Giovanni Stucky* ließ ihn 1895 errichten. Bis in die 30er-Jahre hinein wurde hier eine der größten Nudelfabriken Italiens samt Getreidemühle betrieben. Jetzt ist dieser größte Gebäudekomplex Venedigs zu einem multifunktionalen Kongresszentrum samt Luxushotel Hilton umgebaut worden. Ein Großbrand im Frühjahr 2003 hatte die Fertigstellung erheblich verzögert. Am Kanalufer befindet sich auch die *Textilfabrik Fortuny*, ein intaktes Industrierelikt aus der Zeit der vorletzten Jahrhundertwende, in dem nach wie vor feinste Fortuny-Stoffe produziert werden.

Wer jetzt noch Lust hat, auf eigene Faust im hinteren lagunenseitigen Ge-

biet von La Giudecca herumzustreifen, stößt auf ärmliche und moderne Wohnviertel, kleine Industriebrachen, eine alte Gondelwerft (*Squero*) inmitten moderner Bootswerften, das Frauengefängnis von Venedig sowie auf einige feudale Ufergrundstücke mit hohen Ziegelsteinmauern, darunter die große verwaiste Parkvilla des im Jahr 2000 verstorbenen Malers *Friedensreich Hundertwasser* (→ Karte oben).

Sehenswertes

Chiesa San Giorgio Maggiore

Andrea Palladios (1508–1580) erster großer Streich. 1564 war er mit dem Bau dieser markanten Kirche beauftragt worden, nachdem er zuvor bereits das Refektorium und den vorderen Kreuzgang des angrenzenden Klosters entworfen hatte. 1579 stand der wuchtige Baukörper, allerdings fehlte zu diesem Zeitpunkt noch das wirkungsvollste Bauelement, die Fassade. Diese wurde erst 20 Jahre nach Palladios Tod, aber exakt nach seinen Plänen ausgeführt. Hinter der monumentalen Tempelfassade mit den frei stehenden Skulpturen öffnet sich ein unglaublich heller, streng symmetrisch gegliederter Kirchenraum. Im ungewöhnlich lang gestreckten Chor schweben mehrere Marmor- und Bronzeskulpturen von *Girolamo Campagna* über dem Hauptaltar: Gottvater steht auf der goldglänzenden Weltkugel, die von den vier Evangelisten wie eine Sänfte getragen wird. Dahinter verdient das kunstvoll geschnitzte Chorgestühl besondere Beachtung. Außerdem schmücken zwei Gemälde *Tintorettos* den Altarraum: die „Anbetung der Hirten" und ein großartiges „Abendmahl", das er kurz vor seinem Tod fertigstellte. Deutlich erkennbar hat sich Tintorettos dramatischer Pinselstrich in seinem Spätwerk beruhigt.

Durch den Kirchenraum gelangt man zum Aufzug des *Glockenturms*, der 1791 nach dem Vorbild des Campanile von San Marco neu errichtet wurde. In 70 m Höhe liegt einem Venedig und die Lagune förmlich zu Füßen. Die sechs Benediktiner, die hier im Kloster leben, sind zuständig für Kirche und Campanile.

Isola San Giorgio Maggiore. Vaporetto: San Giorgio (Linie 2). Geöffnet: Mai–Sept. tägl. 9.30–18.30 Uhr, Okt.–April tägl. von 9.30 bis zur Dämmerung. Eintritt: Campanile 5 €, erm. 3 €, Kirche frei. **Klosterbesichtigung** nur Sa/So 10–16 Uhr (stündl. Führungen) bzw. im Rahmen von Ausstellungen und kulturellen Veranstaltungen (℡ 041/5240119, www.cini.it). Ein Highlight der Klosterführung ist die originalgetreue Rekonstruktion von Veroneses monumentalem Gemälde „Die Hochzeit zu Kana"; das Original hängt im Louvre, es gehörte zur Beute von Napoleons venezianischem Kunstraubzug.

Le Stanze del Vetro

In einem ehemaligen Schulgebäude aus den 1950er-Jahren ist das neue Glasmuseum untergebracht, das von einer Schweizer Stiftung ermöglicht wurde. In dem minimalistischen Museum werden jährlich zwei Ausstellungen gezeigt, im Mittelpunkt stehen dabei Designer und Künstler, die sich in ihren Arbeiten mit Muranoglas sowie Glas im Allgemeinen beschäftigt haben.

Isola San Giorgio Maggiore. Vaporetto: San Giorgio (Linie 2). Geöffnet: Do–So 10–19 Uhr, Mi zu. Eintritt frei.

Basilica del Redentore

Andrea Palladios zweiter großer Streich. Parallel zu den Arbeiten an San Giorgio Maggiore übernahm Palladio auch die Bauleitung bei der Erlöserbasilika. Dieser Sakralbau gilt als sein Meisterstück, obwohl er die Auflage hatte, sein klassisches Formengut gemäßigt einzusetzen. 1580, nach Palladios Tod, übernahm *Antonio da Ponte* die Leitung der Bauarbeiten, die 1592 abgeschlossen werden konnten. Die Fassadengestaltung mit den drei ineinander gestaffelten Tempelfronten, die Ähnlichkeit mit dem römischen Pantheon erkennen lässt, ist einfach genial. Sie war so geschickt konzipiert, dass der monumentale Kuppelbau sowohl von Ferne (Molo di San Marco) als auch von der gegenüberliegenden Fondamenta delle Zattere als Ganzes wahrgenommen werden konnte.

Der Innenraum hat die Form eines langgestreckten Saals ohne Querschiff, das hier nur angedeutet ist. Wie in San Giorgio Maggiore trennt ein großer Hochaltar mit Marmor- und Bronzeskulpturen das Hauptschiff vom Chorraum.

Das Portal der Chiesa San Giorgio Maggiore

Blick in den Kreuzgang von San Giorgio Maggiore

Die Altarbilder der insgesamt recht bescheiden ausgestatteten Kirche stammen von weniger namhaften Künstlern aus dem Umfeld Tintorettos und Veroneses. La Giudecca. Vaporetto: Redentore (Linie 2). Geöffnet: Mo–Sa 10–17 Uhr. Eintritt: 3 € bzw. mit Chorus Pass oder Venice Card. **Festa del Redentore** → S. 64.

Praktische Infos

→ Karte S. 210/211

Essen und Trinken

Trattoria All'Altanella 4 Am breiten Rio del Ponte Longo gelegen. Lauschige Speiseterrasse. Das angenehme Lokal wird seit Generationen von derselben Familie bewirtschaftet und versprüht noch Jahrhundertwendecharme. Bereits *Gabriele d'Annunzio* äußerte sein Wohlgefallen. Nach wie vor stimmen hier Atmosphäre, Küche und Preise. Ideal für einen ruhigen, stimmungsvollen Abend, aber leider kein Geheimtipp mehr. Hausgemachte Pasta und Fisch-Secondi aus dem Ofen, Menü 40–50 €. Mo/Di Ruhetag. Calle delle Erbe, La Giudecca 268, ✆ 041/5227780.

Harry's Dolci 3 Ableger von Harry's legendärer Bar in San Marco (→ S. 144). Extreme Randlage, am westlichen Ende der Uferpromenade von La Giudecca. Das Lokal ist gleichermaßen Bar, Café und Ristorante und bietet Spitzenqualität in allen Bereichen. Oberste Preisklasse, aber das Publikum ist nicht ganz so elitär wie im Stammhaus. Di Ruhetag. Fondamenta San Biagio, La Giudecca 773, ✆ 041/5224844.

Skyline Rooftop Bar 1 Bar des Mulino Stucky Hilton, feine Dachterrassen-Bar mit grandioser Aussicht auf die Vorder- und Hinterseite der Lagunenstadt. La Giudecca 810, ✆ 041/2723311.

Café Rosa Salva 2 Die stadtbekannte Kaffeehaus-Dynastie hat eine moderne Filiale mit Terrasse am Uferweg von San Giorgio Maggiore eröffnet und damit die erste und einzige Einkehrmöglichkeit auf der kleinen Klosterinsel. Tägl. 10–18 Uhr.

Die friedliche Isola di Mazzorbo ist eine kaum bekannte Laguneninsel

Die Laguneninseln/Brenta-Kanal

La Laguna veneta	→ S. 216	L'Isola del Lazzaretto Nuovo	→ S. 236
Die nördlichen Laguneninseln	→ S. 220	L'Isola di San Francesco del Deserto	→ S. 237
L'Isola di San Michele	→ S. 220	**Die südlichen Laguneninseln**	→ S. 240
L'Isola di Murano	→ S. 222	Il Lido di Venezia	→ S. 240
L'Isola di Burano	→ S. 226	L'Isola di Pellestrina	→ S. 247
L'Isola di Torcello	→ S. 230	L'Isola di San Lazzaro degli Armeni	→ S. 249
L'Isola di Sant'Erasmo	→ S. 234	**Am Brenta-Kanal**	→ S. 252
L'Isola delle Vignole	→ S. 235		

L'Isola delle Vignole

La Laguna veneta – Die Lagune von Venedig

Wer lange genug durch Venedig gestreift ist und dieses einzigartige Stadtgefüge aus allen möglichen Perspektiven erlebt hat, wird seine Aufmerksamkeit garantiert irgendwann auf die Umgebung der Stadt richten – auf die Lagune von Venedig, die Laguna veneta. Diese amphibische Landschaft, halb aus Wasser, halb aus Land bestehend, bildet seit jeher Venedigs natürlichen Lebensraum.

Die Venezianer, die wie alle Städter in regelmäßigen Abständen ihren Stadtkoller kriegen, frequentieren die Inseln der Lagune wie ein Naherholungsgebiet, das ihnen einen bequemen Tapetenwechsel ermöglicht. Wenn ihnen die Sommerhitze zu Kopf steigt oder die Wochenendtouristen auf die Nerven gehen, dann sind sie plötzlich reif für die Insel und flüchten einen Tag lang. Die meisten zieht es zweifellos an die Sandstrände des *Lido di Venezia*, wo die gepflegten Strandbäder mit ihren endlosen Sonnenschirm- und Liegestuhlreihen ein paar erholsame Stunden versprechen und schnurgerade Uferwege zur ausgiebigen Radtour einladen. Andere werden einen Ausflug zur friedlichen Fischerinsel *Burano* vorziehen und bei der Gelegenheit das halb verlassene *Torcello* besuchen, wo sich eine der ältesten und eindrucksvollsten Kirchen außerhalb des Stadtgebiets von Venedig befindet. Wer noch mehr Einsamkeit sucht, den zieht es auf die unbekannteren Laguneninseln, etwa nach *Le Vignole* oder *Sant'Erasmo* zum Picknick bzw. in einen Gasthof zum deftigen Mittagessen. Glücklicherweise entfaltet die Lagune von Venedig diese ihre Reize auch für Touristen, und wer sich auf eine Lagunenerkundung einlässt, wird von der Vielfalt der Möglichkeiten überrascht sein. In den folgenden Kapiteln werden diejenigen Inseln näher beschrieben, die leicht auf eigene Faust mit dem *Vaporetto* zu erreichen sind.

La Laguna veneta

Grob vereinfacht gleicht die bodenseegroße *Laguna veneta* einem flachen, größtenteils brackigen Binnenmeer, das mit zahlreichen kleinen und großen *Isole* gespickt ist, und an dessen landseitigen Rändern sich eine Sumpf- und Wiesenlandschaft ausbreitet, die von mäandrierenden Wasserarmen und Kanälen durchbrochen wird. Drei *Porti* (Durchlässe) in den vorgelagerten *Lidi* (Sandbänken) sorgen dafür, dass frisches Meerwasser in die Lagune strömt. Das weitgehend seichte Lagunengewässer mit seinen ständig sich verändernden Untiefen ist nur dort schiffbar, wo ausreichend tiefe Kanäle und Wasserstraßen angelegt worden sind. Zum Teil handelt es sich dabei um ehemalige Flussläufe, die regelmäßig von Schlick und Sand befreit werden müssen. Massive, mit Lampen bestückte *Palafitti* (Navigationspfähle) markieren die Fahrrinnen, durch die alle wichtigen Laguneninseln miteinander verbunden sind. Unterschieden wird zwischen der nördlichen und der südlichen Lagune (nördlich bzw. südlich von Venedig), wobei die touristisch interessanteren Inseln in der nördlichen Hälfte liegen. Vom Sonnendeck der z. T. doppelstöckigen Vaporetti, die ab dem Anleger *Fondamenta Nuove* (Cannaregio) durch die nördliche Lagune kreuzen, kann man sich bequem ein Bild von der Beschaffenheit der amphibischen Lagunenlandschaft machen, ein kleines Fernglas ist dabei sehr nützlich.

Einst war die Lagune eine lebendige Naturlandschaft, die sich in der natürlichen Kampfzone von Festland und Meer frei entwickeln konnte. Doch seitdem sich der Mensch die *Laguna veneta* als Lebensraum ausgesucht hat, haben seine Eingriffe das Erscheinungsbild der

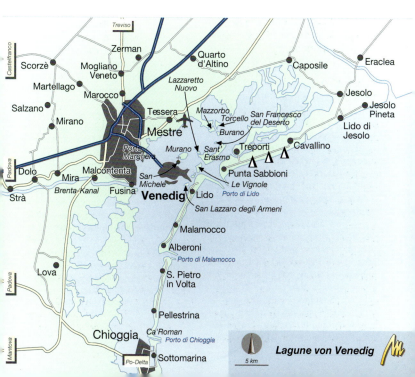

Lagune von Venedig

Lagune in vielerlei Hinsicht verändert (→ S. 40). Die Inseln spielten im alten Venedig von Anfang an eine bedeutende Rolle, denn sie gaben den Venezianern die Möglichkeit, alles aus der Stadt zu verbannen, was sie hätte gefährden bzw. ihren Glanz hätte verdunkeln können. So verbrachte man die Kranken und Irren schon früh auf eigens für sie reservierte Inseln. Außerdem gab es Quarantänestationen, auf denen Besatzung und Waren der aus Epidemiegebieten zurückgekehrten Handelsschiffe für eine bestimmte Zeit isoliert wurden. Die Inselnamen *Lazzaretto Vecchio* und *Lazzaretto Nuovo* deuten noch heute auf diese Funktionen hin. Auch die Toten bekamen mit *San Michele* eine eigene Insel, die immer noch als Friedhofsinsel fungiert. Sogar ein *Ossarium* (Ort für die wieder ausgegrabenen Gebeine) hatte sich die Serenissima bereits im 16. Jh. auf der kleinen Insel *Sant'Ariano* eingerichtet. Und um die Brandgefahr, die von den Brennöfen der Glasbläser ausging, abzuwehren, erließ die Stadtregierung eine entsprechende Verfügung und wies der Zunft eine eigene Laguneninsel zu – die Glasbläserinsel *Murano*, auf der dieses Kunsthandwerk immer noch Konjunktur hat. Des Weiteren erfüllten die an den Lagunenöffnungen zum Meer gelegenen Inseln, insbesondere am *Porto di Lido*, eine wichtige Verteidigungsfunktion. Zu militärischen Bollwerken ausgebaut, boten sie Schutz und verhinderten das Eindringen feindlicher Schiffe in die Lagune. Die verwitterten Ruinen der ehemaligen Befestigungsanlagen und Munitionslager sind heute nur mehr unscheinbare Zeugen der militärischen Stärke und jahrhundertelangen Unverwundbarkeit Venedigs. Friedlich hingegen ging es auf denjenigen Laguneninseln zu, die von Klostergemeinschaften bewohnt waren. Mit dem für die Mönche charakteristischen Talent zur Gestaltung idyllischer Refugien bildeten die einst zahlreichen Klosterinseln Oasen der Kontemplation inmitten der Lagune. Auf *San Francesco del Deserto* und *San Lazzaro degli Armeni* leben die Klosterbrüder nach wie vor in selbst gewählter Abgeschiedenheit – und man darf sie besuchen.

Doch in erster Linie dienten und dienen die Laguneninseln den Venezianern als landwirtschaftliche Nutzflächen. Bereits in früher Zeit ist von Salzbauern die Rede, die hier *Saline* (Salzgärten) anlegten und die damals kostbare Handelsware erzeugten. Die Salzgewinnung wurde irgendwann eingestellt, unentbehrlich für die Versorgung Venedigs sind hingegen die Obst- und Gemüseinseln geblieben, deren schmackhafte Produkte heute noch einen Großteil des Lebensmittelangebots auf dem städtischen Rialtomarkt ausmachen. Begehrt sind v. a. die violetten Artischocken (*castraure*) von *Sant'Erasmo*, der größten venezianischen Landwirtschaftsinsel. Von Bedeutung sind auch Fischfang und Fischzucht innerhalb der Lagune geblieben, v. a. die Reusenfischerei und die Muschelzucht, obwohl die Verschmutzung mit Industrieabwässern stellenweise alarmierende Ausmaße erreicht hat. Angesichts der großen Fischkutterverbände von *Pellestrina*, die mit ihren Schaufeln am Bug riesige Muschelberge ernten, ist es beruhigend zu wissen, dass jeder Fang die Lebensmittelkontrolle passieren muss, bevor er in den Handel kommt. Aber was ist mit den vielen Privatfischern, die überall in der Lagune auf Jagd gehen? Zweifellos ist es ein pittoresker Anblick, wenn man in den Randgebieten der Lagune eine der traditionellen Pfahlhütten (*Casoni*) der Lagunenfischer erblickt bzw. Krabben- und Aalfischer in ihren Booten sieht, doch mit der Gewissheit der schleichenden Lagunenvergiftung im Hinterkopf verlieren solche Bilder die Aura einer harmlosen Idylle fast vollständig.

Bis zum Ende des 18. Jh., als die autonome Republik Venedig noch existierte, gab die Lagune ein geordnetes Gesamtbild ab. Die meisten Inseln waren bevölkert, die *Murazzi* (Hochwasserdeiche) auf dem *Lido di Venezia* und auf *Pellestrina* erfüllten ihren Zweck, und das ökologische Gleichgewicht der Lagune war weitgehend ausbalanciert. Erst zur Zeit der französischen und österreichischen Besatzung, als die Verteidigungsanlagen auf den Inseln massiv ausgebaut wurden und die Lagunenbauern und -fischer in Scharen abwanderten, zeichnete sich eine Wende ab. Nach und nach verlassen, aufgegeben und vergessen, verwilderten viele Eilande oder wurden von den Strömungen und der Flut weggeschwemmt. Mehr und mehr eroberte die Natur die vernachlässigten Lagunengebiete zurück. Eine Tendenz, die bis heute anhält und v. a. die Naturschützer erfreut, die schon lange die Forderung stellen, die Lagune großflächig zum Naturschutzgebiet zu erklären, damit sich die Fauna und Flora dieses Ökosystems ungestört entwickeln kann. Wie ein Teil der Lagune zukünftig aussehen könnte, veranschaulichen die beiden Naturoasen im äußersten Süden des Lido di Venezia und von Pellestrina, die *Oasi degli Alberoni* und die *Oasi Ca' Roman*, zwei Dünenlandschaften mit seltener Ufervegetation und einigen Vogelkolonien. Bemerkenswert ist auch die vermehrte Ausbreitung der lagunentypischen Salzwiesen (*Barene*) im nördlichen Teil der Lagune, die wie Gras- und Schilfteppiche auf der Wasseroberfläche zu schwimmen scheinen und in den Herbstmonaten dunkelrot leuchten. Außerdem beobachten Naturschützer aufmerksam das Entstehen einer neuen Laguneninsel vor Sant'Erasmo, deren junge Existenz jedoch durch den Bau der Hochwasserschutzanlage MOSE am Porto di Lido gefährdet ist. Wer an naturkundlichen Themen und dem Naturschutz innerhalb der Lagune interessiert ist, kann übrigens mit Umweltschützern Ausflüge und Exkursionen in der Lagune unternehmen; seit über 25 Jahren setzen sich die Ökopädagogen

Außenposten: Leuchtturm am Porto di Malamocco

und Naturführer der *Cooperativa Limosa/SlowVenice* für einen umweltverträglichen und nachhaltigen Tourismus in Venedigs Umgebung ein (→ S. 238).

Aber in welcher touristischen Hochburg des Mittelmeerraumes genießt der Naturschutz schon uneingeschränkten Vorrang? So zeichnet sich auch in der Laguna veneta eher eine andere, gegenläufige Entwicklung ab, die die neuerliche, zweckmäßige Erschließung der brachliegenden Laguneninseln unterstützt. Im Rahmen der Förderung zeitgemäßer Nutzungsprojekte sind bereits etliche Inseln wieder zum Leben erweckt worden (→ S. 251) – zum Beispiel als exklusive Hotelinsel oder internationale Bildungsstätte.

Letzte Ruhestätte – San Michele, die Friedhofsinsel der Venezianer

Die nördlichen Laguneninseln

L'Isola di San Michele

Venedigs Friedhofsinsel liegt nur einen Katzensprung von der Anlegestelle Fondamenta Nuove entfernt. Von dort aus betrachtet, erscheint die ziegelsteinummauerte und zypressenbestandene Toteninsel bisweilen wie ein Trugbild. Im morgendlichen Dunst der Lagune möchte man glauben, auf die „Toteninsel" von Arnold Böcklin zuzufahren.

Bevor San Michele Anfang des 19. Jh. zum *Cimitero urbano* wurde, bestatteten die Venezianer ihre Toten in den Gärten der zahlreichen Kirchen der Stadt. Heute wäre auch die Bestattungskapazität von San Michele längst erschöpft, würde man nicht einen Großteil der Toten in 4 m hohen Urnengrabmauern übereinander beisetzen. Paradox, Venedigs Bevölkerung schrumpft, aber der Friedhof ist chronisch überfüllt. Abhilfe soll eine Friedhofserweiterung schaffen. Die dazu notwendigen Aufschüttungsarbeiten sind bereits im Gange.

Dauerhaftes Ruherecht genießen lediglich die berühmten venezianischen Familien in ihren monumentalen Mausoleen und einige ausländische Prominente wie *Igor Strawinski, Sergei Diaghilew, Ezra Pound* u. a. Seit 1996 gehört auch der russische Dichter und Venedigliebhaber *Joseph Brodsky* dazu. Neueste Pil-

L'Isola di San Michele

gerstätte auf San Michele ist das Grab des 2006 verstorbenen venezianischen Malers *Emilio Vedova*.

Mittlerweile hat der Anblick von blumengeschmückten Trauergondeln Seltenheitswert in Venedig, doch einige traditionsbewusste Venezianer lassen es sich nicht nehmen und verfügen testamentarisch eine letzte Gondelfahrt, um ihr Leben feierlich zu beschließen. Ein Besuch der Gräberfelder von San Michele ist v. a. an *Allerheiligen (Ognissanti)* ein Erlebnis, denn an diesem Totengedenktag herrscht hier mehr Gedränge als auf dem Markusplatz. Ununterbrochen setzen mit Blumengestecken und Picknickutensilien bepackte Menschen mit den an diesem Tag im 5-Minuten-Takt verkehrenden *Vaporetti* über und verwandeln die ansonsten ruhige und friedliche Toteninsel in einen Ort würdevoller Heiterkeit.

Doch die eigentliche Ganzjahresattraktion von San Michele ist die *Chiesa San Michele in Isola*. Bei diesem eleganten Bau von *Mauro Coducci* handelt es sich um die erste Renaissancekirche Venedigs (1469–1471). Erstmals fand hier istrischer Kalkstein bei der Gestaltung einer venezianischen Kirchenfassade Verwendung. Neben der Kirche und dem wohlproportionierten Glockenturm stellt die angrenzende *Cappella Emiliana* (ein Renaissance-Kuppelbau von 1530) einen weiteren Blickfang dar. Der anschließende gotische Kreuzgang, über den man auf den Friedhof gelangt, stammt noch vom Kamaldulenserkloster, das sich hier bis zur Friedhofsgründung befand.

Verbindungen: Vaporetto Nr. 4.1/4.2 ab Fondamenta Nuove. Friedhofsinsel April–Sept. tägl. 7.30–18 Uhr geöffnet, Okt.–März tägl. 7.30–16 Uhr; Kirche und Kapelle Mo–Sa 8.30–12 Uhr.

Murano: Klein-Venedig

L'Isola di Murano
ca. 6000 Einw.

Die kleine Inselstadt, die auf neun Laguneninseln errichtet worden ist, wirkt mit ihren Kanälen, Brücken, Gassen und Häusern wie eine provinzielle Miniaturausgabe von Venedig. Seit dem Spätmittelalter wird hier die Kunst der Glasherstellung ausgeübt.

Bei der Glasindustrie von Murano handelt es sich um den einzigen großen Produktionszweig der Republik Venedig, der sich bis heute gehalten hat und zeitgemäß weiterentwickelt wurde. Nach wie vor bestimmen die *Fornaci* (Glashütten) und Ateliers der zahlreichen Glasbläser das Gesamtbild der Inselstadt. Im Glasmuseum *Museo del vetro* (s. u.) kann man sich einen Überblick über die interessante Geschichte der örtlichen Glasherstellung verschaffen.

Zur Zeit der Republik beschränkte sich die Bedeutung Muranos keineswegs nur auf die Glasproduktion, auch als Sommerresidenz des Adels und wegen der hübsch angelegten botanischen Gärten erfreute sich die Insel, die im 16. Jh. ca. 30.000 Einwohner zählte, großer Beliebtheit. Sogar von literarischen Salons ist die Rede, und die einst 17 Kirchen zeugten von Wohlstand und Kunstsinn. Doch im Schatten der großen Serenissima haftete Murano stets ein Hauch von Provinzialität an, der die Insel heute vielleicht mehr denn je kennzeichnet. In Murano regiert ein relativ grauer kleinstädtischer Alltag, dem nur das vielfarbige Funkeln der allgegenwärtigen Glasprodukte etwas Glanz verleiht.

Verbindungen: Mit dem Vaporetto Nr. 4.1/4.2 sowie 12 ab Fondamenta Nuove.

Essen & Trinken
1 Busa alla Torre (S. 226)

Übernachten
2 Al Soffiador (S. 226)

Sehenswertes auf Murano

Die mit Abstand billigste Art, nach Murano zu kommen, ist die Teilnahme an einer der kostenlosen Überfahrten, die unweigerlich in den Ausstellungsräumen der örtlichen Glasindustrie enden (ab Molo di San Marco). Doch diese Variante dürfte nur eingefleischte Fans von Butterfahrten und vergleichbaren Einkaufsfahrten reizen. Üblich ist die Anreise mit dem öffentlichen Wasserbus, wobei man bereits an der ersten Anlegestelle *(Colonna)* aussteigen sollte.

Der anschließende Uferweg *Fondamenta dei Vetrai* sorgt dann sofort für einen gebührenden Empfang. Hier sind sie nämlich fast alle vertreten, die großen (*Barovier & Toso, Venini* etc.) und kleinen Glaskünstler mit ihren klassischen Vasen, Kelchen, Pokalen, Lampen, Lüstern, Perlen, den verspielten Buntglasfiguren und dekorativen Objekten. Wer Interesse zeigt, hat viel zu tun, ansonsten hat man schnell die *Chiesa San Pietro Martire* aus dem 15. Jh. erreicht.

Sie beherbergt ein Hauptwerk *Giovanni Bellinis* von 1488, das Wandbild im rechten Seitenschiff, das die thronende Madonna mit dem heiligen Markus und dem Dogen Agostino Barbarigo zeigt. Sehenswert ist auch die Sakristei mit ihrer barocken Holzausstattung (Eintritt 1,50 €).

Bei dem benachbarten *Palazzo da Mula*, in dem sich heute eine Inselbehörde befindet, handelt es sich um einen der wenigen prunkvollen Palazzi Muranos, dessen spätgotische Fassade ganz der venezianischen Architektur des frühen 15. Jh. entspricht.

Auf einer Eisenbrücke überquert man den Hauptkanal von Murano, den *Canale degli Angeli.* Er teilt das Städtchen in zwei Hälften und wird von den Einheimischen gerne als ihr Canal Grande bezeichnet. Kleinere Kanäle gibt es hingegen kaum noch, obwohl Murano einst mehr Kanäle als Gassen gehabt haben soll.

Unverkennbar ragt jetzt am Ufer der *Palazzo Giustinian* aus dem 17. Jh. auf, der das *Museo del vetro* bzw. *Museo dell'Arte Vetraria* beherbergt. Dieses ausgesprochene Liebhabermuseum, das 1861 im Zuge der Wiederbelebung der örtlichen Glasindustrie gegründet wurde, erstreckt sich auf zwei Ebenen und hat an die 4000 Exponate zu bieten. Im kleinen Untergeschoss sind antike Glasarbeiten

Murano – Synonym für venezianische Glaskunst

Bereits im 10. Jh. war die Glasherstellung nach orientalischem Vorbild in Venedig bekannt. Nach der Eroberung Konstantinopels (1204) brachten Glasbläser aus Konstantinopel ihr Know-how nach Venedig und legten damit den Grundstein für ein florierendes Handwerk, das schon 1224 eine eigene Zunft bildete. Einen verheerenden Stadtbrand nahm die Regierung 1291 zum Anlass, alle Glashütten und damit die gesamte Glasindustrie nach Murano zu verlegen. Bald darauf avancierte Murano zum größten europäischen Zentrum der Glasherstellung, das von der Regierung streng überwacht wurde. Die *Soffiatori del vetro*, die ebenso wie die Werftarbeiter als Geheimnisträger galten, genossen einerseits Privilegien, durften andererseits Murano aber nicht verlassen. Produziert wurden damals vorwiegend Gebrauchsgegenstände wie Flaschen, Gläser, Schalen, Spiegel und Brillengläser, die in orientalischen Ländern sowie im nördlichen Europa guten Absatz fanden. Vor allem die kunstvoll gearbeiteten venezianischen Spiegel erfreuten sich größter Beliebtheit.

Einen bahnbrechenden Entwicklungsschritt stellte die von *Angelo Barovier* Mitte des 15. Jh. erfundene Methode zur Herstellung besonders reinen Glases dar, das aufgrund seiner Eigenschaften *Cristallo* genannt wurde. Nach der Methode Baroviers – ein Name, der heute noch für hochwertige venezianische Glaskunst steht – ließ sich erstmals blasenfreies, nahezu kristallklares Glas erzeugen. Aber nicht nur hohe Transparenz, sondern auch schrille Farbigkeit und filigrane Verzierungen gehörten zu den besonderen Kennzeichen der Glasarbeiten aus Murano. Mehrfarbige Glasarten wie das *Chalzedon* wurden erfunden, durch Beimischung von Metalloxyden konnten so gut wie alle Farbtöne erzielt werden. Eine gängige Verzierungstechnik war das Aufschmelzen von farbigem Email und Blattgold. Einen regelrechten Hit landeten die innovativen Glasmacher aus Murano mit der Erfindung des Milchglases *(Lattimo),* das sich gut zur Nachahmung des begehrten chinesischen Porzellans eignete. Eis- und Netzglas waren weitere raffinierte Kreationen.

Im 16. und 17. Jh., als die venezianische Glasindustrie nahezu konkurrenzlos boomte, gelang es der Regierung letztlich nicht mehr, die Geheimnisse der erfolg-

(Originale und Repliken) zu sehen, die ältesten Stücke stammen aus dem 1. Jh. Das obere Stockwerk ist der Glaskunst des 15.–20. Jh. gewidmet, wobei auch die internationale Konkurrenz Muranos nicht zu kurz kommt. Der blaue Hochzeitspokal aus der Glasmanufaktur Barovier ist ein Highlight aus den Anfängen der hiesigen Glasproduktion, er wurde 1470 angefertigt. Außerdem werden verschiedene Herstellungsverfahren mit Bild- und Texttafeln erläutert.

Geöffnet: April–Okt. tägl. 10–18 Uhr, Nov.–März tägl. 10–17 Uhr. Fondamenta Giustinian 8. Eintritt: 8 €, erm. 5,50 € bzw. mit dem Museumspass oder der Venice Card.

Gleich neben dem Glasmuseum öffnet sich der unspektakuläre *Campo San Donato*, der größtenteils vom Backsteinbau der *Basilica Santi Maria e Donato* und dem wuchtigen quadratischen Glockenturm eingenommen wird. Die bis ins 7. Jh. zurückreichende Baugeschichte der ehemaligen Kathedrale der Bischöfe von Torcello und Murano belegt, dass das Inselstädtchen um einiges älter ist als Venedig selbst. Der dreischiffige Kirchenbau, der 1140 fertiggestellt und später barockisiert worden ist, erhielt seine romanisch-byzantinischen Grundformen im 19. Jh. zurück. Besonders markant ist die an der Außenseite mit zweistöckigen Arkaden reichen Glasproduktion zu hüten. Immer mehr Glasmacher gingen auf die lukrativen Angebote ausländischer Glashütten ein und wanderten trotz drohender Todesstrafe ab, um ihre Kenntnisse im Ausland zu vermarkten. Bald darauf wurde in halb Europa „à la façon de Venise" produziert, und Venedig hatte seine Monopolstellung verloren. Im 18. Jh., als das böhmische Kristallglas den Markt plötzlich beherrschte, wurden die Venezianer selbst zu Plagiatoren, indem sie versuchten, böhmische Glasschleiferei nachzuahmen.

Der Niedergang der Republik 1797 und die Auflösung der Zunft führten zum vorläufigen Stillstand der Glasproduktion. Die ersten Anzeichen einer erfolgreichen Wiederbelebung zeichneten sich Mitte des 19. Jh. ab, als die Nachfahren alter Glasbläserfamilien wie *Barovier* und *Toso* ihre Betriebe wieder öffneten und *Antonio Salviati* seine stilbildende Glashütte gründete. Zum Erfolgsrezept der neuen Glasindustrie von Murano gehörte in erster Linie die Fortentwicklung der traditionsreichen venezianischen Techniken, die bald zur Erfindung gänzlich neuer Glasgewebe und -mischungen führte. Die Experimente internationaler Künstler und Designer im Rahmen der Kunst-Biennale trugen hingegen dazu bei, dass hochwertige Glasobjekte aus Murano den Weg in die Kunstgalerien und Museen fanden. Andererseits führte der Massentourismus und der damit verbundene Bedarf an Souvenirartikeln zu einer Belebung des weniger anspruchsvollen Teils der Glasbranche. Heute arbeiten rund 100 kleine und große Glashütten auf der Insel. Aber Vorsicht – längst nicht alles, was als echtes Muranoglas verkauft wird, stammt auch tatsächlich von der Insel. Schätzungsweise die Hälfte aller Glassouvenirs, die Touristen mit nach Hause nehmen, kommt aus Taiwan und China. Nur wenn der Aufkleber „Vetro di Murano" drauf ist, hält man ein echtes Markenprodukt in der Hand.

gegliederte Apsis. Im Innern fasziniert der kunstvoll gearbeitete Mosaikfußboden aus dem 12. Jh., der sich wie ein orientalischer Flickenteppich ausbreitet. Kunstgeschichtlich bedeutend ist auch das goldglänzende Apsismosaik mit der betenden Maria, der die Kirche anfangs alleine geweiht war. Als venezianische Kreuzfahrer dann die Gebeine des heiligen Donatus nach Venedig brachten, bekam die Gottesmutter Gesellschaft. Bei dem Altarbild handelt es sich um eines der frühesten Werke der venezianischen Malerei.

Geöffnet: tägl. 9–12 und 15.30–19 Uhr, Eintritt frei.

Wer den Weg jetzt über den Hauptplatz von Murano, den *Campo San Bernardo*, fortsetzt, verlässt die Glasglitzerwelt für kurze Zeit vollständig und taucht in den Inselalltag ein.

Übernachten/ Essen und Trinken → Karte S. 223

Die Gastronomie auf Murano ist voll und ganz auf Tagestouristen eingestellt, d. h. nahezu alle Restaurants bieten einen ausgedehnten Mittagstisch und schließen gegen Abend.

Al Soffiador 2 Kleine, freundliche Pension in der Nähe des Leuchtturms. 9 ordentliche, klimatisierte Zimmer mit und ohne Bad. Ganzjährig geöffnet. DZ mit Bad 70–200 €, ohne Bad 60–125 €, jeweils inkl. Frühstück. Murano, Bressagio 10/11, ℅ 041/739430, 041/739174, www.hotelalsoffiador.com.

Das angeschlossene, gleichnamige **Ristorante** hat nur mittags geöffnet. Menü 20–30 €, auch Pizza. Do geschlossen.

Busa alla Torre 1 Die bodenständige Trattoria befindet sich im angeblich ältesten Haus von Murano. Serviert werden vorwiegend Fischgerichte, zwei Spezialitäten des Hauses sind die *Bavette alla Busara* (Scampi und frische Tomaten) sowie *Moleche in saor* (kleine Meereskrebse süßsauer). Tische auch im Freien. Angemessene Preise, Menü 30–40 €. Tägl. mittags geöffnet, Fr/Sa auch abends. Campo Santo Stefano 3, ℅ 041/739662.

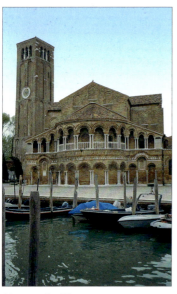

Muranos Basilika

L'Isola di Burano ca. 3000 Einw.

Friedliche Fischerinsel mit knallbunt gestrichenen Häusern und freundlichen Bewohnern. Schon früh erkennt man den farbenfrohen Häuserkranz von Burano, denn er sticht wie ein buntes Lichtsignal aus der monotonen Lagunenlandschaft hervor.

Aus der Nähe betrachtet fehlt wirklich kein Farbton. Himmelblau, Lindgrün, Blutrot, Kürbisgelb, jede Hausfassade leuchtet in einer anderen Farbe, sodass die ebenfalls bunt gestrichenen Fischerboote, die in den Kanälen von Burano dümpeln, kaum auffallen. Warum hier alles so schön bunt ist, das weiß keiner

L'Isola di Burano

Burano: an einem Sonntagnachmittag auf der Piazza

so richtig zu sagen (Orientierungshilfe im Nebel?), aber dafür bleibt die Wirkung nicht aus: Buranos verschwenderische Farbenpracht hebt die Stimmung und stimmt auch leicht gestresste Venedigurlauber heiter. – Andererseits kann die Farbenfreude nicht verhindern, dass die Einwohnerzahl der Insel schneller schrumpft als diejenige Venedigs.

Im 16. und 17. Jh. nahm Burano im edlen venezianischen *Stoff- und Spitzengewerbe* eine wichtige Rolle ein, denn hier wurden besonders wertvolle *Merletti* (Spitzen) gestickt, und zwar mit dem hier erfundenen Luftstich, dem *Punto in aria*. Die kostbaren Spitzen aus Burano gehörten seinerzeit zu den begehrtesten und teuersten Kunsthandwerksprodukten dieser Art. Es heißt, zehn Stickerinnen, alle auf unterschiedliche Stiche spezialisiert, brauchten an die drei Jahre, um eine einzige Tischdecke herzustellen! Kein Wunder, dass die Preise exorbitant hoch und die Löhne ausbeuterisch niedrig waren. Mit dem Niedergang der Republik Venedig endete auch die kommerzielle Spitzenproduktion Buranos. Abgesehen von einer kurzfristigen Wiederbelebung zu Beginn des 20. Jh., als sieben Manufakturen ca. 5000 Stickerinnen beschäftigten, ist es ausschließlich der 1872 gegründeten Spitzenschule *Scuola del Merletto* zu verdanken, dass die Kunst des *Punto in aria* nicht vollständig in Vergessenheit geraten ist.

In Anbetracht der Tatsache, dass heute nur noch wenige Spitzenstickerinnen die traditionelle Luftstichmethode beherrschen, erklärt es sich fast von alleine, dass die vielen Spitzenstickereien, die in Buranos Souvenirläden angeboten werden, keine heimischen Handarbeiten sein können. Was übrigens auch niemand behauptet, sogar das Fremdenverkehrsamt gesteht, dass es sich bei der heutigen Burano-Spitze zumeist um Industrieware bzw. Handarbeit aus China handelt. Wer also wegen des traditionellen Kunsthandwerks nach Burano kommt, der muss schon mit dem Museum der Scuola del Merletto (s. u.) vorliebnehmen.

Verbindungen: Vaporetto 12 ab Fondamenta Nuove.

Sehenswertes auf Burano und Mazzorbo

Wer sich nicht so für Spitzen begeistern kann, sollte einen ausgiebigen Inselspaziergang entlang der schmalen Kanäle und Uferwege unternehmen, wo auch die Kooperative der ortsansässigen Fischer ihr Domizil hat. Auf Anfrage nehmen die Fischer von Burano interessierte Urlauber mit auf ihre Fahrten (s. u.). Dass die Lagunenfischerei rückläufig ist, merkt man besonders am *Campo Pescheria*, wo die alten Steintische zwar noch im Freien stehen, seit einigen Jahren jedoch kein Fischmarkt mehr stattfindet. Einzig im benachbarten Fischgeschäft werden noch fangfrische Lagunenfische und Muscheln verkauft.

Fast zwangsläufig kommt man bei dem Inselspaziergang auch am bedrohlich schief stehenden Glockenturm der *Chiesa San Martino* vorbei, in der ein frühes Kreuzigungsgemälde des venezianischen Meisters *Giovanni Battista Tiepolo* hängt. Enden sollte ein Burano-Bummel auf dem lebhaften Hauptplatz, der *Piazza Baldassare Galuppi* (Galuppi war ein 1706 auf Burano geborener Komponist und gilt als einer der

L'Isola di Burano

wichtigsten Vertreter der *Opera buffa*). Vor allem in den späten Nachmittagsstunden flanieren hier die Einheimischen und bieten einen selten gewordenen Anblick mediterraner Geselligkeit. Den einzigen architektonischen Blickfang inmitten der bunten Inselhäuser bildet der gotische *Palazzo del Podestà*, in dem die erwähnte Spitzenschule samt *Museo del Merletto* untergebracht ist. Dieses Museum der örtlichen Spitzenkunst hütet die feinsten Spitzenstickereien aus verschiedenen Jahrhunderten.

Geöffnet: tägl. (außer Mo), April–Okt. 10–18 Uhr, Nov.–März 10–17 Uhr. Eintritt 5 €, erm. 3,50 € bzw. mit dem Museumspass oder der Venice Card.

Burano ist durch eine Fußgängerbrücke mit der benachbarten *Isola di Mazzorbo* verbunden, einer im Gegensatz zum heiter-bunten Burano eher bäuerlichen Insel: eine triste Häuserreihe am Kanalufer, ein paar verstreute Landgüter, Wein- und Gemüsegärten, der alte Friedhof von Burano und am hinteren Ende dann die verwitterte *Chiesa Santa Caterina* (14. Jh.) mit ihrem anmutigen gotischen Glockenturm von 1318, dessen Glocke zu den ältesten Kirchenglocken Europas zählt.

Geöffnet: Chiesa Santa Caterina, Mai–Sept. Fr–So 11–13 und 14–17 Uhr. Eintritt frei.

Für frischen Wind sorgt auf Mazzorbo einzig die neu eröffnete Inselherberge *Venissa* mit Feinschmeckerrestaurant (s. u.).

Das bunteste Haus der Insel

Übernachten/Essen und Trinken

Locanda Raspo de Ua 2 Ordentliche kleine Pension auf Burano, in einem der typischen bunten Inselhäuser an der Hauptgasse, mit gleichnamigem Restaurant. Klimatisierte DZ 100 € inkl. Frühstück. Via Galuppi, Burano 560, ✆ 041/730095, ✉ 041/5272014, www.alraspodeua.it.

Venissa 1 Neue, komfortable Inselherberge mit eigenen Wein- und Nutzgärten. Große, sehr geschmackvolle DZ im ländlich-modernen Stil. Ambitioniertes Feinschmeckerrestaurant. DZ 140–170 € inkl. Frühstück. Fondamenta Santa Caterina 3, Isola di Mazzorbo, ✆ 041/5272281, ✉ 041/5272323, www.venissa.it.

Trattoria Da Primo 3 Alteingesessenes Fischrestaurant, schlichte, aber gemütliche Speiseräume. Die manchmal etwas aufdringliche Art der Wirtin, vor der Tür auf Kundenfang zu gehen, sollte niemanden abschrecken, hier gehen auch Einheimische gerne essen. Leckere Meeresantipasti, tägl. wechselnde Primi, alles frisch zubereitet. Menü 30–40 €. Nur mittags geöffnet, Mo Ruhetag. Piazza Galuppi 285, ✆ 041/735550.

Trattoria Da Romano 4 Fischrestaurant mit 20er-Jahre-Charme, in vierter Generation von derselben Familie bewirtschaftet. Festlicher Speisesaal mit Marmorsäulen und Spiegelglas. Ehemaliges Künstlerlokal, mit Kunstwerken dekoriert, die noch aus den 20er-Jahren stammen, als sich auf Burano eine kleine internationale Künstlerkolonie niedergelassen hatte. Gute Fischküche, Menü 40–50 €. In den Sommermonaten auch abends geöffnet, Di Ruhetag, Do abends geschlossen. Reservierung ratsam. Piazza Galuppi 221, ✆ 041/730030.

Trattoria Coronato 5 Kleine, rustikale Gaststätte mit Tischen im Freien. Verwandelt sich abends gegen 17.30 Uhr in eine Rosticceria und bietet frisch Frittiertes sowie kleine Pizzen zum Mitnehmen an. Di geschlossen. Piazza Galuppi 314.

Wer es in Venedig noch nicht getan hat, sollte spätestens hier die **Buranelli** probieren. Alle Inselbäckereien bieten diese Hartgebäck-Spezialität an, die so gelb ist, weil so viele Eidotter drin sind.

Aktivitäten

Wer sich für die **Lagunenfischerei** interessiert, kann die Burano-Fischer auf ihren Booten begleiten, denn im sogenannten *Pescaturismo* suchen sie eine zusätzliche Einnahmequelle. Cooperativa San Marco, Via Terranova 215, ℡ 041/735464, www.cooperativasanmarco.com.

L'Isola di Torcello

Auf verschlungenen Wasserarmen nähert man sich per Vaporetto der abgeschiedenen Laguneninsel, die auf den ersten Blick menschenleer und verwildert erscheint. Die üppige Ufervegetation deutet auf eine unberührte Lagunenoase hin, wäre da nicht der weithin sichtbare Kirchenkomplex.

Diese halb verwilderte Laguneninsel gilt als die Vorgängerin Venedigs, als der Ort, an dem die Lagunenbesiedlung ihren Anfang nahm. In der ersten Hälfte des 7. Jh. hatte Torcello bereits einen festen Siedlungskern, und der Grundstein für den Bau der Basilika war gelegt. Auf dem wirtschaftlichen und kulturellen Höhepunkt befand sich die Bischofsstadt Torcello vom 10. bis 12. Jh., als sie über 20.000 Einwohner zählte, über eine eigene Gerichtsbarkeit verfügte und sich durch blühende Handelsaktivitäten auszeichnete. Ob Venedig diesen starken und eigenständigen Nachbarn als Konkurrenz empfand, und weshalb sich Torcello plötzlich entvölkerte und so komplett bedeutungslos wurde, ist ein Rätsel der Geschichte geblieben. Nichts deutet auf eine gewaltsame Niederwerfung hin, während einiges für eine Naturkatastrophe spricht: Der Fluss *Sile* soll die Stadt überschwemmt und weitgehend zerstört haben. Überreste der alten Stadtanlage gibt es heute jedenfalls keine mehr zu sehen, von denen man auf die einstige Größe Torcellos schließen könnte, geblieben ist lediglich das religiöse Zentrum der Insel mit den beiden romanisch-byzantinischen Gotteshäusern *Basilica Santa Maria Assunta* und *Chiesa Santa Fosca* (s. u.).

Auf Torcello leben heute ein paar Dutzend Menschen, zumeist Bauern, aber auch einige stadtflüchtige, naturverbundene Individualisten. Von der Anlegestelle, parallel zum schiffbaren Hauptkanal der Insel, führt ein gepflasterter Treidelweg ins hochmittelalterliche Zentrum von Torcello, vorbei am flachen, steinernen *Ponte del Diavolo* (Teufelsbrücke) und den einladenden Landgasthöfen.

Die Bewegungsfreiheit auf Torcello ist begrenzt. Privatbesitz einerseits und die Unwegsamkeit des Geländes andererseits verhindern eine ausgiebige Erkundung. Die beste Gelegenheit, um sich eine Vorstellung von der Beschaffenheit der Insel zu machen, bietet die große Freifläche hinter dem Kirchenkomplex, wo sich Wasserwege kreuzen und eine lagunentypische Vegetation ausbreitet. Auf einem anschließenden Trampelpfad kann man sogar einen Teil der dortigen *Barene* (Salzwiesen) erkunden.

Verbindungen: Vaporetto 9 ab Burano.

Locanda Cipriani

Sehenswertes auf Torcello

Der Kirchen- und Museumskomplex an der Piazza di Torcello setzt sich aus der Kuppelkirche Santa Fosca, der hoch aufragenden Basilica Santa Maria Assunta, dem begehbaren Campanile sowie den beiden angrenzenden Museumspalazzi zusammen. Der ungepflasterte Vorplatz und die dem Museum angeschlossenen Gärten sind über und über mit archäologischen Fundstücken dekoriert.

Chiesa Santa Fosca

Perfekt proportionierter Kuppelbau aus dem 11. Jh. mit zierlichem Säulenportikus vor dem Eingang und einer typisch byzantinischen Raumaufteilung. Das Innere ist nahezu schmucklos, was seine harmonische Raumwirkung noch betont. Ein seitlicher Arkadengang führt zur angrenzenden Basilika, der eigentlichen Attraktion von Torcello.

Basilica Santa Maria Assunta

Die dreischiffige Säulenbasilika wurde Anfang des 11. Jh. errichtet. Ihr Vorgängerbau von 639 gilt als ältester Sakralbau der *Laguna veneta*. Bereits im 9. Jh. fanden bauliche Veränderungen statt, ihre heutige Form erhielt die symbolträchtige und stilbildende Basilika im Jahr 1008, als der Bischof von Torcello das Hauptschiff erhöhen ließ, die Seitenapsiden hinzugefügt wurden und der Chorraum neu gestaltet und dekoriert wurde.

Den größten kunsthistorischen Wert besitzen die im 11. und 12. Jh. entstandenen byzantinischen Goldmosaiken, die in ihrer Machart und Qualität mit denen der Markuskirche vergleichbar sind. Im Halbrund der Hauptapsis prunkt die Darstellung der Gottesmutter mit den unter ihr aufgereihten zwölf Aposteln. Die Apostel, so lautet eine Interpretation, schreiten über mohnbedeckte

Barene (Salzwiesen), die typisch für die Lagunenlandschaft sind. Das Mosaik unter dem Apsisfenster stellt den Bischof von Torcello dar, der den Umbau der Basilika veranlasste. Im unteren Chorraum, in der Mitte der stufenförmigen Priesterbank fehlt der Bischofsstuhl; er befindet sich auf der Piazza di Torcello und genießt als der *Steinerne Thron Attilas* große Aufmerksamkeit.

Marmorne Chorschranken (11. Jh.) begrenzen das Presbyterium; sie zeigen kunstvoll gearbeitete Tierdarstellungen (Löwen, Pfauen) im byzantinischen Stil. Die Ikonostase aus dem 15. Jh. darüber stellt erneut die Gottesmutter mit den Aposteln dar. Das große Holzkruzifix auf dem Querbalken stammt ebenfalls aus dem 15. Jh.

Wendet man seinen Blick in die entgegengesetzte Richtung, erblickt man das wandfüllende *Weltgerichtsmosaik* in voller Größe. Die in sogenannte Bänder unterteilten Darstellungen wirken äußerst lebendig und drücken die Vorstellungen aus, die man im 11./12. Jh. vom Untergang der Menschheit und dem endzeitlichen Gerichtsakt hatte. Aus dem Christus-Medaillon in der Mitte tritt ein glühender Feuerstrom, der die Flammen der Hölle speist. In den Höllen-Bändern erkennt man die Todsünden in Form der Unkeuschen, der Gierigen, die sich in die Hände beißen, der Zornigen, die ins Wasser getaucht werden, um ihre Wut zu kühlen, der Neidvollen, aus deren Totenköpfen Schlangen hervortreten, der Geizigen als Menschen aller Rassen, deren Köpfe reich geschmückt sind, und der Trägen. Die siebte Todsünde stellt die Hochmütigen dar, die mit Lanzen in die Flammen getrieben werden, daneben thront Hades mit dem Antichrist auf dem Schoß.

Campanile

Der freistehende Glockenturm der Basilika, der seine Spitze im 17. Jh. ein-

Entvölkerte sich im Mittelalter auf rätselhafte Weise: Torcello

Essen & Trinken
(s. S. 233)

1 Locanda Cipriani
2 Al Trono di Attila

---

büßte, als sie vom Blitz getroffen wurde, darf nach der bis 2014 andauernden Restaurierung wieder betreten werden. An klaren Tagen ergibt sich ein unvergleichlicher Lagunenblick, an trüben Tagen erkennt man hingegen kaum die bunten Häuser von Burano.

Museo di Torcello

Das archäologische Museum in den beiden Nebengebäuden des Kirchenkomplexes ist mit zahlreichen frühgeschichtlichen, antiken und mittelalterlichen Ausgrabungsfunden bestückt, darunter befinden sich Säulenfragmente, Kapitelle, Steinreliefs, Amphoren, Büsten, Statuetten, Metallgegenstände, kunstvolle Keramikarbeiten und Mosaiken. Die antiken Exponate stammen allerdings nicht von den örtlichen Ausgrabungsstätten innerhalb der Lagune. Dennoch wird vermutet, dass Torcello bereits in der Antike bewohnt war und dem altrömischen Altino an der gegenüberliegenden Lagunenküste als Vorhafen diente.

Kirchen- und Museumskomplex: Geöffnet März–Okt. tägl. 10.30–17.30 Uhr, Nov.–Febr. tägl. 10–17 Uhr. Eintritt: Santa Fosca frei, Basilika 5 € (Audioführer 2 €, auch auf Deutsch), Campanile 4 €, Museum 3 €. Kombiticket Basilika und Campanile 8 € (inkl. Audioführer). Kombiticket Basilika, Campanile und Museum 10 €, erm. 8 € (inkl. Audioführer).

Essen und Trinken

Al Trono di Attila 2 Großer Landgasthof mit lauschigem Garten. Seit über 25 Jahren eine zuverlässige Adresse für schnörkellose Fischküche zu akzeptablen Preisen, Menü 30–40 €. Eine Primo-Spezialität sind die *Gnocchetti con Rucola e Scampi*. Tägl. mittags geöffnet, Fr und Sa auch abends. Fondamenta Borgognoni 7, ☎ 041/730094.

Locanda Cipriani 1 Die ländliche Dependance des Luxushotels Cipriani (La Giudecca → S. 208). Das vornehme Restaurant mit Gartenterrasse steht nicht nur Hotelgästen zur Verfügung. Gehobene Küche, Menü deutlich über 50 €. Unübersehbar am Ende des Treidelwegs gelegen, mittags und abends geöffnet, Di Ruhetag und im Januar geschlossen, ☎ 041/730150.

L'Isola di Sant'Erasmo

ca. 700 Einw.

Keine andere Laguneninsel ist so ausgeprägt ländlich und bäuerlich wie Sant'Erasmo. Wie ein riesiger Bauerngarten erstreckt sich die größte der nördlichen Laguneninseln – 4 km lang und max. 600 m breit – unweit des Porto di Lido.

Vor ungefähr zwei Jahrhunderten bildete die dem Meer zugewandte Seite von Sant'Erasmo selbst noch einen Lido so wie die Spitze der Halbinsel von Cavallino heute. Erst seitdem die Laguneneinfahrt (Porto di Lido) auf ihre jetzige Breite begrenzt wurde, gehört Sant'Erasmo ganz zum Innenbereich der Lagune. Geblieben sind lediglich einige Sanddünen sowie der gerade Verlauf des Ufers, das mit einem deichartigen Uferweg befestigt worden ist.

Jahrhundertelang war Sant'Erasmo die Gemüseinsel Venedigs, und noch heute gehören die Produkte aus den Inselgärten zur begehrtesten Ware auf dem städtischen Rialtomarkt. Gezogen werden v. a. Artischocken, Zucchini, Auberginen, Tomaten, Salate und Küchenkräuter, wobei z. T. mehrere Ernten im Jahr möglich sind. Eine besondere Spezialität sind die jungen violetten Artischocken (*castraure*), die ab Ende April auf den Markt kommen und gerne auch roh verzehrt werden. Außerdem ist der Inselwein ein echter Genuss. Verkosten kann man ihn z. B. am ersten Wochenende im Oktober, wenn das örtliche Weinfest *Festa del mosto* gefeiert wird. Das *Artischockenfest* findet an einem Sonntag zwischen Ende April und Mitte Mai statt.

Ein Tagesausflug nach Sant'Erasmo ist das ganze Jahr über lohnenswert. Auf langen Spaziergängen, besser noch mit dem Leihfahrrad, kann man die Insel ausgiebig erkunden. Die wenigen Autos und dreirädrigen Pickups (*Ape*) der Einheimischen, die auf den neu angelegten Asphaltwegen verkehren, stören dabei kaum. Eines der interessantesten Ziele liegt an der Südostspitze, es handelt sich um die *Torre Massimiliana*, einen nahezu vollständig erhaltenen Wehrturm, den die Österreicher 1832 errichteten und nach dem österreichischen Erzherzog Ferdinand Maximilian benannten. An dieser Stelle befand sich früher die Festung von Sant'Erasmo, die zum meerseitigen Verteidigungssystem der Republik Venedig gehörte. Der vollständig restaurierte Turm wird für wechselnde Ausstellungen genutzt, auch im Rahmen der Kunst-Biennale. Unmittelbar hinter dem Turm erstreckt sich der Sandstrand von Sant'Erasmo (baden nicht ratsam, obwohl es einige Einheimische tun).

Von hier aus führen die schnurgerade Inselstraße und der parallele Uferweg zu den weitläufigen *Barene* (Salzwiesen) der Nordostseite, vorbei an ausgedehnten Gemüsegärten und ehemaligen Fischteichen. An der *Punta Vela*, der oberen Anlegestelle des Vaporetto, bietet sich der schönste Blick auf die kleine *Klosterinsel San Francesco del Deserto*, die zum Greifen nah erscheint, aber dennoch nur über Umwege zu erreichen ist (→ S. 237).

Das dörfliche Zentrum von Sant'Erasmo liegt an der mittleren Anlegestelle *(Chiesa)*, wo sich auch die kleine, schmucklose Inselkirche erhebt. Von dieser unspektakulären Dorfidylle scheint Venedig Lichtjahre entfernt zu sein – beinahe unwirklich weit weg.

Verbindungen: Vaporetto Nr. 13 ab Fondamenta Nuove.

Übernachten/Essen und Trinken/Fahrradverleih

Il Lato azzurro **1** Der moderne, haziendaartige Bau liegt im Süden von Sant'Erasmo, unweit der Torre Massimiliana. Übernach-

bernachten Il Lato azzurro (S. 234/235)

ssen & Trinken (S. 234/235)
Bar/Pizzeria Tedeschi
Ca' Vignotto
Agriturismo da Zangrando

tet wird in Zimmern mit 1–4 Betten, gewählt werden kann zwischen Übernachtung mit Frühstück und Halbpension. Nach dem jüngsten Besitzerwechsel sind die Zimmer etwas freundlicher gestaltet worden. Ganzjährig geöffnet. EZ 50–60 €, DZ 70–80 € inkl. Frühstück, Abendessen inkl. Getränken 20 €. 5 % Ermäßigung mit Rolling Venice Card. Via Forti 13, ✆/📧 041/5230642, www.latoazzurro.it.

Ca' Vignotto 3 Großer Landgasthof, ca. 500 m vom Inseldorf entfernt an der meerseitigen Uferstraße. Deftige Bauernküche, große Portionen, Menü 30–40 €. Eine Primo-Spezialität ist die Fischlasagne (*Pasticcio*). Do–So mittags geöffnet, eine Reservierung ist ratsam. Via Forti 16, ✆ 041/2444000. Auch Bungalowvermietung, 2 Pers. 50 €/Tag bzw. 300 €/Woche, www.vignotto.com.

Bar/Pizzeria Tedeschi 2 Sehr einfache, nicht besonders einladende Strandpizzeria und Snackbar an der Torre Massimiliana, im Sommer tägl. geöffnet, Self-Service.

Fahrradverleih bei Il Lato azzurro (s. o.), 5 € für 2 Std.

L'Isola delle Vignole

Ebenfalls eine Gemüseinsel, zwischen La Certosa und Sant'Erasmo gelegen. Aufgrund ihrer Nähe zum Porto di Lido wurde Le Vignole schon früh für militärische Zwecke genutzt. 1543 erbaute die Serenissima hier das *Forte di Sant'Andrea*, das zusammen mit der auf dem Lido di Venezia gelegenen Festung einen Verteidigungskordon bildete. Mithilfe von Eisenketten und auf Flößen montierten Kanonen konnte die Hafeneinfahrt binnen kurzer Zeit abgeriegelt werden. Auch heute ist Le Vignole größtenteils militärisches Sperrgebiet, während Gemüsebauern den Rest der Insel in Beschlag nehmen. Lediglich ein kurzer Spazierweg am Kanal entlang sowie einige Trampelpfade sind Besuchern zugänglich. Trotz eingeschränkter Bewegungsfreiheit wird Le Vignole von den Venezianern im Sommer bevorzugt als *Picknickinsel* frequentiert, dann klappen auch zwei rustikale Gasthöfe ihre Tische im Freien auf. Die kleine *Cappella di Sant'Erosia* stammt übrigens ursprünglich aus dem 7. Jh.

Verbindungen: Vaporetto Nr. 13 ab Fondamenta Nuove.

Essen und Trinken → Karte oben

🌿 **Agriturismo da Zangrando** 4 Kleiner Landgasthof mit Gemüseanbau und Kleintierhaltung. Deftige Gemüse-Primi und Fleisch-Secondi (kein Fisch!), überwiegend eigene Erzeugnisse. Menü 30–40 €. April–Okt. tägl. mittags geöffnet, Sa/So auch abends ✆ 041/5284020. ■

Tezon Grande

L'Isola del Lazzaretto Nuovo

Diese kleine Laguneninsel an der Südwestspitze von Sant'Erasmo gehörte lange Zeit zu den vergessenen Orten der nördlichen Lagune. Im Mittelalter befand sich hier ein Benediktinerkloster. Ab dem 15. Jh. unterhielt die Republik Venedig auf Lazzaretto Nuovo eine Quarantänestation, nach der die Insel benannt wurde.

Erst im Zuge der gezielten Erforschung und Erschließung einiger Laguneninseln rückte auch Lazzaretto Nuovo wieder ins Blickfeld des Interesses. Eine Forschungsgruppe legte im Jahr 2000 ihren wissenschaftlichen Bericht vor und präsentierte ihre umfangreichen Entdeckungen und Instandsetzungsarbeiten auf Lazzaretto Nuovo im Rahmen einer Ausstellung. Seitdem ist die Insel für die Öffentlichkeit wieder eingeschränkt zugänglich.

1468 als Quarantänestation für die Besatzung venezianischer Frachtschiffe aus Epidemiegebieten eröffnet, nahm Lazzaretto Nuovo eine ganz spezielle Rolle ein. 40 Tage lang (vierzig heißt auf Italienisch „quaranta", woraus sich das Wort „Quarantäne" ableitet) wurden die Besatzungsmitglieder hier wie Gefangene festgehalten und auf bestimmte Infektionskrankheiten hin untersucht, während die gesamte Fracht der Schiffe desinfiziert wurde. Mit diesen rigorosen Hygienemaßnahmen wollte man v. a. Pestepidemien vermeiden. Bis zu 10.000 Menschen, so heißt es, konnten damals gleichzeitig auf Lazzaretto Nuovo untergebracht werden.

Ein imposantes Zeugnis von der Größe der einstigen Quarantänestation legt der *Tezon Grande* ab, der sich in einem guten Erhaltungszustand befindet. Dieses enorme Kerngebäude von Lazzaretto Nuovo, das u. a. als Warenlager diente, war im 16. Jh. mit über 100 m Länge nach der Seilerei des Arsenale und dem Dogenpalast der drittgrößte Profanbau Venedigs. Abgesehen vom Tezon Grande sind noch etliche Quarantänezellen sowie die gemauerte Einfriedung der Insel erhalten. Im Pulverhaus, das aus der Zeit der österreichischen Besatzung stammt, sowie im Tezon Grande haben die oben erwähnten Wissenschaftler des Archeoclub d'Italia die Geschichte der Insel eindrucksvoll dokumentiert. Zu sehen sind die restaurierten Inschriften und Zeichnungen der Quarantäne-Häftlinge an den Innenwänden des Tezon Grande sowie die verschiedensten Ausgrabungsfunde. Außerdem wird ein kurzer, informativer Videofilm gezeigt. Da die Erforschung der Insel fortgesetzt wird, kommen von Zeit zu Zeit neue Erkenntnisse und Exponate hinzu. Zur obligatorischen Inselführung gehört auch die Besteigung einer Beobachtungsplattform an der Einfriedungsmauer, die den Blick auf das sich hinter Lazzaretto Nuovo ausbreitende Sumpfgebiet *Palude di San Giacomo* öffnet. Naturschützer haben dort die größte Pflanzen- und Tiervielfalt innerhalb der nördlichen Lagune festgestellt. Und wie prächtig die Vegetation auf der Laguneninsel gedeiht, demonstriert nicht zuletzt die Maulbeerbaum-Allee, die zum Tezon-Eingang führt.

Verbindungen: Die Vaporetti der Linie Nr. 13 ab Fondamenta Nuove halten in Lazzaretto Nuovo, wenn man das Bootspersonal rechtzeitig informiert, dass man aussteigen will. Am Steg befindet sich eine Ampel (Knopf drücken), mit der man den Vaporetti signalisiert, dass man wieder mitgenommen werden möchte!

Inselführungen: April–Okt. Sa/So um 9.45 und um 16.30 Uhr (Vaporetto 13 um 9.25 Uhr bzw. 16.05 Uhr ab Fondamenta Nuove). Eintritt frei, aber eine Spende (5 €) für den Archeoclub wird erwartet. Voranmeldung unter ✆ 041/2444011 ratsam, www.lazzarettonuovo.com.

L'Isola di San Francesco del Deserto

Die abgeschiedene Klosterinsel San Francesco ist ein ausgesprochenes Inselidyll. Ihre markanten hohen Zypressen, die wie schwarz-grüne Lanzen in den Lagunenhimmel stechen, kann man von Sant'Erasmo aus besonders deutlich erkennen.

Franz von Assisi höchstselbst soll hier im Jahr 1220 eine Einsiedelei gegründet haben, berichtet eine Legende. Aber vermutlich geht die Klostergründung im 13. Jh. auf einen gewissen *Jacopo Michiel* zurück, der hier 1228 eine Kirche zu Ehren des heiligen Franz errichtete. Seitdem (von einigen kurzen Unterbrechungen abgesehen) leben hier Franziskanermönche in paradiesischer Abgeschiedenheit. Heute sind es lediglich noch eine Handvoll, die sich zusammen mit einigen Helfern um die Pflege der Klosterinsel mit ihren kontemplativen Kreuzgängen und erholsamen Gärten kümmern. Leider ist die verwunschene Insel mit der Aura eines Böcklin-Gemäldes nur mit dem Privat- bzw. Taxiboot zu erreichen, am besten von Burano aus (www.lagunafla.it, ✆ 0039/3397781132). Wer die Kosten dafür nicht scheut, findet tägl. (außer Mo) 9–11 und 15–17 Uhr Einlass (Führungen nur noch auf Italienisch). Es kann nicht schaden, seinen Besuch vorher telefonisch anzukündigen (unter ✆ 041/5286863). Spende nach freiem Ermessen.

Uns hat der über 80-jährige Padre Antonino durch Kreuzgänge und Betkapellen, Kirche und Sakristei geführt. Kunstgeschichtlich Wertvolles hat er uns nicht zeigen können, aber den Anekdoten aus seiner 40-jährigen Missionarszeit in China und auf den Philippinen haben wir gerne gelauscht. Mittlerweile musste Padre Antonino die Insel aus gesundheitlichen Gründen verlassen. Seitdem führt zumeist der jugendlich wirkende Fräte Paolo die Tagesbesucher durch das Kloster – doch die Spuren, die Padre Antonino hinterlassen hat, sind noch präsent.

Für alle, die das Klosterleben für ein paar Tage intensiver kennenlernen wollen: „Wer eine Erfahrung der Religionsgemeinschaft und des Gebetes machen möchte, dem bietet die Franziskanergemeinschaft nach vorheriger Absprache mit dem Zuständigen Gastfreundschaft" (✆ 041/5286863, www.sanfrancescodeldeserto.it).

La Laguna veneta → Karte S. 217

Mit Naturführern unterwegs in Venedig und seiner Lagune
Ein Beitrag der Cooperativa Limosa

Die Lagune von Venedig ist eines der ausgedehntesten Feuchtgebiete Europas und biologisch gesehen ein produktives, aber auch ein sehr instabiles Ökosystem. Sie bewahrt heute noch wunderschöne Landschaften, wie die weitläufigen Salzwiesengebiete (*Barene*) und die ausgedehnten Schilfgürtel an den Flussmündungen, die wattähnlichen Lagunengründe (*Velme*), die nur während der Ebbe auftauchen, und die vielen kleinen, oft unbewohnten Inseln, die Raum für eine besondere Pflanzen- und Tierwelt bieten. Zahlreiche Vogelarten nutzen die Salzwiesen als Nistplätze bzw. als Überwinterungsgebiet oder als Rastplatz während der Vogelwanderungen. Damit bietet dieses einzigartige Feuchtgebiet das ganze Jahr über Gelegenheit zum Birdwatching. Die Lagune von Venedig ist ein europäisches Flora-Fauna-Habitat (FFH) und gehört zu den EU-Vogelschutzgebieten im Rahmen von Natura 2000.

Je nach Jahreszeit lassen sich Seiden-, Silber-, Grau- und Purpurreiher auf den Salzwiesen beobachten, während die nachtaktive Rohrdommel, Wasserrallen, Teichhühner, Eisvögel sowie die kleine Rohrammer, der Teichrohrsänger und die majestätische Rohrweihe die Schilfgebiete bevorzugen. Blässhühner und etliche Entenarten bevölkern die offenen Wasserflächen. Die charakteristischen Stelzvögel und seit einigen Jahren eine Kolonie von Flamingos suchen ihr Futter im flachen Brackwasser der Fischfarmen. Die Anzahl der Kormorane hat zum Leidwesen der Fischfarmer stark zugenommen. Sie haben es auf die Meeresfische abgesehen, die im Frühling in die Lagune kommen und im Herbst zur Fortpflanzung wieder aufs offene Meer hinausziehen. Einige dieser Fische (Meeräschen, Goldbrassen und Seebarsche) werden zusammen mit dem Aal auch in den weitläufigen Fischfarmen (*Valli*) der Lagune gezüchtet.

Charakteristisch für die Flora sind hingegen die üppigen Schilfgürtel an den Flussmündungen sowie die Halophyten-Vegetation der Salzwiesen. Die Salz liebenden

Halophyten sind wahre Spezialisten in der als Lebensraum schwierigen Gezeitenzone, die durch Schwankungen im Wasserstand und Salzgehalt geprägt ist. Diese Pflanzen können überschüssiges Salz ausscheiden oder in den Blättern ablagern und Süßwasser in besonders dickfleischigen Blättern speichern. Eine eher unerwartete Vegetation findet man in den kleinen Naturschutzgebieten der Küstenstreifen Lido-Alberoni und Pellestrina-Ca' Roman. Strandhafer, Meeresschneckenklee, Stranddisteln und Tamarisken besiedeln dort die Dünen, während dahinter ein regelrechter Küstenmischwald gedeiht, der auch interessante Feuchtbiotope beherbergt.

Heute stellt die starke Nutzung der Lagune eine große Gefahr dar. Negative Auswirkungen haben insbesondere die Industrieanlagen von Porto Marghera, der regelmäßige Tankerverkehr, die immer intensivere Kreuzschifffahrt und nicht zuletzt die wachsenden Touristenströme in der Altstadt von Venedig.

Im Laufe des letzten Jahrhunderts hat die Lagune von Venedig über 60 % ihrer Salzwiesen durch Erosion verloren. Eine immer geringere Menge an Sedimenten gelangt zu den Salzwiesen, die außerdem aufgrund der Lagunenbodenabsenkung an Höhe verlieren. Hinzu kommen der steigende Meeresspiegel und der Wellengang, den die schnellen Motorboote verursachen. Umweltprojekte zum Schutz und zur Rückgewinnung einiger wichtiger Abschnitte der Lagunengründe und Salzwiesen sollen jetzt das Schlimmste verhindern. Diese Projekte in Verbindung mit vielen anderen Maßnahmen zum Schutz der Stadt und der Lagune gehen noch auf die Sondergesetze aus den 70er-Jahren zurück, die als Reaktion auf die Hochwasserkatastrophe von 1966 verabschiedet wurden, darunter auch das vieldiskutierte Großprojekt zur Schließung der Hafeneinfahrten bei Hochwasser (MOSE). Ob es in naher Zukunft zur großflächigen Einrichtung des Naturparks „Laguna Nord" kommt, ist allerdings noch nicht entschieden, Hoffnung macht jedoch eine städtische Behörde, die die Einrichtung des Naturparks fördern soll.

Wer diese Themen vertiefen möchte und wer die Altstadt von Venedig auf eine völlig neue, originelle Weise erkunden will, kann sich an die *Cooperativa Limosa* wenden, die sich seit über 25 Jahren um einen umweltverträglichen, nachhaltigen Tourismus bemüht. Im Rahmen ihres Projekts *SlowVenice* bietet Limosa Führungen sehr unterschiedlicher Art an:

Streifzüge durch die Stadt: abseits vom Massentourismus durch das unbekannte Venedig. Sie erfahren aufregende Geschichten vom Alltag im Mittelalter und den Problemen von heute, von alten Berufen, von Frauen und Waisenkindern, von Juden, Werftarbeitern und Dogen und der genialen Trinkwasserversorgung der Stadt. Erleben Sie obendrein das unerwartet viele Grün an Brücken und Kanälen, auf Plätzen und in Gärten mit allen Sinnen.

Führungen in der Lagune: mit dem Rad zwischen Meer und Lagune über die mächtigen Schutzdämme des Lido (*Murazzi*) bis zum Naturschutzgebiet Alberoni oder zu Fuß über den südlichen Teil der Fischerinsel Pellestrina zum Naturschutzgebiet Ca' Roman. Exklusive Bootstouren mit dem *Bragozzo* (traditionelles venezianisches Holzboot) oder Fahrten mit den öffentlichen Vaporetti durch die unbekannte Inselwelt der nördlichen Lagune. Während der deutschsprachigen Führungen wird auf historische, naturkundliche und umweltpolitische Aspekte eingegangen. Die Führungen kosten halbtags ab 15 € und ganztags ab 25 € pro Person. Darin sind keine Transportkosten (Vaporetti, Radmiete, Bragozzo etc.) enthalten.

Weitere Informationen und rechtzeitige Buchung der SlowVenice-Führungen bei der **Cooperativa Limosa**, Via A. Toffoli, 5, 30175 Venezia-Marghera, 041/932003, www.slowvenice.it.

Lido di Venezia: hat mehr als nur Badefreuden zu bieten

Die südlichen Laguneninseln

Il Lido di Venezia

ca. 18.000 Einw.

Die 12 km lange und max. 1 km breite Nehrungsinsel schiebt einen schützenden Riegel vor Venedig und die Lagune. Das Maß aller Dinge auf der Lido-Insel ist der ebenfalls 12 km lange Sandstrand, der seit über hundert Jahren zu den vornehmsten Badestränden Italiens gehört.

Bereits 1857 wurde hier die erste Badeanstalt errichtet. Sie bestand aus einem breiten hölzernen Steg, der ca. 80 m weit ins Meer ragte. Etwas später kamen dann die Strandkabinen in Mode, jene diskreten Orte zum Abtrocknen und Umkleiden, die Italiens vornehme *Bagni* (Strandbäder) bis heute kennzeichnen. Betuchte, zumeist adlige Nordeuropäer waren die ersten Gäste, die die Geburtsstunde des Tourismus am Lido einläuteten – ungefähr ein halbes Jahrhundert nachdem der exzentrische *Lord Byron* und sein Dichterfreund *Percy Bysshe Shelley* den seinerzeit noch einsamen Lido di Venezia für sich entdeckt hatten.

Den vorsichtigen Anfängen des späten 19. Jh. folgte die vergnügungssüchtige Hochstimmung der Jahrhundertwende, in der sich der noble Badetourismus erst so richtig etablierte. Dem Bau des luxuriösen Strandhotels *Des Bains*, das am 5. Juli 1900 eröffnet wurde, folgte 1908 der monumentale Hotelpalast des *Excelsior*, der alle bisherigen Dimensionen sprengte. Dieser in schwungvolle maurische Formen getauchte Strandkoloss war damals das größte Hotel der Welt. Beim Publikum handelte es sich um ein Who's who der oberen Zehntausend, das seine Sommerfrische im stilvollen Hotelambiente verbrachte bzw. hier die seelischen und körperlichen

Wehwehchen kurierte. Welch dekadente Atmosphäre und morbide Eleganz Anfang des 20. Jh. am Lido herrschte, hat sicherlich keiner treffender eingefangen als der Literaturnobelpreisträger *Thomas Mann*, der im Sommer 1911 selbst hier weilte. Seine Novelle „Der Tod in Venedig" (1912 veröffentlicht) hat jedoch erst durch *Luchino Viscontis* kongeniale Verfilmung von 1970 Furore gemacht. Wer erinnert sich nicht an die melancholischen Filmszenen, in denen sich der alternde Komponist *Gustav von Aschenbach* (gespielt von Dirk Bogarde) am Lido nach dem schönen Knaben *Tadzio* verzehrt. Diese und andere Filmsequenzen sind im altehrwürdigen *Grandhotel Des Bains* gedreht worden, wo Regisseur Visconti die stilechte Atmosphäre der Jahrhundertwende am besten inszenieren konnte. Unter dem Arkadengang des Filmhotels pflegte der zumeist in Weiß gekleidete Aschenbach endlose Stunden des Müßiggangs zu verbringen. Wer diesen Drehort heute aufsucht, findet eine Baustelle vor, und niemand weiß zu sagen, was nach Beendigung der Umbauarbeiten sein wird.

In jener Zeit nahm auch das urbane Zentrum des Lido Gestalt an. Großzügige Jugendstilvillen (auf Ital. „Stile Liberty") schossen wie Pilze aus dem Inselboden, die schnurgerade Uferpromenade (*Il Lungomare*) wurde erschlossen und mit Bäumen bepflanzt. Einen auch nur annähernd so exklusiven Badeort gab es in den 20er-Jahren an der gesamten Adriaküste nicht. Heute offenbart sich der relativ dicht besiedelte Norden der Insel als ein ziemlich durchschnittlicher Badeort, in dessen architektonischem Allerlei aber noch zahlreiche Prachtvillen aus besseren Tagen herausragen. Ähnlich verhält es sich mit dem legendären Lido, dem einstigen Inbegriff italienischer Strandkultur. Abgesehen von dem stilvollen Strandbad des Grandhotels Excelsior bietet der Lido heute einen ziemlich unspektakulären Anblick, mit dem sich jeder bekannte Adria-Strand auf dem Festland messen kann: Endlose bunte Liegestuhl- und

Jugendstil auf dem Lido

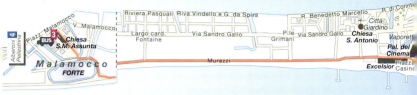

Übernachten (s. S. 246)
1 Camping San Nicolò
4 Le Garzette
5 La Meridiana

Essen & Trinken (s. S. 246)
2 Pizzeria Parco delle Rose
3 Trattoria da Scarso
6 Ristorante La Favorita

Sonnenschirmreihen, deren Benutzung ganz schön teuer ist, säumen das flache Ufer, während die freien Strandzonen *(Spiaggia comunale* bzw. *Spiaggia libera)* nur an den äußeren Enden zu finden sind. Aber was die Badefreuden anbelangt, geht es wieder bergauf, denn für die Badesaisons 2010 bis 2013 hat der Lido di Venezia die begehrte Blaue Fahne *(Bandiera blu)* für sauberes Wasser, gepflegte Strände und gute Sanitäranlagen erhalten.

Keine andere Laguneninsel ist besser mit dem Vaporetto zu erreichen als der Lido di Venezia. An der zentralen Anlegestelle *Lido/Piazzale Santa Maria Elisabetta* übernahm die weithin sichtbare Campari-Werbung auf dem Hotel Riviera jahrzehntelang die Funktion eines Leuchtturms, für viele Lido-Besucher ein vertrautes Zeichen. Kaum zu glauben, aber seit 2006 ist der Schriftzug verschwunden. Grund: Werbung ist teuer, und Campari wollte schlichtweg Kosten sparen. Aber auch ohne Leuchtreklame lässt sich der Anleger kaum verfehlen.

Am hektischen *Piazzale Santa Maria Elisabetta* befindet man sich unversehens wieder im lauten Zivilisationsgetöse: Autos, Motorräder, Busse, Benzingestank – ein regelrechter Schock, wenn man nach tagelanger Abstinenz aus dem Fußgängerparadies Venedig kommt. Doch schneller als man denkt, ist der Zivilisationsschock überwunden, und die Inselerkundung kann beginnen. Aber da die Lido-Insel viel zu groß ist, um sie zu Fuß zu erkunden, empfiehlt es sich, gleich bei der Ankunft ein Fahrrad zu leihen (s. u.), es ist trotz des Verkehrs das adäquateste Fortbewegungsmittel. Im *IAT-Büro* (Nähe Piazzale) ist der nützliche Inselplan erhältlich.

Radtour auf dem Lido

Zunächst geht es den breiten *Gran Viale Santa Maria Elisbetta* hinunter, der direkt auf die Strandseite der Insel führt. Die turbulente Durchgangsstraße war Anfang des 20. Jh. die Prachtmeile des Lido. Heute handelt es sich um die größte Shopping- und Promeniermeile der Insel mit Boutiquen, Eisdielen und Ristoranti/Pizzerie am laufenden Meter, sodass man die wenigen architektonischen Lichtblicke wie die *Jugendstilvilla Montplaisir* (Gran Viale/Ecke Via Lepanto) oder das majolikaverzierte *Jugendstilhotel Hungaria* beinahe übersieht.

Vom Gran Viale führt die an einem der wenigen Kanäle des Lido gelegene *Via Cipro* durch ein Wohngebiet hinüber zu den Inselfriedhöfen. Der alte jüdische

Friedhof, *Antico cimitero ebraico*, ein verzauberter Ort der Ruhe, wurde 1389 angelegt und zählt zu den ältesten jüdischen Friedhöfen Europas. Bis ins 18. Jh. hinein wurde hier bestattet. Zwei hohe Zypressen markieren den Haupteingang an der Uferstraße San Nicolò und ein verschlossenes Gittertor gibt nur den Blick frei auf die verwitterten Grabsteine, die krumm und schief unter uralten Baumkronen stehen. Der unweit gelegene neue jüdische Friedhof, der *Nuovo cimitero ebraico* (Eingang Via Cipro) ist hingegen frei zugänglich.

Geöffnet: **Nuovo cimitero ebraico**, tägl. (außer Sabbat), April–Sept. 9.30–12.30 und 15–18.30 Uhr, Okt.–März 9.30–14.30 Uhr.

Antico cimitero ebraico, Friedhofsführungen auf Englisch und/oder Italienisch. Infos und obligatorische Voranmeldung im Jüdischen Museum in Cannaregio (→ S. 188).

Ein Stück weiter die Uferstraße entlang, stößt man auf die Pfarrkirche *Chiesa San Nicolò*, in der die Republik Venedig alljährlich einen Festgottesdienst anlässlich der sogenannten Hochzeit mit dem Meer (Festa della Sensa → S. 63) feierte. Nebenan erhob sich einst das *Forte di San Nicolò*, das zusammen mit der gegenüberliegenden Schwesternfestung Sant'Andrea auf Le Vignole die Laguneneinfahrt des Porto di Lido sicherte.

Setzt man seine Inseltour auf der Strandseite, dem *Lungomare D'Annunzio*, fort, gelangt man zunächst zur jüngst angelegten und schon baufälligen *Strandterrasse mit Strandbrücke*. Hier kann der freie Blick den endlosen Badestrand entlang schweifen bis hinüber zum Porto di Lido, wo die Bauarbeiten an der MOSE-Schleuse unaufhaltsam voranschreiten (→ S. 42). Den Blick auf das prächtige *Grandhotel Des Bains* verhindert hingegen ein Bauzaun. Ein Stück weiter hat das kleine, aber immerhin drittgrößte Planetarium Italiens, *Il Planetario di Venezia*, wieder eröffnet. Jeden Sonntag (Okt.–Mai) um 16 Uhr wird der Sternenhimmel auf die halbkugelförmige Kuppel projiziert (Eintritt frei).

Anschließend, vorbei an einer kilometerlangen Strandbadzone, öffnet sich ein weitläufiger Platz, an dem der *Palazzo del Cinema* und der *Palazzo del Casinò* einen überraschend nüchternen Gebäudekomplex bilden. Der Palazzo del Cinema ist nur saisonbedingt belebt, und zwar als Hauptveranstaltungsort des Filmfestivals von Venedig (→ S. 245). Der Palazzo del Casinò diente jahrelang als Sommerresidenz des Spielkasinos von Venedig, aber seitdem das Casinò Municipale ganzjährig am Canal Grande residiert, wird der Palazzo nur gelegentlich für Kongresse und die Filmfestspiele genutzt. Doch wie beim letzten Filmfestival bekannt wurde, wartet die Abrissbirne auf den überalterten Gebäudekomplex, und es könnte schon bald ein neues, größeres Festivalzentrum an gleicher Stelle entstehen. Ein paar Schritte weiter schiebt sich das monumentale *Grandhotel Excelsior* ins Bild, dessen Rückseite nicht annähernd so stilvoll ist wie die prunkvolle Strandfassade.

Folgt man dem *Lungomare Marconi* Richtung Süden, wird die Bebauung immer spärlicher. Vom quirligen Strandleben ist bald nichts mehr zu spüren. Sportliche, die die abgelegeneren Gebiete der Lido-Insel erkunden wollen, können auf den Uferwegen entlang der *Murazzi* (Steindämme) bis zum friedlichen *Inseldorf Malamocco* radeln.

Malamocco ist eine der ältesten Lagunensiedlungen und lag früher direkt an einer natürlichen Lagunenöffnung, die heute nicht mal mehr zu erahnen ist. Zu sehen gibt es Mauerreste einer Festung *(Forte)*, eine alte, pittoreske Häuserzeile *(Mercerie)* sowie eine Dorfkirche, deren Glockenturm dem Campanile von San Marco ähnelt. Vom lagunenseitigen Dorfplatz erkennt man die ehemalige Quarantäneinsel *Poveglia* mit den angrenzenden nächtlichen Ruheplätzen der Kormorane, während die Rauchschwaden aus der Industriestadt Porto Marghera den Hintergrund grau färben. Eine Fortsetzung der Radtour bis hinunter nach *Alberoni* lohnt sich nicht unbedingt, das macht man am besten mit dem Inselbus (→ „Pellestrina"). Besonders sportliche Biker erreichen an der meerseitigen Südspitze des Lido jedoch das *Naturschutzgebiet von Alberoni*, ein idealer Ort zum Strandwandern und Birdwatching.

Information/Verbindungen

IAT-Büro, Gran Viale Santa Maria Elisabetta 6, geöffnet vom 1. Juni bis 30. Sept. tägl. 9–12.30 und 15.30–18 Uhr, ✆ 041/5298711. Inselplan, allgemeine Auskünfte sowie Informationen zu Sport, Wassersport und Badestrand.

Vaporetti: Linien 1, 2, 5.1, 5.2, 10, außerdem 6 ab Piazzale Roma. Zwischen der Parkplatzinsel Tronchetto und dem Lido verkehrt eine kleine Autofähre (Linie 17).

ACTV-Inselbusse: Es zirkulieren mehrere Buslinien: Linie A (Piazzale Elisabetta–Malamocco/Alberoni) wie auch die Linien G und V (Piazzale–Lungomare), Einzelticket 1,30 € bzw. mit den ACTV-Touristentickets (→ S. 72), die für alle Inselbusse gültig sind.

Murazzi – Venedigs gigantische Deichanlagen aus dem 18. Jh.

Mostra Internazionale d'Arte Cinematografica ...

... lautet die offizielle Bezeichnung des internationalen Filmfestivals von Venedig, das sich alljährlich Anfang September größter Beliebtheit erfreut. Für zwölf Tage avanciert der Lido di Venezia, wo das renommierte Filmfest seit seiner Gründung stattfindet, zum glanzvollen Mekka der Filmschaffenden aus aller Welt – dann ist Showtime am Lido. Der ansonsten so kühl-abweisende *Palazzo del Cinema* erstrahlt dann plötzlich im Glamour der extrovertierten Filmbranche, und im traditionsreichen Grandhotel Excelsior tummeln sich die Stars und Sternchen gleich haufenweise, stets hartnäckig von der hungrigen Medienmeute und den allgegenwärtigen Paparazzi bedrängt. Erst wenn der Goldene Löwe von San Marco, der *Leone d'oro*, die begehrte Trophäe des Festivals, vergeben worden ist, herrscht wieder Normalzustand am Lido.

Mitinitiator dieses Festivals war das Management des *Grandhotels Excelsior*, das seine weltwirtschaftskrisenbedingte Gästeflaute mit einer neuen Attraktion zu überwinden gedachte. Auf der lauschigen Terrasse des Excelsior wurde im Sommer 1932 das erste europäische Filmfest veranstaltet. Zu sehen waren 40 Filme aus neun Ländern, darunter auch „Doktor Jekyll und Mr. Hyde" von *Ruben Mamoulian* sowie *Leni Riefenstahls* „Das blaue Licht". Fünf Jahre später gab es mit dem *Palazzo del Cinema* einen festen Veranstaltungsort. Doch die faschistischen Festivaljahre waren wenig rühmlich. Erst in der Nachkriegszeit geriet das Filmfest zu einer weltoffenen, ideologiefreien Veranstaltung; mit Cannes 1946 und Berlin 1951 kamen jedoch starke Konkurrenten hinzu.

In der Nachkriegszeit zeichnete sich in Italien mit dem *Neorealismus* bald eine neue Stilrichtung ab, und Regisseure wie *Luchino Visconti, Robert Rossellini* und *Francesco Rosi* dominierten das Festival von Venedig. Die Autorenfilmer der französischen *Nouvelle Vague* und des *Neuen Deutschen Films*, zu denen *Eric Rohmer, Jean-Luc Godard, Alexander Kluge* und *Wim Wenders* gehörten, feierten ebenfalls große Erfolge in Venedig. In den 70er- und 80er-Jahren drängte aber auch das Kommerzkino aus Hollywood mit aller Macht nach Europa und beeinflusste so manche Entscheidung der venezianischen Festivalleitung und Jury. Danach hatten auch wieder Außenseiter realistische Chancen, den Hauptpreis zu erhalten, wie zuletzt der Goldene-Löwe-Gewinner von 2009, der Israeli *Samuel Maoz* mit seinem Antikriegsfilm „Lebanon". Das darf jedoch nicht darüber hinwegtäuschen, dass die künstlerische Ausrichtung des Traditionsfestivals immer wieder deutliche Schwenks in Richtung Hollywood macht, was bei der internationalen Presse durchaus auf Kritik stößt. Aber Hauptsache, die Filmbranche hat ihren Spaß und der Glanz des Festivals färbt auf die Stadt ab.

Die für die Öffentlichkeit bestimmten **Eintrittskarten** für die Filmvorführungen in den Kinosälen des *Palazzo del Cinema* sowie im angrenzenden *Palazzo del Ex-Casinò* werden am Vortag und am Tag der Vorführungen an den Kinokassen verkauft (Eintritt 12–17 €). Außerdem findet im *Freilichtkino* auf dem Campo San Polo in Venedig ein Parallelprogramm statt.

Information: Mostra Internazionale d'Arte cinematografica, San Marco 1364, Ca' Giustinian, 30124 Venezia, ✆ 041/5218711, www.labiennale.org.

Fahrradverleih

Lido on Bike. Gegenüber vom IAT-Büro, März bis Sept. geöffnet, tägl. 9–19 Uhr. Fahrräder, Tandems, Motorroller. Radmiete (ganzer Tag) ca. 10 €. Gran Viale 21, ✆ 041/5268019.

Übernachten/
Essen und Trinken → Karte S. 242/243

*** **La Meridiana** ❺ Große Gartenvilla aus den 30er-Jahren, mit Anbau, mitten in Lido-Ort gelegen. Ruhig und gepflegt. Zimmer in unterschiedlicher Qualität. 100 m zum Hotelstrand. DZ 30–310 €, Frühstück 10 €. Via Lepanto, 45, ✆ 041/5260343, ✆ 041/5269240, www.lameridiana.com.

🍃 **Le Garzette** ❹ Bei dieser Herberge handelt es sich um einen Landgasthof (Country House) mit Übernachtungsmöglichkeit. Obst-, Wein- und Gemüseanbau für den Eigenbedarf, Kleintierhaltung. Das haziendaartige Landhaus liegt zwischen Malamocco und Alberoni (zwei Bushaltestellen hinter Malamocco). Nette Wirtsleute, gemütliche Zimmer mit dunklen Bauernmöbeln. Selbstverständlich wird in den kühleren Monaten geheizt. Ausgezeichnete Hausmannskost, hübsche Gartenterrasse. Eigene Fahrräder. Dez./Jan. geschlossen. DZ mit Bad 90–140 € inkl. Frühstück, HP 70–120 €/Pers. Lungomare Alberoni 32, Capitello, ✆/✆ 041/731078, www.legarzette.com. ■

* **San Nicolò** ❶ Einziger Campingplatz in der Laguna veneta. Am Porto di Lido, auf der Lagunenseite gelegen. Kleiner, gepflegter Platz, nur 5000 m², guter Baumbestand. Ende April bis Ende Sept. geöffnet, rechtzeitig reservieren! Zelt- und Fahrradvermietung, Bar und Parkplatz. 2 Pers. mit eigenem Zelt bzw. Wohnmobil ca. 30 €/Tag. Via dei Sanmichieli, 14, ✆ 041/5267415, ✆ 041/5267929, www.campingsannicolo.com.

Ristorante La Favorita ❻ Sehr beliebt, ruhig in einem Wohngebiet gelegen, mit großer Speiseterrasse. Tadellose Fischküche, Menü 30–40 €. Unbedingt reservieren! Mo ganztägig und Dienstagmittag geschlossen. Via Francesco Duodo 33, ✆ 041/5261626.

Pizzerien findet man mehrere am Gran Viale Santa Maria Elisabetta; z. B. **Parco delle Rose** ❷, großes Gartenlokal, Pizza aus dem Steinofen. Geöffnet von Ostern bis Anfang Okt., Mi geschlossen. Gran Viale 59, ✆ 041/5260313.

Trattoria da Scarso ❸ Einfaches, beliebtes Ausflugslokal in Malamocco auf der Lagunenseite. Solide Fischküche, großer Garten. Menü 20–30 €. Mo/Di geschlossen. Piazzale Malamocco 5, ✆ 041/770834.

Strandkabinen: diskrete Orte zum Abtrocknen und Umkleiden

Pellestrina-Ort, die südlichste Siedlung in der Laguna veneta

L'Isola di Pellestrina

ca. 5000 Einw.

Diese extrem schmale Nehrungsinsel, die der Lido-Insel in der Form stark ähnelt, erstreckt sich zwischen den beiden südlichen Lagunenöffnungen Porto di Malamocco und Porto di Chioggia.

Der 11 km lange Sandstrand an der Meerseite wird über seine gesamte Länge von den *Murazzi* gesäumt, einer wuchtigen Deichanlage, die die Republik Venedig im 18. Jh. errichtete. Dieser z. T. 14 m breite und 4,5 m hohe Flutschutzdamm besteht aus massiven Steinquadern und ist die eigentliche Attraktion von Pellestrina, abgesehen natürlich von den beiden Fischerorten *San Pietro in Volta* und *Pellestrina-Ort* sowie der kleinen Naturoase *Ca' Roman* im äußersten Süden.

Aufgrund der relativ großen Entfernung ist ein Ausflug nach Pellestrina nur mit dem Inselbus ratsam, der an der Vaporetto-Anlegestelle Lido/Santa Maria Elisabetta startet. An der Südspitze der Lido-Insel überquert der Bus die breite Lagunenöffnung *Porto di Malamocco* mit der Fähre. Bei der Überfahrt bietet sich die beste Gelegenheit, um die breite Hafeneinfahrt mit ihren drei Leuchttürmen aus der Nähe zu betrachten. Nicht selten schiebt sich gerade einer der großen Öltanker durch die Fahrrinne zum Industriehafen von Porto Marghera. Unübersehbar schreiten auch die Bauarbeiten an der Hochwasserschutzanlage MOSE voran. Einen wesentlich friedlicheren Anblick bieten die an den flachen Stellen der Lagunenöffnung zu erkennenden Pfahlbauten der Fischer.

Auf der anderen Seite setzt der Bus seine Fahrt bis zur Ortschaft Pellestrina fort. Ein Zwischenstopp lohnt sich in *San Pietro in Volta*, einem urigen Fischernest, das vermutlich dort gegründet worden ist, wo sich die aus dem 5. Jh. überlieferte Siedlung *Albiola* befand.

Wer zum Hafen mit dem alten Leuchtturm schlendert, sich die bunten Fischkutter anschaut und vielleicht ins kleine Inselmuseum (Piccolo Museo della Laguna sud) schaut, das eine Ausstellung zum Bau der Murazzi zeigt, hat schon das Interessanteste gesehen. Auf der Meerseite der lang gestreckten Ortschaft muss man schon den hohen Steindamm der *Murazzi* hinaufklettern, um einen Blick auf den einsamen, aber nicht unbedingt einladenden Sandstrand werfen zu können.

Pellestrina-Ort, die Endstation, offenbart sich als weitläufige Fischersiedlung mit schlichten, bunten Häusern auf der geschützten Lagunenseite. Ein Bummel durch die engen, verwinkelten Gassen sowie entlang der Hafenpromenade führt unmittelbar in einen geschäftigen Alltag, den es in dieser Authentizität wohl kein zweites Mal in der Laguna veneta gibt. Am besten einfach auf Entdeckungsreise gehen und nichts Spektakuläres, sondern pure Normalität erwarten. Lange könnte man dem Treiben am Hafen zuschauen, wo eine stattliche Kutterflotte bezeugt, dass die Fischerei inner- und außerhalb der Lagune noch Konjunktur hat. Gezüchtet werden v. a. Mies- und Venusmuscheln (*peoci* und *vongole*), die mit den merkwürdigen Schaufelvorrichtungen am Bug der Kutter vom Lagunenboden gekämmt werden. Längst vergangen ist die Zeit, als die hiesigen Werften noch große Transportschiffe zimmerten, mit denen Baumstämme und Kalksteinblöcke aus Istrien nach Venedig verschifft wurden.

Zeit nehmen sollten sich Individualisten für einen langen Spaziergang (hin/zurück ca. 2 Std.) auf bzw. neben dem Steindamm der *Murazzi*, der von Pellestrina-Ort zur Südspitze der Insel führt. Der obere Weg verläuft auf dem schmalen Rand der Murazzi und ist nicht unbedingt für Leute mit Höhenangst geeignet, wird andererseits aber auch von Joggern benutzt. Vorbei am Friedhof von Pellestrina und einigen

Immer noch ein wichtiger Erwerbszweig in Pellestrina: die Fischerei

verfallenen Bauten erreicht man nach ungefähr einer Stunde Marsch parallel zum Sandstrand die kleine *Naturoase Ca' Roman*. Diese unter Naturschutz stehende Dünenlandschaft erstreckt sich an der Lagunenöffnung *Porto di Chioggia* und bildet mit ihrem erstaunlich üppigen Vegetationsgürtel ein selten gewordenes Reservat für scheue Strandvögel. Es versteht sich von selbst, dass man sich hier vorsichtig bewegt und Verbotsschilder beachtet. Bedrohlich nahe kommen dem Biotop lediglich die Bauarbeiten an der MOSE-Schleuse.

Verbindungen

ACTV-Inselbus: Nr. 11, Lido (Piazzale Santa Maria Elisabetta) – Pellestrina, Einzelticket 1,30 € bzw. mit den ACTV-Touristentickets (→ S. 72), die für alle Inselbusse gültig sind. Der Bus setzt mit der Fähre von der Südspitze der Lido-Insel nach Pellestrina über. Dort hält er u. a. in San Pietro in Volta, Endstation ist Pellestrina-Ort. Die Busse verkehren tagsüber im 40-Min.-Takt, abends und nachts stündlich (Fahrplan genau studieren!).

Essen und Trinken

Da Celeste. Sehr beliebtes Ausflugslokal, freundlicher Familienbetrieb. In Pellestrina-Ort, direkt am Lagunenufer, Speiseterrasse über dem Wasser und großer, etwas steriler Speisesaal. Schnörkellose, fangfrische Fischküche, solide Portionen, Menü 30–40 €, Reservierung ratsam. März–Okt. geöffnet, Mi Ruhetag. Via Vianelli 625, ✆ 041/967355.

L'Isola di San Lazzaro degli Armeni

Auf dieser nur einen Katzensprung vom Lido di Venezia entfernten Klosterinsel leben seit fast 300 Jahren armenische Mönche des Ordens der Mechitaristen.

Ihr Ordensgründer *Mechitar von Sebaste* (1676–1749), der mit seinen Anhängern aus dem Stammkloster auf dem Peloponnes vertrieben worden war, bekam die dem heiligen Lazarus geweihte Laguneninsel 1717 von der Republik Venedig überlassen. Seit dem Mittelalter pflegten armenische Kaufleute gute Handelsbeziehungen mit der Republik Venedig und waren in der Stadt willkommen. Aus dem völlig verwilderten Eiland, wo einst Leprakranke isoliert wurden, machten die armenischen Katholiken um Mechitar eines der bedeutendsten Zentren der armenischen Kultur und Religion. Ihre besonderen Bemühungen galten dem Erhalt der altarmenischen Sprache und der Verbreitung der armenischen Literatur sowie der Jugendseelsorge und Mission unter den Armeniern, von denen heute ca. 8 Millionen weltweit in der Diaspora leben.

Das *Monastero Armeno Mechitarista*, das idyllische Kloster der venezianischen Mechitaristen, darf im Rahmen einer Führung besichtigt werden. Seit über einem halben Jahrhundert öffnen die gastfreundlichen Mönche von San Lazzaro ihr sehenswertes Refugium täglich nachmittags für interessierte Besucher. Ein i. d. R. humorvoller und sprachbegabter Padre, der je nach Zusammensetzung der Besuchergruppe in einem Mix aus Italienisch, Armenisch und Englisch parliert, führt in ein bis anderthalb Stunden durch die zur Besichtigung freigegebenen Räumlichkeiten des Klosteranlage, in der ein Dutzend Mönche und Schüler leben. Gäste aus der armenischen Weltgemeinschaft sorgen jedoch nicht selten dafür, dass die kleine Klostergemeinschaft auf das Mehrfache anschwillt.

Durch den *Kreuzgang* geht es zunächst in die *Kirche,* deren zwiebelförmige

Glockenturmspitze man bereits vom Vaporetto aus erkennen konnte. Die ursprünglich romanische Kirche erhielt beim Wiederaufbau Anfang des 18. Jh. eine vollständig neue Mosaikverzierung sowie einen Sternenhimmel aus dem Märchenbuch. Auch ein Blick ins *Refektorium* ist erlaubt, wo die Klostergemeinschaft schweigend speist, wie es die Regeln vorschreiben. In den Fluren des ersten Stocks befindet sich eine im Laufe der Zeit auf fast 1000 Bilder angewachsene Gemäldesammlung, die selbst der Padre eher kurios als interessant findet. Im anschließenden *Museum* ist ein kleines Deckengemälde von *Giovanni Battista Tiepolo* zu bewundern – quasi als Entschädigung. Wie bei den Gemälden handelt es sich auch bei den Exponaten des Museums vorwiegend um Geschenke aus der internationalen Armeniergemeinschaft, die zusammengenommen eine recht bizarre Mischung ergeben: Porzellan, Statuetten, Elfenbeinschnitzereien, orientalische Kaffeemühlen, Keramik- und Silberarbeiten, Dokumente aus der armenischen Geschichte, ein bemalter Sarkophag mit einer ägyptischen Mumie, eine buddhistische Gebetstafel, ein indischer Thronsitz und nicht zuletzt ein Porträt von *Lord Byron*. Dieser büffelte hier sechs Monate lang die armenische Sprache, deren griechische Wurzeln ihn besonders interessierten. Er soll ein recht begabter Schüler gewesen sein, sagt der Padre schmunzelnd. Liebhaber liturgischer Gewänder und Gerätschaften kommen im Hinterzimmer des Museums auf ihre Kosten.

Den eigentlichen Museumsschatz stellt die *Bibliothek* dar, zu der ein moderner klimatisierter Raum gehört, in dem die wertvollsten armenischen Manuskripte und die ältesten Bücher konserviert werden. Hier befindet sich auch das allererste Buch, das in Venedig 1512 auf Armenisch gedruckt worden ist. Die älteste Handschrift datiert hingegen von 428. Die Mechitaristen

San Lazzaro degli Armeni: idyllische Klosterinsel in der Lagune

von San Lazzaro, denen die Bewahrung der armenischen Sprache von jeher besonders am Herzen lag, unterhalten eine klostereigene Druckerei, aus der die Druckerzeugnisse stammen, die im Kloster-Shop zum Kauf angeboten werden. Im Sommerhalbjahr endet die Führung mit einem Gang durch den gepflegten *Klostergarten*.

Verbindungen: Vaporetto Nr. 20, ab San Zaccaria, tägl. um 15.10 Uhr, Führung um 15.25 Uhr. Fahrplan und Klosterführung sind exakt aufeinander abgestimmt, auch die Rückfahrt. Eintritt: 6 €, ermäßigt 3 € (Kinder bis 12 J. und Studenten).

Die Inseln des Schmerzes

Le Isole del dolore wurden die verstreuten kleinen Laguneninseln zwischen *La Giudecca* und dem *Lido di Venezia* schon zur Zeit der Republik genannt. Sie gehörten zu den zahlreichen Inseln, auf denen die Lagunenstadt ihre Kranken, Aussätzigen und Irren in eigens errichteten Krankenhäusern, Quarantänestationen und Nervenheilanstalten isolierte. Hierbei handelt es sich um ein sehr trauriges Kapitel in der Geschichte Venedigs, das erst 1992 sein Ende fand, als die psychiatrische Klinik auf der Isola di San Clemente aufgegeben wurde.

Jede der venezianischen Schmerzensinseln hatte ihre ganz spezielle Funktion: Auf der *Isola di San Servolo* wurde 1725 eine geschlossene Anstalt für Nervenkranke aus adligen Familien eingerichtet. Zeitgenossen beschrieben diese Einrichtung, aus der die Schreie der eingesperrten Insassen weithin zu hören waren, als einen zutiefst deprimierenden Ort. Auf der Nachbarinsel *Isola di San Lazzaro* (heute San Lazzaro degli Armeni, s. o.) war die Situation nicht viel humaner, dort unterhielt die Republik eine Quarantänestation nur für Leprakranke, während alle Pestkranken auf der *Isola del Lazzaretto Vecchio* isoliert wurden. Fälle mit unbekannten Infektionskrankheiten verbrachte man hingegen zur *Isola della Grazia*, wo sich noch in der zweiten Hälfte des 20. Jh. ein auf Infektionskrankheiten spezialisiertes Hospital befand. Auf der *Isola di San Clemente*, der einstigen Pilger- und Klosterinsel, wurde eine Nervenheilanstalt für Frauen errichtet, in der man später alle wegsperrte, die amtlich für geisteskrank erklärt worden waren. Über 90.000 Patienten sollen hier bis Mitte des 20. Jh. behandelt worden sein. Erst als ein Reformgesetz, benannt nach dem venezianischen Psychiater *Franco Basaglia*, geschlossene Anstalten in ganz Italien verbot, entstand hier eine moderne psychiatrische Klinik, die bis 1992 existierte.

Heute sind einige dieser Laguneninseln im Rahmen neuer Nutzungsprojekte wieder zum Leben erweckt worden. Auf der Isola di San Servolo hat die *Venice International University* 1997 ihr Quartier bezogen (www.univiu.org). Ein Luxushotel mit Golfanlage residiert auf San Clemente (San Clemente Palace, www.sanclementepalacevenice.com, ging 2013 in Konkurs, soll aber bald wiedereröffnen), während auf der Isola della Grazia ein weiteres Hotel dieser Kategorie geplant ist. Ein Depot für archäologische Funde aus dem Lagunengebiet befindet sich auf der Isola del Lazzaretto Vecchio.

Museo della Follia/Madness Museum, auf der Isola di San Servolo. Die Ausstellung gewährt Einblicke in die Zeit der „mittelalterlichen" Psychiatrie. Museums-, Kirchen- und Inselführung auf Italienisch (3 €), obligatorische Voranmeldung und Terminvergabe unter ☏ 041/5240119.

An der Riviera del Brenta: Villa Pisani, das „Versailles des Veneto"

Il Naviglio di Brenta – Die Villen am Brenta-Kanal

Einer der beliebtesten Ausflüge aufs Festland führt von Venedig aus in die idyllische Uferlandschaft des Brenta-Kanals. An dieser lieblichen, von Wiesen und Pappelalleen gesäumten „Riviera del Brenta" stehen noch rund 60 feudale Landsitze des venezianischen Adels aus verschiedenen Jahrhunderten. Einige dieser prächtigen Zeugnisse vergangener Lebensart befinden sich in einem guten Erhaltungszustand und können besichtigt werden.

Der Brenta-Kanal (*Naviglio di Brenta*) ist ein 33 km langer, leicht schiffbarer Wasserweg, der Venedig mit Padua verbindet. Früher gehörte die Brenta mit ihrem stark verzweigten Mündungsbereich zu denjenigen Alpenflüssen, die die Lagune von Venedig mit ihren stetigen Anschwemmungen gefährdeten. Um der drohenden Verlandung entgegenzuwirken, sahen sich die Venezianer bereits im 15. Jh. dazu gezwungen, die Brenta zu kanalisieren und einzudeichen. Ein gigantisches Projekt, das erst im 17. Jh. beendet werden konnte. Etwa zur gleichen Zeit entdeckte der venezianische Adel die natürlichen Vorzüge der reizvollen Landschaft auf dem nahe gelegenen Festland. Immer mehr Adelsfamilien zog es jetzt ins Grüne, wo man sich endlich den Wunsch nach großzügigen Villen mit weitläufigen Gärten und Parks erfüllen konnte. Ein wohltuender Tapetenwechsel angesichts der beengten Wohnverhältnisse in der Lagunenstadt.

Vom 16. bis zum 18. Jh. entwickelte sich der *Naviglio di Brenta* mit seinen feudalen Landsitzen zu einem regelrechten Canal Grande auf dem Festland, denn wer sich hier eine repräsentative Villa leisten konnte, der bewohnte in den meisten Fällen auch einen prunkvollen

Palazzo am Hauptkanal von Venedig – so wie die Familien *Foscari, Contarini, Mocenigo, Giustinian, Pisani* und wie sie noch alle hießen.

Die Villen am Brenta-Kanal, alles stattliche Anwesen, entsprachen jeweils dem architektonischen Geschmack ihrer Entstehungszeit und wurden häufig von namhaften Künstlern mit Fresken und Bilderzyklen ausgeschmückt. Vor allem im 18. Jh. wetteiferte der neue „Landadel" darum, wer die größte und prunkvollste Villa besaß. In dieser Zeit entstand auch die absolut größte, die schlossartige *Villa Nazionale Pisani*, die den Beinamen „Versailles des Veneto" trägt. Als komfortable Landhäuser errichtet, dienten die Brenta-Villen in erster Linie dem sommerlichen Vergnügen. Man amüsierte sich mit Spielen und Jagden, veranstaltete Gartenfeste und ließ es sich einen ganzen Sommer lang gut gehen. *Carlo Goldoni* (1707–1793), der berühmte venezianische Komödienschreiber, hat sich in mehreren Werken mit feinster Ironie über die genussvoll-dekadente Sommerfrische an der sogenannten *Riviera del Brenta* mokiert.

„Endlich ist der so herbeigesehnte Augenblick erreicht, in die Villen zu fahren. Große Aufregung mussten wir erleiden, aus Angst eventuell nicht hinfahren zu können", heißt es bei Goldoni. Erwartungsvoll reisten die Nobili dann zusammen mit ihren Bediensteten ab, und zwar auf dem *Burchiello*, einer speziell für diesen Zweck ausgestatteten Barke, die von Pferden gezogen werden musste, weil die Strömung des kanalisierten Flusses zu stark war, um allein durch Rudern voranzukommen. Bei dem heutigen Burchiello, der die Reise in den Fahrrinnen der alten Adelsbarken wieder aufgenommen hat, handelt es sich um ein modernes Ausflugsboot, das die Touristen in geruhsamer Fahrt durch den Brenta-Kanal befördert (s. u.). Zwar kann man die venezianischen Landvillen auch mit dem Pkw und dem Linienbus (s. u.) erreichen,

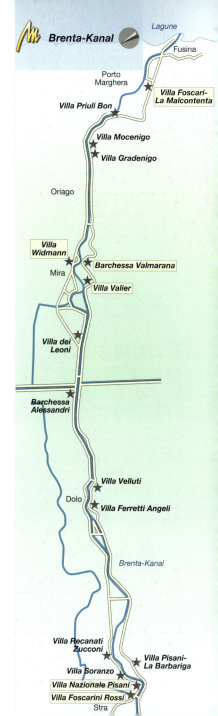

aber die Bootsfahrt ist mit Abstand die reizvollste (allerdings auch die teuerste) Variante, denn wie die Palazzi am Canal Grande, lassen sich die auf den Fluss ausgerichteten Brenta-Villen am besten vom Wasser aus betrachten.

> Zu einem besonderen Erlebnis wird der Brenta-Ausflug am zweiten Sonntag im September, wenn der Kanal Schauplatz der prächtigen **Regatta Riviera Fiorita** ist. Ein historischer Bootskorso mit kostümierten Ruderern bewegt sich dann langsam den dicht mit Zuschauern gesäumten Kanal entlang.

Obwohl die meisten Landsitze im 19. und frühen 20. Jh. stark vernachlässigt, z. T. sogar zerstört worden sind, bieten die rund 60 verbliebenen Villen, die das Brenta-Ufer zu beiden Seiten säumen, immer noch ein prächtiges Gesamtbild, das eine Landpartie lohnenswert macht. Gut ein Dutzend Museumsvillen können besichtigt werden, sechs davon werden im Folgenden kurz vorgestellt:

Festtag am Brenta-Kanal

Villa Foscari-La Malcontenta

Diese elegante, streng gegliederte Villa im Mündungsbereich des Brenta-Kanals ist ein Werk des berühmten *Andrea Palladio,* der hier eine grandiose Kostprobe seiner Architektur gab, die sich der römischen Antike und den theoretischen Werken Vitruvs verpflichtete. 1556 entworfen und 1560 für die Familie Foscari fertig gestellt, gehörte die nahezu quadratisch angelegte Villa samt Vorhalle mit ionischen Säulen zu den allerersten Prachtbauten am Kanal. Den Hauptsaal, *Sala a crociera,* malte der Veronese-Schüler *Giambattista Zelotti* mit allegorischen Fresken aus. Den Beinamen „La Malcontenta" (Die Unzufriedene) hat die schöne Portikusvilla mit dem gepflegten Garten der Signora Foscari zu verdanken, die wegen ihres unzüchtigen Lebenswandels von ihrem Mann zeitweise hierher verbannt wurde, was sie wohl gar nicht lustig fand. Auf einem Wandbild ist die unzufriedene Hausherrin porträtiert.

Villa Foscari-La Malcontenta: Malcontenta di Mira, ✆ 041/5470012. Geöffnet: Mai–Okt., nur Di und Sa 9–12 Uhr. Eintritt: 10 €, erm. 8 €.

Villa Widmann

Der 1719 für die Familie Serimann (eine venezianische Familie persischen Ursprungs) errichtete Barockbau wurde Mitte des 19. Jh. von der Familie Widmann im Stil des französischen Rokoko umgestaltet. Die Freskenbemalung des zweigeschossigen Hauptsaals stammt von *Giuseppe Angeli* (1712–98), einem Schüler Giambattista Piazzettas. Zur Villa gehört eine gepflegte Parkanlage mit altem Baumbestand, zahlreichen Skulpturen und einem von Zypressen gesäumten Teich.

Villa Widmann: Mira Porte, ✆ 041/5600690. Geöffnet: tägl. (außer Mo), allerdings unregelmäßige Öffnungszeiten! Eintritt: 5,50 €, erm. 4,50 €.

Il Burchiello – eine venezianische Landpartie auf dem Fluss

Zwischen Ende März und Anfang November fährt das moderne, voll klimatisierte Ausflugsboot „Il Burchiello" jeden Dienstag, Donnerstag und Samstag auf dem Brenta-Kanal von Venedig nach Padua. Die Fahrt dauert einen ganzen Tag, beginnt um 9 Uhr am Anleger *Pontile della Pietà (Riva degli Schiavoni)* und endet in Padua. Ab Padua mit dem SITA-Bus zurück nach Venedig (Piazzale Roma).

Venedig im Rücken steuert das Boot zunächst durch die Lagune auf die gespenstischen Industrie- und Hafenanlagen von *Porto Marghera* zu. Ein wirklich krasser Anblick, der die Freude auf die Landpartie zunächst etwas dämpft, aber andererseits ein schonungsloses Bild der skandalösen Industrieansiedlung am Lagunenrand bietet. Bei *Fusina* tuckert man in den *Brenta-Kanal*, wo insgesamt drei Schleusen und neun bewegliche Brücken bis *Padua* passiert werden müssen. Die Uferlandschaft präsentiert sich weitgehend lieblich und viele der venezianischen Villen stehen inmitten verwunschener Gärten. Unterwegs werden bei drei Museumsvillen Besichtigungsstopps eingelegt: *Foscari-La Malcontenta, Widmann* und *Nazionale Pisani* (s. u.). Wer einen vollständigen Überblick über die Brenta-Villen haben möchte, sollte sich vorher im Infobüro den Faltplan „Riviera del Brenta" besorgen, in dem über 50 Villen verzeichnet sind.

Preise: 94 €/Pers. (inkl. Besichtigungen). Kinder bis 5 J. fahren umsonst, Jugendliche unter 18 J. und Senioren über 65 J. zahlen 55 bzw. 84 €. Mittagessen wird für 30 € angeboten.

Buchung: Direkt bei *Il Burchiello*, Padova, ✆ 049/8760233, bzw. an Ihrer Hotelrezeption. Im Internet: www.ilburchiello.it. Eine halbtägige Variante dieser Tour ist ebenfalls buchbar.

Alternative Veranstalter: Ganz- und halbtägige Brenta-Ausflüge veranstalten auch die Reedereien *I Battelli del Brenta*, Padova, ✆ 049/8760233, www.battellidelbrenta.it, sowie *Delta Tour*, Padova, ✆ 049/8700232, www.deltatour.it (Prospekte aller Anbieter im Infobüro erhältlich).

Landpartie mit dem Linienbus: Eine preiswertere, aber etwas aufwendigere Alternative zur Bootsfahrt bietet der öffentliche ACTV-Bus Nr. 53 Venezia–Padua, ab Piazzale Roma. Die ACTV-Touristentickets (→ S. 72) gelten nur bis zur Haltestelle Villa Foscari-Malcontenta! Andernfalls genügend Einzelfahrscheine am ACTV-Kartenschalter kaufen, dabei die Anzahl der Fahrtunterbrechungen berücksichtigen! Die Busse fahren halbstündlich: 8.25, 8.55, 9.25 Uhr etc. Die Besichtigung von mehreren Brenta-Villen entlang der Busstrecke ist gut machbar. Wer nur die *Villa Foscari-Malcontenta* besichtigen will, muss den 53er Bus am Di oder Sa um 8.25 bzw. 9.25 nehmen!

Vorschlag: Man unterbricht die Busfahrt zunächst in Mira Porte, wo sich die Villen *Widmann* und *Barchessa Valmarana* gegenüberstehen, in wenigen Fußminuten ist auch die *Villa Valier* zu erreichen (Busfahrer nach der richtigen Haltestelle fragen!). Anschließend fährt man weiter bis Stra, wo die Villen *Nazionale Pisani* und *Foscarini Rossi* nebeneinanderstehen.

Landpartie mit dem Fahrrad: Eine Alternative zum Brenta-Ausflug mit Boot oder Bus bietet die *Cooperativa Limosa* an. In einer halb- bzw. ganztägigen SlowVenice-Radtour wird der attraktivste Teil des Kanalufers zwischen Mira und Dolo befahren (direkt buchbar bei Limosa/SlowVenice, www.slowvenice.it, → S. 238).

Villa Valier

Diese ehemalige Prachtvilla aus dem 16. Jh. liegt zwar nicht unmittelbar am Brenta-Ufer, bietet jedoch fein restaurierte und ausgestattete Räumlichkeiten mit Freskenmalereien sowie einen gepflegten Garten; leider hat sie ihre Originalfassade im 19. Jh. eingebüßt. Der Doge Silvestro Valier war zwar nicht der Erbauer, feierte hier aber rauschende Sommerfeste, wobei er sich seinen Gästen im diamantenbestückten Goldgewand präsentierte, mit einem schweren Prunkschwert in den Händen.

Villa Valier: Mira Porte, ✆ 041/423972. Geöffnet: Mai–Sept. Mi, Fr und So 10–19 Uhr, Okt.–März Mi, Fr und So 10–17 Uhr. Eintritt: 9 €, erm. 7 €.

Villa Barchessa Valmarana

Bei dem Landhaus, das man heute besichtigen kann, handelt es sich um ein ehemaliges Nebengebäude der im 19. Jh. abgerissenen eigentlichen Villa Valmarana. Schließt man von diesem herrschaftlich ausgebauten Nebengebäude *(Barchessa)* auf die Hauptvilla Valmarana, muss es sich um einen mehr als wuchtigen Repräsentationsbau gehandelt haben. Überliefert ist lediglich, dass die Familie Valmarana bei ihren Empfängen nicht geizte und ein eigenes Hausorchester unterhielt. In der Villa Barchessa sind restaurierte Trompe-l'Œuil-Malereien sowie historische Möbel zu sehen. Beim Gang durch den Garten stößt man auf die Ruine eines zweiten, baugleichen Nebengebäudes.

Villa Barchessa Valmarana: Mira Porte, ✆ 041/4266387. Geöffnet: März–Okt. tägl. (außer Mo) 10–18 Uhr. Eintritt: 6 €, erm. 5 €.

Villa Nazionale Pisani

Größter Bau am Brenta-Kanal – ein spätbarockes Schloss, das den schillernden Beinamen „Versailles des Veneto" trägt. Gebaut wurde diese monumentale Residenz Mitte des 18. Jh. auf Veranlassung des *Dogen Alvise Pisani*, dessen Prunksucht und Geldverschwendung in die Geschichte eingingen. Die fünf Gebäudeflügel umschließen zwei Innenhöfe und beherbergen insgesamt 114 Räume. Vorbei an riesigen Atlas-Figuren gelangt man durch eine gigantische Säulenhalle ins Innere. Den Besichtigungshöhepunkt bildet der sich über den gesamten Mittelflügel erstreckende Ballsaal im Rokokostil, dessen gewaltiges Deckenfresko von *Giambattista Tiepolo* stammt: Umgeben von den Allegorien der Macht, der Künste und Wissenschaften wird die Dogenfamilie Pisani verherrlicht.

Nach dem Ende der Republik Venedig, erlangte die Villa Pisani politische Bedeutung als Aufenthaltsort und Treffpunkt gekrönter Häupter und Diktatoren. 1805 zog Napoleon als selbst ernannter König von Italien hier ein.

1861 hieß der Hausherr Vittorio Emanuele II – legitimierter Monarch des neuen Königreichs Italien. 1882 avancierte der königliche Palast zum Nationalheiligtum und erhielt den Beinamen „La Nazionale". 1934 fand hier die erste Begegnung zwischen *Mussolini* und *Hitler* statt, die letztlich den sogenannten Stahlpakt zwischen Italien und Deutschland zur Folge hatte.

Die weitläufige Garten- und Parkanlage ist eine wahre Augenweide mit künstlichen Seen, Pavillons, Skulpturen, einem Belvedere sowie einem Hekenlabyrinth. Die Stallungen (*Scuderia*) am Ende des Parks sind im wahrsten Sinne des Wortes Fassade. – Insgesamt ist der Versailles-Vergleich jedoch übertrieben.

Villa Nazionale Pisani: Stra, ✆ 049/502270. Geöffnet: April–Sept. tägl. (außer Mo) 9–20 Uhr, Okt.–März tägl. (außer Mo) 9–17 Uhr. Eintritt: Villa und Park 7,50 €, erm. 3,75 €.

Villa Foscarini Rossi

Der Entwurf für diesen Prachtbau mit der erhöhten ionischen Vorhalle wird Andrea Palladio zugeschrieben, ausgeführt wurde er Anfang des 17. Jh. von dem Palladio-Schüler *Vincenzo Scamozzi*. In den herrschaftlichen, teils möblierten Räumen ist heute überraschenderweise ein *Schuhmuseum* untergebracht mit einer umfangreichen Sammlung von Designerschuhen für Damen. Zu sehen sind außerdem zahlreiche Schuhzeichnungen namhafter Modeschöpfer und Künstler, darunter auch Aquarelle von *Andy Warhol*.

Im Hauptsaal des angrenzenden Gästehauses (*Foresteria*) sind interessante perspektivische Wand- und Deckenmalereien zu sehen.

Villa Foscarini Rossi: Stra, ✆ 049/9801091. Geöffnet: April–Okt. Di–Fr 9–12.30 und 14.30–18 Uhr, Sa/So 14.30–18 Uhr. Eintritt: 5 €, erm. 3,50 €.

Der weitläufige Park der Villa Nazionale Pisani

Etwas Italienisch

Aussprache (Hier nur die Abweichungen von der deutschen Aussprache)

c vor e und i immer *"tsch"* wie in *rutschen*, z. B. *centro* (Zentrum) = *"tschentro"*. Sonst wie *"k"*, z. B. *cannelloni* = *"kannelloni"*.

cc gleiche Ausspracheregeln wie beim einfachen c, nur betonter *faccio* (ich mache) = *"fatscho"*; *boccone* (Imbiss) = *"bokkone"*.

ch wie *"k"*, *chiuso* (geschlossen) = *"kiuso"*.

cch immer wie ein hartes *"k"*, *spicchio* (Scheibe) = *"spikkio"*.

g vor e und i *"dsch"* wie in *Django*, vor a, o , u als *"g"* wie in *gehen*; wenn es trotz eines nachfolgenden dunklen Vokals als *"dsch"* gesprochen werden soll, wird ein i eingefügt, das nicht mitgesprochen wird, z. B. in *Giacomo* = *"Dschakomo"*.

gh immer als *"g"* gesprochen.

gi wie in *giorno* (Tag) = *"dschorno"*, immer weich gesprochen.

gl wird zu einem Laut, der wie *"lj"* klingt, z. B. in *moglie* (Ehefrau) = *"mollje"*.

gn ein Laut, der hinten in der Kehle produziert wird, z. B. in *bagno* (Bad) = *"bannjo"*.

h wird am Wortanfang nicht mitgesprochen, z. B. *hanno* (sie haben) = *"anno"*. Sonst nur als Hilfszeichen verwendet, um c und g vor den Konsonanten i und e hart auszusprechen.

qu im Gegensatz zum Deutschen ist das u mitzusprechen, z. B. *acqua* (Wasser) = *"akua"* oder *quando* (wann) = *"kuando"*.

r wird kräftig gerollt!

rr wird noch kräftiger gerollt!

sp, gut norddeutsch zu sprechen, z. B.
st *specchio* (Spiegel) = *"s-pekkio"* (nicht *schpekkio*), *stella* (Stern) = *"s-tella"* (nicht *"schtella"*).

v wie *"w"*.

z wie „ts" oder „ds".

Elementares

Frau …	*Signora*
Herr …	*Signor(e)*
Guten Tag	*Buon giorno*
Guten Abend (ab nachmittags!)	*Buona sera*
Gute Nacht	*Buona notte*
Auf Wiedersehen	*Arrivederci*
Hallo/Tschüss	*Ciao*
Wie geht es Ihnen?	*Come sta?*
Wie geht es dir?	*Come stai?*
Danke, gut.	*Molto bene, grazie*
Danke!	*Grazie*
Entschuldigen Sie	*(Mi) scusi*
Entschuldige	*Scusami/Scusa*
Entschuldigung, können Sie mir sagen...?	*Scusi, sa dirmi...?*
ja	*si*
nein	*no*
Tut mir leid	*Mi dispiace*
Macht nichts	*Non fa niente*
Bitte! (gern geschehen)	*Prego!*
Bitte (als Einleitung zu einer Frage oder Bestellung)	*Per favore ...*
Sprechen Sie Englisch/Deutsch?	*Parla inglese/ tedescso?*
Ich spreche kein Italienisch	*Non parlo l'italiano*
Ich verstehe nichts	*Non capisco niente*
Könnten Sie langsamer sprechen?	*Puo parlare un po` più lentamente?*
Ich suche nach...	*Cerco...*
Okay, geht in Ordnung	*va bene*
Ich möchte	*Vorrei*
Warte/Warten Sie!	*Aspetta/Aspetti!*
groß/klein	*grande/piccolo*
Geld	*i soldi*

Etwas Italienisch 259

Ich brauche ...	Ho bisogno ...	offen/geschlossen	aperto/chiuso
Ich muss ...	Devo ...	Toilette	bagno
in Ordnung	d'accordo	verboten	vietato
Ist es möglich, dass ...	È possibile ...	Wie heißt das?	Come si dice?
mit/ohne	con/senza	bezahlen	pagare

Fragen

Gibt es/Haben Sie...?	C'è ...?	Wo? Wo ist?	Dove?/ Dov'è?
Was kostet das?	Quanto costa?	Wie?/Wie bitte?	Come?
Gibt es (mehrere)	Ci sono?	Wieviel?	Quanto?
Wann?	Quando?	Warum?	Perché?

Smalltalk

Ich heiße ...	Mi chiamo ...	Von woher kommst du?	Di dove sei tu?
Wie heißt du?	Come ti chiami?	Ich bin aus München/Hamburg	Sono di Monaco, Baviera/di Amburgo
Wie alt bist du?	Quanti anni hai?		
Das ist aber schön hier	Meraviglioso!/Che bello!/Bellissimo!	Bis später	A più tardi!

Orientierung

Wo ist bitte...?	Per favore, dov'è..?	immer geradeaus	sempre diritto
... die Bushaltestelle	...la fermata	Können Sie mir den Weg nach ... zeigen?	Sa indicarmi la direzione per..?
... der Bahnhof	...la stazione		
Stadtplan	la pianta della città	Ist es weit?	È lontano?
rechts	a destra	Nein, es ist nah	No, è vicino
links	a sinistra		

Bus/Zug

Fahrkarte	un biglietto	... der letzte?	... l'ultimo?
Stadtbus	il bus	Abfahrt	partenza
Überlandbus	il pullman	Ankunft	arrivo
Zug	il treno	Gleis	binario
hin und zurück	andata e ritorno	Verspätung	ritardo
Ein Ticket von X nach Y	un biglietto da X a Y	aussteigen	scendere
		Ausgang	uscita
Wann fährt ... der nächste?	Quando parte ... il prossimo?	Eingang	entrata

Auto/Motorrad

Auto	macchina	Tankstelle	distributore
Motorrad	la moto	Volltanken	il pieno, per favore

Etwas Italienisch

Bleifrei	*benzina senza piombo*	Lichtmaschine	*la dinamo*
Diesel	*gasolio*	Zündung	*l'accensione*
Panne	*guasto*	Vergaser	*il carburatore*
Unfall	*un incidente*	Mechaniker	*il meccanico*
Bremsen	*i freni*	Werkstatt	*l'officina*
Reifen	*le gomme*	funktioniert nicht	*non funziona*
Kupplung	*la frizione*		

Bank/Post/Telefon

Wo ist eine Bank?	*Dove c'è una banca*	Brief	*lettera*
Postamt	*posta/ufficio postale*	Briefkasten	*la buca (delle lettere)*
Ich möchte Reiseschecks einlösen	*Vorrei cambiare dei traveller cheques*	Briefmarken	*i francobolli*
		Wo ist das Telefon?	*Dov'è il telefono?*
Postkarte	*cartolina*		

Hotel/Camping

Haben Sie ein Einzel/Doppelzimmer?	*C'è una camera singola/doppia?*	ein ruhiges Zimmer	*una camera tranquilla*
		Wir haben reserviert	*Abbiamo prenotato*
Können Sie mir ein Zimmer zeigen?	*Può mostrarmi una camera?*	Schlüssel	*la chiave*
		Vollpension	*pensione completa*
Ich nehme es/ wir nehmen es	*La prendo/ la prendiamo*	Halbpension	*mezza pensione*
		Frühstück	*prima colazione*
Zelt/ kleines Zelt	*tenda/canadese*	Hochsaison	*alta stagione*
Schatten	*ombra*	Nebensaison	*bassa stagione*
mit Dusche/Bad	*con doccia/ bagno*		

Zahlen

0	*zero*	13	*tredici*	60	*sessanta*
1	*uno*	14	*quattordici*	70	*settanta*
2	*due*	15	*quindici*	80	*ottanta*
3	*tre*	16	*sedici*	90	*novanta*
4	*quattro*	17	*diciassette*	100	*cento*
5	*cinque*	18	*diciotto*	101	*centuno*
6	*sei*	19	*diciannove*	102	*centodue*
7	*sette*	20	*venti*	200	*duecento*
8	*otto*	21	*ventuno*	1.000	*mille*
9	*nove*	22	*ventidue*	2.000	*duemila*
10	*dieci*	30	*trenta*	100.000	*centomila*
11	*undici*	40	*quaranta*	1.000 000	*un milione*
12	*dodici*	50	*cinquanta*		

… mit Kohlensäure_ Etwas Italienisch 261

Arzt/Krankenhaus

Ich brauche einen Arzt	*Ho bisogno di un medico*
Hilfe!	*Aiuto!*
Erste Hilfe	*pronto soccorso*
Krankenhaus	*ospedale*
Schmerzen	*dolori*
Ich bin krank	*Sono malato*
Biss/Stich	*puntura*
Fieber	*febbre*
Durchfall	*diarrea*
Erkältung	*raffreddore*
Halsschmerzen	*mal di gola*
Magenschmerzen	*mal di stomaco*
Zahnweh	*mal di denti*
Zahnarzt	*dentista*
verstaucht	*slogato*

Restaurant

Haben Sie einen Tisch für x Personen?	*C'è un tavolo per x persone?*
Ich möchte zahlen	*Il conto, per favore*
Gabel	*forchetta*
Messer	*coltello*
Löffel	*cucchiaio*
Aschenbecher	*portacenere*
Mittagessen	*pranzo*
Abendessen	*cena*
Eine Quittung, bitte	*Vorrei la ricevuta, per favore*
Es war sehr gut	*Era buonissimo*
Trinkgeld	*mancia*
Extra-Preis für Gedeck, Service und Brot	*coperto/ pane e servizio*
Vorspeise	*antipasto*
erster Gang	*primo piatto*
zweiter Gang	*secondo piatto*
Beilagen	*contorni*
Nachspeise (Süßes)	*dessert*
Käse	*formaggio*

Getränke

Wasser	*acqua*
Mineralwasser	*acqua minerale*
… mit Kohlensäure	*con gas (frizzante)*
… ohne Kohlensäure	*senza gas*
Wein	*vino*
weiß	*bianco*
rosé	*rosato*
rot	*rosso*
Bier	*birra*
hell/dunkel	*chiara/scura*
Saft	*succo di …*
Milch	*latte*
heiß	*caldo*
kalt	*freddo*
(einen) Kaffee (das bedeutet Espresso)	*un caffè*
(einen) Cappuccino (mit aufgeschäumter Milch, niemals mit Sahne!)	*un cappuccino*
(einen) Kaffee mit wenig Milch	*un latte macchiato*
(einen) Eiskaffee	*un caffè freddo*
(einen) Tee	*un tè*
mit Zitrone	*con limone*
Cola	*coca*
Milkshake	*frappè*
(ein) Glas	*un bicchiere di …*
(eine) Flasche	*una bottiglia*

Alimentari/Diversi – Lebensmittel/Verschiedenes

aceto	Essig
brodo	Brühe
burro	Butter
marmellata	Marmelade
minestra/zuppa	Suppe
minestrone	Gemüsesuppe

olio	Öl	*panino*	Brötchen
olive	Oliven	*l'uovo/le uova*	Ei/Eier
pane	Brot	*zucchero*	Zucker

Erbe – Gewürze

aglio	Knoblauch	*prezzemolo*	Petersilie
alloro	Lorbeer	*sale*	Salz
capperi	Kapern	*salvia*	Salbei
pepe	Pfeffer	*senape*	Senf
peperoni	Paprika	*timo*	Thymian

Preparazione – Zubereitung

affumicato	geräuchert	*cotto*	gekocht
ai ferri	gegrillt	*duro*	hart/zäh
al forno	überbacken	*fresco*	frisch
con panna	mit Sahne	*fritto*	frittiert
alla pizzaiola	Tomaten/Knobl.	*grasso*	fett
allo spiedo	am Spieß	*in umido*	im Saft geschmort
al pomodoro	mit Tomatensauce	*lesso*	gekocht/gedünstet
arrosto	gebraten/geröstet	*morbido*	weich
bollito	gekocht/gedünstet	*piccante*	scharf
alla casalinga	hausgemacht	*tenero*	zart

Contorni – Beilagen

asparago	Spargel	*finocchio*	Fenchel
broccoletti	wilder Blumenkohl	*insalata*	allg. Salat
carciofo	Artischocke	*lattuga*	Kopfsalat
carote	Karotten	*lenticchie*	Linsen
cavolfiore	Blumenkohl	*melanzane*	Auberginen
cavolo	Kohl	*patate*	Kartoffeln
cetriolo	Gurke	*piselli*	Erbsen
cicoria	Chicoree	*polenta*	Maisbrei
cipolla	Zwiebel	*pomodori*	Tomaten
fagiolini	grüne Bohnen	*riso*	Reis
fagioli	Bohnen	*spinaci*	Spinat
funghi	Pilze	*zucchini*	Zucchini

Pasta – Nudeln

cannelloni	gefüllte Teigrollen	*fiselli*	kleine Nudeln
farfalle	Schleifchen	*lasagne*	Schicht-Nudeln
fettuccine	Bandnudeln	*maccheroni*	Makkaroni

Etwas Italienisch

pasta	allg. Nudeln	tortelloni	große Tortellini
penne	Röhrennudeln	vermicelli	Fadennudeln
tagliatelle	Bandnudeln	gnocchi	(Kartoffel-) Klößchen
tortellini	gefüllte Teigtaschen		

Pesce e frutti di mare – Fisch & Meeresgetier

aragosta	Languste	polpo	Krake
aringhe	Heringe	razza	Rochen
baccalà	Stockfisch	salmone	Lachs
calamari	Tintenfische	sardine	Sardinen
cozze	Miesmuscheln	seppia/totano	großer Tintenfisch
gamberi	Garnelen	sgombro	Makrele
merluzzo	Schellfisch	sogliola	Seezunge
muggine	Meeräsche	tonno	Thunfisch
nasello	Seehecht	triglia	Barbe
orata	Goldbrasse	trota	Forelle
pesce spada	Schwertfisch	vongole	Muscheln

Carne – Fleisch

agnello	Lamm	lingua	Zunge
anatra	Ente	lombatina	Lendenstück
bistecca	Beafsteak	maiale	Schwein
capretto	Zicklein	maialetto	Ferkel
cinghiale	Wildschwein	manzo	Rind
coniglio	Kaninchen	pollo	Huhn
fagiano	Fasan	polpette	Fleischklöße
fegato	Leber	trippa	Kutteln
lepre	Hase	vitello	Kalb

Frutta – Obst

albicocca	Aprikose	lamponi	Himbeeren
ananas	Ananas	limone	Zitrone
arancia	Orange	mandarino	Mandarine
banana	Banane	mela	Apfel
ciliegia	Kirsche	melone	Honigmelone
cocomero	Wassermelone	pera	Birne
dattero	Dattel	pesca	Pfirsich
fichi	Feigen	pompelmo	Grapefruit
fragole	Erdbeeren	uva	Weintrauben

- ABRUZZEN
- ALENTEJO
- ALGARVE
- ANDALUSIEN
- APULIEN
- DODEKANES
- IONISCHE INSELN
- KRETA
- LISSABON & UMGEBUNG
- MARKEN
- SARDINIEN
- SIZILIEN
- TENERIFFA
- TOSKANA

Nette Unterkünfte bei netten Leuten

CASA FERIA
die Ferienhausvermittlung
von Michael Müller

Im Programm sind ausschließlich persönlich ausgewählte Unterkünfte abseits der großen Touristenzentren.

Ideale Standorte für Wanderungen, Strandausflüge und Kulturtrips.

Einfach www.casa-feria.de anwählen, Unterkunft auswählen, Unterkunft buchen.

Casa Feria wünscht
Schöne Ferien

www.casa-feria.de

Seenland • Amsterdam • Andalusien • Andalusien • Apulien • Athen & Attika • Australien – der Osten • Azoren • Bali & Lombok • Baltische Länder • Bamberg • Barcelona • Bayerischer Wald • Bayerischer Wald • Berlin • Berlin & Umgebung • Bodensee • Bretagne • Brüssel • Budapest • Bulgarien – Schwarzmeerküste • Chalkidiki • Chiemgauer Alpen • Cilento • Cornwall & Devon • Dresden • Dublin • Comer See • Costa Brava • Costa de la Luz • Côte d'Azur • Cuba • Dolomiten – Südtirol Ost • Dominikanische Republik • Ecuador • Eifel • Elba • Elsass • Elsass • England • Fehmarn • Franken • Fränkische Schweiz • Fränkische Schweiz • Friaul-Julisch Venetien • Gardasee • Gardasee • Genferseeregion • Golf von Neapel • Gomera • Gomera • Gran Canaria • Graubünden • Griechenland • Griechische Inseln • Hamburg • Harz • Haute-Provence • Havanna • Ibiza • Irland • Island • Istanbul • Istrien • Italien • Italienische Adriaküste • Kalabrien & Basilikata • Kanada – Atlantische Provinzen • Kanada – der Westen • Karpathos • Kärnten • Katalonien • Kefalonia & Ithaka • Köln • Kopenhagen • Korfu • Korsika • Korsika Fernwanderwege • Korsika • Kos • Krakau • Kreta • Kreta • Kroatische Inseln & Küstenstädte • Kykladen • Lago Maggiore • La Palma • La Palma • Languedoc-Roussillon • Lanzarote • Lesbos • Ligurien – Italienische Riviera, Genua, Cinque Terre • Ligurien & Cinque Terre • Liparische Inseln • Lissabon & Umgebung • Lissabon • London • Lübeck • Madeira • Madeira • Madrid • Mainfranken • Mainz • Mallorca • Mallorca • Malta, Gozo, Comino • Marken • Mecklenburgische Seenplatte • Mecklenburg-Vorpommern • Menorca • Midi-Pyrénées • Mittel- und Süddalmatien • Mittelitalien • Montenegro • Moskau • München • Münchner Ausflugsberge • Naxos • Neuseeland • New York • Niederlande • Niltal • Norddalmatien • Norderney • Nord- u. Mittelengland • Nord- u. Mittelgriechenland • Nordkroatien – Zagreb & Kvarner Bucht • Nördliche Sporaden – Skiathos, Skopelos, Alonnisos, Skyros • Nordportugal • Nordspanien • Normandie • Norwegen • Nürnberg, Fürth, Erlangen • Oberbayerische Seen • Oberitalien • Oberitalienische Seen • Odenwald • Ostfriesland & Ostfriesische Inseln • Ostseeküste – Mecklenburg-Vorpommern • Ostseeküste – von Lübeck bis Kiel • Östliche Allgäuer Alpen • Paris • Peloponnes • Pfalz • Pfälzer Wald • Piemont & Aostatal • Piemont • Polnische Ostseeküste • Portugal • Prag • Provence & Côte d'Azur • Provence • Rhodos • Rom & Latium • Rom • Rügen, Stralsund, Hiddensee • Rumänien • Rund um Meran • Sächsische Schweiz • Salzburg & Salzkammergut • Samos • Santorini • Sardinien • Sardinien • Schleswig-Holstein – Nordseeküste • Schottland • Schwarzwald Mitte/Nord • Schwarzwald Süd • Schwäbische Alb • Shanghai • Sinai & Rotes Meer • Sizilien • Sizilien • Slowakei • Slowenien • Spanien • Span. Jakobsweg • St. Petersburg • Steiermark • Südböhmen • Südengland • Südfrankreich • Südmarokko • Südnorwegen • Südschwarzwald • Südschweden • Südtirol • Südtoscana • Südwestfrankreich • Sylt • Teneriffa • Teneriffa • Tessin • Thassos & Samothraki • Toscana • Toscana • Tschechien • Tunesien • Türkei • Türkei • Türkei – Lykische Küste • Türkei – Mittelmeerküste • Türkei – Südägäis • Türkische Riviera – Kappadokien • Umbrien • Usedom • Venedig • Venetien • Wachau, Wald- u. Weinviertel • Westböhmen & Bäderdreieck • Wales • Warschau • Westliche Allgäuer Alpen und Kleinwalsertal • Westungarn, Budapest, Pécs, Plattensee • Wien • Zakynthos • Zentrale Allgäuer Alpen • Zypern

Reisehandbuch   MM-City   MM-Wandern

# Register

Die (in Klammern gesetzten) Koordinaten verweisen auf die beigefügte Venedig-Karte.

Abendessen (Cena) 86
Adelsrepublik 27, 34
Ala Napoleonica (E 7) 117
Anreise 66
- Mit dem eigenen Fahrzeug 69
- Mit dem Flugzeug 67
- Mit dem Zug 66

Antico cimitero ebraico 243
Apartments 83
Apotheken 92
Appartamenti di Richard Wagner 132
Architektur 43
Armeniern 249
Ärztliche Hilfe 91
Auto 69

Bàcari (venezianische Weinschenken) 87
Baden 92
Bagni 240
Barbarossa, Friedrich 25
Barock 50
Bed & Breakfast 84
Bellini, Gentile 55
Bellini, Giovanni (Giambellino) 56
Bellini, Jacopo 54
Beschwerden 99
Biblioteca Nazionale Marciana 115
Biennale d'Arte (Kunst-Biennale) 177
Brenta-Kanal (Naviglio di Brenta) 252
Bruderschaften 46
Bucintoro 174
Burano (Insel) 226
Bus 73
Byron, Lord 250

Ca' (Haus) 45
Cacciari, Massimo 17
Caffè 90
Caliari, Paolo (Veronese) 59, 204
Campanile (Markusturm) (E 7) 116
Camping 84

Campo dei Mori (D 4) 185
Canal Grande (C 5) (D 7) (D 8) 120
Canal, Antonio, (Canaletto) 60
Canaletto (Canal, Antonio) 60
Cannaregio (Stadtviertel) 180
Carnevale di Venezia 62
Carpaccio, Vittore 56, 171
Casa (Haus) 45
Casa Goldoni (C 7) 157
Casanova, Giacomo Girolamo 98, 114
Casinò Municipale 132
Castello (Stadtviertel) 160
Cena (Abendessen) 86
Chiesa San Maurizio (Museo della Musica barocca) (D 7) 140
Coducci, Mauro 49
Colazione (Frühstück) 86
Colonne di San Marco e San Teodoro (E 7) 115

Da Ponte, Antonio 50
Dandolo, Enrico 25
Denkmalschutz 52
Denunziationsbriefkästen (Bocca di Leone) 112
Diplomatische Vertretungen 92
Doge 27
Dogenpalast (Palazzo Ducale) (E 7) 110
Dorsoduro (Stadtviertel) 194

Einkaufen 145, 158, 178, 193, 207
Ermäßigungen 92
Essen 85

Fahrzeugschein 69
Feiertage 93
Festa del Redentore 64
Festa della Madonna della Salute 65
Festa della Sensa 63
Festa di San Marco 65

Filmfestival (Mostra Internazionale d'Arte Cinematografica) 245
Finanzen 94
Fitnessstudio 100
Fondaco (Kontor) 45
Fondaco dei Tedeschi (E 6) 130
Fondaco dei Turchi (C 5) 132
Fondamenta dei Vetrai 223
Fortuny, Mario 139
Fremdenverkehrsamt ENIT 94
Frühstück (Colazione) 77, 86
Führerschein 69

Gästehäuser 83
Geldautomaten 94
Geografie 16
Gepäckträger 94
Getränke 90
Ghetto Vecchio (C 5) 185
Giambellino (Bellini, Giovanni) 56
Giorgione 57
Giotto 54
Giudecca (Insel) 208
Glaskunst 224
Gobbo di Rialto (Buckliger von Rialto) 150
Goldoni, Carlo 98, 157
Golf 100
Gondelbau 74
Gondeln 74
Gondelwerft 197
Gondola 74
Gotik 48
Gran Teatro La Fenice (D 7) 141
Grazia (Insel) 251
Griechen 170
Guardi, Francesco 61
Guggenheim, Peggy 201

Heilige Liga 31
Höchstgeschwindigkeit 69
Hochwasser 19, 39
Hotels (Alberghi) 76

Ikonen 168
Immigration 17
Industrie 40
Information 94
Inseln des Schmerzes (Isole del dolore) 251
Internet 95
Isole del dolore (Inseln des Schmerzes) 251

Jogging 100
Juden 186
Judenviertel (C 5) 186
Jugendherbergen 83

Kaffeehäuser 109
Kanäle 16
Karl der Große 23
Karneval 62
Kinder 95
Kino 96
Kirchen
- Basilica del Redentore (D 9) 212
- Basilica di San Marco (Markuskirche) (E 7) 106
- Basilica Santa Maria Assunta 231
- Basilica Santa Maria Gloriosa dei Frari (Frari-Kirche) (C 6) 155
- Basilica Santi Giovanni e Paolo (San Zanipolo) (E 6) 170
- Basilica Santi Maria e Donato (H 2) 225
- Chiesa dei Gesuati (Santa Maria del Rosario) (C 8) 204
- Chiesa di Santa Maria della Pietà (F 7) 167
- Chiesa Madonna dell'Orto (D 4) 189
- Chiesa San Alvise (D 4) 185
- Chiesa San Francesco della Vigna (G 6) 171
- Chiesa San Giacomo dell'Orio (C 6) 154
- Chiesa San Giacomo di Rialto (E 6) 150
- Chiesa San Giorgio dei Greci (F 7) 168
- Chiesa San Giorgio Maggiore (F 8) 211
- Chiesa San Giovanni Crisostomo (E 6) 190
- Chiesa San Giovanni Elemosinario rio (D 6) 157
- Chiesa San Martino 228
- Chiesa San Michele in Isola (G 4) 221
- Chiesa San Moisè (E 7) 142
- Chiesa San Nicolò 243
- Chiesa San Nicolò dei Mendicoli (A 7) 205
- Chiesa San Pietro di Castello (H 7) 175
- Chiesa San Pietro Martire (G 2) 223
- Chiesa San Polo (D 6) 157
- Chiesa San Salvatore (E 7) 138
- Chiesa San Sebastiano (B 7) 204
- Chiesa San Stae (D 5) 154
- Chiesa San Zaccaria (F 7) 167
- Chiesa Sant'Antonin 166
- Chiesa Santa Caterina 229
- Chiesa Santa Fosca 231
- Chiesa Santa Maria Assunta dei Gesuiti (I Gesuiti) (E 5) 190
- Chiesa Santa Maria dei Carmini (I Carmini) (B 7) 205
- Chiesa Santa Maria dei Miracoli (E 6) 189
- Chiesa Santa Maria del Giglio (D 7) 140

Register 273

Chiesa Santa Maria della Salute (D 8) 202
Chiesa Santa Maria Formosa (F 6) 168
Chiesa Sant'Eufemia (C 9) 210
Chiesa Santo Stefano (D 7) 140

Klassizismus 51
Klimadaten 96
Konstantinopel 25
Kostüme 63
Kostümverleih 179
Kriegsgaleeren 172
Kulturelle Veranstaltungen 97
Kunst-Biennale (Biennale d'Arte) 177

Laguna veneta 216
Lagune 37
Lazzaretto Nuovo (Insel) 236
Leon, Donna 98
Lepanto, Seeschlacht von 32
Libro d'oro 27
Lido di Venezia (Insel) 240
Liga von Cambrai 31
Literatur 98
Lombardo, Pietro 49
Longhena, Baldassare 51, 117
Longhi, Pietro 61
Luxusgesetze 30

Malerei 54
Mann, Thomas 241
Marathon 100
Markusreliquien 22
Markusviertel 134
Masken 63
Massari, Giorgio 51
Mazzorbo (Insel) 228
Mechitar von Sebaste 249
Mittagessen (Pranzo) 86
Monastero Armeno Mechitarista 249
MOSE 39, 42
Mostra Internazionale d'Arte Cinematografica (Filmfestival) 245
Mulino-Stucky-Komplex (B 8) 210
Murazzi 39

Museen
  Centro d'Arte contemporanea 202
  Collezione Peggy Guggenheim (D 8) 201
  Emilio-Vedova-Museum (Spazio Vedova) 204
  Galleria d'Arte Moderna 131
  Galleria dell'Accademia (C 8) 199
  Galleria Franchetti 131
  Le Stanze del Vetro 212
  Museo Archeologico 117
  Museo Correr (E 7) 118
  Museo del Settecento Veneziano 128
  Museo della Musica barocca (Chiesa San Maurizio) (D 7) 140
  Museo dell'Arte Vetraria (H 2) 224
  Museo di Palazzo Mocenigo (D6) 154
  Museo di Storia Naturale 132
  Museo di Torcello 233
  Museo Dipinti Sacri Bizantini (F 7) 168
  Museo Ebraico (C 5) 188
  Museo Fortuny (Palazzo Pesaro) (D 7) 139
  Museo Orientale 131
  Museo Storico Navale (Schifffahrtsmuseum) (G 7) 174
  Pinacoteca Querini-Stampalia (E 7) 169

Register

Schifffahrtsmuseum (Museo Storico Navale) (G 7) 174
Scuola San Giorgio degli Schiavoni (Carpaccio - Museum) (F 6) 171
Tintoretto-Museum (Scuola Grande di San Rocco) (C 6) 156
Veronese-Museum (Chiesa San Sebastiano) (B 7) 204

Nahverkehr 18
Naviglio di Brenta (Brenta-Kanal) 252
Neoclassicismo 51
Notruf 69, 99

Öffentliche Verkehrsmittel 70
Orientierung 70
Orsoni, Giorgio 17
Ostelli 83

Palazzi
Ca' Corner della Regina (D 6) 127
Ca' d'Oro (D 6) 131
Ca' da Mosto (E 6) 127
Ca' Dario (D 8) 123
Ca' Donà della Madonetta (D 7) 126
Ca' Grande (Palazzo Corner) (D 8) 123
Ca' Pesaro (D 5) 131
Ca' Rezzonico (C 7) 128
Palazzo Barbaro (D8) 123
Palazzo Cavalli-Franchetti (D 8) 123
Palazzo Cini (D 8) 201
Palazzo Contarini del Bovolo (D 7) 139
Palazzo Contarini Fasan (D 8) 122
Palazzo Corner (Ca' Grande) (D 8) 123
Palazzo Corner Loredan (D 6) 126
Palazzo Corner Spinelli (D 7) 126
Palazzo da Mula (D 8) (G 2) 224
Palazzo Dandolo Farsetti (D 6) 126
Palazzo dei Camerlenghi (E 6) 151
Palazzo Ducale (Dogenpalast) (E 7) 110
Palazzo Falier (C 7) 125
Palazzo Giustinian (C 7) (E 7) 125
Palazzo Giustinian Lolin (E 7) 123
Palazzo Grassi (C 7) 140
Palazzo Grimani (F 6) 169
Palazzo Labia (C 5) 184
Palazzo Pesaro (D 7) 139
Palazzo Pisani Moretta (D 7) 126
Palazzo Querini-Stampalia (E 7) 169
Palazzo Vendramin Calergi (D 5) 132
Palazzo Venier dei Leoni (D 8) 123, 201

Palazzo 44
Palladio, Andrea 49, 211, 212, 254
Pannenhilfe 69
Parken 68
Pellestrina (Insel) 247
Pest 32
Piazza di San Marco (Markusplatz) (E7) 104
Piazzetta dei Leoncini (E 7) 119
Pietra del Bando 150
Pippin 23
Piraten 32
Politik 17
Polo, Marco 28
Polo, Matteo 28
Polo, Niccolò 28
Ponte dei Pugni (Faustkämpferbrücke) (C 7) 199
Ponte dei Sospiri (Seufzerbrücke) (E 7) 113

Register

Ponte dell'Accademia
(D 8) 121, 123, 195
Ponte della Costituzione 121
Ponte di Rialto
(Rialtobrücke)
(E 6) 121, 129
Ponte Scalzi 121
Porta dell'Arsenale
(G 7) 174
Post 99
Pozzo veneziano
(Brunnen) 45
Pranzo (Mittagessen) 86
Procuratie Nuove (E 7) 116
Procuratie Vecchie
(E 7) 116
Prostitution 152

Quarantänestation
(Lazzaretto Nuovo) 236

Radfahren 100

Rauchverbot 99
Rechnung 88
Regata storica 64
Reisezeit 20
Reiten 100
Renaissance 48
Restaurierung 52
Rialtobrücke (Ponte di
Rialto) (E 6) 121, 129
Rialtoviertel 146

Riviera del Brenta 252
Robusti, Jacopo
(Tintoretto) 58, 113, 156
Rollstuhlfahrer 100
Romanisch-byzantinischer
Stil 47
Rossi, Domenico 51
Rudern 100

San Clemente (Insel) 251
San Francesco del Deserto
(Insel) 237
San Giorgio Maggiore
(Insel) 208
San Lazzaro degli Armeni
(Insel) 249
San Marco
(Stadtviertel) 134
San Michele (Insel) 220
San Pietro (Insel) 174
San Polo
(Stadtviertel) 146
San Servolo (Insel) 251
Sansovino,
Jacopo 50
Sant'Erasmo
(Insel) 234
Santa Croce
(Stadtviertel) 146
Scamozzi, Vincenzo 49
Scarpa, Carlo 169

Scuola di San Niccolò dei
Greci (F 7) 168
Scuola Grande dei Carmini
(C 7) 205
Scuola Grande di San
Giovanni Evangelista
(C 6) 154
Scuola Grande di San
Marco (F 6) 170
Scuole 46
Seeschlacht
von Lepanto 32
SlowVenice 239
Spitzen (Merletti) 227
Sport 100
Sportereignisse 100
Squero di San Trovaso
(C 8) 197
Stadtfeste 63, 93
Stadtflucht 17
Stadtgeschichte 21
Stadtpläne 101

Stadtviertel und Inseln

Inseln des Schmerzes
(Isole del dolore) 251
Isola del Lazzaretto
Nuovo 236
Isola della Giudecca 208
Isola della Grazia 251
Isola delle Vignole 235
Isola di Burano 226

Isola di Mazzorbo 228
Isola di Murano 222
Isola di Pellestrina 247
Isola di San Clemente 251
Isola di San Francesco
  del Deserto 237
Isola di San Giorgio
  Maggiore 208
Isola di San Lazzaro
  degli Armeni 249
Isola di San Michele 220
Isola di San Pietro 174
Isola di San Servolo 251
Isola di Sant'Erasmo 234
Isola di Torcello 230
Isole del dolore (Inseln
  des Schmerzes) 251
Lido di Venezia 240
Markusviertel (Sestiere
  di San Marco) 134
Sestiere di Cannaregio 180
Sestiere di Castello 160
Sestiere di Dorsoduro 194
Sestiere di San Marco
  (Markusviertel) 134
Sestiere di San Polo 146
Sestiere di
  Santa Croce 146
Stato da mar 26

Synagogen
  Scola Canton 188
  Scola Grande Tedesca 188
  Scola Italiana 188
  Scola Levantina 188
  Scola Spagnola 189

Tanken 69
Tauben 106
Taxi acquei 73
Telefonieren 101
Tennis 101
Tezon Grande 236
Tiepolo, Giovanni Battista
  60, 205
Tintoretto (Robusti,
  Jacopo) 58, 113, 156
Tizian
  (Vecellio, Tiziano) 58
Toiletten 101
Torcello (Insel) 230
Torre dell'Orologio
  (Uhrturm) (E 7) 119
Tourismus 18
Traghetti 73
Trinkgeld 88
Türken 32

Übernachten 76
Umweltsünden 40

Vaporetto 71
Vecellio, Tiziano
  (Tizian) 58
Veneziano, Paolo 54
Veranstaltungen 97
Verlandung 38
Veronese (Caliari, Paolo)
  59, 204
Verwaltung 17
Vignole (Insel) 235
Villa Barchessa
  Valmarana 256
Villa Foscari
  (La Malcontenta) 254
Villa Foscarini Rossi 257
Villa Pisani
  (La Nazionale) 256
Villa Valier 256
Villa Widmann 254
Vivaldi,
  Antonio 167
Vogalonga 64

Wagner,
  Richard 132
Wassersport 101
Wein 90
Wohnungen 83

Die in diesem Reisebuch enthaltenen Informationen wurden vom Autor nach bestem Wissen erstellt und von ihm und dem Verlag mit größtmöglicher Sorgfalt überprüft. Dennoch sind, wie wir im Sinne des Produkthaftungsrechts betonen müssen, inhaltliche Fehler nicht mit letzter Gewissheit auszuschließen. Daher erfolgen die Angaben ohne jegliche Verpflichtung oder Garantie des Autors bzw. des Verlags. Autor und Verlag übernehmen keinerlei Verantwortung bzw. Haftung für mögliche Unstimmigkeiten. Wir bitten um Verständnis und sind jederzeit für Anregungen und Verbesserungsvorschläge dankbar.

ISBN 978-3-89953-935-6

© Copyright Michael Müller Verlag GmbH, Erlangen 2001–2014. Alle Rechte vorbehalten. Alle Angaben ohne Gewähr. Druck: Stürtz GmbH, Würzburg.

Aktuelle Infos zu unseren Titeln, Hintergrundgeschichten zu unseren Reisezielen sowie brandneue Tipps erhalten Sie in unserem regelmäßig erscheinenden Newsletter, den Sie im Internet unter **www.michael-mueller-verlag.de** kostenlos abonnieren können.